KB220412

선으로 읽는 증도가 (상)

禪으로 읽는 증도가 (상)

초판 1쇄 발행일 2016년 6월 15일

지은이 김태완

펴낸이 김윤
펴낸곳 침묵의 향기
출판등록 2000년 8월 30일, 제1-2836호
주소 10380 경기도 고양시 일산서구 중앙로 1542, 635호(대화동, 신동아노블타워)
전화 031) 905-9425
팩스 031) 629-5429
전자우편 chimmukbooks@naver.com
블로그 http://blog.naver.com/chimmukbooks

ISBN 978-89-89590-59-0 03220
       978-89-89590-58-3 03220 (세트)

* 책값은 뒤표지에 있습니다.

禪으로 읽는 **증도가**

|상|

證道歌

김태완 번역 및 설법

침묵의 향기

영가현각 선사가 말했다.

"배움을 끊고 할 일 없는 한가한 도인은
헛된 망상을 없애지도 않고 참된 진실을 찾지도 않는다.
어리석음의 참 본성이 곧 깨달음의 본성이고,
허깨비 같이 헛된 몸이 곧 진리의 몸이다."

어떻게 해야 배움을 끊고 할 일 없이 한가할 수 있을까?

어떻게 하면 할 일이 있는 것이고,
한가하려 하면 한가할 수 없다.

다만 가르침에 귀를 잘 기울이되,
무엇을 배우려고 하지는 마라.
한결같이 한 뜻으로 귀를 기울이면,
어느 날 문득 할 일이 없어지고 한가해질 것이다.

| 차례 |

머리말

1. 이 책은 무심선원 김태완 선원장이 무심선원의 서울 소참법회에서 설법한 것을 녹취하여 책으로 엮은 것이다. 설법한 시기는 2013년 6월부터 2014년 4월까지이다.

2. 이 설법은 선 공부에서 한번 벗어나는 해탈의 체험을 한 사람이 그 뒤에 공부해 나아가는 것에 대한 가르침을 많이 담고 있다는 것이 특색이다.

3. 설법의 교재인 〈증도가〉의 원문은 《경덕전등록》 제30권에 수록된 것인데, 원문과 번역 및 주석은 책의 뒤에 부록으로 실었다.

4. 법문을 녹취하고 또 교정을 해 주신 권정란, 정경아 보살님과 조두현 거사님의 노고에 감사를 드린다.

5. 〈증도가〉를 지은 영가현각(永嘉玄覺; 665-713)은 중국 당대(唐代)의 선승(禪僧)으로서 육조혜능의 제자이다. 자(字)는 명도(明道)이고, 절강성(浙江省) 온주부(溫州府) 영가현(永嘉縣) 출신이다. 어려서 출가하여 삼장(三藏)을 두루 탐구했으며, 특히 천태지관(天台止觀)의 법문에 정통하였다고 한다. 좌계현랑(左谿玄朗)의 권고로 무주현책(婺州玄策)과 함께 조계(曹溪)의 육조혜능(六祖慧能)을 찾아가 문답하여 인가를

받았고, 그날 혜능의 권고로 하룻밤 묵었는데, 이 때문에 일숙각(一宿覺)이라는 별명을 얻었다. 다음 날 하산하여 온주(溫州)로 돌아와 법회(法會)를 여니, 배우는 사람들이 구름처럼 모여들었다. 당(唐) 예종(睿宗) 선천(先天) 2년에 입적하였다. 시호는 무상대사(無相大師). 저술로는 〈증도가(證道歌)〉와 《영가집(永嘉集)》이 있다.

김태완 선원장 설법 시리즈 6

禪으로 읽는 **증도가**

상

證道歌

김태완 번역 및 설법

1
알지 못하는가?

그대, 알지 못하는가?

君不見

　"그대, 알지 못하는가?" 하는 바로 이 한마디, 알고 모르고를 벗어
나서 "그대는 알지 못하는가?" 하는 (손가락을 세우며) 바로 이겁니다.
"그대는 알지 못하는가?" 하는 바로 이거지, 뭘 안다 모른다 하는
다른 일이 있는 것은 아닙니다. "그대는 알지 못하는가?" 라는 이 한
마디로 끝이 나 버려야 되는 겁니다.

　"그대는 알지 못하는가?" 바로 이거지, "뭘 알지 못하는가?" 하면
생각을 따라가는 거죠. 그래서 "그대는 알지 못하는가?" 라고 하면
이 한마디로써, 지금 "그대는 알지 못하는가?" (손을 펼치며) 바로 이
것뿐이란 말이죠. 이것뿐이거든요.

　그러니까 "그대는 알지 못하는가?" 하든지 "뜰 앞의 잣나무"라
하든지 "구름이 끼었다", "날이 시원하다" 하든지 모두 이거거든요.
무슨 말을 하느냐 하는 것은 아무 의미가 없어요. "그대는 알지 못

15

하는가?"라고 하든지 "똥 닦는 막대기" 하든지 "날이 흐렸다" 그러든지 지금 그냥 (손을 흔들어 올리며) 이거란 말이죠, 이것. 그러니까 (손가락을 세우며) 이게 한번 분명해져야 어떤 생각을 해도 생각이 있는 게 아니라 이 일이 이렇게 분명하게 되는 겁니다.

비유를 하자면, "물결을 봐도 물결이 보이는 게 아니고 물이 보인다"라고 할 수 있죠. 눈에는 물결밖에 안 들어오지만, 어느 순간 물을 탁 볼 수 있게 되면, 어떤 물결이 일더라도 이제는 물결이 보이는 게 아니라 거기에 물이 있어요.

그런 것처럼 우리가 마음이라 해도 좋고, 법(法)이라 해도 좋고, 도(道)라 해도 좋고, (손가락을 세우며) 이 일이 이렇게 한번 턱 확인이 되면, 무슨 말을 해도 말이 있는 게 아니라, 말이 '이것' 입니다. 또 무슨 생각을 하든지 생각이 있는 게 아니라 생각이 바로 이 일이고, (손을 흔들어 올리며) 그냥 전부 이 하나의 일입니다. 그러니까 "말을 해도 말이 없고, 생각을 해도 생각이 없고, 행동을 해도 행동이 없다"고 하는 겁니다. 모두가 다만 이거니까요.

그래서 여기 (법상을 두드리며) 이것에 한번 통달이 되어야 해요. (법상을 두드리며) 이것에 한번 이렇게, (법상을 두드리며) 이게 와 닿아야죠. 이게 와 닿아야 되는 거고 이게 어쨌든 분명해져야 되는 겁니다.

그래서 "그대는 알지 못하는가?"라고 하면 설법이 끝난 거예요. 제1게송은 딱 이것 한마디죠. "그대는 알지 못하는가?" 그냥 이것으로써 법이 다 드러났고, 이것으로써 설법은 사실 끝난 겁니다. "그대는 알지 못하는가?" 여기서 이게 분명해지지 않으면 생각으로 가 버리죠. "뭐냐?" 그러면 그만 생각으로 헤아려 버리는 겁니다. 생각으로 헤아리지 말고, 이게 (손을 펼치며) 이 일이 분명해져야 되는 겁니다.

"그대는 알지 못하는가?" 여기서 끝나지 못하면 그 다음에 이런 저런 말들이 있는 것인데, 어떤 말이 나오더라도 결국 "그대는 알지 못하는가?" 하는 이 한마디로써 드러내는 것과 똑같은 것을 드러내는 겁니다. 우리가 경전을 보더라도 맨 처음 글자는 "여시아문(如是我聞)"이거든요. "여시아문"에서 설법은 끝난 겁니다. "이와 같이 나는 들었다" 그러면 "이와 같이" 하는 데서, 사실은 "나는 들었다"까지 갈 것도 없고, "이와 같이"에서 다 끝나는 겁니다. 그래서 (손가락을 세우며) 이 일 하나뿐인 거죠. "이와 같이"에서 끝나지 못하면 "이와 같이"라는 그게 끝까지 가는 거예요. 무슨 얘기가 나오든지 전부 다 "이와 같이"지, 전부가 이 일 하나인 거죠. "그대는 알지 못하는가?" 이것도 똑같습니다.

2
없애지도 않고 찾지도 않는다

배움이 끊기고 할 일 없는 한가한 도인은
망상을 없애지도 않고 참됨을 찾지도 않는다.

絕學無爲閑道人
不除妄想不求眞

망상을 없애지도 않고 참됨을 찾지도 않는다…… 소위 불이법을 얘기하는 거죠. 우리가 '공부를 한다' 하면 생각을 버리고 진리를 찾아야 한다고 오해할 수 있습니다. 대개 다 그런 오해를 하지요. 미혹함을 버리고 깨달음을 얻어야 한다, 망상(妄相, 헛된 모습)을 버리고 실상(實相, 진실한 모습)을 찾아야 한다, 허깨비를 버리고 진리를 찾아야 한다…… 이런 식으로 말하는데 그게 다 방편의 말입니다.

그 방편의 말을 한 발짝 지나가면 이런 말을 하는 겁니다. "망상을 없애지도 않고 실상을 찾지도 않는다." 왜냐? 긍정할 것도 없고 부정할 것도 없고, 버릴 것도 없고 취할 것도 없어요. 그냥 이거거든요. 그냥 (법상을 두드리며) 이 일이거든, 이 일!

"도가 뭡니까?"

"잣나무다."

"도가 뭐냐?"
"똥 닦는 막대기다."

"도가 뭐냐?"
"차 한 잔 해라."

"도가 뭐냐?" (법상을 두드리며) 여기에 뭘 버리고 취할 게 전혀 없습니다. 그냥 이거죠. (손가락을 세우며) 그냥 이 일이거든요. 여기에 버리고 취할 건 없죠. 그냥 단지 (두 손을 흔들어 올리며) 이 하나의 일이지, 하나의 일! 그래서 이것 하나 확인하는 거고 다른 것은 없습니다.

그렇기 때문에 이것은 누구든지 똑같아요. 깨달은 사람도 "뜰 앞의 잣나무"라고 하고, 못 깨달은 사람도 "뜰 앞의 잣나무"라고 하거든요. 똑같이 그냥 얘기하는데 그렇다면 어떤 사람은 깨달은 사람이고 어떤 사람은 못 깨달은 사람이냐? 그게 바로 체험의 문제라. 그게 참 묘한 거죠. "뜰 앞의 잣나무"라고 해서 못 깨달은 사람이 말하는 것과 깨달은 사람이 말하는 것 사이에 다른 것은 전혀 없습니다. 똑같습니다. 그런데 본인이 달라요. 자기 자신이 다르다고요. "뜰 앞의 잣나무"라는 말이 달라지는 게 아니고 누가 하든지 말은 똑같죠. 그렇지만 자기 스스로가 달라지는 겁니다.

그래서 옛날에는 "뜰 앞의 잣나무"를 망상으로 들었는데, 이제는 "뜰 앞의 잣나무"가 망상이 아니고 실상도 아니고, 둘이 아니에요. 망상도 아니고 실상도 아니고, "뜰 앞의 잣나무"가 전부고 다입니다. 여기는 진리도 없고 허위도 없고 중생도 없고 부처도 없고 아무 그런 차별이 없습니다. "뜰 앞의 잣나무!"라고 하면 이게 다예요, 이게 다!

그러니까 본인 스스로의 내면에서 변화가 탁 한번 일어나면 그걸 체험이라고 하거든요. 바로 그것이지, 깨달은 사람은 "뜰 앞의 잣나무"라고 하지 않고 다른 말을 하느냐? 그렇지 않습니다. 똑같은 말을 하지만 다만 스스로 달라지는 거죠. 스스로의 내면이 달라지는 것입니다.

배움이 끊기고 할 일 없는 한가한 도인은
망상을 없애지도 않고 참됨을 찾지도 않는다.

없앨 망상이 있는 것도 아니고, 찾아야 될 참됨이 있는 것도 아니고, 그냥 뭐 아무 일이 없는 겁니다. 그냥 이거거든요. (손을 펼치며) 그래서 이게 한번 탁 분명하면 항상 무슨 일이 있더라도 똑같은 일입니다. 그냥 (손을 펼치며) 이 하나의 일이고, 사물사물이, 순간순간이, 뭐 생각생각이 그냥 전부 이 하나입니다. 이 한 개 법이죠. 그렇기 때문에 삼라만상이 다 설법을 한다고 하는 겁니다. 그냥 전부 이일이죠.

20

제가 이것을 체험하고 십 몇 년이 지나니까 이제는 좀 밋밋해진 면도 있는데, 예전에 몇 년 안 되었을 때에는 이게 너무 새로우니까 상당히 큰 즐거움도 있고 그랬어요. 그게 우리 결혼 생활과도 비슷한 것 같아요. 삼 년까지는 신혼 기분으로 지냈는데, 삼 년이 지나고 나면 상대방이 있는지 없는지 모르듯이 그런 식이랄까요. 우리가 이것, 법에도 그만큼 익숙해진다는 건데 익숙해지기 전에는 항상 존재감이 있죠. "아, 이것!" 하는데 나중에 십 수 년이 지나고 익숙해져 버리고 나면 존재감도 못 느껴요. 그냥 일상적이에요, 일상. 그냥 생활 자체라, 이게.

　그런데 처음에는 좀 더 선명하게, 좀 더 확실하게 이것을 확인하려고 하는 심리가 발동하죠. 초창기 몇 년 동안은 '아, 이게 너무 강한 것 같고 이것이 너무 뚜렷한 것 같고' 이런 식이죠. 제가 옛날에 설법해 놓은 것 보십시오. 힘차게 얘기를 하잖아요. 왜냐하면 (손가락을 세우며) 이게 이렇게 아주 새롭게 와 닿으니까 그렇죠.

　배움이 끊기고 할 일 없는 한가한 도인은 망상을 없애지도 않고 참됨을 찾지도 않는다…… 이게 우리 조사선(祖師禪)입니다. 망상을 없애지도 않고 참됨을 찾지도 않는다…… 그래서 "깨달음은 뭐다", 예를 들어서 "허공이다", "항상 불생불멸한 것이다" 이런 말을 여기에 붙일 수가 없어요. 붙인다고 하면 그건 이미 법상에 떨어져 있는 겁니다. 그것은 생각이다 이 말이에요. 허공을 (손가락을 세우며) 여기서 느끼고, 여기서 생각하고, 여기서 말하고, 불생불멸(不生不滅)이니 불구부정(不垢不淨)이니, 색즉시공(色卽是空)이니 공즉시색(空卽是

色)이니 하는 것을 모두 여기서 생각을 하고 여기서 말하는 거죠.

그럼 (손가락을 세우며) 이건 뭐냐? 아무 말할 게 없어요. 이건 아무런 정해진 게 없습니다. 모든 것을 (손가락을 세우며) 여기서 말하고, 모든 것이 (손가락을 세우며) 여기서 나오고, 모든 것이 (손가락을 세우며) 여기서 나타나지만, 이것 자체는 "뭐다"라고 할 게 아무것도 없어요. 온 천지가 이것이어서 어디를 보든지 이것 하나가 확인되지만, 이것 자체는 노란색도 아니고 빨간색도 아니에요. 차가운 것도 아니고 따뜻한 것도 아니고, 향기로운 냄새도 아니고 악취가 나는 것도 아니고, 아무 그런 게 없어요.

그러니까 (손을 흔들어 올리며) 이것 하나가 분명하면 되는 것이지 다른 것은 없어요. 이것 (손을 흔들어 올리며) 하나가 분명해지는 것이죠. 이게 이 일입니다. 이것은 어려울 것도 없고 쉬울 것도 없어요. 그냥 믿고, 아니 "믿고"라는 말도 사실은 필요 없어요. 그냥 이거란 말이에요, (손을 흔들어 올리며) 그냥 이거! 믿을 필요도 없어요. 당연한 일입니다. 그냥 이 일이에요, (손을 흔들어 올리며) 그냥 이 일! 믿을 것도 없는 거지, 그냥 이 일이니까. 이것일 뿐이지 다른 것은 없습니다. (두 손을 흔들어 올리며) 이것, 이 일 하나인 거죠, 이 일 하나!

지금 여기서 우리가 이런 얘기 저런 얘기, 뭘 어떻게 하더라도 보는 게 (손가락을 세우며) 이거고, 듣는 게 이거고, 말하는 게 이거고, 생각하는 게 이거고, 숨 쉬는 게 이거고, 꼼지락거리는 게 이거고, 느끼는 게 이거죠. 모든 곳에서 그냥 (손가락을 세우며) 이 일 하나를 이렇게 확인하는 것뿐이라. 아무런 다른 게 없습니다. 그러니까 이것

22

만 확인되면 돼요. 이것 하나만 확인되면 되는 겁니다. 아무 다른 게 없어요. 이것만 확인되면 되는 겁니다. "확인되면 되는 겁니다" 하는 게 바로 지금 (손을 펼치며) 이거거든요. "확인되면 되는 겁니다"가 바로 이거예요. (손을 펼치며) 바로 이것뿐이니까 이것을 가리켜 드리는 거죠.

이게 탁 확인되면 어떠냐? 처음에는 '잃어버렸던 자기 자신을 찾았다'는 것을 확실하게 알 수 있어요. "아, 그동안 그렇게 찾아다녔던 게 바로 이거구나." 딱 확신이 와요. 그리고 "아, 더 이상은 이제 찾을 게 없구나. 아, 이것뿐이구나" 하는 확신이 딱 와요.

그 확신이 없고 "이것 다음에 또 뭔가 있지 않을까?" 이런 상황이라면 아직까지 제대로 계합이 된 게 아닙니다. 어떤 체험이 있다 하더라도 "이게 전부가 아니라, 그래도 또 뭔가 있지 않을까?" 뭔가 더 있을 것 같은 막연한 의심이 있다면 아직 뭔가가 남아 있는 거예요. 아직까지 초점이 정확하게 맞지 못해 뭔가 남아 있는 거죠. 그러면 뭔지 모르지만 약간 불안하기도 하고 뭔가 부족하기도 하죠. 설사 체험이 있어서 옛날하고 좀 달라졌다 하더라도, 뭔지 모르지만 좀 부족한 것 같기도 하고 좀 불안한 것 같기도 하고, 마치 화장실에 갔다가 끝까지 변을 못 보고 나온 느낌이 든다니까요.

그게 완전히 싹 없어지는 순간이 딱 와요. 그건 하여튼 체험을 해 봐야 알아요. 마치 우리 뱃속에 꽉 차 있던 게 화장실에서 싹 빠지고 나면 아주 상쾌하듯이 말입니다. 그런 식으로 깔끔하게 딱 들어맞는 그런 때가 있다니까요. 이게 딱 들어맞으면 그 다음은 다른 게 없어요. 그냥 할 일이 없는 거예요. '배움이 끊긴 한가한 도인'이라는 말을 그때 할 수 있는 거죠. 더 이상 배울 것도 없고 할 일도 없고 그만 한가한 거라. 그때 우리가 할 수 있는 말인 겁니다.

배움이 끊기고 할 일 없는 한가한 도인은 망상을 없애지도 않고 참됨을 찾지도 않는다…… 언제든지 똑같아요. 그냥 언제든지 이 일 하나뿐이에요. 언제나 그냥 그저 (법상을 두드리며) 이것 하나일 뿐이에요. 그러니까 지금 이 일이거든. 다른 게 없어요. 그냥 이 일이고 언제든지 다만 이것뿐이에요. 여기서 차 마시고 밥 먹고 일하고 온갖 것을 다 하는데 희한하게도 이건 뭘 해도 흔적이 없어요. '뭘한다' 하는 흔적이 없어요.

인도의 어떤 깨달은 분이라고 알려진 사람이 그런 말씀을 했죠. "깨달은 사람은 하늘을 나는 새와 같다." 새가 하늘을 날면 흔적이 없습니다. 그냥 날고 있을 뿐이죠. 그렇듯이 우리 마음에 흔적이란 게 없고 뭘 하든지 그냥 할 뿐이라. 그야말로 "뭘 할 때 할 뿐!"이라고 말씀하시는 스님도 계시는데 진짜배기로 그냥 할 뿐이에요. 그런 말 할 필요도 없이 "할 뿐!"이라는 말로 표현할 수 있는데, 그것도 방편으로 하는 말입니다. 정말로 그렇게 얘기할 수 있듯이 그만 아무 일이 없는 거예요. "할 뿐!"이라는 말조차도 사실은 할 필요가 없는 거고 그냥 언제든지 이거예요. 그냥 언제든지 (법상을 두드리며) 다만 이 한 개일 뿐이라. 언제나 똑같아요. 언제든지 그저 (법상을 두드리며) 다만 이 일 한 개뿐이다, 언제든지 이것 한 개뿐인 거죠.

배움이 끊기고 할 일이 없는 한가한 도인은 망상을 없애지도 않고 참됨을 찾지도 않는다…… 그러니까 뭔가 가지고 있는 진실도 없고, 그렇다고 허깨비라서 내버려야 하는 그런 것도 없죠. 그렇기 때문에 북종의 수행하는 사람들이 "끊임없이 갈고 닦아서 때가 묻지 않게 해야 된다"라고 하는 건 옳지 않은 겁니다. 이게 맞지 않는 말이라고요. 그런 사람들은 깨달음이 없는 사람입니다. 열심히 뭔가를 갈고 닦고 있는 사람일 뿐이죠.

말 한마디 끝에 이 일이 탁 밝아지면 할 일이 없어요. 원래 여기는 깨끗함과 더러움이라는 경계가 없거든요. "깨끗하다"고 하는 것도 여기서 하는 말이지, 이것 자체가 깨끗한 게 아니고, "더럽다"고 하는 말도 여기서 하는 말이지, 이게 더러운 것은 아니거든요. 그러니까 갈고 닦고, 깨끗하고 더럽고 하는 아무런 차별경계가 여기에는 없습니다. 그냥 언제든지 그저 이 일 하나죠. 언제나 그냥 (법상을 두드리며) 이 일 하나라. 뭘 하든지 하는 그 자체로서 만족스러운 것이고 100% 다라, 이게.

생각하면 생각하는 자체로 100%,

말하면 말하는 자체로 100%,

움직이면 움직이는 자체로 100%,

느끼면 느끼는 자체로 100%,

보면 보는 자체로 100%.

그냥 이게 다란 말이에요.

수행하는 버릇이 있는 사람한테 이런 얘기를 하면 도무지 씨알이 먹히질 않고 이게 무슨 말인지 전혀 알지를 못해요. 무슨 도깨비 같은 소리를 하느냐고 하죠. '뭔가 열심히 갈고 닦아서, 뭔가 이루어서 그놈을 잘 유지해야 한다.' 이런 개념을 가지고 있기 때문이에요. 근데 바로 그렇게 생각하는 게 바로 (손가락을 세우며) 이거란 말이죠.

좌선을 꼭 해야 한다는 사람한테는 "앉는 게 이거고, 서는 게 이거다"라고 말하면 곧이듣지를 않아요. 우리의 정신세계, 불법이니 선(禪)이니 하는 것도 굉장히 왜곡되어 있고 오염되어 있어서 곧이듣지를 않아요. 엉뚱한 생각을 하는데 그건 처음부터 잘못된 길로 갔기 때문에 그래요. 그래서 이런 바른 가르침을 우리가 접했어야 하는데, 처음부터 엉뚱하게 잘못된 이법(二法)의 가르침을 접하면 오염되어 그렇게 되어 버리죠.

누가 그런 얘기를 했습니다. "잘못된 가르침에 오염되면 종이에 기름이 밴 것처럼 빼기가 어렵다"고요. 종이에 기름이 배면 내버려야지 쓸 수가 없습니다. 그런데 그것은 일종의 강조 요법이죠. 실제 그렇지는 않고 마음은 종이가 아니니까 자기가 마음먹기 따라서 얼마든지 바로잡을 수가 있습니다. 그런데 그게 쉬운 건 아닙니다.

그러니까 이 법은 그냥 바로 지금 여기서 (법상을 두드리며) 바로 곧장 이거지, 뭘 버리고 취하고 깨끗하게 하고 더럽게 하고 그런 게 아닙니다. 수행을 하고 갈고 닦고 그런 게 아니에요. 그냥 (법상을 두드리며) 바로 이거예요, 바로 이것! 바로 지금, 바로 그냥 이렇게 말하는 게 (법상을 두드리며) 이거고, 보는 게 이거고, 숨 쉬는 게 이거고, 움직이는 게 이거고. 들어 보면 참 싱거운 말 같은데 싱거운 말이 아닙니다. 이거야말로 진실로 있는 그대로를 얘기하는 겁니다.

3
무명이 바로 불성이고

무명의 참된 본성이 바로 불성이고
허깨비 같은 헛된 몸이 바로 법신이다.

無明實性卽佛性
幻化空身卽法身

　'환화공신(幻化空身)'할 때 '환화'의 '환'은 허깨비고 '화'도 역시 허깨비라는 말입니다. '화신(化身)'이라는 말이 있잖아요, 우리가 화신 또는 화생이라 하죠. '사생육도(四生六道)'에서 사생은 태생(胎生), 습생(濕生), 화생(化生), 난생(卵生)이라고 하는데, 화생이 바로 화신입니다. 허깨비라는 말이에요. 물질이 없다, 육신이 없다 이거예요. 6도의 천상(天上), 인간(人間), 축생(畜生), 수라(修羅), 아귀(餓鬼), 지옥(地獄) 중 축생과 인간은 태생이나 난생이죠. 화생은 허깨비라 허깨비. 그러니까 "허깨비 같은 헛된 몸이 바로 법신이다."

　무명의 참된 본성이 바로 불성이고……　무명(無明)이라는 것은 우리의 망상, 어리석음 아닙니까? 어리석음이죠. 그런데 '미혹함이 바로 불성이다'는 겁니다. 우리가 뭘 몰라서 "나는 모르겠어"라고 말할 때, "나는 모르겠어"라고 하는 게 사실은 (손을 펼치며) 그냥 이거

28

예요, 이거! 그런데 보통 사람은 "나는 모르겠어"라고 하는 자기 생각에 말려들어 가 버리죠. 이렇게 (손가락을 세우며) 스스로 드러내고 있으면서, 눈을 뜨고도 보지 않고 있어요. "나는 모르겠어"가 곧 이건데, 눈을 뜨고도 보지 않고 스스로 "모르겠다" 하고 안 보인다고 하고 있는 겁니다. "난 모르겠어"가 바로 (손가락을 세우며) 이거잖아요. 지금 스스로 드러내고 있잖아요. 지금 "나는 모르겠어" 하는 바로 이거거든요. 그런데 자기가 드러내면서도 눈을 뜨고 보지를 않아요.

"나는 모르겠어." 이것을 다른 식으로 하면 "나는 말할 줄 몰라"라고 말하는 것과 똑같은 겁니다. "나는 어리석어서 불성을 깨닫지 못해"라고 말하는 건 "나는 말할 줄 몰라"라고 말하는 것과 똑같은 거라고요. 자기가 자기를 속이고 있는 겁니다. "나는 말할 줄 몰라"라고 말해도, 남이 보면 "너, 말 잘하고 있잖아" 이렇게 하겠지만, 자기는 "에이, 나는 말할 줄 모른다니까"라고 주장하고 있는 겁니다. 우리가 다 그런 상황이에요. 깨달음이 없다는 건 바로 그런 사람과 같아요. 깨달음이 없어서 없는 게 아니라니까요.

그래서 물속에서 물을 찾는다고 하고, 자기 머리를 가지고 자기 머리를 찾는다고 하는 겁니다. 없어서 그러는 게 아니에요. "나는 말할 줄 몰라." 그것은 지금 자기가 자기를 속이고 있는 거예요. "나는 불법이 무엇인지 몰라." 바로 이건데, 지금 자기가 자기를 속이고 있는 거라. "나는 불법이 무엇인지 몰라." 바로 이거거든요.

그러니까 무명의 참된 본성이 바로 불성이라 하는 거예요. 무명이 따로 없고 불성이 따로 없는 겁니다. 하나뿐이라니까요. 이것 하나뿐! 이것 (법상을 두드리며) 하나뿐이라, 이것 하나뿐. 이것 (법상을 두드리며) 하나뿐인데, 자꾸 생각으로 나눠 가지고 이름을 따라서 헤아려 버리니까 자꾸 불성이 있고 무명이 있고, 우리가 그런 식으로 착각하는 겁니다.

그런데 이게 참 희한하게도 알고 나서 보면, 깨달음이 모순이 아니고 못 깨달은 것이 모순적이에요. 물고기가 물속에서 물을 찾는 게 모순이죠. 그렇잖아요? 자기 머리를 찾고 있는 게 모순이죠. 알고 보면 이게 너무나 당연하고 참 별것도 아닙니다. 그냥 이것뿐이지, 그냥 이 일이죠. 그런데 이상하게 이게 잘 안 돼요. 정말 희한한 겁니다.

그러니까 무명 망상, 미혹함이 희유한 일이지 깨달음이 희유한 게 아니에요. 깨달음은 정말 당연한 거예요. 무명 망상이 희유한 거라고요. '어찌 저렇게 됐을까?' 희유한 거예요. 묘한 거죠. 물론 저도 이렇게 얘기하기까지 벌써 수십 년 걸렸어요, 옛날에는 저도 똑같았으니까.

허깨비 같은 헛된 몸이 바로 법신이다…… '허망한 망상이 바로 실상이다' 이 말입니다. 이 허깨비 같은, 생로병사 하는 이 몸이 알고 보면 법신이지, 법신이 따로 있는 게 아니란 말이에요. 그렇다고 이 몸이 법신이라고 집착하라는 말은 절대 아닙니다. 법신은 이런 모습을 갖고 있지 않습니다. 그러나 이 몸을 떠나서 따로 있는 것은 아니에요.

그래서 몸을 버리고 따로 법신을 찾으면 그게 바로 망상입니다. 이 몸 밖에 법신이 있는 것도 아니고, "몸이 곧 법신이다"라고 해도 안 돼요. 다 방편의 말인데 어쨌든 이 몸을 버리고 따로 법신을 찾으면 안 됩니다. 그렇다고 이 몸이 바로 법신이라고 분별해서 집착하라는 말은 아니에요.

색(色)·수(受)·상(相)·행(行)·식(識)이라 그러잖아요. 오온 말이에요. 《반야심경》에도 "오온(五蘊)이 개공(皆空)"이라 그랬거든요. 색(육체)이든 수(느낌)이든 상(생각)이든 행(욕망)이든 식(의식)이든 똑같다 이겁니다. 똑같이 이 한 개 일이다 이 말이죠.

그래서 "색즉시공(色卽是空) 공즉시색(空卽是色), 수상행식(受想行識) 역부여시(亦復如是)"라고 한 겁니다.

수즉시공(受卽是空) 공즉시수(空卽是受)

상즉시공(相卽是空) 공즉시상(空卽是相)

행즉시공(行卽是空) 공즉시행(空卽是行)

식즉시공(識卽是空) 공즉시식(空卽是識)

지금 그 말이잖아요. 똑같다 이 말입니다. 그냥 이 하나뿐이다 이 말이에요. 하나뿐! 똑같이 단지 (법상을 두드리며) 이 하나의 일입니다. 석가모니가 이런 중도(中道) 불이법(不二法)을 깨달았는데, 석가모니가 출가해서 공부한 과정을 보면 알 수가 있어요. 석가모니 당시의

바라문교는 우파니샤드 시대거든요. 우파니샤드의 기본적인 철학은 "영혼은 깨끗하고 육체는 더럽다"입니다. 기본 전제가 그렇습니다.

그러면 우리가 왜 번뇌 속에 있느냐? 깨끗한 영혼이 더러운 육체를 자기로 여겨서 집착하는 바람에 그렇다는 거죠. 육체는 생로병사를 겪는 더러운 것이고 무상한 것이거든요. 깨끗한 영혼은 허공처럼 맑고 깨끗해서 아무런 생로병사가 없는 겁니다. 그러니까 윤회라는 문제가 등장합니다. 영혼이 자기를 육체라고 착각해서 집착하는 바람에 육체를 따라서 윤회를 하게 된다. 그러므로 윤회에서 해탈한다는 것은 육체를 떠나서 깨끗한 영혼을 얻으면 된다. 그게 그 당시 바라문교의 주장이에요.

처음에는 석가모니도 그걸 당연히 진리라고 여기고 출가해서 그 공부를 했거든요. 그 당시 바라문교에서는 깨끗한 영혼을 육체로부터 분리해 내는 수행 방법으로 두 가지를 가르쳤어요. 하나는 요가고, 하나는 고행이에요.

요가를 통해서 분별심을 멈추게 한다는 건데, 요가의 최고 경지는 '비상비비상처정(非想非非想處定)'이라고 하는 선정(禪定)입니다. 말하자면 무념삼매(無念三昧)예요. 그냥 아무 생각이 없는 겁니다. 무념삼매 속에 있으면 영혼이 육체에 관한 모든 생각을 다 잊어버리게 되고 텅 빈 허공처럼 캄캄하고 아무것도 없는 깨끗한 상태가 된다고 여겼고, 항상 무념삼매 속에 있는 것이 곧 열반이라고 착각했던 겁니다. 그게 열반이라는 개념하고 맞을 수도 있는데, 문제는 뭐냐 하면 영원하지가 않다는 거예요. 무념삼매에 든 상태로 사람이 그냥 통나무처럼 평생을 지낼 수는 없다 이거죠. 다시 삼매에서 나와서 활동하려면 이전과 똑같아요. 여전히 영혼이 육체에 구속되어 있는 겁니다. 석가모니는 일 년 만에 '비상비비상처정'까지 들어가 삼매를 맛보고 나니까 "이게 아니다"라고 판단이 되어 요가를 집어치웠죠.

그분이 두 번째로 간 게 고행의 길인데 5년을 했습니다. 총 6년을 수행했는데 바라문교에서 가르친 대로 수행했기 때문에 잘못 수행한 겁니다. 그런 것을 따라가면 안 돼요. 석가모니가 했던 고행은 원리가 뭐냐? 육체를 괴롭히는 겁니다. 더러운 육체를 더 더럽게 하고, 아픈 육체를 더 아프게 하고, 밥을 굶고 목욕을 하지 않고, 앉아서 눕지 않고, 앉지 않고 서서, 또는 가시 방석 위에 앉아서 일부러 고통을 느끼고 그렇게 하는 거예요.

또 그런 종류 중 하나로 백골관(白骨觀)이라는 것도 있거든요. 갓 죽은 시체를 돈 주고 사 와서 자기 방에다 갖다 놓고 완전히 썩어 백골이 될 때까지 매일 그것을 보고 있는 겁니다. 그러면 육체라는 게 너무 더럽고 썩어서 구더기가 기어 다니고 악취가 풍기죠. 그걸 보고 "아! 이거 육체는 아무것도 아니구나" 하고 맑은 영혼이 육체에서 벗어나기를 바라는 거죠.

'석가 고행상'이라는 것이 있는데, 그것을 보면 뱃가죽이 등가죽에 붙은 것 같잖아요. 갈비가 앙상하게 드러났어요. 육체를 극도로 괴롭혀서 한때 죽기 직전까지 갔었는데도 맑은 영혼이 육체를 벗어나느냐? 그게 안 되더라는 거예요. 그래서 석가가 "아, 이래 가지고는 죽겠구나. 이것도 아니구나." 이게 뭐가 잘못됐다고 판단한 거죠. 결국 바라문교에서 가르친 두 가지 수행 방법을 해 봤는데도 잘못됐으니까 그때 비로소 버린 거예요. 6년의 고행이 석가를 깨닫게 한 게 아니고, 잘못된 길이라는 걸 깨닫게 한 거죠. "아, 이게 아니구나" 하고 거기서 그걸 버린 거예요.

그래서 보리수나무 밑에 앉아 "도대체 뭐가 잘못됐나?" 고민을 거듭하다가 문득 새벽에 샛별을 보는 순간 체험이 왔다고 하죠. 체험이 오고 나서 보니까 애초에 깨끗한 마음과 더러운 육체로 나눈 그 전제가 잘못된 거예요. 그래서 "불이(不二)다, 불이!" 버릴 것도 없고 취할 것도 없다. 둘이 없다. 이렇게 부처가 중도를 딱 얘기한 거예요. 그 중도라는 것이 그 전까지는 없었어요. 바라문교에는 그런 가르침이 없었다고요. 그래서 불교는 '불이중도(不二中道)' 이자 완전히 새로운 가르침입니다.

부처님의 깨달음은 '불이중도' 지, 좌선을 해서 선정에 들거나 무슨 고행을 하는 게 아니에요. 그런데 흔히 오해를 하고는 "부처님도 6년을 그렇게 했으니까 우리도 그렇게 해야 깨닫지 않겠나?" 이런 소리를 하는 사람들이 있어요. 몽둥이가 있으면 한 번 맞아야 하는 말입니다. 이게 얼마나 어리석은 것인지 뭘 제대로 알지도 못하고 그런 식으로 말한다고요. 저같이 어리석은 사람도 그런 것은 알겠던데. 저는 사실 머리가 안 좋거든요. 그런데 많이 배웠다는 사람조차도 그런 짓을 하고 있습니다. 아이큐도 좋고 머리도 좋은 사람

34

조차 말입니다. 그것 참 희한한 일이죠. 근데 대부분의 사람들이 그렇게 생각을 해요.

아마 이런 얘기 오늘 처음 듣는 분들도 계실 겁니다. 우리 불법은 불이중도예요. 부처님이 중도를 깨달아서 그때부터 중도를 가르치신 여러 가지 방편을 불교라고 합니다. 기본적으로 불이중도예요. 그렇기 때문에 여기서도 딱 중도를 얘기하고 있잖아요. "무명이 곧 불성이고, 헛된 이 몸이 바로 법신이다." 아까 그《반야심경》에 나온 그대로예요. "오온이 곧 공이고, 공이 바로 오온이다." 공은 법신을 가리키는 말이고, 오온은 환화공신이에요. 허망하게 생멸하는 겁니다.

그래서 "생멸법이 곧 불생불멸법이고, 불생불멸법이 곧 생멸법"입니다. 또 "생로병사가 곧 열반이고, 열반이 곧 생로병사다"라고 말할 수 있는 겁니다. 물론 불이중도라고 하는 말도 방편의 말인데, 그것을 또 '그런 원리가 있다'거나 '그런 진리가 있다'고 생각하면 안 됩니다. 어쨌든 생각으로 하면 안 돼요.

이렇게 (법상을 두드리며) 하나가 딱 되어 버리면 "아! 이 법을 설명하려면 불이중도라는 방편을 쓸 수밖에 없겠구나" 하고 이해를 하는 것이지, 불이중도라는 말을 진리로 삼고 금과옥조로 삼으면 안 돼요. 이 역시 그냥 방편의 말이죠. 법은 둘이 없는 하나가 딱 되는 체험입니다. 하나가 딱 되는 거죠. 그러니까 불이중도에서는 당연히 좌선하고 수행하고 이런 것은 없어요. 그냥 지금 부리고 있는 망상이 곧 실상이라니까요. 지금 부리고 있는 망상이 바로 실상이에요.

그러니까 이게 불이중도죠.

그런데 이렇게 말하면 와 닿는 게 없어요. "망상이 실상이라면 깨달을 필요가 뭐 있느냐?"라고 할 수도 있지만, 그런 말은 아니거든요. 반드시 망상이 곧 (법상을 두드리며) 실상임을 스스로가 깨달아야죠. 그래야 "망상이 곧 실상이다" 하는 것을 알 수가 있지, 말로만 "망상이 곧 실상이다" 해서 "깨달을 필요가 없다" 이렇게 하면 안 됩니다.

망상이 곧 (법상을 두드리며) 실상임을 스스로가 깨달아 버려야 사실은 망상이 실상이 되어도 좋고, 망상도 없고 실상도 없다 해도 좋고, 자유자재하게 되는 겁니다. 그저 이 일 (법상을 두드리며) 하나뿐입니다. 이 일 하나뿐! 이 법 하나뿐이고, 이 일 (법상을 두드리며) 하나뿐입니다. 다른 일이 없어요. 다만 지금 이렇게 차 마시고 얘기하는 것이 바로 이거거든요. 차 마시는 것이 바로 (법상을 두드리며) 이거고, 다만 이 일 하나뿐인 겁니다.

그래서 "무명의 참된 본성이 곧 불성이고, 허깨비 같은 헛된 몸이 곧 법신이다." "망상을 없애지도 않고, 참됨을 찾지도 않는다." 이게 다 불이법을 얘기하는 겁니다. 취할 것도 없고 버릴 것도 없고, 깨달을 것도 없고 못 깨달을 것도 없고, 긍정할 것도 없고 부정할 것도 없고 그냥 (법상을 두드리며) 이거예요. 긍정을 하든지 부정을 하든지. "날씨가 따뜻해졌구나." "꽃이 피었구나." "바람이 시원하구나." 그냥 전부 (손을 펼치며) 이 일이에요, 이 일 하나! 앉으나 서나 누우나 생각을 말하거나 전부 한 개의 일이에요, 한 개의 일. 전혀 다른 게 없는 거예요.

　그래서 "부처가 곧 중생이고 미혹함이 곧 깨달음이고" 이런 식으로 얘기할 수 있는 겁니다. 이 (법상을 두드리며) 하나의 일입니다. 이 일 하나. 다만 이 일 하나뿐이에요. 지금 보고 듣고 생각하고 말하고가 그냥 이것뿐이죠.

4
한 물건도 없다

법신을 깨달으면 한 물건도 없고
본래 타고난 자기의 본성이 바로 진실한 부처이다.

法身覺了無一物
本源自性天眞佛

　법신이라고 할 그런 게 따로 없어요. 왜냐? 지금 말하는 게 (손을 흔들어 올리며) 이거고, 생각하는 게 (손을 흔들어 올리며) 이거고, 움직이는 게 (손을 흔들어 올리며) 이거고, 차 마시는 게, 밥 먹는 게 (손을 흔들어 올리며) 이거고, 숨 쉬는 게 (손을 흔들어 올리며) 이거고, 매일 하는 일들이 이건데, 여기에 이거다 저거다 할 게 따로 없다는 말이죠.

　법신·마음·도·법·자성·불성·진여…… 이런 말들은 전부 뭡니까? 이름만 있을 뿐 진실이 없는 거죠. 이것만 그런 게 아닙니다. 예를 들어 시계니 컵이니 하는 것은 보이는 모양이라도 있지만, 방금 얘기했던 법신·불성·자성·진여…… 이런 것은 아무 그런 게 없어요. 그냥 이름만 있을 뿐이죠.

　우리가 행복이니 불행이니 하는 것은 그래도 느끼는 뭐가 있잖아요. 분별되는 무엇이 있다는 말이죠. 그런데 법신이나 자성, 이런 것은 그런 게 없어요, 그냥 이름만 있죠. 그래서 《금강경》에서도 얘기하잖아요. "부처는 그냥 이름이 부처이지 부처라는 이름으로 얻을 것은 없다." 그렇기 때문에 이런 말들을 방편이라고 해요, 방편. 그냥 이름만 있을 뿐이죠.

그러면 이름만 있을 뿐이지 아무것도 없는 게 법신이냐? 법신은 있다거나 없다고 하는 양쪽에 있지를 않습니다. "있다"거나 "없다"거나 하면 이것은 이법(二法)이죠. 불이법(不二法)은 있는 것도 아니고 없는 것도 아닙니다. 있다거나 없다거나 하는 양쪽으로 생각하면 안 됩니다. "없다" 하면 "없다" 하는 게 바로 이거니까 없다는 말이 해당이 안 되고, "있다" 하면 아무리 찾아도 어디에 있는지 찾을 수가 없으니까 있다 하는 말이 해당이 안 되는 겁니다.

"법신은 없다"고 할 때 "법신은 없다" 하는 이놈이거든요. 그러니까 '없다' 하는 게 안 맞죠. 근데 "법신이 있다"고 할 때 어디 있는지 보면, 시계가 있고 컵이 있고 말하는 게 있고 움직이는 게 있지, 법신은 없어요. 그러니까 있다는 말도 안 맞고, 없다는 말도 안 맞아요. 그렇게 이 법신은 있다거나 없다거나, 진짜라거나 가짜라거나, 좋다거나 나쁘다거나, 옳다거나 그르다거나 이런 분별은 여기에 해당이 안 돼요.

체험이 있는 사람들에게 또 공부가 필요하다는 게 뭐냐 하면, 이렇게 법을 보는 안목을 길러야 돼요. 생각을 훈련시켜야 돼요. 생각이라는 놈은 항상 있다거나 없다거나, 진짜라거나 가짜라거나, 좋다거나 나쁘다거나, 따뜻하다거나 춥다거나 그런 양쪽으로 가려고 하거든요.

　그런데 법신을 생각하려면 그렇게 하면 안 된다는 말이에요. 법신을 생각할 때는 어떤 생각도 이루어지면 안 돼요. 법신이라는 이름은 있지만 법신이라는 개념이 만들어지면 안 되는 겁니다. 법신이라는 이름이 있는데 개념이 안 만들어지면 뭐가 진실한 거냐? "법신" 하는 바로 지금 이거라니까요. "법신" 하는 여기서 법이 분명하거든요. "법신" 하는 여기서 법이 분명하니까 머리로 개념을 만들 필요가 전혀 없는 거죠. "법신" 하는 여기서 법이 분명하고, "마음" 하는 여기서 "마음"이 분명하니까 마음이라는 이름에 대한 개념을 만들 필요가 없는 거죠. 이런 안목이 딱 갖춰져야 비로소 안목이 좀 생겼다고 할 수 있습니다.

　체험했다고 곧바로 안목이 생기지는 않습니다. 여전히 생각에 끌려 다니고 있기 때문에 계속 생각을 갖고 얘기를 하게 되죠. 그래서는 안 되는 겁니다. 반드시 법을 볼 수 있는 안목을 갖춰야 돼요. 그것을 해탈지견이라고 표현하는 겁니다. 견해를 갖고 있다는 게 아니고 그것은 지혜죠, 지혜. 그러니까 이게 (법상을 두드리며) 한번 분명해져야 해요. 하여튼 이 일이 분명해져야 저절로 불이법에 대한 지혜가 생깁니다. 불이법에 대한 이런 가르침을 접해야 "아, 이거(법상을 두드리며)는 이렇게 분명하고 확실하고 언제나 정말 벗어날 수 없고 떠날 수 없고 항상 이 일이 분명하지만, 이것은 어떤 생각도 여기에 해당이 안 되는구나" 하고 본인 스스로 확연하게 깨닫게 되는 거죠. 그것을 깨달아야 해요. 이렇게 분명한데, 항상 분명한데, 온

40

천지가 한순간도 다른 일이 없는데, 생각으로 이해하려고 하면 도 저히 안 되는 거죠.

그래서 "여기에 대한 이름들은 전부 그야말로 방편의 명칭일 뿐, 아무런 개념이 없는 말들이구나" 하는 것도 자기 스스로 깨달아야 해요. 그런 깨달음도 있어야 하는 겁니다. 그래야 누가 무슨 말을 하면 "아, 자기 말에 자기가 속고 있네" 하고 말할 수 있게 되는 거예요. 다들 보면 자기 말에 자기가 속고, 자기 생각에 자기가 속고 있거든요. 그러면서 무슨 거창한 진리를 얘기하는 것처럼 떠들고 있는 거죠. 그런데 가만히 보면 전부 자기 생각에 자기가 속고 있는 광경들을 많이 봅니다. 그게 바로 안목이 없는 거예요.

법신을 깨달으면 한 물건도 없고…… 그러니까 법신이라는 말은 있지만, 법신이라는 물건을 따로 분별해 낼 수는 없습니다. 법신이니 진여니 도니 하는 것은 단지 이름일 뿐입니다. 이름은 있지만 "이게 법신이다", "이게 진여다", "이게 도다" 하고, 만약 그런 것을 자기가 느낀다든지 뭔가 그런 것을 갖고 있다든지 하면 그걸 뭐라고 하느냐? 법상(法相), 즉 법진번뇌(法塵煩惱)라 그래요. 번뇌입니다.

왜 법진번뇌라 하느냐면 법을 상(相), 즉 개념으로 갖게 되면 개념은 경계거든요. 경계라는 말에 '티끌 진(塵)' 자를 씁니다. 그러니까 상은 티끌 경계예요. 법이 티끌 경계가 되면 그것은 번뇌입니다. 그래서 그것을 법진번뇌라고 하는 겁니다. 그냥 (법상을 두드리며) 이것인데! 자기가 어쨌든 이것 하나를 명확하게 해야 되는 겁니다.

본래 타고난 자기의 본성이 바로 진실한 부처이다…… 그래서 이것을 턱 체험하면 바로 이게 자기 본성이고 자기 본래면목이고 자기 스스로이고, 잃어버렸던 자기 자신이죠. 이것을 체험하고 보면 "아! 내가 잃어버렸던 나를 찾았구나" 하고, 이 이상 더 찾을 게 없다는 것을 스스로 확신합니다. 저절로 그렇게 확신이 돼 버려요. "아, 이거구나. 더 이상 찾을 게 없구나. 여기서 더 뭔가를 찾게 되면 망상이 되는구나." 이렇게 알 수가 있어요. "여기서 뭔가를 더 찾게 되면 그게 망상이 되는구나" 하는 걸 알 수가 있다고요.

왜 그러냐 하면 "이거구나" 하는 이게 분명하면 아무 일이 없습니다. '한 물건도 없다'고 했잖아요. 아무 일이 없어요. 아무 일이 없기 때문에 '일 없는 한가한 도인'이라. 항상 평화롭고 아무 일이 없어요. 그야말로 그냥 한가해요. 그런데 뭔가를 다시 찾게 되면 일이 생겨 버려요. 그러니까 경계라고 하는 거거든요. 경계라는 건 뭔가 일이 생긴 겁니다. 뭐가 문제가 생긴 거예요. 그러면 계속 경계에 얽매여 있어요. 경계에 얽매이게 되면 그것은 망상입니다. 번뇌죠.

그러니까 일이 없어서 한 물건도 없고 아무 일이 없는 (법상을 두드리며) 이게 자기 본래고, 원래 이 일이고 이거죠. 근데 뭔가 신통하고 희한하고 특별한 일이 있는 것을 추구하는 건 망상을 버리지 못하고 망상을 추구하고 있는 습성이 남아 있기 때문에 그런 문제가 발생하는 겁니다. 아니면 잘못된 가르침을 따라서 자기가 잘못된, 말하자면 이법(二法) 공부를 했거나 그래서 그렇게 되는 거죠.

본래 타고난 자기의 본성이 바로 진실한 부처이다…… 그러니까

(법상을 두드리며) 이것뿐이에요, 이것뿐! 알고 보니 이게 원래 나 스스로이고, 원래부터 갖추고 있었던 것이고, 그냥 원래 이것밖에 다른 일이 없어요. 이것(법상을 두드리며)을 확인해 놓고 보니까 원래 이것뿐이고, 원래 갖추어져 있는 거고, 원래 다른 일이 없는 겁니다.

그래서 《육조단경》에도 보면 육조 스님에게 깨달음이 두 번 있죠. 첫 번째는 나무 팔러 갔다가 여관에서 《금강경》 독송하는 소리를 듣고 깨달았는데, 그 깨달음이 왔어도 확실하게 안목이 갖춰지지 못했어요. 두 번째 깨달음은 오조 홍인 스님을 찾아가서 8개월인가 방아를 찧다가 홍인 스님이 방앗간에 와서 "방아 찧는 게 어찌 됐느냐?" 하니까, "쌀이 다 익었는데 아직 키질을 못 했다"고 했어요. 그러자 홍인 스님이 지팡이로 방아를 세 번 쳤죠. 그날 밤 3경이 되어 한밤중에 찾아갑니다. 홍인 스님이 자기 가사를 벗어서 문을 가리고 호롱불을 켜 놓고 《금강경》을 설법하죠.

거기서 한 번 확실하게 깨치고 나서 육조가 한 말이 있습니다. "아, 본래 다 깨달아 있구나. 본래 깨달아 있는 거구나." 이 얘기를 합니다. "누구나 다 본래 깨달아 있는 것을 내가 어떻게 기대를 했겠습니까?" 그런 얘기를 한다고요. 깨달음이 따로 있는 줄 알았는데 그게 아니다 이거죠. 알고 보니까 바로 이 일이라고, 이 일!

깨닫고 보니까 원래 (법상을 두드리며) 이 일이에요. 원래 이 자리고 원래 이 법이죠. 원래 이것 하나뿐. (두 손을 흔들어 올리며) 그냥 이것뿐이거든요. 다른 일이 있는 게 아니고 바로 지금 이 일입니다. 이게 이렇게 말하고 듣고 느끼고 생각하고 움직이는 이 모든 것이 그냥 이것뿐이에요. (법상을 두드리며) 이 일이죠, 이 일 하나. 당장 지금 누구든지 똑같아요, 누구나 (법상을 두드리며) 이 일 하나뿐!

5
헛되이 오고 간다

오온은 뜬구름처럼 헛되이 오고 가며
삼독은 물거품처럼 헛되이 나타나고 사라진다.

五陰浮雲空去來
三毒水泡虛出沒

    "오온" 또는 "삼독" 이 한마디 말에서 이른바 실상이 탁 드러나면, 오온은 오온이 아니고 삼독은 삼독이 아닙니다. 이렇게 곧장 바로 실상이 탁 드러나서 온갖 삼라만상의 차별경계가 차별경계가 아니고, 바로 이렇게 실상을 보게 되는 이게 우리 불법입니다. 오온을 뜻으로 헤아리면 색·수·상·행·식 이렇게 얘기하지만, 지금 "오온" 하는 바로 지금 이거거든요. 실상은 "오온" 하는 이겁니다.

    그래서 불법이라고 하는 건, 어떤 말이 있든지 소리가 있든지 색깔이 있든지 모습이 있든지 느낌이 있든지 생각이 있든지, 감정이 있고 기분이 있고 사물이 있고 물질이 있고 뭐가 있든지 간에 곧장 바로 이것을 실상이라고 하는 겁니다. 바로 실상이 탁 드러나 버리면 만법이 이 한 개의 실상에 의해서 "있는 것이 없다" 그런 체험이 되는 겁니다. 그래서 "오온"이라고 하면 어쨌든 이 실상 하나를 깨

닿는 것이고 이것 하나를 확인하는 거거든요.

그러니까 오온이 뭐다, 삼독이 뭐다, 그 뜻을 하나하나 따지고 헤아릴 필요는 없는 것이고, "오온"이라 하면 오온이 바로 이거고, "뜬구름"이라 하면 뜬구름이 이거예요. "삼독"이라 하면 삼독이 이거고, "물거품"이라 하면 물거품이 이거고, 그냥 바로 이 자리, 곧장 바로 이것입니다. 이것을 우리가 실상이라고도 하고, 본성이라고도 하고, 법이라고 하기도 하죠. 또 반야니 진여니 마음이니 본래면목이니 온갖 이름을 여기다 붙이는데, 이것에는 사실 어떤 이름도 없습니다. 그냥 "오온" 그러면 오온이 바로 이겁니다.

그래서 이 자리, 이 일이 어쨌든 한번 이렇게 와 닿아야 됩니다. 이게 처음부터 끝까지 가리키는 것은 이것 하나뿐이거든요. 그냥 이겁니다. 그런데 이걸 분별해서 "아, 오온 가운데 뭐가 이거냐?" 또는 《반야심경》에서 오온이 다 공(空)이라 그랬는데 공이 이거냐?" 이런 식으로 분별이 개입되면 바로 망상에 떨어져 버리는 겁니다. 그건 그냥 방편의 말일 뿐이지, 실상에는 그런 이름을 붙일 만한 게 전혀 없어요.

그냥 지금 이거죠. 그냥 지금 이건데, 여기서 우리가 색을 얘기하고 공을 얘기하는 것입니다. 그러면 이건 뭐냐? 이것은 색도 아니고 공도 아닙니다. 그래서 공을 얘기하고 색을 얘기하고 실상을 얘기하고 망상을 얘기하고 이렇게 하지만, 이건 실상도 아니고 망상도 아니고 그냥 지금 이거라, 이거! 그래서 이게 이렇게 한번 와 닿는 것이고, 이게 확인되는 거거든요. 그러니까 (법상을 두드리며) 이것을

46

확인하고 나면 "오온은 뜬구름처럼"이라고 말할 수 있다는 걸 저절로 알게 되는 겁니다.

오온은 뜬구름처럼 헛되이 오고 가며…… "만법에 자성이 없다"고 얘기하듯이 그 어떤 것도 '이거다, 저거다' 할 게 없어요. 말하자면 걸릴 게 아무것도 없어요. 장애될 게 없어요. 깨달음이라고 해서 깨달음이라는 물건이 있고, 실상이라고 해서 실상이라는 물건이 있느냐? 그런 건 없습니다. 그냥 언제든지 이 일 하나, 뭘 하든지 그냥 이 일 하나인데, 이 일 자체는 공이라고 표현되듯이 아무 그런 게 없어요. 여기서 뭘 보고 듣고 느끼고 알고, 실상이 어떻고 망상이 어떻고 세간이 어떻고 출세간이 어떻고 이런저런 얘기를 하는 거거든요.

그러니까 이 일이 어쨌든 한번 이렇게 확실해져 버리면, 초점이 딱 맞아 버리면, 있음과 없음이라는 것은 의미가 없어요. "있는 것이 없는 것이고, 없는 것이 있는 것이다." 그렇게 얘기할 수 있게 되는 거거든요. 두 가지 경계가 따로 있지 않습니다. 그래서 이것! 이걸 가리켜 드리는 건데 가리킨다는 말도 사실 안 맞아요. 왜냐하면 우리가 스스로 못 봐서 그렇지, 전부 이것뿐, 이 일뿐이에요. 초점이 여기에 맞춰져 있지 않을 뿐이지, 이것이 앞에 드러나 있지 않은 게 아니란 말이에요. 비유하자면, 여기에 어떤 사물이 있어도 우리 눈의 초점이 다른 곳에 가 있으면 눈앞에 있어도 안 보이는 겁니다. 법이라는 게 그와 같아요. 없어서 못 보는 게 아니고, 모든 사람이

47

이것 하나를 가지고 사는 겁니다. 모든 사람이 똑같아요.

그런데 우리 마음의 눈이 여기에 초점이 맞춰져 있지를 않고 겉으로 드러난 모습에, 분별에 맞춰져 있습니다. 그렇기 때문에 늘 이 자리에 있고 이 일 하나뿐인데도 여기에 대해 그만 캄캄한 거라. 무명이라는 게 그런 캄캄한 것을 말하는 거거든요. 이게 없어서 캄캄한 게 아니에요. 뭘 헤아리고 따지는 분별에 초점이 맞춰져 있으니까 안 맞는 겁니다. 분별이 아니고 (법상을 두드리며) 여기에 초점을 맞춰야 돼요. 바로 (법상을 두드리며) 여기예요. 그러면 여기에는 분별을 해도 분별이 아닌 겁니다. 그냥 한결같이, 변함없이 이 일 하나거든요. 이 일 하나예요. 이걸 가리키는 겁니다. 없는 게 아닙니다. 지금 모든 사람이 다 이 자리에 있습니다. 그런데 지금 여기에 초점이 안 맞아서 그렇단 말이에요.

깨달음이라는 건 엉뚱한 것을 보고 있다가 문득 여기에 한번 이렇게 계합이 탁 되는 거거든요. 계합이 된다는 건 초점이 딱 맞는다 이 말이에요. 그렇게 되면 모든 일이 있는데, 모든 일이 진실한 게 아니라, 이게 진실한 겁니다. 이런저런 차별되는 사물이, 분별되는 일들이 진실한 게 아니라 이게 진실한 거고, 여기서 차별도 하고 생각도 하고 다 그렇게 하는 거죠.

그래서 이게 이렇게 딱 맞아 떨어져 버리면, 오온, 삼독, 온갖 일들이 그야말로 물거품이고 환상 같아서 아무런 부담이 없습니다. 아무런 부담이 없고 번뇌의 원인이 되질 않아요. 그런데 이게 쉽지 않습니다. 왜냐하면 분별하고 차별하는 곳에 초점을 맞추고 살아

온 지가 수십 년이 되기 때문이에요. 몇 번 이 법을 듣는다고 해도 잘 모르죠. 그래도 계속해서 듣고 또 듣고 하다 보면 자기도 모르는 사이에 여기에 초점이 맞는 그런 때가 와요. 근데 이게 처음 체험된다고 해도, 분별 쪽에 있던 버릇이 하루아침에 사라지는 게 아니라서 계속 분별 쪽에 있게 되고, 정확하게 초점이 어떻게 맞는지도 몰라요. 그렇더라도 자꾸 시간이 지나면서 더 정확하게 초점이 맞게 됩니다. 더 정확하게 초점이 맞아야, 나중에는 모든 일이 그만 이 하나의 일이라, 이 하나의 일.

그야말로 "오온은 뜬구름 같고 삼독은 물거품 같다"고 하듯이 이 세속생활은 아무것도 의미가 없어요. 그냥 오직 이 하나가 진실할 뿐, 나머지 세속생활은 아무것도 의미가 없어요. 있어도 그만, 없어도 그만이죠. 소중한 것도 없고 옛날에 그렇게 아끼고 좋아했던 것도 하루아침에 아무 의미가 없어집니다. 그냥 오직 이 법 하나가 진실해서, 그냥 이것 갖고 사는 거죠. 이건 삶과 죽음도 아니고, 있는 것도 아니고 없는 것도 아니고, 그냥 항상 변함없이 그저 이 한 개일입니다. 언제나 이것 하나를 가리켜 드리는 겁니다.

삼독은 물거품처럼 헛되이 나타나고 사라진다…… 삼독(三毒)은 탐·진·치라고 번뇌를 가리키는 말인데 이것 역시 전부 물거품처럼 아무 의미가 없어요. 어쨌든 이게 한번! 하여튼 누구든지 (법상을 두드리며) 이 일입니다.

"도가 뭡니까?"

"이겁니다"

"도가 뭡니까?"
"바로 그거다."

"도가 뭡니까?"
"이겁니다."

누구든지 이건 바로 가까이 있다는 느낌이 있을 거예요. 가까이 있는데 정확하게, 선명하게 와 닿지 않으니까 손을 쓸 수 없는 거죠. 그런데 선명하게 와 닿으면 힘을 탁 얻게 돼요. 자신감이 생기고 힘을 얻어서 "아, 내가 이 자리에 있으면 아무 일이 없구나" 하면서 그야말로 안심입명처가 확보가 된다고요. 힘을 얻는 자리, 모든 일에서 해방되는 자리를 확보한다는 말이에요. 그걸 첫 체험이라고 하는 겁니다.

그런데 확보가 됐어도 처음에는 항상 그 자리에 있는 게 아니고 왔다 갔다 하게 되죠. 예전 버릇이 있으니까요. 그러나 시간이 지나면서 점차점차 여기에 더 익숙해지죠. 그러면 자꾸자꾸 더 일이 없어지고 일상생활을 이렇게 해도 그냥 아무 일이 없는 겁니다.

그래서 결국 모든 것으로부터 해방이 되는 것이죠. 왜 그런 게 있잖아요? 잊어버리고 싶은 일이 있는데 도저히 잊어버려지지 않고, 좀 해방되고 싶고 발을 빼고 싶은데 발이 빠지지 않고 있는 거요.

중생심이라는 게 그런 겁니다. 자기 마음대로 안 돼요. 싫어해도 싫어하는 그 일이 사라지지 않고, 좋아해도 좋아하는 거기에 계속 매여 가지고 해방이 안 되죠. 뭘 좋아해도 그게 곧 번뇌고, 싫어해도 번뇌고, 무슨 일이 있으면 그게 전부 부담스럽고 스트레스를 줍니다. 이게 다 번뇌죠.

이 일이 이렇게 한번 탁 체험되면 그렇지가 않아요. 뭐 싫어할 일도 없고 좋아할 일도 없고, 희한한 일인 겁니다. 모든 일을 하면서도 항상 모든 일에서 다 벗어나 있어요. 그러니까 "세간 속에 있으면서도 세간에서 벗어나 있다." 이렇게 얘기할 수 있는 겁니다. 그런 효과가 없으면 공부한 효과가 없는 거죠.

공부했다는 사람이 계속 뭔가에 집착하고 시비하고 좋아하고 싫어하고 자꾸 이렇게 한다면 공부를 제대로 한 게 아니죠. 제대로 공부를 한다면 지금 있는 그대로 아무 일이 없어요. 말하자면 흔적이 남지 않아요. 뭘 좋아하고 싫어하는 흔적이 남지 않는다고요. 마음이라는 흔적이 없어요. 그냥 눈앞에 있는 일 그대로가 항상 여법할 뿐이라. 이 하나의 법일 뿐이란 말이죠. 물론 그게 하루아침에 되지는 않는데, 하여튼 꾸준히 하시다 보면 저절로 그렇게 되는 겁니다.

오온은 뜬구름처럼 헛되이 오고 가며,
삼독은 물거품처럼 헛되이 나타나고 사라진다.

그러니까 탐·진·치 삼독을 우리가 없애려고 할 것도 없어요.

그건 본래 물거품이에요. 본래 아무 의미가 없는 거예요. 우리가 '업장을 소멸한다'고 하는데, 이 실상을 체험하고 보면 본래 업장이라는 게 물거품 같고 뜬구름 같아서 아무 의미가 없어요. 아무런 장애가 되질 않아요. 그러니까 없애야 할 업장이라는 게 원래 없어요.

실상을 못 보면 업장이라는 게 계속 있어서, 그놈이 물귀신처럼 따라다니니까 자꾸 없애야 하는 그런 번뇌가 생기는 겁니다. 우리가 '실상을 본다'라고 하는 것은 이것(법상을 두드리며), 한번 깨달음을 체험해서 초점이 맞는 것이죠. 실상을 보면《반야심경》의 말 그대로입니다. "제법이 모두 공"입니다. 원래 다 허깨비 같은 거예요. 그러니까 뭘 없애고 할 게 없어요. 그래서 생로병사에서 해탈한다고 했는데, 생로병사 자체가 허깨비 같은 일이란 말이죠. 뭘 해탈할 것도 없는 거고, 그저 언제든지 단지 이 하나의 실상이 있는 겁니다. 이 하나의 법뿐인 겁니다.

이것, (법상을 두드리며) 이것뿐이라. 이것 하나를 가리켜 드리는 것이고, 이게 어쨌든 한번 이렇게 (법상을 두드리며) 분명하게 탁 와 닿아야 합니다. 이것은 모든 사람이 똑같습니다. 똑같이 이 자리에 있는 거고, 똑같이 이 하나의 일입니다. 그러나 생각에 머물러 있으면, 계속 초점이 분별 속에 맞춰져 있기 때문에 이쪽으로 들어오지 못합니다. 그러니까 생각에 머물러 있지 말고, 제가 뭘 가리키고 있는지를 잘 보십시오. 제가 가리켜 드리는 여기에 한번 초점이 탁 맞아야 됩니다. 자기 생각으로 아무리 헤아려 봐야 생각 속에 머물러 있으니까 아무 의미가 없는 것이고, 여기에 초점이 맞을 일이 없죠.

(손가락을 세우며) 이겁니다. 이 일입니다. 생각으로 보면 막연하죠. "도가 뭡니까?" "이것(법상을 두드리며)입니다." 모든 사람이 지금 이 자리에 있고 단지 이 일 하나입니다. 막연하지만 어쨌든 막연해서 분별할 수 없는 그런 입장에 있다가 한번 여기에 딱 맞아 떨어져야 돼요. 여기에 초점이 맞기 전에는, 막연하고 분별할 수 없고 뭘 어떻게 해야 하는지 더 캄캄해요. 더 캄캄하다가 한번 딱 들어맞으면, 저절로 여기에 탁 초점이 맞게 되는 겁니다. 이게 말하자면 체험인데 그래서 (법상을 두드리며) 이 일 하나라, 이 일 하나!

6
사람도 없고 법도 없다

실상을 확인하면 사람도 없고 법도 없으니
한순간에 무간지옥에 떨어질 업을 소멸시킨다.

證實相無人法
刹那滅却阿鼻業

　이렇게 말할 수 있는 거예요. 이것이 (법상을 두드리며) 실상이거든
요. 여기에 사람이 있고 도가 있고 그런 게 아니에요. 그냥 바로 (법
상을 두드리며) 이거거든요. 그냥 바로 (법상을 두드리며) 이 일이라. 그
래서 여기서 사람을 말하고 도를 말하고 법을 말하는 거죠. 그런데
분별로 생각을 내서, "그럼 이거는 뭐?" 하면 어긋나 버려요. 여기서
생각을 내어 가지고 사람을 말하고, 나다, 남이다, 도다, 부처다, 중
생이다, 뭐 그렇게 하는데 이거는 그런 게 아니죠. 이건 언제든지 그
냥 이거죠. 언제든지 (법상을 두드리며) 이겁니다. 중생이라 해서 중생
이 되는 것도 아니고, 부처라 해서 부처도 아니고, 사람이라 해서 사
람도 아니고, 그냥 언제든지 이거죠. 이 일 하나죠, 이 일 하나!
　이 일 (법상을 두드리며) 하나라. 이것을 실상이라고 하는데 물론 방
편으로, 망상의 상대말로 실상이라고 이름 붙인 겁니다. 우리가 사

54

람이다, 도다, 법이다, 시계다, 마이크다, 이렇게 분별로 하는 것은 망상이에요. 이건 분별이 아니라 언제든지 변함없이 그냥 이것 하나입니다.

그래서 이것을 망상과 다르게 '실상'이라고 방편으로 이름 붙이는 건데, 그냥 방편의 이름이죠. 문제는 실상이라 하든 망상이라 하든, 이름이 아니라 그냥 (법상을 두드리며) 이 일! 이름이 아니라 바로 지금 (법상을 두드리며) 이것! 망상이니 실상이니 하는 이름이 아니고 그냥 이것(법상을 두드리며), 이 일 하나! 망상이니 실상이니 하는 이름이 아니고 (법상을 두드리며) 이 일 하나거든요.

이것(법상을 두드리며), 바로 이것! 어떤 이름을 말하든지 그냥 이거죠. 어떤 이름을 말하든 그냥 이거고, 망상이라 해도 (법상을 두드리며) 이거고, 실상이라 해도 이거고, 그냥 이것뿐인 거죠, 이것뿐. 망상이라 해도 (법상을 두드리며) 이거고, 실상이라 해도 이거고, 어떤 이름을 말하든지 간에 이 일 하나지, 이 일 하나! 하여튼 (법상을 두드리며) 이것입니다.

이것(법상을 두드리며)만 확인하면, 말은 '사람'이라 하고 모습을 '사람', 생각도 '사람' 하는데, 말하는 게 (법상을 두드리며) 이거고, 생각하는 게 이거고, 모습을 보는 게 이거거든요. 그러니까 아무리 분별을 해도 분별이 아니에요. 분별이 없어요. 그냥 이 일이지. 그냥 이 일. 아무리 분별을 해도 분별이 아니라 이거란 말이죠. 아무리 생각을 해도 생각이 아니라 이거고, 무슨 감정이 있고 느낌이 있고 하더라도 감정이 있는 게 아니고 느낌이 있는 게 아니고 그냥 이 일이죠. 그래서 (법상을 두드리며) 이것, 이 일 하나, 이 일 하나뿐이거든요.

모든 사람이 다 이것인데, 물속에 있으면서도 물을 모른다는 식이니 참 희한하죠. 이게 '증실상(證實相)' 이거든요. 증(證)이라는 게 뭡니까? 깨달음을 말할 때 '증득한다', '증험한다' 이런 말을 써요. 그건 무슨 말이냐? "증거를 내가 확실하게 체험한다"는 것이거든요. 그러니까 실상의 증거를 딱 체험해야 되는 겁니다. 그러면 이거죠. 그냥 만법이, 온 천지가 이 하나의 일이에요. 그래서 "삼라만상이 전부 스스로에게 있다"라는 말을 하는 겁니다. 만 가지 일이 다 이 하나의 일이니까요. 이게 증거고, 결국 우리 각자가 바로 증거입니다. 우리 스스로가 깨달음의 증거고 실상의 증거예요. 우리 각자가 그 증거를 갖고 있고, 우리 스스로가 바로 그 증거입니다.

생각하는 게 증거고, 보는 게 증거고, 듣는 게 증거고, 말하는 게 증거예요. 실상의 증거고 깨달음의 증거란 말입니다. 살아 있다는 이 자체가 바로 이 실상의 증거고 깨달음의 증거예요. 다른 증거가 있는 게 아니에요, 당장 지금 눈앞에 있는 모든 게 이거죠.

제가 가끔씩 '노파 공안'을 말씀드리잖아요. 부처님 이웃 마을에 부처님을 굉장히 싫어하는 노파가 있었는데, 속으로 "자기가 뭐 잘났다고 부처님이라고 항상 그래?" 이런 식이었어요. 부처님이 아무리 설법을 다녀도 눈길도 주지 않고 들으려고 하지도 않다가 어느 날 그 할머니가 길가에 있다가 보니까 저 멀리 부처님이 오거든요. 그래서 안 보려고 손으로 눈을 가렸습니다. 열 손가락으로 눈을 탁 가렸는데, 열 손가락 마디마디 위에 전부 부처님의 모습이 나타나더라. 그게 그 공안이거든요.

그러니까 이것은 안 볼 수도 없고, 뭐 일부러 볼 것도 없고, 그냥 가린다고 해서 가려지는 게 아니고, 우리가 바로 이거고, 전부가 이 일이라. 다른 일이 있는 게 아니라고요. 이게 전부 다 증거예요. 하여간 이것이 한번 분명해져야 되는 겁니다. "이 일이 분명해져야 하는 겁니다"가 알고 보면 바로 이건데. 우리 각자가 다 (법상을 두드리며) 이 일 하나를 갖고 사는 거고, 그냥 이것뿐이에요. "그냥 이것뿐이에요" 하는 게 바로 지금 이거거든요.

대혜 스님의 스승은 원오극근 스님인데 원오극근의 스승이 오조법연이라는 분이에요. 원오극근이 깨달은 인연에는 그 유명한 '소염시'라는 게 등장하죠. 원오 스님은 오조법연 스님에게 항상 설법을 들었는데, 조주 스님이 말한 '뜰 앞의 잣나무'에 관심이 많았어요. "도가 뭡니까?" 물으면 오조 스님이 원오 스님한테 "뜰 앞의 잣나무다"라는 식으로 얘기를 했거든요. 그래도 깨닫지 못하고 있었는데 어느 날 어떤 거사가 찾아와서 오조법연 스님하고 차를 같이 마셨어요. 원오 스님은 그때 마침 외출을 했다가 돌아왔어요. 차 마시는 그 옆에 서서 "외출했다가 돌아왔습니다" 하고 인사드리려고 하는 그때 마침 오조 스님이 그 거사한테 '소염시' 얘기를 했어요.

'소염시'가 뭐냐 하면, 양귀비라는 미인이 있죠? 양귀비가 당나라 현종의 황후가 됐는데 본래 그 출신이 도관의 도사 출신이에요. 우리로 치면 무당 비슷하다고 해요. 무당 출신이지만 아주 예쁘다

보니 황제 눈에 들어서 황후까지 됐어요. 근데 바람기가 좀 있어서 황후가 된 후로도 바람을 피웠어요. 그 애인이 누구냐 하면 황제의 호위대장을 했던 안녹산이라는 장군입니다. 호위대장이니까 황제 앞에 항상 딱 서 있죠. 그렇지만 대놓고 바람을 못 피우니까 자기들끼리 밀회하는 신호를 정해 놓았어요. 그게 뭐냐 하면 양귀비가 도사로 있을 때부터 데리고 다녔던 몸종이 있는데, 그 몸종 이름이 소옥이에요. 그 소옥이라는 이름을 몇 번, 어떻게 부르면 자기 애인한테 신호가 되는 거예요. 사실인지 모르겠는데 어찌됐든 그런 얘기가 있어요.

그 사건이 훗날에 시로 읊어졌는데 그 시가 두보의 시라고 하기도 하고, 정확한지는 잘 모르겠어요. 아무튼 그게 신호니까 "소옥아!" "소옥아!" 하고 양귀비가 부를 때 소옥이가 답을 하면 안 되는 거죠. 그게 아니고 "소옥아! 소옥아! 하고 양귀비가 부를 때 양귀비의 마음은 자기 애인이 자기 목소리를 들어 주기를 바라서다" 하는 시가 있어요. 말로는 소옥이를 부르지만 뜻은 그 이름하고 관계없이 목소리를 들어 줄 애인에게 있다 이겁니다.

그러면서 오조법연 스님이 거사에게 말했어요. "거사, 우리 선문의 선이라는 것은 이것하고 비슷합니다. 말은 소옥아, 소옥아 하지만 뜻은 소옥이를 부르는 곳에 있지 않고, 소옥이를 부르는 목소리를 자기 애인이 들어 주기를 바라는 것과 같습니다." 그 거사는 무슨 말인지 말귀를 못 알아듣고 그저 "예, 예" 하고 있었는데 마침 그 옆에 서 있던 원오 스님이 그 얘기를 듣는 순간에 가슴에서 무엇이 턱 내려갔어요. 그래서 자기도 모르게 말참견을 하게 돼요. "애인이 그 목소리를 들었으면 되는 것 아닙니까?" 그만 자기도 모르게 참견을 떡 해 버린 겁니다.

그 말을 듣고서 오조법연 스님은 그 거사를 내버려두고 옆에 서 있던 원오 스님을 보고 "뜰 앞의 잣나무도 똑같은 거야." 이렇게 얘기를 딱 했어요. 그걸 듣는 순간 그만 원오 스님의 가슴속 의문이 확실하게 쑥 내려가 버린 거라. '뜰 앞의 잣나무'라 해서 뜰 앞에 서 있는 잣나무를 가리킨 게 아니다 이거죠. 그걸 듣는 순간에 이게 그만 확실하게 싹 내려가 버렸어요.

그래서 자기도 모르게 갑자기 몸에 기운이 탁 풀리면서 어질어질 해졌어요. 이 체험이 확 왔을 때 좀 그럴 수 있습니다. 조금 비틀거리면서 거기서 물러나 문밖으로 나오는데, 시골 마당에는 닭을 마당에 놓아 키우잖아요? 닭 집을 홰라고 하는데 홰는 바닥에서 대개 1m 이상 공중에 매달아 놓습니다. 닭이 못 날아다닐 것 같지만 시골 닭은 1~2m 정도는 날아 다녀요. 그래서 원오 스님이 문밖으로 탁 나올 때, 마침 마당을 돌아다니던 닭이 사람을 보고 놀라 푸드득 하고 날아서 그 홰로, 자기 집으로 쏙 들어가는 거예요. 원오 스님이 그것을 보는 순간, 더 확실하게 확 와 닿은 거예요.

그래서 자기도 모르게 "아, 이것 아니냐? 바로 이거구나" 하고 얘기를 하거든요. 오조 스님도 바로 "아, 이놈이 뭘 알아차렸다" 하고 알았겠죠. 그날 저녁에 원오 스님은 스승을 찾아가서 "제가 뜰 앞의 잣나무를 알았습니다" 하니까, "그래 말해 봐라" 해서 인가를 받거든요. 인가를 받는다기보다 "네가 좀 뚫어진 것 같으니 공부를 계속해라." 이렇게 말했겠죠.

깨달음이라는 건 이런 것이거든요. 다른 데 있는 게 아니에요. 그래서 "소옥아!" "소옥아!" 하는 말을 따라가면 말짱 도루묵이고, "소옥아!" "소옥아!" 하고 부르는 여기서 말이 아니라 이것을 체험해야 돼요. 그런데 이것도 때가 되어야 하는 겁니다. 거사는 그 말이 무슨 말인지 못 알아듣고 "예, 예" 하고 대답만 하면서 꾸벅꾸벅 졸고 있었는데, 그 옆에서 듣고 있던 원오 스님이 턱 와 닿았잖아요. 그런 경우가 많습니다. 정작 가르침을 받는 사람은 모르는데, 옆에 서 있던 사람이 갑자기 턱 와 닿는 그런 일화들이 《전등록》에도 보면 여러 건 나옵니다. 그게 참 묘한 거죠.

이 일, (법상을 두드리며) 이것 하나. 한마디 말끝에 몰록 깨치는 거예요. 이 일이거든요. 다른 일이 있는 게 아닙니다. 저절로 말이죠. "저절로"가 이겁니다. 저절로, 단지 이 일 하나뿐인 겁니다. 제가 "이겁니다" 한다고 해서 '손가락 두드리는 소리' 이런 식으로 생각을 따라다니면 안 되고, (법상을 두드리며) 이런 데서 한번 자기도 모르게 (법상을 두드리며) 이게 한번 탁 와 닿는 거라.

실상을 확인하면 사람도 없고 법도 없으니…… 사람이니 법이니 하는 게 전부 이 일이죠. 만법이 전부 이름이고 모습이지만, 이름과 모습은 허깨비 같은 것이고, 오직 이 일 하나가 진실입니다. 허깨비라고 하지만 허깨비하고 실상이 구분되는 건 아니에요. 허깨비라고 하는 것도, 우리가 지금까지 워낙 이름이니 생각이니 느낌이니 감정이니 이런 데 묶여 살아오다가 해방이 되니까 이런 소리를 하는 것이지, 허깨비가 따로 있고 실상이 따로 있는 건 아닙니다. 그냥 언제든지 이 한 개 일이에요. 만 가지 일이 똑같아요. 그래서 차를 마시면 차를 마시는 게 이거고, 말을 하면 말을 하는 게 이거죠.

제 공부 경험에서도 체험을 하고 난 뒤 몇 년 동안은 '내가 법을 안다', '내가 법을 본다' 이런 입장에 있었거든요. "법이 나한테 항상 분명하다"고 하면서도 내가 있는 거예요. 내가 법을 보는 거죠. 그러니까 뭔가 항상 부족한 것 같고 뭔가 문제가 있는 것 같았어요. "내가 법을 알았다." 이렇게 되니까요.

나중에 두 번째 체험을 했을 때는 내가 따로 있지 않고 법이 따로 있지 않고, 그냥 내가 바로 법이고 법이 바로 나예요. 무슨 일이 일어나도 항상 똑같은 거예요. 그때까지 찝찝해 있던 게 깔끔하게 싹 사라졌어요. 우리가 체험을 한다고 해서 그렇게 곧장 바로 완전하게 불이법이 되지는 않습니다. 적어도 제 경험상으로는 "내가 법을 알고 이제 이 자리구나. 이게 법이구나. 내가 안심입명할 자리를 얻었구나." 이렇게 자꾸 '나'라는 게 개입을 해요. 처음에는 자기도 모르게 개입을 합니다. 그러면서 "'나'라고 할 게 또 없다"라는 말까지도 한다고요. 그런데 "나라고 할 게 없구나" 하는 이것조차도 아직은 사실 '나'가 있는 거예요. 그런 말을 할 이유가 있다 이 말이에요.

그런데 완전히 딱 하나가 되면 그런 말, 그런 생각조차도 일어나지 않아요. 그냥 일어나는 현상들 하나하나가 전부 다 똑같은 일이에요. 그렇기 때문에 '공(空)'이라는 표현을 확연하게 알 수 있는 거죠. 왜? "내가 법을 깨달았고 내가 법을 확실하게 본다" 이럴 때는 진정한 의미에서 아직 공이라고 할 수 없습니다. '나'라는 게 있기 때문에요. 법이 있고 내가 있는 동안에는 설사 어떤 체험을 통해서 그런 것을 얻었다고 하더라도, 아직까지 불이법이라든지 공이라는 말은 정확하게 할 수 없다고요.

그래서 자기는 옛날하고 사람이 많이 달라졌기 때문에 "아, 나도 이쪽으로 들어왔구나" 하고 그런 얘기를 할 수는 있지만 이게 완전히 하나가 되는 것과는 또 다릅니다. 체험이 있다고 해서 한 번 체험으로 "완전히 불이법이 성취됐다" 이런 말은 할 수가 없어요. 생각으로는 그런 말을 할 수 있겠지만요.

진짜로 이게 완전히 하나가 되면 그야말로 '오온이 개공'이라고 하듯이 사물사물이, 생각생각이, 느낌느낌이, 감정감정이 전부가 똑같은 일이에요. 여기에 무슨 주관이 있고 객관이 있고, 내가 있고 네가 있고, 그런 게 없어요. 그냥 모든 일이 똑같이 하나의 일이에요, 하나의 일!

이렇게 돼야 비로소 두려움이 사라져요. 이게 완전히 그렇게 되지 않고 '나'라는 게 조금이라도, 그런 찌꺼기가 남아 있으면 항상 뭔가 불안함도 있습니다. 약간의 불안함이 있고, 뭔지 모르지만 자신감도 좀 떨어지고 그래요. 완전히 하나가 되어 버리면 그냥 아무 그런 게 없어요. 뭘 하든지 그냥 그대로 하는 거지, 뭘 헤아리고 계산하고 하는 게 없는 거라. 그러니까 하여튼 이게 이 일(법상을 두드리며)입니다.

　실상을 확인하면 사람도 없고 법도 없으니…… 이제 완전히 하나가 딱 돼야 되는 겁니다. 한순간에 무간지옥에 떨어질 업을 소멸시킨다…… 한순간에 무간지옥에 떨어질 업이라 하더라도 그냥 하나의 이름일 뿐이고 말일 뿐입니다. 아무 그런 게 없고, 업이 나고 내가 업이에요. 그렇게 되면 업이 따로 없고 내가 따로 없어요. 말을 하자면, 업이 나고 내가 업이라고 얘기하지만, 사실 나도 없고 업도 없습니다, 그냥 이 일 (법상을 두드리며) 하나라. 나라고 할 것도 없고 업이라 할 것도 없고, 그냥 언제든지 이 일 (법상을 두드리며) 하나뿐인 겁니다.

　업장 소멸을 말하는 데 계합이 딱 되면 업장뿐만 아니고 세계 자체가, 온 법계가 전부 허깨비예요. 《원각경》에 보면 그런 말이 있어요. "세간도 꿈이요, 출세간도 꿈이요, 중생도 꿈이요, 부처도 꿈이요, 미혹함도 꿈이고, 깨달음도 꿈이다. 꿈속에서 공부를 해서 꿈속에서 깨닫지만 깨달음 역시도 꿈이다." 왜 그렇게 말하는지 이제 알 수 있어요. 그러니까 이 일(법상을 두드리며)이에요.

　한순간 무간지옥에 떨어질 업을 소멸시킨다…… 이것(법상을 두드리며)만 한번, 이것만 '탁 이렇게 하나가 되어 버리면 됩니다. '하나가 된다'고 표현할 수 있는데, 완전히 하나가 딱 되어 버리면 그야말로 만법에 자성이 없어요. 이것저것이 없단 말이죠. 아무리 분별을 해도 분별이 없어요. 완전히 하나가 되어 버리면, 사람도 없고 법도 없고 주관도 없고 객관도 없어서 만법에 자성이 없습니다. 완전히 그렇게 되면 온갖 일을 다 하면서도 아무 일도 의미 있는 일이 없어요. 인연 따라서 그냥 하는 것일 뿐이죠. 무슨 일이든지 다 하는데 아무 일도 의미 있는 일이 없습니다. 이것은 의미 있어서 꼭 해야 하고, 하지 말아야 하고, 그런 게 없어요. 그냥 만법이 다 똑같아요. 그러니까 꼭 해야 할 일도 없고 꼭 하지 말아야 할 일도 없고 그런 겁니다.

7
헛된 말로 속이면

만약 헛된 말로 중생을 속인다면
영원토록 발설지옥에 제 발로 걸어 들어갈 것이다.

若將妄語誑衆生
自招拔舌塵沙劫

　여기 헛된 말이라는 게 뭐냐 하면, 아까 소옥이를 불렀을 때 소옥
이가 대답하는 식으로 말에 뜻을 두는 겁니다. 그것을 우리가 뜻이
라고 하지만, 경전에서는 상(相)이라 그래요. 결국 상이라는 건 말에
뜻을 두는 것이거든요. 색이면 색이라는 게 있고, 공이면 공이라는
게 있고 이런 식으로요. 색이라는 게 있는데 색의 본질을 알고 보니
까 공이고, 공이라는 게 있는데 공의 본질을 알고 보니까 색이다, 이
렇게 하면 색이 있고 공이 있죠. 그게 말하자면 헛된 말이라. 색이라
는 게 있고 공이라는 게 있는 게 아닙니다. 그냥 다 방편의 말이죠.
　그러니까 말의 뜻을 따라서 공부하는 사람들의 경우, 그게 전부
헛된 말로 중생을 속이는 말이에요. 대표적인 게 선에서는 공안선
(公案禪)이죠. 공안선이란 공안을 뜻으로 헤아리는 건데, 경전을 뜻
으로 읽은 것하고 똑같아요. 공안이니 경전이니 하는 것은 모두 방

65

편입니다. 방편이라면 손가락이죠. 손가락은 달을 가리키는 역할을 할 뿐이니까 달을 보면 손가락은 잊어버려야 되는 겁니다. 손가락 속에서 달의 이치를 따지고 있으면 그게 전혀 맞지 않습니다. 손가락은 달을 보게끔 유도하는 역할만 할 뿐인데, 손가락 속에서 자꾸 달의 이치를 따지면 안 되죠. 그런데 공안선이란 공안을 따지면서 하나하나 이치를 헤아리며 공부를 합니다.

우리가 (법상을 두드리며) 여기에 체험을 하고 나서 공안을 보면, 각각의 공안이 어떤 방편인지 알 수 있습니다. "아, 이게 어떤 역할을 할 수 있다는 점에서 방편이 된다." 그런 건 볼 수가 있죠. 그런데 체험도 없으면서 공안의 뜻만 붙잡고, 마치 거기에 무슨 원리가 있고 이치가 있는 것 같고 거기서 실상을 찾는 것처럼 뜻만 따지고 있으면 그것은 전혀 맞지 않는 겁니다.

그래서 체험을 하고 나서 공안을 보면 "아, 이 공안은 어떤 취지에서 이렇게 만들었구나" 하고 알 수 있는데, 말하자면 우리가 약사로서 약의 성분을 다 이해하고 나서 약을 보면 "아, 이건 어디에 써먹기 위한 약이다. 어떤 병에 치료하게 되는 약이다" 하고 알 수 있는 것과 마찬가지입니다. 그렇다고 그런 걸 굳이 알 필요도 없습니다. 이 자리를 체험한 사람이 심심해서 한번 볼 수 있는 그런 정도고 그것은 굳이 안 봐도 되는 겁니다. 방편을 어떻게 쓰는지를 알기 위해서 한번 보는 정도죠. 그런데 아직 이 자리를 깨닫지 못한 사람이 공안의 뜻을 따라서 헤아리고 따지고 하면 그야말로 그것은 망상이죠.

이 자리(법상을 두드리며)를, 이것(법상을 두드리며)을 깨닫지 못한 사람에게 공안이라고 하는 건 단지 달을 가리키는 손가락 역할만 할 뿐입니다. 그 이상으로 그 뜻을 따지고 헤아리고 하면 안 맞는 거고, 경전의 구절들도 마찬가지예요. 경전 공부 하는 사람들이 경전의 구절들을 "부처님의 말씀이니까 무조건 진리다"라고 하면서 그 말들을 하나하나 이해하고 거기서 뭔가 진리를 도출해 내려고 한다면 어리석은 거죠.

소옥이를 부르면 소옥이라는 말만 붙잡고 늘어지는 사람하고 똑같습니다. 곧장 바로 (법상을 두드리며) 소옥이라는 이름을 부르는 그 소리에서 부르는 사람의 취지에 탁 맞아 떨어져야 되는데, 이름을 따라가는 것하고 똑같게 되는 거라. 그러니까 말뜻을 가지고 공부를 하면 안 되는 겁니다. 어쨌든 이 일(법상을 두드리며)이죠.

그리고 우리 선에서 체험을 해서 자기 살림살이가 나온 사람들이 바로 책을 보는 경우가 있는데, 책 보지 마세요. 왜 처음부터 책을 봅니까? 책 속에 무슨 진리가 있습니까? 이걸 (법상을 두드리며) 먼저 확실히 하시라니까요, 이걸(법상을 두드리며). 자기가 확인한 (법상을 두드리며) 이 자리를 더 확실하게, 더 확실하게, 더 확실하게 하시라고요.

책을 보지 마시고, (법상을 두드리며) 이것이 확실했으면 이게 자기 살림살이잖아요. 자기에게 100% 다 갖추어져 있는 것이거든요. 이제 달을 봤으면 손가락은 잊어버려라, 그 말이에요. 손가락을 보지 말고 달을 확실하게 보시라고. 그런데 달이 뭔지 모르겠다면 아직 체험을 못한 거죠. 자기가 체험했다고 하면 안 되죠. 하여튼 저는 그랬습니다. 제가 항상 말씀드리지만 이것을 체험하고 난 뒤로 한 3~4년 동안은 한 글자도 안 봤습니다. 왜? 진짜가 이렇게 (법상을 두드리며) 있는데 가짜를 볼 필요가 뭐가 있습니까? 진짜를 내가 딱 가지고 있는데, 지금 막 떡을 내 손아귀에 넣어 가지고 배부르게 먹고 있는데, 그림 속의 떡을 볼 필요가 뭐가 있느냐고요.

반드시 자기 진짜 살림살이, 생생하게 살아 있는 이것을 확실하게 해야 되는 겁니다. 체험이 있는 사람은 이걸 아주 명심해야 되는 거예요. 그렇지 않고 계속 책을 보면 체험을 한 것은 그 순간뿐이고, 다시 머릿속에 온갖 지도가 다 그려져서 거기에 무슨 깨달음이 있는 것처럼 착각을 하게 돼요. 그렇게 되면 말은 청산유수인데 실제 법은 허약한 겁니다. 그렇게 하면 안 된다니까요. 그런데 사람들은 자기도 모르게 그렇게 하는 경우가 많아요.

제가 볼 때 그 심리가 뭐냐 하면 여전히 머리에서 분별심을 극복하지 못한 거예요. 분별심 속에서 모든 것을 그려 보려고 하고 있으니까요. 책을 보지 마세요. 지금 (법상을 두드리며) 이 살림살이, 본래 내가 가지고 있는 것이지만 아직까지는 나에게 익숙하지 못한 이것을 더 확실하게, 오로지 이것 하나를 더 확실하게 해야 한다고요. 암두 스님의 말씀이 있잖아요. "가슴에서 흘러나와서 온 우주를 뒤덮어야 한다." 이게 분명해져야 된다고요.

그러면 말 같은 건 아무 의미가 없어요. 경전이고 조사의 말이라는 것은 아무 의미가 없어요. 왜? 모든 진실이 항상 나에게 환하게 드러나 있는데 조사의 공안이나 경전의 구절이 무슨 의미가 있어요? 이 법이 내 앞에 확실하게 항상 드러나 있어서 이렇게 생생하고 또렷한데, 그런 것을 뭐하려고 봅니까? 이것을 확실하고 분명하고 또렷하게 해야 되는 겁니다. 체험 있는 사람들한테 제가 부탁을 하거든요. "이제 책 같은 것은 보지 마시고 오로지 이것을 크게, 잘 키워야 됩니다." 여기에 익숙해져야 된다고요. 그게 바로 대혜 스님이 말한 "낯선 것에 익숙해지고 낯익은 것에 낯설어 간다"는 말입니다.

그래야 합니다. 여기에 익숙해지고 여기에 확실해져야 합니다. 그런데 가만히 보면 세상에서 공부하고 있다는 사람들 대부분이 머리로 장난치고 있는 거예요. 전부 다 망상하고 있는 것입니다. 진짜는 희미한데 머릿속에는 온갖 그림을 화려하게 그려요.

돌아가신 훈산 거사님이 항상 말씀하셨어요. "내가 진짜로 공부하는 사람을 한 사람이라도 봤으면 좋겠다." 이런 말씀을 많이 하셨거든요. 모두들 공부를 전부 머리로 하고 있어요. "깨달았다"고 외치고 있는 사람은 전부 머리로 하고 있는 겁니다. 체험이 있더라도 자기 살림살이를 확실하게 키우지 않고 그냥 어디서 문자나 주워 삼키려 하고, 자꾸 뭘 그런 식으로 얘기하려고 하고 따지고 말이죠. 그러면 안 되는 겁니다.

이 일, 이 일 하나, 이 진실 하나! 이 진실 하나가 분명하면 그냥 할 일이 없어요. 할 말도 없고 할 일도 없고 늘 그냥 이 일 하나뿐인 거죠. 할 말도 따로 없고 사실 할 일도 없는 것이고, 모든 일이 항상 그저 이 일 하나예요, 이 일 하나! 똑같은 겁니다. 그래서 이것(법상을

두드리며)만 확실하면 《반야심경》도 별것 아니에요. 그런 건 아무것
도 아닙니다.

만약 헛된 말로 중생을 속인다면…… 어쨌든 말로 의미를 따지고
하는 것을 공부라고 여기면 절대 안 되는 겁니다. 진짜 떡을 먹어야
배가 부른데, 그림 속에 있는 떡을 보고 온갖 이해를 하는 것하고
똑같은 짓입니다.

영원토록 발설지옥에 제 발로 걸어 들어갈 것이다…… 발설지옥
(拔舌地獄)이라는 것은 혀를 잡아 빼는 지옥이에요. 절에 가면 이런
그림이 꼭 있어요. 혀를 잡아 빼 가지고, 혀가 얼마나 넓은지 크기가
밭만 해요, 그 혓바닥 위에서 지옥을 담당하는 옥리가 황소에 쟁기
를 달아 가지고 밭을 갈아요. 그걸 발설지옥이라고 하고 거짓말, 헛
된 말 하는 사람은 발설지옥에 간다고 하죠.

하여튼 이 법입니다, 이 법. 법은 문자 속에 있는 게 아니니까 머
리로 할 것은 아무것도 없습니다. 그냥 이 하나의 진실이 명백하고
분명해져야 돼요. 그러면 언제든지 그냥 이 일 (법상을 두드리며) 하
나뿐이에요. 보고 듣고 느끼고 하는 게 똑같아요. 전부가 똑같은 일
이에요. 그냥 이 하나 일입니다, 이 하나 일. 그러니까 이건 온갖 일
이 있어도 아무 일이 없는 거라. 그야말로 "만법이 허공이고, 허공
이 만법이라." "일즉일체요, 일체즉일이라." '이 일'이라는 것은 허
공이에요. 허공이라는 말로 표현하는 거죠. 그것은 뭐냐? 아무 일이
없다 이거예요. 그러니까 (법상을 두드리며) 이 법 하나! 하여튼 이 일

70

하나, 이게 분명해야 되는 겁니다. 모든 사람이 똑같아요. 이 일 하나뿐이에요. 이 일 하나뿐!

공안이니 화두니 그런 건 몰라도 돼요. 왜? 공안이나 화두에 나오는 한 글자 한 글자의 실상이 분명한데, 그 뜻을 따져 봐야 뭐할 겁니까? 한 마디 한 마디의 실상이 이미 명백한데요. 그러다 보니 사실 제가 그 이후로는 책을 읽지 못하는데 번역은 해요. 왜냐하면 번역은 한 글자 한 글자를 보는 거거든요. 그런데 책을 읽으려면 한 문장과 문단과 한 권의 의미를 이해해야 되는데, 그런 그림이 머릿속에서 그려지지 않아요. 그래서 책을 못 보겠어요. 누가 나한테 책을 들고 오면 책꽂이에 꽂아 놓아 버리고 못 봐요. 그런데 번역은 한 글자 한 글자, 한 단어 한 단어를 번역하는 거라서 그건 할 수 있더라고요.

그러니까 머릿속에 아무런 그림이 없어요. 그냥 이것 하나뿐이에요. 이것 하나뿐! 제가 학자이기를 포기한 이유도 거기에 있는 겁니다. 책을 읽을 수 없는데 어떻게 학자를 할 수 있습니까? 사람들이 제게 "대학에 교수로 들어가면 사람들한테 얘기하기도 훨씬 좋지 않으냐?"고 묻는데, 아무리 봐도 저는 할 수가 없어요. 책을 꼭 읽어야 하는데 제가 책을 못 읽는다 말입니다. 읽어지지가 않아요. 또 읽다가 보면 바로 전에 뭘 읽었는지 기억이 안 나요. 아무것도 남아 있는 게 없으니까요. 그러니까 항상 그만 이 일 하나뿐이라. (법상을 두드리며) 이 일 하나뿐입니다. 이런저런 여러 가지 법이 있는 게 아니고, 딱 (법상을 두드리며) 이게 분명하면 항상 (법상을 두드리며) 이 자리예요.

　번역도 사실 초창기에는 아주 힘들었어요. 단어 하나의 뜻도 사실은 힘들더라고요. 그런데 이것도 다 습(習)입니다. 하다 보니까, 익숙해지니까 별로 힘이 안 들게 됐는데, 그래도 조금씩만 하지 많이는 못해요. 그것도 힘이 들어요. 왜 힘이 드느냐? 다른 데 힘이 드는 게 아니라 개념을 이해한다는 것 자체가 힘이 들어요. 머릿속에 그림을 그린다는 그 자체가. 그냥 그림이 안 그려지거든요. 그냥 언제든지 아무것도 남아 있는 게 없어요. 그야말로 새가 하늘로 날아간다는 식으로 마음이라는 게 순간순간일 뿐이지 흔적이 없어요. 그냥 (법상을 두드리며) 이것. 그러니까 순간순간일 뿐이지, 흔적이 없고 그저 이 일 하나입니다. 이 일 (법상을 두드리며) 하나!

8
모두 갖추어진다

여래선을 문득 깨달으면
육바라밀과 온갖 수행이 그 속에 모두 갖추어질 것이다.

頓覺了如來禪
六度萬行體中圓

'여래선(如來禪)'이란 '부처님의 선'이다 해서 여래선이라 하는데, 이건 하나의 이름입니다. 그저 이름일 뿐입니다. 하여튼 "한번 체험을 해서 불이법문 속으로 들어온다" 이렇게 얘기할 수 있는데, 이쪽으로 한번 쑥 들어오면 저절로 선정 속에 있어요. "좌선을 해서 고요해지고 하루 종일 정(定)이 끊어지지 않는다" 이런 소리를 하는데, "하루 종일 끊어짐이 없다, 늘 한결같다, 어디에도 머무름이 없으면서도 늘 이 자리가 분명하다" 이런 식으로 이야기할 수 있는 것들이 수행을 하지 않았는데도 저절로 돼요. 저절로 다 이렇게.

힘써 수행을 해서 이런 걸 갖추면, 그렇게 힘쓸 때는 되지만 힘쓰지 않으면 안 되는 거죠. 들어가고 나가고 하는 게 있는데, 설법을 듣다가 체험을 해서 이쪽으로 쑥 들어와 버리면 들어가고 나가고 하는 게 없습니다. 그냥 늘 이 자리고, 늘 아무 일이 없고, 하루 24시간이 저절로 선정이고 삼매입니다.

계율을 지키는 것을 예로 들면, 욕심 같은 게 저절로 나질 않으니까, 계율을 꼭 지키겠다는 의식이 없어도 저절로 그렇게 됩니다. 하여튼 이 공부는 진실로 여기에 한번 계합이 되느냐 하는 문제일 뿐인데, 그래서 이게 묘한 거예요. 그러니까 애를 써서 할 일이 전혀 없는 겁니다. 저절로 아무런 할 일이 없고, 저절로 할 말이 없고, 저절로 이런저런 잡다한 시빗거리가 사라져 버리고, 저절로 항상 일 없는 자리죠. 그래서 저절로 늘 상쾌해요. 번뇌라고 할 게 없는 거니까. 이게 참 묘한 거죠.

그래서 "여래선을 문득 깨닫는다"고 하고, "일초직입여래지(一超直入如來地)"라는 말도 합니다. "한 발짝 떼어서 단번에 여래의 지위로 들어간다"는 말인데, 이게 바로 조사선(祖師禪)이죠. 문득 불이법문에 바로 들어오는 것이 조사선의 특징입니다. 물론 문득 들어온 다음에도 사람에 따라 습이 많이 있어서 시끄러운 사람은 여전히 시끄럽고 그런 면이 없지 않지만, 그래도 사람이 바뀌어요. 어제 누가 올린 질문에 "자기도 모르는 사이에 깨달아 견성해 있는 사람이 있을 수 있습니까?"라고 물어요. 그런데 이건 말도 안 되는 소립니다. 자기가 확 바뀌는데 자기가 어떻게 그걸 몰라요?

그런 얘기들은 전부 의식을 갖고 생각으로 하는 짓이고, 실제 체험이 오면 자기도 모르게 내면에서 사람이 저절로 바뀝니다. 자기도 놀라게 되죠. 그런데 그걸 어떻게 모를 수가 있겠어요? 바뀌어서 전혀 새로운 세계에 들어가게 되는데요. 겉으로는 똑같아요. 겉으로는 차이가 없는 것 같은데, 그 내면에서의 삶이라는 것은 전혀 새로운 세계를 살게 되는 겁니다. 그래서 육바라밀이니 온갖 수행이니 하는 것을 일부러 안 해도 저절로 하루 24시간이 삼매고 하루 24시간이 선정이에요.

부처님 삼매라는 게 '무작(無作)삼매', '무원(無願)삼매', '무상(無相)삼매' 이 세 가지를 말합니다. '무작삼매'라는 건 '무위(無爲)삼매'와 같아요. 전혀 조작할 필요가 없다는 거예요. 억지로 할 게 전혀 없다 하는 거고, 그 다음 '무원삼매'는 원하는 게 없다는 거예요. 이전에는 세간에서 여러 가지 하고 싶은 욕심이 많았는데, 그런 게 싹 없어져 버려 아무것도 하고 싶은 일이 없어요.

그 다음 '무상삼매'를 보자면, 상(相)은 생각, 개념이거든요. 무상이란 개념에 지배를 받지 않는다, 즉 분별에 지배받으면서 살지 않게 된다는 거죠. 그게 처음부터 완벽하게 되지는 않아요. 시간도 좀 필요하고, 그만큼 공부에 대해서 애정과 열정이라 할까, 그렇게 자기가 쏟아 부어야 되는 부분도 있습니다. 공부에 대한 열정이 좀 있어야 하죠. 그런 변화가 없이 "뭘 알았다" 이런 식으로 한다든지, "그냥 좀 편안해졌다" 이런 정도 가지고는 안 돼요.

하여튼 그렇게 되면 또 뭐가 달라지느냐? 이 법에 대한 안목이 생겨요. 그런데 그런 체험을 한 다음에 "생활도 달라지고 사람도 달라졌는데 뭔가 항상 불투명하고 뭔가 좀 애매모호하고 어정쩡하다"고 얘기하는 사람이 있는데, 그건 안목이 갖춰지지 않아서 그런 겁니다.

이제 법에 대한 안목이 갖춰지면 자기가 항상 쓸 수 있는 칼을 가지고 있다는 그런 표현이 있죠. '금강왕보검을 가지고 있다.' 법이라는 안목이 갖춰져 있으면 잠시 자기도 모르게 버릇처럼 망상을 하다가도 다시 법으로 돌아올 수 있는 그런 힘을 갖게 되는 겁니다. 이런 것들이 다 갖춰져야 '체험을 했다'고 얘기할 수 있습니다. 그렇지 못하고 보통 지나가는 그런저런 경험들이 있을 수 있는데, 그건 체험과는 다른 겁니다.

여래선을 문득 깨달으면
육바라밀과 온갖 수행이 그 속에 모두 갖추어질 것이다.

이게 빈말이 아닙니다. 저절로 하루아침에, 정말 십 년, 이십 년 수행한 사람보다도 더 정(定)의 힘을 가지게 되죠. 말하자면 흔들림 없는 자리가 딱 확보되는 겁니다. 불가사의합니다. 이건 설명할 수도 없고 자기가 한번 체험이 돼야 하는 겁니다. 그렇게 되면 세상을 바라보는 눈도 많이 달라지고, 이전까지 세계나 인생을 바라보던 그 눈이 많이 달라져요. 그러니까 사고방식도 많이 달라지고 여러 가지 변화들이 있습니다. 겉으로는 별 차이가 없는 것 같아도요.

그래서 "여래선을 문득 깨달으면"에서 여래선이라는 것은 (법상을 두드리며) 이 자리를 가리키는 겁니다. 이 일이 한번 이렇게 와 닿으면 여기에는 사실 아무것도 없어요. 아무 뭐라고 할 게 없어요. 자기 존재라는 것도 의미가 없어지고 아무것도 없는데, 온 천지에 이 법

하나, 이 일 하나가 이렇게 밝거든요. "이게 도다"라고 할 아무런 그런 게 없는데, 온 천지에 단지 이 일 하나가 이렇게 언제 어디서든지 이 일 하나가 밝으니까요. 하여튼 (법상을 두드리며) 이게 한번 이렇게 분명해지는 것입니다.

까딱 잘못하면 "이게 나다" 하고 아는 척을 하게 되는데 그렇게 되면 안 됩니다. 진짜로 이 자리에 들어가면 그냥 '나'라고 하는 그런 의식이 자꾸 희미해서 사라져 버려요. 그러니까 도리어 조사들이나 부처님의 가르침에 고마움을 느끼게 되지, "내가 법을 안다", "내가 나다"와 같은 생각이 안 드는 겁니다. '나'라는 개념이 희미해져 버려요. 그냥 법 하나가 있을 뿐이어서 (법상을 두드리며) 이 일 하나뿐이라.

이 법 (법상을 두드리며) 하나가 딱 분명하면 이걸 왜 금강왕보검이라 하느냐? 이게 딱 드러나면 여기서는 삶이니 죽음이니 나니 남이니 좋으니 나쁘니 하는 그런 모든 차별이 없어져 버리거든요. 그냥 항상 똑같습니다. 그러니까 이게 참 묘한 거죠. 어쨌든 이건 자기가 한번 확인을 해 봐야 되는 문제죠. 하여튼 이것이 탁 드러나야 되는 겁니다. 그래야 만 가지 번뇌망상이 여기서 모두 소멸해 버리는 겁니다.

그래서 (법상을 두드리며) 이것만 분명하면 사실 아무 할 일이 없어요. 오직 하는 일이 있다면 그냥 공부, 늘 이 자리를 확인하고 여기서 벗어나지 않는 그것만이 의미가 있을 뿐이죠. 나머지는 아무 의미가 없습니다. 세속의 생활이라는 건 의미가 없어져 버려요.

그래서 어떤 사람들은 다 내다 버리고 살죠. 예를 들어 방거사(龐居士) 같은 경우만 하더라도 원래 잘살았거든요. 그런데 동정호에다 자기 재산을 싹 다 수장시켜 버렸죠. 그 가족은 모두 다 도인이었어요. 마누라도 방거사 못지않은 도인이고 딸까지 법을 깨달아서 아무런 집착이 없으니까 그냥 "우리는 재산을 다 내버리자" 했죠. 옆에 있던 사람이 "그걸 남한테 주지 왜 내다 버리느냐?" 하니까 "나한테 번뇌의 원인이 되는데 남한테 그것을 줄 필요가 뭐 있느냐?" 하면서 싹 내버리고 그냥 산으로 들어가서 밭 한 뙈기에 초가집 짓고 평생 살았다 하죠. 스님들, 선사들과 서로 공부 거래나 하고 친구 삼아 지냈는데, 그런 사례들이 많아요.

사실 가족끼리 다 도인이 되면 그럴 수 있죠. 하고 싶은 일이 특별히 없으니까요. 오직 공부만이 의미가 있게 되는 겁니다. 그러니까 항상 공부를 하고 싶어 하고 늘 이 일만 확인하고 싶어 해요. 그렇지만 세속 사람의 입장에서 보면 이해할 수 없는 사람이 돼 버리는 거죠. 그만큼 이 법이 묘한 겁니다. 이 이상이 없는 거라. (법상을 두드리며) 이것만 분명하면 아무런 걱정거리가 없으니까요.

여래선을 문득 깨달으면, 육바라밀과 온갖 수행이 그 속에 모두 갖추어질 것이다…… 그러니까 수행을 하나하나 애쓰고 노력해서 갖출 필요는 없습니다. 그냥 (법상을 두드리며) 이 법이에요.

"도가 뭡니까?"
"이겁니다."

"선이 뭡니까?"
"이겁니다."

"마음이 뭐예요?"
"이겁니다."

이 법(법상을 두드리며)에 한 번만 쑥 들어와 버리면, 그 다음은 다른 것이 눈에 보이지 않아요. 그냥 이 일뿐이라, 이 일뿐! 온 천지 모든 일이 그냥 이 하나일 뿐이라. 그래서 경전에서도 "만법이 평등하다"고 그런 겁니다. 다만 그냥 이 일 하나뿐인 겁니다. 이것만 확인하면 정말 밥 먹는 것도 잊어버리고 할 일도 잊어버려요. 지금은 제가 그렇게 안 하지만, 초창기에 선원을 처음 열었을 때에는 이 소참 법회를 하루도 안 빠지고 매일 했습니다. 한 사람이 오든 두 사람이 오든 공부하는 것 이외에는 만날 이유가 없으니까 찾아오면 앉혀 놓고 설법을 했어요. 그러는 게 나도 좋고, 찾아오는 사람도 공부 때문에 왔으니까 설법 듣는 게 좋고 그랬죠. 이 법이 그렇게 묘한 거예요. 이 법만 분명하면 이러니저러니 해도 아무 따질 게 없고 헤아릴 게 없고 아무 일이 없는 겁니다. 이게 분명하지 못하면 세간에서 세간의 모든 일을 따지고 헤아려야 되니까 번거로운 거죠.

육바라밀과 온갖 수행이 모두 갖추어진다…… 이런 경우도 있습니다. 옛날에 제가 몸이 안 좋아서 운동 삼아 육체적인 요가는 해 봤지만 호흡 수행 같은 것은 해 본 적이 없어요. 그런데 이게 체험이 오니까 어떤 희한한 일이 벌어지느냐 하면 소위 말하는 '무엇이 열린다'는 것 있잖아요. 머리끝에 구멍이 뻥 뚫어져서 저 밑바닥까지 확 뚫려 가지고 걸림 없이 통하는 그런 느낌들도 있고 하더라고요. 저는 한 번도 해 본 적이 없는데 그냥 저절로 그렇게 돼요. 그래도 거기에 대해 아무 의미를 부여하지 않았어요. 그냥 "오, 이런 일도 있구나" 하고 지나가는 건데 그게 묘한 거라. 그러니까 10년, 20년을 좌선한다고 앉아 있는 사람보다 훨씬 더 이게 걸림이 없게 되는 겁니다. 그러니 이게 참 알 수 없는 거죠. 육바라밀과 온갖 수행이 모두 그 속에 갖추어질 것이다…… 이게 빈말이 아닌 것입니다.

9
꿈속에서는 있더니

꿈속에서는 또렷이 육취가 있더니
깨어난 뒤에는 텅텅 비어 대천세계가 없구나.

夢裏明明有六趣
覺後空空無大千

꿈속에서는 또렷이 육취가⋯⋯ '육취(六趣)'라는 것은 '육도(六道)'라고도 합니다. 우리가 윤회하는 여섯 가지 길이라는 그 육도와 같은 말입니다. 그러니까 온갖 세계가 다 있다 이 말이에요. "꿈속에는 온갖 세계가 다 있는데, 깨어난 뒤에는 텅텅 비어 삼천대천세계가 없다." 눈앞에 나타나지 않는 것은 아닙니다. 그냥 나타나는 현상이야 그대로 다 있는데 희한하게도 아무것도 없어요. 아무것도 없고, 있다고 한다면 오직 이 하나의 진실이거든요. 그런데 사실 이것은 '있다, 없다'고도 할 수 없어요. '있다' 하고 찾아보면 뭐가 있는지 찾을 수 없지만, '없다'고도 할 수 없습니다. 늘 눈앞에 분명하거든요.

이건 어쨌든 이게 한번 이렇게 탁 밝아지는 건데, 아직 꿈속이라는 건, 깨달음이 없을 때에는 온 세상 모든 일이 이것도 있고 저것도 있고, 우리가 거기에 부대끼면서 사는 거죠. 그런데 한번 여기에 통하면, 그냥 지금까지 있는 일이 다 그대로 있는데 희한하게도 아무 일도 없어요, 아무 일이 없어. 유일하게 진실한 것은 이 일 하나죠, 이 일 하나!

이게 그냥 이렇게 항상 분명해지면 뭐 있고 없고, 아무 그런 일이 없어요. 육도윤회라는 게 지옥·인간·천상, 이런 식으로 온갖 것을 얘기하는데, 지옥이 따로 있고 천상·인간이 따로 있는 게 아니고 다만 망상이라. 꿈속에서 여러 가지 망상에 시달리는 것과 같은 겁니다. 그런데 이게 딱 분명하면 눈앞에 일어나는 모든 일들이 이상하게도 그냥 없어요. 아무 일이 없어요. 온갖 일이 다 일어나고 있는데도 아무 일이 없어요. 아무 일이 없고 이 일 하나만 진실합니다. 그렇지만 이게 있다고도 할 수 없고 없다고도 할 수 없는 건데 참 묘하죠.

이게 분명히 (법상을 두드리며) 이렇게, 이 하나가 진실하거든요. 이것은 부정, 긍정이 안 됩니다. 어떤 일이 일어나더라도 이 일이지, 다른 일이 아니기 때문에요. 이것은 '있다, 없다' 하는 감각 속에 있지 않아요. 그런 느낌이 전혀 들지 않습니다. 그러니까 이게 참 묘한 거죠. 있기도 하고 없기도 하고, 있는 것도 아니고 없는 것도 아니고. 그렇게밖에 표현할 수 없는 거예요. 그래서 (법상을 두드리며) 이것이 이렇게 명백해지는 겁니다.

옛날에 어떤 거사 한 사람이 찾아왔어요. 이분은 불교 공부를 나름 꽤 오래 한 사람인데 안거도 여러 철을 나고 했답니다. 어느 비 오는 날 우산을 들고 걸어가는데 문득 길가에 어떤 강아지 한 마리가 비를 쫄딱 맞고 바들바들 떨고 있더래요. 그런데 그것을 보는 순간 가슴에 무엇이 쑥 내려가더래요. 그렇게 쑥 내려가고 자기가 궁금했던 게 더 이상 궁금하지 않은 거예요. 그래서 "어, 이게 뭐지?" 하고 인터넷을 검색해 보고 소위 체험한 사람들의 체험기를 읽어 보고 하니까 자기하고 같은 거라. 그래서 "아, 내가 이 자리를 얻었구나." 그러고 나니까 자기가 옛날하고 많이 달라져서 경전 같은 걸 봐도 잘 보이고 그러더래요.

그러다가 우리 선원 홈페이지에 들어와서 제 얘기를 읽어 보니까, "이 법이 분명하고 진실해서 변함없이 딱 분명하다"라고 하는데, 그 얘기는 자기한테 와 닿지가 않는 거예요. 그래서 그분 말씀이 "다른 데서 나오는 체험기를 다 읽어 봐도 그냥 텅 비고 아무것도 없다고 하는데, 분명하고 확실하다는 얘기는 오직 무심선원에서만 하고 있다"는 거였어요. 저한테 와서 "지금 뭔가 잘못된 게 아니냐?"고 해서 제가 "당신 스스로를 돌이켜 봐라. 지금 당신이 정말 의심 하나 없나? 뭔가 미심쩍은 게 없나?" 하니까 "사실 좀 미심쩍기는 하다. 싹 비어서 아무것도 없는 것 같기는 한데, 뭔가 중심을 잡을 수 없다." 이게 뭔가 중심이 없고 이게 뭔가 좀 이렇게 애매모호하다 이거죠.

제가 "그러면 안 됩니다. 거사님은 지금 불편하잖아요?" 그랬더니 "사실 지금 불편함이 있다"고 하더라고요. "그 불편함이 싹 사라지려면 명백해져야 합니다. 반드시 명백해집니다"라고 했더니 "그런가요?" 하고 간 후로 소식이 없네요. 체험한 사람들 중에 그런 사람들이 있습니다. 체험이라고 다 같은 체험이 아닙니다. 걸렸던 게 없어져서 이렇게 편안해질지는 몰라도 이 법을 보는 안목이 명백해지지 않으면, 모든 번뇌는 내려놓았는데 뭔가 갈피를 못 잡는 거예요. 이 법을 보는 안목이 없기 때문에 그렇게 되는 겁니다.

어정쩡하고 애매모호한 채로 그냥 무조건 고요하고 편안하게 쉬면 되는 줄 알고 자꾸 쉬려고 하죠. 쉬는 게 나쁜 건 아니지만, 쉬기만 해서는 안 되고 이게 한번 법이 명백해져야 하는 겁니다. 명백해져야만 쉬고 안 쉬고의 차이가 없어져 버려요. '쉰다, 쉬지 않는다' 사이의 차별이 없어지고, 더 확실해지면 그냥 일반 세간사와 법의 차이가 없어져 버려요. 그러면 세간 속에 있으면서도 법 속에 있게 되는 거죠.

그렇게 되면 또 역시 세간사에 시달리는 사람이 눈에 보이죠. "아, 이 사람은 정신세계가 이 속에 있지를 않고 세간 속에 있구나." 딱 그것을 알 수 있습니다. 정신세계가 이쪽에 있으면, 세간사 속에 있는 사람들은 뭔가에 집착하고 있기 때문에 탁 보면 뭔가 걸리는 게 있어요. 그런데 이 속에 있는 사람은 있는지 없는지, 걸리는 게 없어요. 말하자면 그렇게 얘기할 수 있는 건데, 하여튼 그건 안목의 문제입니다.

꿈속에서는 또렷이 육취가 있더니

84

깨어난 뒤에는 텅텅 비어 대천세계가 없구나.

이제 이런 얘기를 할 수 있는 겁니다, 이것은 전적으로 체험의 문제입니다. 그러나 (법상을 두드리며) 이게 꿈속이라 해도 꿈속이 따로 있는 게 아니고 깨어난 뒤가 따로 있는 게 아닙니다. 법은 그냥 이것 하나뿐입니다. 이것 하나가 분명하고 여기서 꿈을 얘기할 수도 있고 꿈을 분별할 수도 있고 깨어난 것을 얘기할 수도 있지만, 법은 그저 이 법 하나뿐입니다. 이 법이 분명하고 법의 힘이 확실해져야 세간 속에 있으면서도 세간 속에 있지를 않아요. '부처님의 세계' 나 '불국토(佛國土)' 라는 말을 많이 하죠. 불국토라는 건 그냥 하는 소리가 아닙니다. 물론 방편의 말이긴 하지만 그냥 하는 소리가 아닙니다. 이 세계 전체가 불국토로서 어디를 가든지 모든 일이 다 불법이다, 이렇게 얘기할 수 있습니다. 스스로가 이 법 하나뿐이니까요. 생각으로 하는 게 절대 아닙니다.

생각으로 하면 절대로 안 되고, 이게 한번 초점이 딱 들어맞아야 돼요. (법상을 두드리며) 이 일이 이렇게 한번 분명해져야 돼요. (법상을 두드리며) 이것, 하여튼 이겁니다. 하여튼 (법상을 두드리며) 이것은 의식적으로 알 수 있는 것은 아닙니다. 여기서(법상을 두드리며) 한번 통달하는 것, 여기에 (법상을 두드리며) 한번 이렇게 통해서 이걸 깨달아 버려야 해요. 의식으로 대충 "아, 이런 건가?" 하고 느낄 수는 있겠지만, 그래 가지고는 안 되죠. 완전히 의식이 부서지고 놓아져서 사라져 버려야 하고, 허공 같은 법이 이렇게 분명해져야 하는 겁니다.

의식을 가지고는 아무리 해도 그 한계를 넘어설 수가 없어요.

의식이 완전히 부서져서 완전히 녹아 없어져 버리고, 그냥 허공 같지만 허공이 아니라 진실한 이 하나가 명백해져야 합니다. 마조는 "허공이 설법을 한다"고 했는데, 물론 방편의 말이긴 하지만 그냥 아무 근거 없이 하는 소리는 아닙니다. 허공 같이 텅 비어서 아무것도 없는 것 같지만 항상 진실한 이것 하나, 이 일 하나! 이게 어쨌든 명백해져야 되는 겁니다.

이 일이 한번 이렇게 와 닿아야 되고, 그렇게 되면 법 자체에 무슨 향기가 따로 있는 건 아니지만, 법의 즐거움이랄까 법의 향기를 즐길 수 있습니다. (법상을 두드리며) 이 일 하나거든요, (법상을 두드리며) 이 일 하나! 언제든지 (법상을 두드리며) 이 법이고 (법상을 두드리며) 이 일 하나여서, 전혀 이쪽저쪽이 없어요. 하여튼 이건 본인이 한번 느껴 봐야 되는 거라. 느껴 보고 확인해 보고, 그래서 언제든지 이렇게 (법상을 두드리며) 이 일이 한번 분명해져 봐야 되는 겁니다.

이런 얘기는 믿음을 갖고 듣지 않으면 도무지 알 수 없는 이야기처럼 들리죠. 근데 무조건 믿고 "그냥 그렇겠지" 하고, "그런 것 같다" 하고, "그렇구나" 하고 무조건 들으면 그것이 빨리 와 닿을 수 있어요. 강 건너 불구경 하듯이 자기 의식과 생각을 가지고 이 설법을 들으면 계속 문밖에서 서성거리게 되는 겁니다. 들어올 수가 없어요. 그러니까 그렇게 하지 마시고, 몰라도 그냥 무조건 받아들이는 식으로 들으면 비교적 빨리 여기에 (법상을 두드리며) 들어오게 됩니다. 이 법 속으로 들어올 때에는 지금까지 자기가 가지고 있었던 것을 완전히 버려야 합니다. 그것을 안 버리고는 여기에 들어올 수가 없어요. 의식이 완전히 녹아서 사라져 버려야 돼요. 그게 버려지지 않으면 완전히 이쪽으로 들어올 수가 없습니다. 계속 그게 걸리기 때문에.

그러니까 법 속에 들어오면 과거의 자기라는 건 완전히 사라져 없어지는 겁니다. 그렇게 돼야 하는 겁니다. 그래야 완전히 법 속의 사람이 되고 아까 말했던 '여래선'이 정말로 '일초직입여래지'라고 말할 수 있는 거예요. 그렇게 하려면 그게 결국 믿음이고 발심이죠. "내가 법을 위해서는 내 몸까지도 버릴 수가 있다" 하는 말들이 바로 그런 발심을 나타내는 겁니다. "오직 법 하나만 얻으면 나는 뭐든지 다 포기할 수 있다." 이런 마음의 자세가 필요합니다.

그렇지 않으면 세속에서 발을 뺄 수가 없어요. 계속 거기에 발을 담그고 있게 되거든요. 그렇게 되면 법 속으로 완전히 들어올 수 없습니다. 약간 미친놈처럼 생각되고, 약간 정신 나간 놈처럼 느껴지고, 바보처럼 느껴지더라도, 완전히 법 속으로 들어와 버려야 진짜 이 불법의 맛을 볼 수 있고 삶의 문제가 완전히 해결이 되는 것이지, 어정쩡하게 양쪽에 발을 딛고 있으면 법의 맛을 완전히 볼 수가 없습니다. 그런 측면이 있습니다. 결국 공부에는 여러 가지 요령이 없어요. 오직 자신의 마음가짐, 자기의 자세에 달려 있습니다.

10
묻거나 찾지 마라

죄와 복이 없고 손해와 이익도 없으니
적멸인 본성 속에서 묻거나 찾지 마라.

無罪福無損益
寂滅性中莫問覓

죄니 복이니 좋은 일이니 나쁜 일이니, (법상을 두드리며) 여기에는 그런 게 없어요. 이거다, 저거다 할 그런 게 전혀 없습니다. 그냥 단순히 이 법 하나뿐이라. 이 법 하나! 그러니까 이것 이상이 없는 겁니다. 《금강경》에 보면 그런 말이 있죠. "삼천대천세계를 칠보로 장식하더라도 이 경전 한 구절과는 비교를 할 수 없다." 우리가 그런 말을 세속적인 관점에서 보면 말도 안 되는 소리거든요. "삼천대천세계를 다이아몬드로 다 장식한다"는 것에 비해 경전 한 구절은 아무것도 아니죠. 그렇지만 법 속에 들어와서 보면 삼천대천세계를 다이아몬드로 장식해 봐야 그건 아무것도 아니에요. 그건 쓸데없는 짓이고 이 법 하나가 유일하게 가치가 있을 뿐입니다. 다른 것은 아무 가치가 없어요.

그러니까 어디에 발을 딛고 보느냐에 따라 세상을 보는 관점이 완전히 달라지는 겁니다. 그렇기 때문에 "세속 속에 있으면서 세속에서 해탈한다"고 하는 거죠. 세속적인 게 아무런 가치가 없어져 버리니까요. 말하자면 가치가 사라져 버리고, 오직 이 법 하나가 소중할 뿐이고, 오직 이 법 하나가 진실할 뿐이에요. 그러니까 죄도 없고 복도 없고 좋은 일도 없고 나쁜 일도 없다 이거예요. 손해 볼 것도 없고 이익 볼 것도 없고, 법에는 그런 게 없고 그냥 이 하나입니다.

무심선원 초창기 4~5년 동안은 제가 선원에서 돈을 한 푼도 가지고 갈 게 없었어요. 그런데 이런 일을 한다고 하니까 집사람은 완전히 저를 미친놈 취급했어요. 돈 한 푼 안 가져오면서 여기에 완전히 몰입을 하고 있으니까요. 제 입장에서는 가정을 포기하면 포기했지 이것은 포기 못하겠는 거예요. 그래서 집사람에게 "당신이 언제든지 가고 싶으면 가라"고, 사실 그 얘기를 입에 달고 살았습니다. 집사람이 상처를 많이 받았겠죠. 그런데도 저는 "언제든지 나는 모든 것을 포기할 수 있다. 그런데 내가 먼저 포기하지는 않는다" 이렇게 말했어요. 저는 포기하고 안 하고 그럴 게 없으니까 그런 얘기를 많이 했습니다. 그런데 우리 집사람이 무슨 일인지 모르겠는데 끝까지 포기를 하지 않더라고요. 그런 것도 인연이죠. 하여튼 그런 심정이에요. 지금도 제가 이 선원을 하고 있기는 하지만 언제든지 싹 놓아 버리고 저 혼자 그냥 공부할 수 있다 하는 심정이거든요.

한편으로는 제가 뭔가 이렇게 의무를 짊어지고 있는 것 같은 느낌이 드니까 "내가 아니면 이 일을 할 수 있는 사람이 과연 또 얼마나 될까?" 싶기도 해요. 그래서 사실 힘들면서도 자꾸 이렇게 하고 있는 건데 일종의 의무감이 있어요. 또 법을 이렇게 알고, 우리 과거 조사 스님들이나 부처님 생각을 해 보면, 그런 의무감을 또 느끼지 않을 수가 없어요. "아, 이걸 알았으면 그래도 좀 같이 나눠야지. 나 혼자 갖고 있는 건 안 되겠구나." 그런 의무감도 있습니다.

우리가 이것을 이렇게 혼자만 알고 있으면 어떤 사람은 소승(小乘)이라고 욕하죠. "자기 혼자만 가지고 있다" 이러면서요. 물론 이 법을 펼치고 싶다 해서 펼쳐지는 것도 아니고 인연이라는 게 또 있으니까요.

죄와 복이 없고 손해와 이익도 없으니…… 우리가 아무튼 "이 일 하나만 있으면 그야말로 이 자리에서 죽어도 좋다" 이런 생각이 들 정도로 아무 원하는 게 없어요. 그냥 이 법 하나만, (법상을 두드리며) 이것만 분명하면 돼요. 그러니까 (법상을 두드리며) 이것을 아는 사람이 제일 반갑죠. 저하고 같이 공부하다가 체험을 한 분을 보면 뭐랄까, 아들 딸 보는 느낌이거든요. 그냥 반갑고 좋은 거예요.

그런데 우리 선원 초창기에는 그 애정이 너무 심해 가지고 너무 관심을 주니까 안 좋아하더라고요. 그래서 제가 정신을 좀 차렸어요. 지금 돌이켜 보면 초창기에 체험한 분들 중 몇 분이 요즘 선원에 잘 안 나오시더라고요. 그런 분들을 생각해 보면 "아, 내가 너무 관심을 많이 줬구나." 관심을 준다는 건 간섭으로 비춰질 거고, 그게 안 좋았던 것 같아요. 요즘은 그렇게 안 해요. 어쨌든 공부하는 사람들이 같이 공부해서 결국 이 자리를 이렇게 공유한다는 게 참 좋습니다. 정말이지 도반만큼 좋은 게 없어요.

제 스승님을 보면 당신의 자식보다 더 저한테 애정을 많이 쏟았거든요. 돌아가실 때 갖고 계신 재산도 자식한테는 안 주시고 저한테 주셨어요. 물론 선원에 쓰라고 준 것이지만, 중요한 일을 의논할 때도 항상 저하고 했죠. 자식이라 해 봐야 딸이 하나 있었는데 서울에 살다가 미국에 가 있었으니까요. 하여튼 저를 자식으로 여겼습니다.

저 역시 저를 낳은 아버지보다도 제 마음을 열어 주신 스승님이 더 가까웠고, 같이 앉아 있으면 거리감을 못 느꼈어요. 지금은 돌아가셨지만 부부보다 더 가까운 거라. 솔직히 부부도 거리감이 있잖아요. 서로 눈치를 좀 보고 말이죠. 그런데 스승님과 같이 앉아 있으면 눈치가 안 보여요. 뭐랄까, 거리가 없어요. 제가 물론 깍듯이 예절을 다 지키고 거사님도 저보다 35년 차이가 나는 연배인데도 제게 한 번도 말을 놓지 않았습니다.

그렇게 서로 예절을 잘 지키고 했는데도 하여튼 부모 자식보다 더 가깝게 지냈습니다. 마음이 통하면 저절로 그렇게 되는 겁니다. 이 공부, 정신세계에서 우리가 다 이렇게 하나가 되는 건데 참 묘한 겁니다.

적멸인 본성 속에서 묻거나 찾지 마라…… "본성이 적멸이다." 이거다 저거다 할 게 아무것이 없는데도 명백하고 이렇게 분명한 겁니다. 이 일, 이 일 하나! 이게 이렇게 명백하고 분명한데, 하여튼 정말 이게 (법상을 두드리며) 이 일이 한번, 어쨌든 여기에 통해야 되는 겁니다. 여기에 통해서 이렇게 하나가 돼야 돼요. 그러면 이것뿐이라 이것뿐. 이 일 하나뿐입니다. 언제든지 이 일이고 이게 이렇게 분명하면 항상 어딜 가든지 이거죠.

지금이야 그런 일이 없지만 옛날에 제가 힘이 약할 때에는 자기도 모르게 어떤 욕망이라든지 또 이런저런 생각이라든지, 특히 기분이나 감정에 끌려가기도 했죠. 그런 것에 끌려가면 뭔가 몰라도 안 좋아요. 무언가 불편하죠. 그럴 때 저는 무릎을 한 번 탁 쳤어요. 탁 치면 그만 곧장 바로 이 자리라. 옛날에 초창기에 힘이 약할 때 그런 식으로 이것, '금강왕보검'이라는 걸 그런 식으로 썼죠. 제일 잘 안 되는 것 중에 하나가 자기도 모르게 어떤 감상에, 또는 감정적으로 끄달릴 때가 있거든요.

그럴 때에는 한 번 탁 무릎을 치면 감정이고 감상이고 그런 게 없어요. 바로 적멸, 그야말로 아무것도 없는 거라. 아무것도 없고 딱 이 하나의 진실밖에 없는 거라. 지금은 이게 완전히 일상화가 되어버리니까 그럴 필요가 없어요. 저절로 찾아봐도 찾을 게 없어요. 감정이니 감상이니 욕망이니 그런 것도 없고, 그냥 일어나는 일마다 이 하나의 일이에요. 제가 벌써 체험한 지 18년 정도 됐거든요. 18년 정도 되니까 이렇지, 처음 몇 년은 그렇지 않았습니다. 몇 년간은 힘이 약하니까 자꾸 끄달리곤 하죠.

우리가 본성이라고 하는 것 중에 육체가 요구하는 잠이라든지 배고픔 같은 게 있잖아요. 사실 저는 혼자 있으면 점심을 먹을 생각이 안 일어나니까 굶는 경우가 많아요. 문득 "배가 고프네" 하면 두유 같은 걸 하나 꺼내 먹고 말죠. 혼자 있을 때는 대개 점심을 이렇게 거릅니다. 그렇다 보니 "아, 알약 같은 것 하나만 먹고 하루 지낼 수 있는 그런 게 좀 없나?" 하는 생각이 들죠. 먹는 것 자체가 귀찮아요. 육체가 요구하니까 억지로 먹기는 하는데, 먹는 것도 귀찮고 소화시키는 것도 귀찮고 그만 귀찮은 거라. 그게 욕망이라서 그런 게 아니라 육체에서 일어나니까 어쩔 수 없이 그러는 것이고. 실제 우리가 본성이라고 하는 게 다 습이라, 습! 그런데 나중에 보면 다 이게 법으로 돌아오는 겁니다.

조주 스님이 한 말이 있죠. "내가 한 30년 지나니까 이제는 어떤 것이 일어나도 아무런 끄달림이 없는데 밥 먹을 때만은 그게 잘 안 된다." 이런 얘기를 했거든요. 밥 먹을 때는 맛있는 것에 자꾸 젓가락이 간다고 그렇게 얘기를 했습니다. 육체가 가지고 있는 습은 육체가 살아 있는 동안에는 어쩔 수 없는지도 모르죠. 하지만 그 나머지는 다 극복이 돼요. 왜냐하면 결국에는 이 법 하나지 다른 게 아니거든요.

죄와 복이 없고 손해와 이익도 없으니…… 죄니 복이니 좋고 나쁘고 손해고 이익이고, 이건 모두 다 세속적인 얘기입니다. 적멸인 본성 속에서 묻거나 찾지 마라…… 아무 일 없어요. 그래서 우리가 (법상을 두드리며) 여기에서 딱, 여기서 한번 계합이 된다고 하는 건, 온갖 일들 속에서 딱 (법상을 두드리며) 돌아올 수 있는, 그런 아무 일도 없는 자리! 이게 금강왕보검, 적멸인 본성이라 하는 건데 이 자리를 한번 확보해야 되는 겁니다, 이게 확보가 되는 거예요.

이게 확보가 돼야 비로소 항상 이 자리로 돌아와 늘 이 자리에 익숙해져서 대혜 스님이 말하는 식으로 "낯선 것에 익숙해지고 익숙한 것으로부터 낯설어진다"라는 말을 실감할 수 있습니다. 오래오래 하다 보면 점차 늘 (법상을 두드리며) 이 자리에 있을 수 있습니다. 그러니까 (법상을 두드리며) 이 일 하나, 이게 (법상을 두드리며) 한번 (법상을 두드리며) 여기에 와 닿아야 하고, 이게 (법상을 두드리며) 확보돼야 하는 건데, 이게 (법상을 두드리며) 어쨌든 한번 체험되고 확인이 되어야 합니다.

적멸을 왜 본성이라 그러느냐? 이름이 본성이지만 그냥 (법상을 두드리며) 이 자리! 이건 뭐라고 할 게 아무것도 없어요. 아무것도 없는데 항상 이것 하나가 진실할 뿐이거든요. 아무것도 없는데도 불구하고 그냥 오직 이 일 하나가 진실할 뿐입니다. 그래서 적멸인 본성이라. 적멸이란 게 뭡니까? 다 사라지고 아무것도 없다는 말이거든요. 어쨌든 이 일, 이 일 하나, 하여튼 여기에 한번, 이렇게 죽었다가 깨어나는 체험을 한번 해도 좋고, (법상을 두드리며) 이걸 한번 체험을, 이것을 한번 확인을 해야 되는 겁니다. 이 일 하나, 이 일 하나!

몰라도 꾸준히 (법상을 두드리며) 그냥 꾸준히 이렇게, 이렇게 (법상을 두드리며) 듣고 또 듣고, 관심을 가지고 마음이 항상 여기에 와 있고, 늘 그렇게 하다 보면 자기도 모르는 사이에 여기에 한번 이렇게 통할 때가 있습니다. 한번 (법상을 두드리며) 이 자리가 확보만 되면 그

94

다음에는 계속 끄달려 갔다가도 다시 이 자리, 다시 이 자리로 돌아옵니다. 계속 그런 식으로 이 자리에 이것을 더욱더 확고하게 이렇게!

처음에는 조그마한 모래알만큼, 바늘구멍만큼 뚫었다가 나중에는 온 천하가 걸림 없이 다 이 안에 들어오듯이 커지는 겁니다. 처음에는 바늘구멍만큼 겨우 이렇게 "아, 이런 일이 있구나." 이렇게만 알고 있지만, 자꾸 익숙해지다 보면 온 천하, 우주 전체가 다만 이 일이라 이 일. 바깥이 없어요. 세속과 출세간이 따로 없어요. 전부가 모든 일이 이 하나의 일이라. 그렇게 돼야 되고, 그렇게 되면 이제 그야말로 장애가 없습니다.

《반야심경》에서 "장애가 사라진다"고 했죠. 그런데 그게 쉽지 않습니다. 장애가 사라진다는 것은 세간과 출세간, 깨달음과 깨닫지 못함의 경계선이 없어진다는 것인데 그게 쉽지 않습니다. 체험 한 번 했다고 그렇게 되지는 않아요. 계속 공부를 해서 그야말로 만법이 하나가 탁 되어 버려서, 그래 가지고 법이 따로 없고 경계가 따로 없고, 그만 언제든지 이 일이고 이 자리가 되어야 비로소 장애가 없다는 것을 스스로 알 수 있죠.

지난주에 어떤 보살님이 찾아왔어요. 그 보살님이 한 2년 전에 어떤 선원 수련회를 갔는데 거기서 3일째인가 체험이 턱 왔다 하더라고요. 그래서 지도하시는 스님께 말씀드렸대요. "아, 이젠 제 앞에 모든 일이 있어도 제 앞에는 아무것도 없습니다." 그래서 그 스님의 인가를 받았답니다. "더 이상 공부할 게 없으니까 살고 싶은 대로 사세요." 이 말을 듣고 선원에도 안 나오고 집에서 혼자 지냈대요. 근데 옛날하고 생활이 많이 달라지긴 했는데, 화를 내고 감정에 끄달리는 부분은 여전히 완전하게 사라지지 않고, 항상 뭔가 찜찜하고 불편한 게 있었다고 해요.

그래서 인터넷으로 여기저기 찾다가 우리 선원 홈페이지 글을 읽어 보니까, 한번 가 봐야 되겠다 싶어서 찾아왔다고 그러더라고요. 그래서 제가 "다른 것 하지 말고 설법을 들어 보시라"고 그랬어요. 그런 경우처럼 비록 자기가 체험을 했어도 법을 보는 안목이 딱 서지 않으면, 뭔지 모르지만 계속 의구심이 남아 있는 겁니다. 그래서 제가 말해 줬죠. "설법을 계속 들으세요. 법을 보는 안목이 딱 밝아져야 당신이 지금 갖고 있는 그 의구심이 말끔하게 사라질 것입니다." 그 보살님이 계속 설법을 듣겠다고 했어요. 어쨌든 이 법을 보는 안목이 확실히 정립이 돼야 해요. 그렇지 않으면 뭔가 모르지만 의구심이 남아 있을 수밖에 없습니다.

그러니까 하여튼 (법상을 두드리며) 이게, 계속 이 공부를 해 가지고 이 법이 저절로 이렇게 딱 분명해서, 그야말로 내 생각하고 관계없이 내가 나를 어떻게 할 것도 없이, 법이 법을 말하도록, 이 자리가 이 자리를 말하고, 이 자리가 그만 온 천지에 나타나서 저절로 이렇게 증명이 되고 입증이 되고, 온 천지가 적멸해 가지고 그야말로 티끌 하나도 걸릴 게 없어야 됩니다. 늘 뭘 어떻게 하든지 간에 그냥 이 일이에요.

그렇게 되면 이제 사물사물이 다 부처님이어서 법을 늘 이렇게 증명해 주는 겁니다. 하여튼 이 일이 이렇게 분명해져야 돼요. (법상을 두드리며) 이 일 한 개, 이것뿐이에요. 어쨌든 이걸 한번 확인을 해서 이렇게 확인하고 난 뒤에도 시간이 많이 걸려요.

우리 선원에서 거사로서 첫 번째로 체험한 분이 계셨는데 안타깝게도 암 때문에 돌아가셨어요. 체험기에 1번으로 나오는 분인데 원래 당뇨가 상당히 심했어요. 나중에 그게 췌장암으로 전이가 되더라고요. 결국 체험하고 2년 만에 돌아가셨는데, 돌아가시기 일주일 전까지 통화를 했어요. 그때쯤에는 완전히 기력이 다 빠져 가지고 몸무게가 삼십 몇 킬로까지 줄어들었더라고요.

그분이 늘 "내게 시간이 십 년만 더 주어지면 좋겠다. 이제 법을 알았으니 지금 죽어도 옛날과 달리 여한은 없지만, 법에 아직 익숙하지 못하니까 십 년만 나한테 시간이 더 주어지면 진짜 완전히 법의 세계 속에서 아무 미련이 없을 텐데." 그런 말씀을 하셨어요. 그런 심정을 이해할 수가 있습니다.

체험이 왔다고 해서 처음부터 완전할 수는 없고 "이런 세계가 있구나" 하고 이제 겨우 맛을 본 것이므로, 이 세계에 더욱 익숙해지고 이 세계를 더욱 즐길 때까지는 그런 미련이 남게 되죠. 그러니까 하여튼 (법상을 두드리며) 이 일을 빨리 확인하시고 충분히 익숙해져서, 그야말로 적멸한 불법 속에 이렇게, 완전히 불법밖에 없고 사람이 사라지고, 이렇게 되는 게 부처님의 은혜를 갚는 길입니다.

11
때 낀 거울 닦은 적이 없는데

이전에는 때 낀 거울을 닦은 적이 없는데
오늘은 분명하니 낱낱이 밝혀야 하겠다.

比來塵鏡未曾磨
今日分明須剖析

　이전에는 때 낀 거울을 닦은 적이 없는데 오늘은 거울이 아주 밝
으니 낱낱이 밝혀야 하겠다…… 우리가 말뜻을 이해할 수도 있지만
말뜻보다도 먼저, "이전에는" 이 한마디에는 말이 있는 게 아니고,
그렇다고 생각이 있는 것도 아닙니다. "이전에는" 이 한마디로써 더
이상 이거다 저거다 하고 헤아릴 것 없이 바로 곧장, 안팎도 없고
앞뒤도 없이 바로 지금 이 일이에요. "이전에는", 이것이 100%고 이
게 전부 다고, "이전에는", 여기서 더 이상 뭘 취사선택할 일이 없습
니다. "이전에는", 이것뿐이죠. "이전에는"이 바로 이 자리, 이거거
든요.
　우리의 습관은 자꾸 생각하고 헤아려 보고 뭘 잡으려고 하고 얻
으려고 하고 확인하려고 하고 알려고 하는 건데, 이것(법상을 두드리
며)은 아는 문제와는 전혀 별개입니다. 아는 게 아니고, 이런저런 분

별을 떠나 흔들림 없고 변함없는 (법상을 두드리며) 이 자리입니다. 마치 물을 깨달으면 물결이 어떻게 일든 상관없어지는 것과 같아요. 이 변함없는 자리가 드러나면, 생각하고 말하고 듣고 하는 어떤 일이 일어나더라도, 다른 일이 아니고 항상 똑같습니다. 똑같이 그저 이 한 개 일입니다. 그래서 "이전에는"이 곧장 이 일이고 그냥 이 자리입니다.

이것이 분명하게 체득이 되어야 합니다. 체험을 해서 체득이 되어 가지고 흔들림 없이 이렇게 딱 확고해지면 아무 일이 없죠. 어떤 생각을 하더라도 생각 자체가 무슨 의미가 있는 게 아니고, 생각생각이 전부 이 일이죠. 마찬가지로, 무슨 말을 하더라도 말이 무슨 의미가 있는 게 아니고, 한마디 한마디 말이 전부 이 일입니다. 그래서 언제든지 이것은 항상 변함이 없고 항상 똑같은 일입니다. 이 일이 한번 이렇게, 이게 한번 이렇게 분명하게 자리가 탁 잡히면, 남아 있는 일이 없는 겁니다.

그래서 (법상을 두드리며) 이것을 가리켜 드리려고 하는 것이죠. (법상을 두드리며) 이것은 비록 말을 해서 가리키고 손짓 발짓을 해서 가리키지만 모습에 있는 것은 아니고, 지금 우리 각자 자기 자신에게 완전하게 갖추어져 있습니다. 스스로가 한번 이것을 확인만 해 버리면 돼요. 예를 들어 손가락 세우는 것을 보고 확인을 했다, (법상을 두드리며) 법상 두드리는 것을 듣고 확인했다 해 봅시다. 그러고 난 다음에는 손가락 세우고 법상 두드리는 것이 의미가 없고, 자기가 완전하게 이것을 갖추고 있기 때문에 자기 살림살이입니다. 자기 살림살이가 언제든지 이렇게 명확하고 확고해야, 안팎이 차별 없이 사물사물이 전부, 온 우주가 다, 자기 살림살이가 되어야 헤매 다닐 일이 없습니다. 만 가지 일이 다만 똑같은 하나의 일이 되는 겁니다.

이전에는 때 낀 거울을 닦은 적이 없는데…… 이건 그냥 단순하게 "옛날에는 내가 그냥 때가 낀 채로 살았구나. 망상 속에서 그냥 깨어나지 못하고 살았구나." 이런 뜻으로도 이해할 수 있겠죠. 또 나중에 이 자리에 이렇게 계합하고 나서 보니까 "때 낀 거울이 본래 밝은 거울이어서 닦을 필요가 원래 없는 것이다." 이렇게도 얘기할 수 있습니다. 때 낀 거울이 원래가 밝은 거울이라. 이걸 분별심으로 보면 더러운 걸 닦아 내고 깨끗하게 해야 되지만, 실제 법의 실상을 보면 더러운 것이 곧 깨끗한 것이죠. 더러운 게 따로 있고 깨끗한 게 따로 있지 않아요. 하나의 일입니다, 하나의 일!

우리가 보통 마음을 '더럽다' 하면, 생각이나 느낌이나 감정이나 이런 것들이 마구 일어나고, 거기에 끌려 다닐 때 그것을 더럽다고 하죠. 그렇게 끄달려 다닐 동안에는 더러운 일이고 더러운 사바세계고 번뇌지만, 이것을 확인하고 나서 보면 생각이 그대로가 이 법이고, 느낌이 그대로가 이 법이고, 감정이 그대로가 이 법이에요. 그러니 생각은 생각이 아니고 느낌은 느낌이 아니고 감정은 감정이 아닌 겁니다.

그래서 더러운 것 그대로가 깨끗한 것이지 따로 있지 않다 이겁니다. 그렇다고 더러운 것을 내버려두고 깨끗하다 이렇게 얘기하는 것은 아닙니다. 이것에 한번 계합이 되면, 더러움이 따로 없고 깨끗함이 따로 없다 그 말이거든요. 더러운 일이 따로 없고 깨끗한 일이 따로 없어요. 언제든지 이 일, 이 한 개 일이란 말이죠. 마음을 거울에 비유하는 경우는 굉장히 많습니다. 우리 불교에서도 그렇고 선에서도 그렇죠. 거울에 온갖 모습이 비치듯이 마음속에 삼라만상이 나타난다고 하죠. 그런 측면에서 마음을 거울에 비유합니다. 그래서 거울에 때가 끼면 삼라만상의 모습이 거울의 때에 가로막혀 제대로 드러나지 않고, 거울에 때가 없으면 삼라만상의 모습이 그대로 다 드러난다, 이런 식으로 얘기하는데 그것은 말하자면 이분법적인 사고방식입니다.

이 본래 마음이라는 거울은 때가 낄 유리가 없어요. 마음이라는 거울에 때가 낄 뭐가 있다고 한다면, 그건 상을 만들어서 집착하고 있는 겁니다. 본래 마음은 허공과 같아서, 마음이라는 거울은 허공과 같아서 때가 낄 자리가 없습니다. 그래서 느낌느낌이, 생각생각이, 감정감정이 때가 아니라 그대로가 전부 한 개의 밝은 거울이 되는 겁니다. 하나하나의 일이 전부 이 하나의 일이거든요. 이래야 비로소 우리가 불이법이라는 얘기를 할 수 있는데, 그것은 (법상을 두드리며) 이게 한번, 이 일이 한번 딱 밝아져야 돼요. 다른 것은 없고 이 일이 한번 분명해져야 되는 겁니다.

오늘은 분명하니 낱낱이 밝혀야 하겠다…… 이게 분명하다 하는 건 다른 말로 하면 초점이 딱 들어맞아서 이쪽저쪽이 없다, 안팎이 없다고 얘기할 수 있어요. 초점이 딱 들어맞아서 안팎이 없으면, 지금 이쪽이나 저쪽에 떨어져 있는 사람들을 보고 알 수가 있습니다. 자기 스스로가 불이중도에 딱 초점이 맞아 있으면 "아, 저 사람은 뭐가 있다는 데 떨어져 있구나." 아니면 "아, 저 사람은 뭐가 없다는 데 떨어져 있구나." 이렇게 양변에 떨어져 있는 모습을 보면 저절로 다 보입니다. 이런 이야기는 애써서 낱낱이 밝혀야 하는 게 아니고 저절로 밝아지는 겁니다.

하여튼 이 불이법이라고 하는 것, '한번 초점이 딱 들어맞는다'는 말은 자기가 직접 체험을 해 보지 않으면 애매모호한 말이고, 알 수 없는 말이죠. 초점이 탁 들어맞으면, 법은 있는 것도 아니고 없는 것도 아닙니다. 법이라는 글자 자체는 방편의 말이고, 삼라만상이 전부 다 있는 것도 아니고 없는 것도 아니고 똑같은 겁니다. 똑같아요. 언제든지 똑같은 일이고 그냥 "만법이 있는데 아무것도 없다" 이런 말이 저절로 나옵니다. 그래서 이게 분명하다 하는 겁니다.

이게 분명하긴 하지만 이건 표현할 수가 없어요. 그런데 본인이 이렇게 딱 맞아떨어져 있을 때, 그렇지 않은 경우를 보면 저절로 판단이 서죠. "아, 이 사람이 뭔가에 집착을 하고 있구나, 어딘가에 머물러 있구나" 하는 게 보이거든요. 말을 안 해도, 구체적으로 상세하게 얘기를 안 해도, 대충 이야기하는 것만 들어 봐도 그만 알 수가 있어요.

하여간 다른 게 없습니다. 지금 "이 법 하나입니다" 하는 이런 얘기를 듣고 본인이 한번 자기 살림살이가 명백해져야 되는 겁니다.

주관 · 객관이 없고 안팎이 없어요. 사물사물이 전부가 똑같이 하나의 일이라, 하나의 일! 그러니까 뭘 하든지 이게 진실이고 이게 다입니다. 죽비를 치면 죽비를 치는 게 진실이고, 차를 마시면 차를 마시는 게 진실이죠. 시계를 보면 시계를 보는 게 진실이고, 말을 하면 말을 하는 게, 생각을 하면 생각을 하는 게 그대로 진실이에요. 진실과 허위라는 두 가지가 없고 만법이 하나거든요. 한결같이 똑같아요. 그냥 한 개의 일이라, 하나의 일! 한 개의 일이니까 뭘 하든지 생각을 하든지, 뭘 느끼든지 감정이 있든지 행동을 하든지, 그냥 이 한 개의 일이라, 하나의 일.

그러면 저절로 할 일이 없어지고 가만히 있어도 하루 종일 전혀 다르지 않아서 하루 24시간이 항상 똑같아요. 공부라는 것을 하는 것도 아니고, 그냥 항상 아무 다른 일이 없는 겁니다. 그래서 이 일 하나가, 이 일 하나를, 하여튼 (법상을 두드리며) 이거 하나가 이렇게 밝아지는 것이지 다른 일은 없습니다. 이 일 (법상을 두드리며) 이것 하나가 밝아지는 거예요. 그러니까 사실 할 말이 없는 거라. 무슨 말을 하면 그게 방편으로 어쩔 수 없어서 얘기하는 거죠. 왜냐? 뭘 하든지 그냥 이 일 외에는 다른 일이 없는데 이러쿵저러쿵하는 게 안 맞는 겁니다. 정말 입을 열 곳이 없고 발을 디딜 자리가 없어요. 왜냐하면 뭘 하든지 다 이건데, 따로 뭐 이거다 할 뭐가 있어야 가리키죠.

12
누가 태어남이 없는가?

누가 헛된 생각이 없고 누가 태어남이 없는가?
만약 진실로 태어남이 없다면 태어나지 않음도 없다.

誰無念誰無生
若實無生無不生

　누가 헛된 생각이 없고 누가 태어남이 없는가?…… 이 누구라는
것도 없습니다. "누가?" 하니까 "내가", "사람이", "법이", "부처가",
이렇게 답을 한다면 개념에 떨어져 버리는 겁니다. 누구라는 것도
없고 그냥 똑같아요, 모든 일이. "내가 어떻다" 그러면 "내가 어떻
다"라고 하는 이 생각만이 그냥 하나의 일이죠. "내가 어떻다"라고
하는 생각이 바로 이 일이지, 나라고 생각하는 주인공이라 할까 그
런 게 없습니다.

　흔히 우리가 착각을 하죠. "내가 생각을 한다" 이렇게 하거든요.
"내가 법을 깨닫는다", "내가 법을 안다" 이렇게 하는데 그게 망상
중에서 1번 망상입니다. 그것을 《금강경》에서 아상(我相)이라 하고,
유식학에서는 '말라식(末那識)'이라고 해요. 말라식 또는 제7식이라
고 합니다. '나'라고 하는 게 망상 중에서 첫 번째 망상이죠.

104

우리가 이 법을 확인하고 나서 보면 "내가" 그러든지 "시계가" 그러든지 똑같은 일이거든요. 똑같은 일인데 우리는 "내가" 그러면 여기 내가 있고, "시계" 그러면 저기 시계가 있고 이렇게 되거든요. 경계선을 그어서 분별세계에 떨어져 버리는 거라. "내가" 그러면 내가 있고, "시계가" 그러면 시계가 저기 있어서 경계선에 떨어져 버리는 거죠. 안팎을 구분하고, 주관·객관을 구분하고, 전부 그런 식이죠. 그런데 '나' 라는 게 있으면 이게 만 가지 번뇌의 중심이 됩니다.

지금 비가 내리고 있죠. 수증기가 비가 될 때는 먼지 같은 게 있어서 그걸 중심으로 수증기가 엉겨 붙어서 빗방울이 된다고 하잖아요. 눈송이도 그렇게 된다고 하고요. 그런 식으로 이 '나' 라고 하는 개념이 탁 형성되면 거기에 번뇌가 들러붙어요. 그게 말하자면 번뇌의 중심이 되어 버리는 겁니다.

불교에서는 소승이든 대승이든 '무아(無我)' 라는 말, "나라고 할게 없다"는 말을 끊임없이 하죠. 번뇌를 없애는 길은 그 길이기 때문에 그런 겁니다. '나' 라고 할 게 없고 '마음' 이라고 할 게 없어야 번뇌가 붙을 자리가 없는 겁니다. 자꾸 공부를 해서 그게 분명하면 "나"라고 하는 거나, "시계"라고 하는 거나 "3·3은 9"라고 하는 거나, 죽비를 한 번 치는 거나 똑같은 한 개 현상, 똑같은 한 개 일이거든요. 똑같은 하나의 일인데 자기도 모르게 망상을 피워서 "내가 죽비를 친다", "내가 시계를 본다", 자꾸 이런 식으로 한단 말이죠. '나' 라고 하는 개념을 아주 견고하게 붙잡고 있습니다. 그처럼 '나' 라고 하는 개념을 아주 강하게 잡고 있기 때문에 번뇌가 안 없어지죠.

설사 좀 많이 편해졌다 하더라도 미세하게는 계속 '나' 라는 거기에 끄달려요. 순경계(順境界)에서는 잘 모르는데, 역경계(逆境界)가 생기면 그만 확 끄달려 버리죠. '나' 라고 하는 개념이 안 사라지고 남아 있기 때문에 그렇게 된다고 볼 수 있죠. 그러니까 우리가 공부하는 것은 좀 철저해야 돼요. 철저히 해서 내가 있는 것도 아니고, 마음이 있는 것도 아니고, 법이 있는 것도 아니고, 그냥 만 가지 일이 똑같이 하나의 일이라는 게 명백해져야 돼요. 이것은 있는 것도 아니고 없는 것도 아니고, 색도 아니고 공도 아니고, 안도 아니고 바깥도 아니고, 한결같이 하나의 일이다, 하는 게 명백해져야 됩니다.

우리 주위에 있는 사람들, 이 공부를 안 하는 사람들은 '나' 라고 하는 개념을 습관적으로 가지고 살기 때문에 이게 참 실제로는 어렵습니다. 물론 우리도 지금까지 그렇게 살아왔고요. 모든 사람이 그런 개념 속에서 살고 있고 그것을 당연하게 여기고 있고, 또 우리 공부하는 사람 스스로도 지금까지 그렇게 살아왔는데 하루아침에 '나' 라는 개념이 확 사라지느냐? 그게 안 되는 거라.

그러니까 이 공부 하는 사람은 법에 철저하게, 초점이 딱 들어맞아 가지고 "정말 이 일 외에 다른 일이 없구나" 하는 게 자꾸 더 진실해지고 그렇게 해야 조금씩 공부가 더 깊어집니다. 옛날 선사들은 공부를 평가할 때, 늘 "훌륭하다"거나 "잘됐다" 하는 그런 말을 절대 안 합니다. "조금 괜찮다" 또는 "그 정도 하면 조금 괜찮다" 이렇게 표현하죠.

우리는 보통 "철저하다", "철두철미하다", 이렇게 말하기를 좋아하거든요. "완전하다"라고 말하기를 좋아하지, "조금 됐다", "그 정도 같으면 조금 그럴듯하다"라는 말은 듣기 싫어합니다. 그런데 옛날 선사들의 어록을 보면 "철저하다", "훌륭하다", 절대 그런 말은 안 합니다. 아주 훌륭한 경우를 놓고서 "그 정도 같으면 조금 볼 만하다." 항상 그렇게 얘기를 한다고요.

지금 보니까 그렇게밖에 말을 할 수 없다는 게 이해가 됩니다. 왜? 이게 절대로 쉽지 않습니다. 아상이라는 것이 극복되는 게 절대 쉽지 않습니다. 그러니까 비록 자기가 많이 변화되고 달라지고 법을 보는 안목이 좀 생겼다 하더라도 "공부 쪽으로 조금 들어섰다" 이렇게 얘기를 해야 그게 맞는 거지, "철저하다", "그야말로 완전하다", 이런 식으로 얘기하는 건 자기의 소원을 말하는 거예요. 바람을 얘기하는 것이지 실제 그렇게는 안 되는 겁니다. 이 공부가 결코 만만한 게 아니거든요.

누가 헛된 생각이 없고 누가 태어남이 없는가?…… 누가 있는 게 아니라 "누가"가 바로 이 일이고 "헛된 생각"이 이 일이고 똑같습니다. "헛된 생각"이 바로 이거고 "누가"가 이거고, "있다" 하는 게 이 거고, "없다" 하는 게 이거거든요. 이것을 '사사무애(事事無礙)'라 하는 거죠. "현상현상이, 사물사물이, 일어나는 모든 일들 전부가 말하자면 공도 아니고 색도 아니고, 있는 것도 아니고 없는 것도 아니어서 한결같을 때 비로소 사사무애라." 그런 얘기를 하는데 절대 쉽지가 않습니다.

머리로는 이해를 어느 정도 할 수 있지만, 본인이 실제 그렇게 된다는 것은 별개의 문제입니다. 그러니까 머리로 아는 것을 가지고 자기 공부로 삼으면 안 되죠. 실제로 평소 생활 속에서 매 순간이 그렇게 돼야 하는 것이지, 그렇게 아는 것이 아니에요. 절대 공부가 쉬운 게 아닌 겁니다.

누가 헛된 생각이 없고 누가 태어남이 없는가?…… 누구라고 할 것도 없고, 헛된 생각이 있는 것도 아니고 없는 것도 아니죠. 우리가 생각을 하고 생각에 속으면 그것을 헛되다고 하지만, 이 일이 분명하면 생각생각이 헛된 것도 아니고 진실한 것도 아니고 똑같아요. 헛됨도 아니고 진실함도 아니고 한결같이 똑같은 겁니다.

태어난다, 죽는다, 살아 있다, 죽었다, 이런 것도 다 개념입니다. 이 법의 입장에서 보면 그게 다 분별에서 하는 소리죠. 삶도 아니고 죽음도 아니고 헛됨도 아니고 진실함도 아니고, 그냥 항상 이 일이에요. 이 한 개 일일 뿐입니다.

만약 진실로 태어남이 없다면 태어나지 않음도 없다…… 그러니까 삶이 없다면 죽음도 없다 이거예요. 또는 번뇌가 없다면 깨달음도 없다 이 말입니다. 태어남이 없다면 해탈, 열반도 없다 이거예요. 생사가 없다면 열반도 없다…… 생사에 상대해서 열반을 말하는 것이지, 생사가 없다면 열반이라 할 것도 없고, 모든 일이 다만 이 하나일 뿐입니다. 분별하면 생사윤회가 있고, 반대로 생사윤회에서 벗어나는 해탈열반도 있으니, 이게 양변입니다. 분별하면 두 가지 경계죠. 진실로 (법상을 두드리며) 이게 분명하면 생사윤회가 생사윤회가 아니고, 해탈열반이 해탈열반이 아니고, 그냥 이 한 개의 일일 뿐입니다. 여기서 생사윤회를 분별하고 해탈열반을 말하는 것이지, 이 하나의 일일 뿐입니다.

(법상을 두드리며) 이 한 개의 일이, 어쨌든 이게 한번, 이 일이 한번 이렇게 명확하고 분명해져야 해요. 그냥 (법상을 두드리며) 이것 하나뿐이에요. "명확하다" 하는 게 이거고 "분명하다" 하는 게 이거거든요. 그냥 이 일 하나뿐이란 말이죠.

공부에서 철두철미하다 하는 게 어렵다는 것은, 제가 볼 때, 공부에 대해 자기가 얼마나 애정이 있느냐 하는 겁니다. 얼마나 공부에 비중을 두고 있느냐? 저 같은 경우에도 처음에 체험이 와서 "아, 이거 알겠구나" 했을 때하고 지금하고는 하늘과 땅 차이입니다. 처음에 "알겠구나" 하고 나서도 실제 생활 속에서는 이전까지의 분별하고 망상했던 온갖 일들에 끄달리고 집착하고 살았던 그 버릇이 그냥 그대로 남아 있기 때문이죠. 그게 훨씬 더 친근하고 가깝지, 법이 친근하고 가까운 게 아니거든요.

법에 애정이 없었다면, 법에 정말 애정과 관심이 완전히 이렇게 기울어지지 않았다면, 여전히 세속의 재미에서 벗어나지 못했을 거예요. 세속에 사는 것도 사실 재미가 있잖아요. 재미있으니까 사람들이 세속적으로 살죠. 그러니까 세속적인 재미에서 벗어나지를 못하고 여전히 그것을 즐기고 있었을 거예요. 제가 그 당시에 그랬거든요.

그런데 이 세속적인 재미가 아니고 출세간법의 맛을 이렇게 보니까, 말하자면 새롭게 맛을 본 신세계인데, "내가 이것을 끝까지 철두철미하게 밑바닥까지 그 진국의 맛을, 진짜배기를 한번 보자" 하는 그런 의지가 생겼죠. 그래서 세속적인 재미는 일단 무조건 무시하고 관심을 두지 않고, 오직 이 법에만 계속해서 몰두를 했죠. 법의 맛을 조금 본 건데 정말 완전히 밑바닥까지 한번 맛을 보자 싶어서요. 그 시간들이 굉장히 긴 세월이었는데 그게 결국 공부와 법에 대한 애정이죠. 공부와 법, 출세간의 세계에 대한 갈증이기도 하고 가치 부여이기도 하고요. 이런 자세가 공부에서는 제일 중요한 겁니다. 마음이 얼마나 (법상을 두드리며) 이쪽에 와 있느냐, 이게 제일 중요해요.

마음이 항상 이 공부에 와 있으면 일상생활 속에서도 저절로 공부가 됩니다. 잡다한 세간의 일을 하면서도 마음은 항상 이쪽에 와 있으니까 그게 공부라. 저절로 되는 거죠. 그러니까 잡다한 일상생활을 하면서도 마음은 항상 이쪽에 와 있어서 좀 더 철저하게 자꾸 좀 더 확실하게 하는, 그런 시간들이 쭉 축적이 되면 공부가 깊어지는 것입니다. 그게 대혜 스님이 말한 "낯선 곳에 익숙해지고 익숙한 곳으로부터 낯설어 간다" 하는 거죠.

저도 옛날에는 담배도 많이 피우고 술도 마셨어요. 또 제가 학자 출신이니까 지식을 추구해서 남 앞에 가서 발표하는 것도 좋아했는데요. 이후 출세간의 일을 알았으니 이 세계를 철저하게 한번 파 보자 하면서 그냥 여기에만 계속 관심을 가지고 있었죠. 그러니까 저절로 세속 일에는 관심이 없어지고 이쪽에만 관심을 두고, 그게 결국은 공부입니다. 공부라는 것은 자기 마음먹기에 달린 것이지 특별한 요령은 없습니다. 그러니까 공부가 자꾸 원하는 대로 이루어져요. 자꾸 출세간의 일을 원하고 그쪽에 관심이 있으니까 자꾸자꾸 이쪽으로 공부가 깊어지는 거죠.

13
나무인형에게 물어본다면

나무인형을 불러서 물어본다면
부처 찾고 공 베푸는 일 언제 이루랴.

喚取機關木人問
求佛施功早晚成

'기관목인(機關木人)'이라는 것은 나무인형이니 꼭두각시입니다. 실을 매달아서 놀리는 그 꼭두각시 나무인형요. "나무인형을 불러서 물어본다면"에서 나무인형이라는 것은 우리 육체를 가리키죠. 우리가 나무인형처럼 막 부리는 거니까 육체를 가리키고, 또 우리 육체뿐만 아니고 의식이나 생각을 나무인형이라고 할 수 있죠. 우리가 부리는 경계, 그러니까 오온이죠. 육신이나 생각, 느낌, 감정, 의식, 이런 것을 붙잡고 거기서 무엇을 찾아본다면 "부처를 찾고 공을 베푸는 일이 어떻게 되겠느냐?" 경계 속에서 뭘 찾으려고 하면 그게 되는 게 아니다 그 말입니다.

임제 스님의 '삼구(三句)'에 보면 그런 말이 있죠. 제1구, 제2구, 제3구 할 때 제3구를 보면, 나무인형이 꼭두각시 연극을 하잖아요? 그러면 나무인형들이 나와서 행동도 하고 말도 하는데, 실제로 그것을 움직이는 것은 그 뒤에 있는 사람이죠. 사람이 말을 하는데 보이지는 않습니다. 사람이 말을 하고 사람이 움직이고 있지만, 사람은 안 보이고, 보이는 것은 나무인형이에요. 그래서 겉으로는 나무인형이 움직이고 말을 하는 것 같지만, 실제로는 사람이 움직이고 사람이 말을 하는 거죠. 이게 제3구라고 하는 겁니다.

우리가 이 공부를 할 때 처음에는 그런 식으로 얘기를 하는 거죠. 지금 이렇게 행동하고 말하는데, 이 모습이 진실한 게 아니다. 이렇게 행동하고 말하는 이 모습이 진실한 게 아니고, 이렇게 행동하게 하고 말하게 하는 진짜 진실한 사람은 따로 있다, 이제 그것을 찾아야 된다. 이런 식으로 얘기하는 것, 제3구라고 하는 것은 이렇게 하나의 이치로 얘기하는 겁니다.

이것을 의리선(義理禪)이라고 하는데, 이치로 얘기하는 것에 불과합니다. 방편으로 그렇게 얘기할 수는 있지요. 그걸 다르게 말하면, 이렇게 드러나 있는 모습은 다 현상이고 현상 뒤에 숨겨진 본질이 따로 있다는 거잖아요. 그래서 그 본질을 찾아야 된다고 하는 거죠. 초보자에게는 그렇게 말할 수 있죠. 겉으로 드러난, 보고 듣고 느끼고 하는 건 허망한 현상이다, 이 현상 뒤에 진짜배기 본질이 따로 숨어 있다, 그래서 그것을 찾아야 된다…… 발심을 불러일으킬 때는 그렇게 말할 수 있습니다. 그런데 발심을 해서 "그래, 한번 찾아보자"라고 하는 사람에게는 "꼭두각시가 지금 움직이고 있는데 그 뒤에 숨어 있는 사람은 없다" 이렇게 또 얘기를 해 줘야 돼요. "꼭두각시 나무인형이 지금 말을 하고 있는데, 그 뒤에 그것을 움직이고 말을 하는 사람은 없다." 이렇게 얘기를 해 줘야 되죠.

그러면 꼭두각시가 그런 말을 하고 움직이는 게 아닌데 그 뒤에 숨어 있는 사람도 없다? 이해를 할 수가 없죠. 어쨌든 그런 식으로 처음에는 이해를 시켰다가 이해를 할 수 없는 쪽으로 딱 이끌어 가야 하는 겁니다. 실제로 우리가 나중에 진실을 알고 봐도 꼭두각시가 지금 움직이고 말하는데 그 뒤에 숨어 있는 사람이라는 건 없습니다. 따로 없습니다. 따로 있다면 법이 이법(二法)이 되겠죠. 경계와 법, 그게 이법이 되는 겁니다. 따로 없습니다. 지금 이렇게 말하는 게 100%이고, 움직이는 게 100%이지, 뭔가 뒤에 있어서 말을 하고 움직인다고 한다면 그건 법상(法相)을 만드는 거죠. 그런 건 아닙니다. 나중에 보면 그게 에고(ego)이고 아상(我相)이고 법상(法相)입니다. 따로 있는 게 아니에요.

이게 전부인데, 말로만 이해할 게 아니고 정말로 따로 없어야 되는 거죠. 정말로 따로 없이, 그냥 말하면 말하는 게 100%고, 움직이면 움직이는 게 100%고, 정말로 따로 없어야 되는 겁니다. 그렇지 않고 이치상으로만 이해를 해서는 안 돼요. 하여튼 한번 이렇게 체험이 와서 보면, 꼭두각시가 막 지금 연극을 하고 있는데 뒤에 사람이 숨어 있지 않다 이겁니다. 이게 100%예요.

그래서 말하면 말하는 이게 전부지, 앞뒤가 없고, 주관·객관이 없고, 안팎이 없습니다. 움직이면 움직이는 게 다지, 사람이 따로 없습니다. 이게 100%거든, 이게 100%예요. 사람이라는 게 따로 있으면, 이법(二法)이 되어 버리고 망상이 됩니다. 이법은 다 망상입니다.

그렇기 때문에 '사사무애'라고 말할 수 있는 겁니다. 사물사물, 드러나 있는 현상 그대로가 본질이지, 따로 본질은 없다 이거예요. 그래서 사사무애인 겁니다. 사물이 본질이 아니라면 사물은 사물끼리 서로 부딪치죠.

그러니까 색이 그대로 공이지, 따로 공은 없다 이겁니다. 사물사물이, 그대로 있는 것이 그대로 없는 것이지, 따로 없어요. 하나의 일이라. 하나의 일이에요. 우리는 자꾸 아무 일 없는 자리, 텅 비고 깨끗한 자리를 찾으려고 합니다. 체험한 사람들조차도 그런 경우들이 대다수입니다. 왜냐하면 체험을 했을 때, 그때의 느낌은 깨끗하고 텅 비고 아무것도 없는 느낌이 강하게 들거든요. 그러면 거기에 딱 머물려고 해요. 자꾸 머물려고 하고, 자꾸 그것을 붙들려고 하고, 자꾸 그것을 더 확실하게 하려고 하는 거라. 그런데 그게 허깨비입니다. 희한하지만 그게 허깨비예요. 지금까지 우리가 '뭔가가 있다'라는 것에 집착했는데, 반대로 넘어오면서 '없다'라는 것에 다시 집착하고 있는 현상인데, 허깨비입니다.

거기에 머물면 안 되죠. 있음과 없음이 둘이 아니게 된다는 것은, 지금까지 망상번뇌라고 알고 있던, '있다'라고 집착했던 이것이 그대로 다 수용이 되고 이렇게 용납이 되고 그게 그대로가 전부가 되어야 하는 것이죠. 그러면 그것은 있는 것도 아니고 없는 것도 아닙니다. 이제 그런 식으로 한 번 더 불이법에 계합이 딱 되어야 합니다.

그렇지 않고 계속 텅 비고 아무것도 없고 깨끗하고 하는 거기에

115

만 머물러 있으면, 체험을 했지만 깨달음은 아니에요. 그게 바로 소 승불교입니다. 깨달았지만 깨달음이 아니다 이겁니다. 대승의 입장 에서 보면 그게 소승이에요. 깨끗하고 텅 비고 아무것도 없는 자리 에 머물러 있습니다. 그것은 이쪽에서 저쪽으로 이사를 간 거지, 이 쪽도 아니고 저쪽도 아닌 불이법은 아닌 겁니다. 불이법은 이쪽과 저쪽이 다 갖추어져 있지만 이쪽도 아니고 저쪽도 아닙니다.

이걸 또 다른 식으로 얘기해 보면, 우리가 의식세계 속에 살다가 의식이 끊어진 무의식세계 속으로 들어가는 체험을 해탈의 체험이 라고 한다면, 불이법이라는 것은 의식과 무의식의 경계선이에요. 의 식도 아니고 무의식도 아니지만, 의식으로도 갈 수 있고 무의식으 로도 갈 수 있는 겁니다. 이 경계선에 놓고 딱 정확하게 초점이 맞 아서 보면 무의식의 세계와 의식의 세계라는 것은 망상이에요. 실 제로는 그런 세계는 환상이고 망상입니다.

대개 보면 의식세계에서 괴로움을 막 당하다가 무의식 쪽으로 가 는 걸 원하거든요. 그래서 처음에 체험은 대개 무의식 쪽으로 가는 체험이 와요. 그래서 "아, 이제 아무것도 없구나. 텅 비고 깨끗하구 나. 이제 번뇌가 다 사라졌구나." 이렇게 하는데 그 무의식세계 속 에 빠져 있으면 그건 또 하나의 경계입니다. '초점이 딱 맞다' 라는 것은 의식세계와 무의식세계라는 양쪽이 없는 겁니다. 이것도 방편 의 말이지만 이런 식으로 얘기할 수 있습니다.

19세기 인도의 어떤 유명한 깨달은 분의 말을 보면 이런 얘기가 나오거든요. 힌두교 수행자인데 어느 순간 무의식세계 속으로 빠져

들어갔는데 그 사람 말로는 신의 세계라고 그럽니다. 어머니 품속이라고 표현하는데, 그 속으로 들어가면 지복(至福)이라 그래요, 지복. 너무 행복하고 아무것도 없고 깨끗하고 행복한 세계 속에 들어가는 거라. 그래서 그 속에 들어가서 푹 빠져 있는 거예요. 그야말로 삼매 속에 들어가 있는 거죠.

그런데 거기에만 평생 들어가 있을 수도 없고 가끔씩 의식세계 속으로 나오는 거죠. 그래서 항상 두 가지 세계를 얘기하는 거라. 사바세계, 즉 의식의 세계, 분별의 세계와 무의식 또는 신의 품속이라는 이 두 가지 세계를 말합니다. 그런데 몇몇 곳에서는 신의 품속도 아니고 인간의 세계도 아닌 그 경계선이라는 얘기가 나와요. 그 양반은 거기에 대해서 별로 중요하게 여기지를 않아요. "그냥 그런 세계가 있는 것 같다"는 식으로 얘기하거든요. 그러고는 평생 이쪽 세계와 저쪽 세계를 왔다 갔다 해요. 우리 입장에서 보면 바로 자기가 봤던 경계선이라는 그게 불이법인데 거기에는 초점이 정확하게 맞지 못했던 것 같아요. 양쪽을 왔다 갔다 하고 있다고요.

우리 불법의 불이중도라는 것은 무의식의 세계도 아니고 의식의 세계도 아닙니다. 분별 속에 있지도 않고, 분별이 없는 삼매 속에 있지도 않고, 그냥 딱 하나입니다. 딱 하나가 분명하면 온갖 분별이 있지만 분별이 아니고 항상 삼매고, 항상 삼매 속에 있지만 또 역시 온갖 분별을 다 하는 겁니다. 이것을 (법상을 두드리며) 불이중도(不二中道)라고 합니다. 이 불이중도라는 말은 우리 불교에서만 하는 거예요.

그러니까 우리가 체험을 하고 깨달았다 해서 아주 지극한 그런 행복 또는 깨끗하고 텅 비고 아무것도 없는 세계 속에 그냥 푹 빠져 있다면, 이것은 불교에서 말하는 바른 법이 아니고 외도입니다, 외도. 불교의 법은 불이중도거든요. (법상을 두드리며) 이건 어쨌든 한번 저절로 초점이 딱 들어맞으면, 있는 것도 아니고 없는 것도 아니고, 의식도 아니고 무의식도 아니고, 그냥 만법이 한결같이 똑같아요. 똑같이 온갖 일이 다 있는데 그만 아무 일이 없는 겁니다. 그러니까 (법상을 두드리며) 이건 한번 초점이 딱 들어맞아야 해요.

14
인연 따라 먹고 마신다

사대는 놓아 버리고 붙잡지 말지니
적멸인 본성 속에서 인연 따라 먹고 마실지어다.

放四大莫把捉
寂滅性中隨飮啄

'사대(四大)'는 이 육체입니다. 지(地)·수(水)·화(火)·풍(風)이라는 사대. 육체에 머물러 있어서는 안 되죠. 우리가 사대색신(四大色身)이라 그러잖아요. 색뿐만 아니고 색·수·상·행·식, 육체뿐만 아니라 느낌·생각·감정·욕망·의식, 이런 데 머물러 있으면 안 됩니다. 거기에 사로잡혀 있지 말고, (법상을 두드리며) 이 법이 분명해야 됩니다. 이 법이 분명하다 하는 것은 결국 색이 색이 아니고, 느낌이 느낌이 아니고, 생각이 생각이 아니고, 욕망이 욕망이 아니고, 의식이 의식이 아니에요. 그냥 이 한 개 일인데, 하여튼 여기에 한번 (법상을 두드리며) 딱 들어맞아야 돼요.

들어맞아 버리면, 물질은 물질인데 물질이 아니고, 느낌은 느낌인데 느낌이 아니고, 생각은 생각인데 생각이 아니고, 그냥 저절로 그렇게 되어 버리니까요. 이게 초점이 한번 딱 들어맞아 버리면, 사대

색신인데 사대 색신이 아니고, 저절로 이 한 개 일이 명백해져 버리는 겁니다. 그래서 하여튼 (법상을 두드리며) 여기에 한번! 딱 (법상을 두드리며) 이 일이라, 이 일 하나라. 초점이 맞다, 계합이 정확하게 딱 된다 하는 겁니다.

사대는 놓아 버리고 붙잡지 말지니…… 사대뿐만 아니라, 육체뿐만 아니고, 느낌 · 생각 · 감정 · 욕망 · 의식이 전부 다 경계고 의미가 없습니다. 그냥 이 법 하나, 한결같이 이 한 개의 법이에요. 법은 마음법이니까, 마음이라 해도 좋고 법이라 해도 좋고, 변함이 없는 이 하나의 일, 이 자리! 하여튼 (법상을 두드리며) 이 자리에 한번 이게 딱 들어맞으면, 있는 것도 아니고 없는 것도 아닙니다. 항상 똑같은 일입니다. 똑같습니다. 그래서 이것을 '적멸'이라 하는데, 열반을 번역한 말입니다.

적멸인 본성 속에서…… 열반이 우리의 본성인데, 적멸이라는 게 결국은 무슨 말이냐 하면 아무것도 없다는 말인 거죠. 적멸이라는 것은 고요할 적(寂), 사라질 멸(滅)이니까, 고요히 다 사라지고 아무것도 없다는 뜻인데, 무엇이 사라지고 아무것도 없어서 없다는 게 아니에요. 이 자리(법상을 두드리며)에는 온갖 일이 다 있으면서도 아무것도 없어요. 그러니까 아무것도 없어서 없는 게 아니고, 있는데 없는 겁니다. 이게 적멸이죠.

그래서 《반야심경》에도 보면 "눈 · 귀 · 코가 없고, 색깔 · 소리 · 냄새가 없다"고 하는데, 눈 · 귀 · 코와 색깔 · 소리 · 냄새가 없어서 없다고 하는 게 아닙니다. 있는데 없다고 하는 거죠. 이게 불이

법이거든요. 없어서 없다 하는 게 아니라, 있는데 없다 하는 겁니다. 모든 게 다 있는데 아무것도 없어요. 여기에 초점이 딱 들어맞아야 그런 소리를 할 수가 있는 거죠. 이게 불이법이고, 우리 불법(佛法)인 겁니다.

'있다·없다'의 양쪽이 아니고, 그냥 이 일 하나라. 언제든지 그냥 이 한 개 일이죠. 하여튼 이게 (법상을 두드리며) 한번 딱 들어맞아야 돼요. 딱 들어맞으면 그냥 전부 이 하나의 일(법상을 두드리며)이죠. 그래서 적멸이라 하는 겁니다. 그러니까 적멸을 없다, 또는 다 사라지고 아무것도 없다, 이렇게 이해하면 안 되는 겁니다.

적멸인 본성 속에서…… 하여튼 이건 이해의 문제가 아니고, (법상을 두드리며) 이것, (법상을 두드리며) 이 자리가 이렇게 명확해지는 거고, 명백해져서 그냥 그대로 아무 일이 없는 겁니다.

인연 따라 먹고 마실지어다…… 인연 따라 사는 거죠. 꼭 먹고 마시는 일뿐만 아니라 보고 듣고 말하고 행동하는 모든 일을 그냥 인연 따라 하는데, 언제나 아무 일이 없는 겁니다. 인연 따라 온갖 일을 다 하는데, 언제든지 아무런 일이 없죠. 항상 그저 (법상을 두드리며) 여기에 초점이 한번 맞아야 돼요. 이것(법상을 두드리며)을 일러서 도(道)다, 중도(中道)다, 연기(緣起)다, 법(法)이다, 부처다, 깨달음이다, 반야다, 진여다, 선(禪)이다, 하고 별의별 이름을 여기에 붙이는 겁니다. (법상을 두드리며) 이 일 하나죠. 항상 이 하나입니다.

완전히 하나가 되어 버려야 이쪽저쪽이 없고, 이 하나의 일일 뿐인 겁니다. 이 일 하나. 결국 '하나가 되지 못한다'고 하는 것은, 내

121

가 있고, 법이 있고, 마음이 있고, 대상이 있고, 이러면 하나가 되지 못하는 겁니다. 내가 따로 없고, 법이 따로 없고, 마음이 따로 없고, 대상이 따로 없고, 안도 없고, 밖도 없고, 그냥 한 개의 일, 한 개, 하나. 그러니까 하는 일마다 똑같아요. 이렇게 되어야 이런 말들을 다 알 수 있습니다.

저는 하여튼 공부할 때부터 늘 들었던 "완전히 하나가 돼서 둘이 되면 안 된다"는 이 표현이 참 좋습니다. 완전히 하나가 돼야 해요. 하나가 돼야 한다는 것은 결국 '내가 없다'는 것이거든요. 주관이 따로 없다는 거예요. 마음이 따로 없다는 거죠. 만 가지 일이 하나가 되면 시계가 마음이고, 컵이 마음이고, 마음이라는 게 따로 없습니다. 사물사물이 마음이고, 삼라만상이 법인 겁니다. 나를 찾으면 시계에서 확인하고 컵에서 확인하는 거지. 우리 육체나 시계나 컵이나 탁자나 똑같은 거죠, 똑같이 이 한 개 일이죠. 그러니까 이 한 개의 일(법상을 두드리며), 이 일 하나, 하나의 일입니다. 만법은 하나여서 둘이 없다 이겁니다. 이게 어쨌든 한번 확실해져야 해요.

저도 옛날에 훈산 거사님이 방바닥을 치실 때 처음으로 이것이 (법상을 두드리며) 와 닿았는데, 처음에는 "내가 법을 안다" 이렇게 법이 상대가 되어 있었어요. 법이 상대가 되고 내가 있으니까 그건 완전하지가 못한 거예요. 그러니까 항상 불안한 거예요. 자신감이 부족하다 이거예요.

내가 법을 상대하여 보니까 항상 법에 대해서 뭘 알려고 하고, 그러니까 불안한 거라. 내가 법이고 법이 나여서 법이 따로 없고 내가 따로 없으면 어떻게 행동하고 어떻게 생각하고 어떻게 살아가더라도 한결같을 건데, 아직 그렇지 못하니까요. 항상 뭔가 법이라는 게 있고, 내가 법에 이렇게 익숙해져야 되고, 법에 더 마음을 기울여야 되고, 법에 더 가까이 가야 되고, 자꾸 그런 부담이 있었죠. 그게 완전히 하나가 되는 데 시간이 꽤 많이 걸렸어요.

결국 체험이 또 오는 건데, 그래서 마음이 사라지고 마음이라 할 게 따로 없으니까 사물사물 그대로가 마음이라. 그렇게 되니까 비로소 하나하나가, 일어나는 일이 전부 그대로 안팎이 없이 똑같아요. 모든 일들이 이 한 개 일, 한 개 법, 하나의 진실뿐이라. 먹고 마시는 일뿐만 아니라 모든 일이, 온갖 일들이 그냥 한 개의 일이고 하나의 진실이고 이쪽저쪽이 없는 거예요. 그러니까 비로소 이제 '나'라고 하는 굴레에서 벗어나 자유로운 겁니다. '나'라고 하는 뭔가가 있으면, 계속 내 것이라는 것을 지키게 되고 번뇌를 못 벗어나는 겁니다. '나'라고 하는 게 사라지고 나면 그냥 일마다 사물마다 그대로 전부 똑같으니까 삼라만상이 전부 똑같은 일이라, 똑같은 일!

제 체험이긴 하지만 하여튼 '나'라고 하는, '마음'이라고 하는 이게 한번 완전히 사라져 버리는 체험을 해야 비로소 이쪽저쪽이 없고 안과 바깥이 없어서 그냥 만법이 똑같아요. 사물사물이 똑같은 일이 되는 겁니다. 그러면 옛날에 불쾌했던 일이 불쾌하지도 않고 옛날에 좋았던 일이 좋지도 않고 전부 다 똑같아요. 온갖 일이, 무슨 일이 일어나더라도. 이렇게 되기 전에는 역시 좋아하는 게 있고 싫어하는 게 있는 겁니다. 왜 그러느냐 하면 결국 '나' 라는 게 있기 때문이죠. 좋아하는 일이 없고 싫어하는 일이 없이, 일어나는 일이 전부 다 똑같은 일이 되어야 비로소 참으로 걸림이 없죠. 어떤 일이 있어도 걸림이 없어요.

사람들은 '나' 라는 게 사라지는 걸 두려워하는지도 모르죠. 사라지고 나면 굉장히 편한데 사라지기 전에는 두려울 수도 있습니다. 집착 때문에 그런 건데, '나' 라고 하는 게 사라지고 나면 정말 편해요. 정말 아무 그런 게 없거든요. 그냥 하는 일마다 전부 똑같은 일이지, 사물사물이 전부 똑같아요.

마음이 완전히 사라지고 '나' 라는 게 완전히 사라져서 온갖 일이, 온갖 사물이, 바위가, 꽃이, 나무가 활발하게 살아서 설법을 해야 돼요. 나무가 나이고, 꽃이 나이고, 나를 찾으면 거기서 찾아지는 것이지 따로 나라는 게 없어야 되는 겁니다. "내 몸뚱이 속에 내가 있다." 이게 가장 오래되고 정말 지독한 망상인데요. 이게 해결되어야 삼라만상이 전부 평등하고 똑같은 겁니다. 이 한 개뿐이에요.

하여튼 그 체험, 문득 마음이라는 게 사라져 버리고, 마음이라는 게 사라져 버리면 삼라만상이 전부 똑같아지는 거예요. 반드시 그 체험이 있어야만 불이법문(不二法門)에 들어오는 겁니다. 초점이 딱 맞는다고 할 수 있습니다. 그래야 우리가 불법(佛法)이라 할 수 있어요. 그 전에는 아직 불법이라고 할 수가 없죠. 나라고 할 게 사라져 버리고 마음이라고 할 게 사라져서 사물사물이 전부 똑같아져야 돼요. 그러면 사물사물이 모두 언제나 활발하게 법을 드러내고 있습니다.

15
여래의 크고 완전한 깨달음

모든 행위는 덧없고 전체가 비었으니
이것이 곧 여래의 크고 완전한 깨달음이다.

諸行無常一切空
卽是如來大圓覺

    모든 행위는 덧없고 전체가 비었으니…… 이 말뜻을 따라서 생각
할 필요는 없습니다. "모든"이라고 말하면 말은 '모든 행위'를 뜻하
지만, 모든 행위라는 게 아니에요. "모든 행위"라는 한마디로써 있
는 것도 아니고 없는 것도 아니고, 이 자리 이 일이 이렇게 명백해
야 되는 겁니다. 그러면 "모든 행위는 덧없고 전체가 비었다" 하는
것은 그냥 말로 할 수 있는 거고, 실제 법에서 실상에 통할 때는 이
런 말이 있는 게 아닙니다. "모든"이라는 한마디에 통해 버려서 그
냥 "모든"이 전부입니다. "모든"이라고 하면 이게 전체고, 여기서
더 다른 게 없는 겁니다. "모든", 이 한마디가 우주가 되고 전체가
되고 하나가 되어서, "모든"밖에는 아무것도 없는 거예요.
    그러면 저절로 묘한 법, 있음과 없음이 둘이 아닌 그런 법이 이것
하나에서 이루어지는 것입니다. "모든 행위는 덧없고 전체가 비었

다"는 것은 행동을 하는데 행동이 없고, 온갖 삼라만상이 있는데 삼라만상이 다 비어서 아무것도 없다는 말이죠. 항상 불법은 이렇게 표현이 됩니다. "있는데 없고, 없는데 있다." 불법은 항상 이렇게 표현이 되죠. 우리가 여기에 한번 통달이 되면 "아, 그렇게 말할 수 있겠구나" 하고 납득이 되는 거예요. 근데 납득이 되는 게 아니고 여기에 통달되는 게 우리 공부의 근본인 겁니다.

그래서 "모든", 이 한마디가 전부고, "모든", 이것밖에 없는 겁니다. "모든"이라 하든지 "행위"라 하든지, "모든"이나 "행위"나 "덧없다" 하는 거나 "전체"라 하는 거나 "비었다" 하는 거나 말이 다를 뿐이죠.

"모든" 그러면 이것뿐이고,
"행위" 그러면 이것뿐이고,
"덧없다" 그러면 이것뿐이고,
"전체가" 그러면 이것뿐이고,
"비었다" 그러면 이것뿐이라.

이게 이렇게 명백해져 버려야 저절로 여법하게 되는 겁니다. 그러니까 바로 이것뿐이라. 지금 이것! 그러니까 이 법은 지금 다만 (법상을 두드리며) 이거거든요. 그냥 이 일이라. 무슨 말을 하든지 간에, 말을 안 하고 가만히 있어도 이거고, 어떻게 행동하든지 그냥 바로 지금 (법상을 두드리며) 이 일뿐이고, 이 자리고, 온 전체 온 우주 자체

127

가 이것 하나입니다. 하여튼 이것만 명확해지면 이것뿐인 겁니다. 이것만 명확해지면 됩니다. 이런 말도 결국은 방편의 말일 뿐이고, 그냥 이 일입니다. 이것! (법상을 두드리며) 이것은 어려운 것도 아니고 쉬운 것도 아니고, 그냥 이 일 하나뿐, 이것. 이게 전부고 이게 전체 죠. 전체고 전부라는 말도 사실 필요 없는 말입니다.

"도가 뭐냐?"
"죽비입니다."

"도가 뭐냐?"
"차 한 잔 합시다."

"도가 뭐냐?"
"잣나무다."

"도가 뭐냐?"
"오랜만에 해가 났습니다."

"도가 뭡니까?"
"당신은 누구요?"

그냥 이거를, 이게 어쨌든 한번 확인되면 저절로! 불이법은 저절로 이렇게 되는 거니까 한번 이것을 확인하는 것인데, 확인하고 보면 웃기는 거예요. 왜냐? 전부가 다 원래 이건데, 이 자리에 있었으면서 이것을 모르고, 말하자면 망상 속에 있다는 그게 참 이해가 안 돼요. 지금 보고 듣고 말하고 생각하고 움직이고 하는 게 전부 그냥 이것뿐이거든요. 당장 뭘 어떻게 하든지 간에 우리가 그야말로 마음을 가지고 마음을 찾고 머리를 가지고 머리를 찾는 거라. 다른 일이 아니에요. 누구든지 딱 이 일 하나 가지고 살아가지 아무 다른 것 없습니다. 24시간 한 순간도 다른 일이 없거든. 딱 이것 하나인데 이것(법상을 두드리며)만 딱 확인되면 돼요. 공부는 아주 간단한 겁니다. (법상을 두드리며) 이것 하나예요.

여러 가지 이러쿵저러쿵하는 것은 전부 머리가 망상하는 것이고 (법상을 두드리며) 이건 아주 간단한 겁니다. (법상을 두드리며) 이 일 하나, 이것 한 개, 이것뿐이라. 백 번을 말하고 천 번을 말해도 그냥 이것 하나뿐인 겁니다. 바로 지금 이거죠. 바로 이거고 언제나 이거고 전혀 다른 일이 있을 수가 없습니다. 그래서 이것만 한번 확인하면 됩니다. "이것만 확인하면"이라고 말하는 이것 자체가 바로 이거예요. 그래서 "내가 법을 확인한다" 이렇게 되는 게 아니고, 법도 없고 나도 없고 온 천지가 바로 이 일 하나라, 하나. "내가 법을 확인한다." 이렇게 되면 안 맞는 겁니다. 그렇게 되면 둘이 되고, 둘이 되면 그건 다 망상입니다. 바로 지금 (법상을 두드리며) 그냥 이것. 이것뿐이거든, 이것 하나!

모든 행위는 덧없고 전체가 비었으니…… 그래서 이런 것은 모두가 쓸데없는 것입니다. 이것이 곧 여래의 크고 완전한 깨달음이다…… 여래의 깨달음을 표현하려면, 행위가 있는데 행위가 없고, 삼라만상이 있는데 삼라만상이 공이다, 이렇게밖에 표현할 수가 없어요. 이게 우리 묘법, 우리 불이법의 표현이기 때문입니다. 그러니까 이것을 "여래의 완전한 깨달음이다" 이런 소리를 하는 건데요. 이 일이 이렇게 한번 딱 분명해지고 나면 저절로 그런 말을 할 수 있게 되니까, 이런 말은 사실 필요가 없는 말이죠. 이 일이 이렇게 분명해져야 되는 거라.

이게 분명해지지 않고 "아, 법상이 있는데 법상이 없지, 공이지" 이런 식으로 알면 그것은 아닙니다. 그것은 망상이에요. 그것은 아니고, 그냥 이게 딱 분명해지면 그냥 만법이 똑같아요. 마치 정말 영화 장면이나 꿈처럼 다 나타나 있는데, 그만 아무것도 없어요. 저절로 그런 얘기를 할 수 있는 거라니까요, 이게 딱 분명해지면. 이 일이라, (법상을 두드리며) 이 일!

그러니까 "색이 공이고 공이 색이다" 그런 이치를 말할 건 없죠. 그게 교(敎)라고 하는 것인데, 교의 문제는 문자를 못 벗어났다는 겁니다. 선은 문자를 벗어나서 바로 이것, 문자로 표현하는 게 아니고 바로 이 일을 가리킵니다. 문자는 개념이기 때문에 죽은 거고, 이 법은 개념이 아니고 이렇게 생생합니다. 바로 이것이 온 우주를 움직인다고 할 수도 있고, 우주 전체가 그냥 이 일이에요. 살아 움직이는 우주가 바로 이 일!

이것은 항상 이렇게 생생하게 살아서 활발하고 분명한 거죠. 이 게 분명해야 돼요. 이것뿐이거든요, 이것뿐. 그러니까 모든 사람이 그냥 이 일 하나거든요. 그래서 "이게 뭡니까?" 그러면 "뭡니까?" 하는 게 바로 이거예요. "뭡니까?" 하는 말 속에서 못 벗어나니까 이걸 못 보는 것이지, "뭡니까?" 하는 게 바로 이거거든. 이게 딱 분 명하면 말은 "뭡니까?" 하지만, "뭡니까?"라는 생각은 그냥 없고 "뭡니까?"가 이것뿐이라. 다른 일은 없는 겁니다.

(법상을 두드리며) 이 법은 (법상을 두드리며) 이렇게 딱 말 한마디에서, 보이는 사물 하나에서, 생각에서, 느낌에서, 꼼지락거리는 움직임에 서 전부 이렇게 이것 하나가 딱 드러나 있는 것이지 다른 것은 없습 니다. 그냥 이 일 하나거든요. 그래서 (법상을 두드리며) 이거가 딱 분 명해지는 거라. 이게 분명해져 버리면 그 다음에는 불이법이니 색 이 공이니 공이 색이니 이런 것은 다 허접한 소리예요. 정말 허접한 소리, 쓸데없는 소리다 이 말이죠. 이것만 딱 분명하면 저절로, 저절 로 그만 불이법이라. 딱 저절로, 뭐라고 말할 필요도 없는 거니까요.

지금 이것, 이 법, 이걸 우리 본성이니 본래면목이니 하고 말하는 것인데 이게 분명해야 되죠. 이걸 가리켜 주려고 꼬집기도 하고 때 리기도 하고 고함을 지르기도 하고 주장자를 흔들기도 하고, 이걸 가리켜 주려고 하는 거예요. 다른 것은 없어요. 이렇게 명백한 거거 든요. 그것은 모든 사람이 똑같이 이것 하나뿐입니다. 이 일 하나고 모든 사람이 그냥 똑같아요.

그런데 그야말로 이걸 하고 있으면서, 이 자리에 있으면서 생각에 속아서 엉뚱한 망상을 하는 거예요. (법상을 두드리며) 하여튼 뭐 이런 말도 다 필요가 없고 그냥 한 번만 (법상을 두드리며) 딱 계합하면 돼요. 딱 계합이 되어 버리면 이것뿐이에요. 누구든지 똑같아. 그러면 그냥 이거거든. 그냥 바로 이거죠.

이것을 다른 말로 하면, 우주와 내가 하나고, 우주의 움직임이 곧 내 움직임이다. 이렇게 얘기할 수도 있고 그냥 이 일 하나라니까요, 이 일 하나! 꽃이 피면 꽃이 자기 혼자 핀 게 아닙니다. 달이 뜨면 달이 자기 혼자 떠 있는 게 아니에요. 삼라만상이 전부 이 한 개 일이라, 이 하나. 그러니까 지금 이거거든요. 다른 데 있는 게 아니고. "이겁니다" 그러면 "이것, 뭐?" 하려고 하는데, "뭐?"가 아니고 그냥 바로 지금 (법상을 두드리며) 이거라니까요. "이것, 뭐?" 하는 게 바로 이거예요.

누구든지 (법상을 두드리며) 이 자리에 있고 누구든지 이 일 하나고 누구든지 다 똑같은 거예요. 그런데 그게 참, 털끝만 한 차이인데 그 털끝만 한 차이가 극복이 안 되어서 그만 꿈속에 있는 거라. 참 희한한 거죠.

꾸준히 하여튼 자꾸 여기(법상을 두드리며)에 관심을 갖고 하다가, "도가 뭐요?" 하면 "이겁니다" 하는 말에 통하면 돼요. 이게 (법상을 두드리며) 확 통하는 겁니다. 확 통하면 자던 사람이 잠을 확 깬 것 같아요. 깨면 자기가 잠을 깬 것이 아니라 온 우주가 잠을 깨 버려요. 그러니까 모든 것이 전부가 다 하나의 일이라, 하나의 일. 전체가 그만 이 한 개 일이라니까요.

우주는 '대기대용(大機大用)' 이라 해서 큰 엔진 하나가 그냥 활발하게 돌아간다고 옛날 스님들이 표현한 겁니다. "지금" 하는 게 바로 이거거든요. "지금" 하는 게 이거고, "이겁니다" 하는 게 이거고, "도" 하는 게 이거고, "부처" 하는 게 이거고, 그냥 이것뿐이에요. 말을 따라가면 안 돼요. 말을 따라서 생각이 돌아가면 그건 아니라고요. 이게 한번 딱 분명해지면 생각이 돌아가는 것조차도 그냥 이겁니다. 그렇게 되면 생각을 하는데 생각이 있는 게 아니라 이것 하나가 진실한 거예요. 지금 이 일 하나가 진실한 거죠, 이 일 하나가.

여기서 말도 하니까 말하는 게 바로 이거고,
여기서 생각을 하니까 생각하는 게 이거고,
여기서 보고 듣고 하니까 보고 듣고 하는 게 이거고
그냥 이것뿐이죠.

그러니까 (법상을 두드리며) 이게 지금 딱 한번 잠이 깨 버리면, 그 다음부터는 다시 잠이 안 들고 깨어 있는 그것만 하면 되는데. (법상을 두드리며) 이게 이렇게 분명한데도, 온 천지에 법이 이렇게 분명하게 다 드러나 있는데도, 자기 스스로 숨을 한 번 쉬든지 입맛을 한 번 다시든지 눈을 한 번 깜박이든지 뭘 한 번 쳐다보든지 그냥 이 일인데, "내가 뭘 한다" 이렇게 생각하니까 그게 망상이에요. '나' 라는 게 없습니다. 우리 불교에서 '무아', '무아' 하는 소리가 헛소리 하는 게 아닙니다.

133

그런데 우리는 "내가 뭘 한다" 하며 이렇게 자꾸 망상을 하는 거예요. 내가 뭘 하는 게 아니라 "내가" 하는 것도 이거고, "뭘 한다" 하는 것도 이거고, 그냥 이거예요, 그냥 이거. "내가" 하는 게 바로 이거고, "뭘 한다" 하는 게 그냥 이거거든요. 그냥 이거(법상을 두드리며)라. 다른 일이 있는 게 아니에요. 지금 바로 이거(법상을 두드리며)거든요. 그러니까 이건 한순간도 다른 일이 없고 이 일뿐입니다.

인도의 어떤 성자가 어떤 부분은 좀 이상한데 또 어떨 때는 비슷한 소리도 많이 하거든요. 그 사람 책을 보면 그런 말이 있어요. "깨닫고 나면 온몸의 세포 하나하나가 전부 깨어나서……" 어쩌고저쩌고 한다는 말이 있어요. 어떤 의미에서 그렇게 표현했는지 모르겠는데, 온몸의 세포 하나하나뿐만 아니고 온 우주의 삼라만상 티끌 하나하나가 전부 깨어 있어서, 말하자면 이게 살아 있어서 전부 그만 이 일이거든요. 다른 게 없어요. 당장 에어컨에서 찬바람이 나오면 찬바람이 나오는 게 이거죠. 그냥 온통 이 하나 일(법상을 두드리며), 이 하나밖에 없습니다.

이것을 법해(法海), 법성해(法性海)라 그러죠. "이 우주는 법의 바다다" 그런 말이죠. 그냥 이것 (법상을 두드리며) 하나뿐이에요. 그냥 이 일이거든요. 다른 일이 없고 그냥 바로 이건데, 아주 단순하고 간단한 건데, 바로 지금 이거라. 우리 누구든지 다 똑같아요. 바로 이것뿐이에요. 생각할 게 하나도 없습니다. 바로 이것뿐이에요, 바로 이것! 바로 이거여서 그냥 바로 전부가 이거예요. 그냥 바로 (법상을 두드리며) 이거라, 그냥 바로 이것. 그래서 공부는 아주 단순하고 아주 간단한 거예요. 바로 (법상을 두드리며) 이 자리에서 누구든지 다 이것만 한번 이렇게 딱 분명해져 버리면 다 깨닫는 거죠. 하여튼 (법상을 두드리며) 이게, 이게 한번! 이게 우리 각자가 다 하고 있으면서 여기에 어둡다는 게 참 비극이라면 비극입니다. 묘한 일이죠.

16
제멋대로 찾는다

틀림없이 진실을 말해 주었건만
어떤 사람은 긍정하지 않고 제멋대로 찾는다.

決定說表眞乘
有人不肯任情徵

법은 바로 딱 가르쳐 주는 여기에 있는데 생각으로 찾으면 안 돼
요. 예를 들어, (법상을 두드리며) "두드리는 이놈이 뭐고?" 이런 쓸데
없는 짓을 하고 있는 거라. 그것은 자기 생각이잖아요. 그런 식으
로 하면 안 돼요. "도가 뭐요?" 하면 "이겁니다." 여기서 곧장 바로
통해 버리면 그만인데, "(법상을 두드리며) 법상을 치고 있는 이게 뭐
고?" 그것은 자기 생각이죠. 그런 식으로 하면 안 돼요.

'직지인심 견성성불'이라는 것은 바로 가리키면 바로 통한다는
겁니다. 그래서 '이심전심'이라 하는 것이고요. "법상을 두드리는
이게 뭐고?" 그렇게 생각을 하는 게 아니에요. 이심전심이요. (법
상을 두드리며) 바로 통하는 거라. 바로 곧장, 바로 이거죠. 생각을 하
면 절대 안 돼요. 이 일, (법상을 두드리며) 이 일이거든요. 이 일 하나.

바로 지금, 바로 이거(법상을 두드리며)예요. 따로 없어요. 틀림없이

진리를 딱 보여 주고, 우리 모두가 지금 이렇게 하고 있는 일이고 누구든지 똑같아요. 모든 사람이 똑같은 자리에서 똑같은 일을 하고 있어요. 모든 게 다 이 법이지 다른 법은 없습니다. 그러니까 이 일이라. 그냥 이것만 한번 분명해지면 돼요. 아주아주 단순합니다. 이건 아주 단순해요. 이것은 전혀 헤아려 보고 고려할 게 없습니다. 그냥 바로 이거(법상을 두드리며)거든. 그냥 이거예요. 여기서 바로 그냥 딱 통 밑이 한번 쑥 빠져 버리면 그냥 이것뿐이에요.

틀림없이 진실을 말해 주었건만
어떤 사람은 긍정하지 않고 제멋대로 찾는다.

진승(眞乘)은 '일불 진승'이라 해서 "진실, 이 하나의 진실을 틀림없이 말해 준다." 보여 준다 해도 좋고 말해 준다 해도 좋고, 그냥 이 하나를 이렇게 지적하는 거죠. 그냥 그대로 받아들이면 되는데 자기가 생각을 가지고 찾는다고 하면 안 되는 겁니다. 그래서 (법상을 두드리며) 믿어라 믿어라 하는 게, 그냥 헤아려 보지 말고 바로 수용을 하면 되는 거죠. 하여튼 우리가 말로는 할 수 없습니다. 어떻게 수용하고 어떻게 해야 통하느냐 하는 것은 말할 수 없고, 하여튼 지금 바로 (법상을 두드리며) 이 일이지 다른 일은 없다 이겁니다.

입을 여는 게 이거고 입을 다무는 게 이거예요. 눈길을 돌리는 게 이거고 그냥 이것뿐이에요. 바로 지금 이것뿐이고 이 일입니다. 한 시간 내내 얘기해도 바로 지금 누구든지 똑같이 (법상을 두드리며) 이 일 하나가 이렇게 밝게 드러나 있고, 그냥 이 한 개 일이 있을 뿐입니다. 이게 밝게 드러나 있어서 모든 사람에게 이 일 하나가 이렇게 명백하고 분명한 거지, 온 우주는 그냥 이 속의 일이에요.

여기서 드러나지만 이 하나의 진실은 색도 아니고 공도 아니고, 있다 없다 하는 아무런 분별되는 내용을 가지고 있지 않습니다. 우리가 하여튼 여기 이것 하나에 통달하는 것밖에 없습니다. 이게 (법상을 두드리며) 한번 탁 와 닿아야 돼요. 이게 와 닿아야, 하는 일마다 전부 똑같이 이 한 개 일이라. 그러면 사물사물이 순간순간 온 우주가 다 깨어 있어요. '깨어 있다' 할 수 있는 게 뭐냐 하면 전부 다 분명하게 이 하나의 일이니까, 만법이 분명히 이 하나의 일이니까요.

비유하자면, 마치 영화 장면이 눈앞에 훤히 드러나 있듯이, 바로 이것입니다. 그래서 삼라만상이 바로 자기 스스로예요. 자기 자신이라고요. '나'라는 게 따로 있는 게 아니에요. 시계를 보면 시계에서 나를 확인하고, 탁자를 보면 탁자에서 나를 확인하고, 하늘을 보면 하늘에서 나를 확인하죠. 마음이니 나니 하는 게 따로 있지 않습니다. (법상을 두드리며) 이 일 하나라, 이 일 하나.

하여튼 (법상을 두드리며) 이게 딱 분명해져야 돼요. 그러면 생각이 뚝 끊어지면서 온 천하가 하나로 확 돌아가 버리는 거라. (법상을 두드리며) 하나로 탁 돌아가 버리면 우주가 손아귀 속으로 탁 돌아와요. 이게 무슨 얘기냐 하면 우주 전체가 하나라니까, 하나! 그러니까 이게 (법상을 두드리며) 생각이 한번 끊어지는, 앞뒤가 한번 끊어지는 체험이 있어야 된다고 늘 얘기하는 겁니다. 이게 이렇게 분명한데, 하여튼 간에 계속 여기에 관심을 가지고 있으면 돼요. 다른 것은 없어요.

왜, 그런 게 있잖아요. 자기가 관심을 가지는 그쪽으로 마음이 기울어지고 자꾸 그쪽으로 마음이 가고, 뜻이 있는 곳에 길이 있다 하는 식으로 그렇게 되죠. 결국 이 공부는 그렇게 하는 겁니다. 그게 발심이고 믿음이라고 하는 건데, 하여튼 (법상을 두드리며) 이 법에 관심이 있으면 계속 마음이 여기에 기울어지고, 이쪽으로 익숙해지고, 자꾸 이쪽으로 들어오게 되는 겁니다. 그게 중요한 겁니다. 공부에서 다른 게 중요한 게 아니에요. 대혜 스님의 말씀대로 "익숙한 곳에 낯설어지고 낯선 곳에 익숙해져 가는 것" 그게 제일 중요하죠. 그래서 마음이, 세간의 중생심이 바뀌어야 되는 겁니다. 그렇게 되면 법도 점차 명백해지고 더 확실해지는 거죠.

지금 이것뿐이에요, 이것뿐. 하여튼 생각으로 이해하는 건 절대 소용없습니다. 이해가 아니라, 이해가 사라지고 이해가 끊어지면서 그냥 이 법이 온 천지에 명백하고 생생하게 드러나는 겁니다. 이해가 끊어지고 생각이 사라지면서, 생각이 아니고 이해가 아니고 법이 이렇게 온 우주에 생생하게 살아 움직여야 돼요. 이렇게 해야 진짜배기가 생명력을 탁 얻게 되는 겁니다. 이것을 체험이라고 합니다.

책이나 인터넷 같은 데서 화두 해설하는 사람, 공안 해설하는 사람을 보면 굉장히 그럴듯하게 얘기를 합니다. 그런데 가만히 보면 이 사람이 이해 쪽에 있는 건지 진짜 체험이 있는 건지 구분할 수 있는 결정적인 부분이 있습니다. 오직 체험이 있어야 말할 수 있는 그런 구절들이 있어요. 이해하는 사람은 아무리 그럴듯하게 해도 그런 구절들을 말할 수가 없는 거라. 그런 말을 못하는 거지. 그러니까 이해는 우리 마음을 변화시키지 못합니다. 이해만 가지고서는 마음에 환골탈태하는 그런 변화가 없습니다.

반드시 체험이 일어나서 그냥 마음이, 우주 전체가 한번 확 뒤집어져 버려야 돼요. 그러면 이 법이 우주의 본질이거든요. 하나의 본질이 이렇게 생생하게 드러나야 되는 거라. 이렇게 해야 말하자면 '한번 죽었다가 살아난다' 하는 식으로 변화가 있죠. 그러니까 이 일(법상을 두드리며)이라. 지금 이겁니다. 이게 딱 분명해져 버려야 돼요.

17
곧장 근원에 도달한다

곧장 근원에 도달함만을 부처님은 인정했으니
잎 따고 가지 찾는 일을 나는 할 수 없다.

直截根源佛所印
摘葉尋枝我不能

곧바로 딱 근원에 도달하는 이것만 부처님이 인정을 했으니 잎 따고 가지 찾고 이렇게 하나하나 하는 그것을 나는 할 수 없다……이건 하나 알고 둘 알고 이렇게 하는 게 아니에요. 하나 알고 둘 알고 차근차근 단계적으로 해 가는 그런 공부가 아니라고요. 왜냐? 언제나 모자람 없이 이렇게 활동하고 있는 이 마음 하나가 명백해지는 건데 무슨 단계가 있어요? 물속에서 물을 찾는 데 무슨 단계가 필요 있어요? 단계가 필요 없습니다. 곧장 딱 맞아 떨어지느냐, 곧장 이게 생생하게 드러나서 항상 이렇게 딱 분명해지느냐, 아니면 여전히 꿈속에, 잠속에 있느냐 그거죠. 이건 날이 밝았느냐, 아직 새벽이 오지 않았느냐, 둘 중에 하나입니다. 점차 점차로 단계를 밟는 게 아니에요.

곧장 근원에 도달함만을 부처님은 인정했으니
잎 따고 가지 찾는 일을 나는 할 수 없다.

잎 따고 가지 찾고…… 그런 말 있잖아요. 잎을 없애고 가지를 없애고 줄기를 없애고 뿌리를 파내야 한다…… 근데 그렇게 하는 게 아니에요. 그렇게 차근차근히 하는 게 아니라고요. 바로 이것(법상을 두드리며)이기 때문에, 우리가 누구든지 이렇게 완전하게 이것을 쓰고 있기 때문에요. 쓰고 있다는 말도 안 맞는데, 누구든지 완전하게 이 하나 일이기 때문에 '내가 쓴다'고 하면 이것은 안 맞아요. 누구든지 완전하게 이 한 개 일일 뿐입니다. 모든 사람이 다만 이 하나의 일이다. (법상을 두드리며) 바로 이것, 이것 하나라!

잣나무…… 잣나무라 해도 이거고, 똥 막대기라 해도 이거고, 삼서 근이라 해도 이거고, 이거 하나예요, 이 일 하나. 이게 명백해져 버리면 이것밖에 없어요. 다른 일이 없어요. 항상 그저 이것, 이 한 개 일이지. 하여튼 이 일이 이 일뿐이다 이거예요. 이게 한번 딱 분명해져 버리면 그 다음엔 저절로 모든 일이 하나의 일이라, 하나의 일.

그런데 우리가 하도 오랫동안 망상한 버릇이 있어서 사실 잘 안 돼요. 하루아침에 이렇게 변화가 잘 안 된다고요. 시간이 필요한 건데, (법상을 두드리며) 이걸 떡 확인해 놓고 보면 "어, 온 천지가 이것뿐이네." 이렇게 당당하게 자기 스스로가 느끼고 말하지만, 그래도 행동하는 것 보면 여전히 생각 속에서 왔다 갔다 하거든요. 그게 습관화 돼 있기 때문에요. 법을 말하면 "어, 이것밖에 없지" 이렇게 말하면서도 평소에는 여전히 생각 속에서 왔다 갔다 하죠. 그러니까 자꾸자꾸 해야 돼요. 자꾸자꾸 하다 보면 법이 따로 없고, 생각과 행동이 따로 없고, 그냥 모든 일이 한결같이 똑같아지는 겁니다. 모든 일이 한결같이 (법상을 두드리며) 똑같아요. 점차 그렇게 되는 겁니다. 그런데 시간이 걸려요.

곧장 근원에 도달했으니 잎 따고 가지 찾는 일을 할 수 없다……하여튼 뭔가 하나를 알고 둘을 알고 절대 그렇게 되는 게 아닙니다. 법이라는 것은 지금 우리가 (손가락을 튕기며) 그냥 이걸로 100% 실현이 되기 때문에 여기서 (손가락을 튕기며) 통하느냐 못 통하느냐, 딱 그거거든요. 하나뿐이라. 여기서 (법상을 두드리며) 통하면 그냥 온 우주가 이 하나 일이고 다른 일이 없어요. 여기서 통하지 못하면 두드리는 일이 따로 있고 내가 따로 있게 되는 거예요.

탁 (법상을 두드리며) 통하면 두드리는 일이 따로 없고 내가 따로 없어요. 그냥 이것뿐이지. (법상을 두드리며) 통하지 못하면 따로 있는 거라. '내가 법상을 친다' 이렇게 된다고요. 그게 망상입니다. 그러니까 (법상을 두드리며) 한 번, 둘이 아니라 (법상을 두드리며) 한 번, 한 번 이렇게!

많은 사람들이 불이법을 얘기하는데 선(禪)의 특징, 장점이랄까 선에서만 할 수 있는 것이 뭔가 하면 불이법이라는 그런 방편의 말을 버리고 그냥 곧장 하나가 실현되어 온 우주가 하나라는 거예요.

그래서 "경전은 부처님의 말씀이고, 선은 부처님의 마음이다"라고 하는 거죠. 실상을, 진실을 직접 체험하는 게 선입니다. 체험만이 선이에요. 그렇기 때문에 체험이 없으면 선은 아무 소용이 없는 거예요. (법상을 두드리며) 선에 들어올 때는 오로지 그냥 (법상을 두드리며) 체험 하나뿐이다. 이것 한 개를 실체 체험하는 것, 선은 체험 하나뿐인 겁니다. 여기에다 모든 것을 걸어야 해요. 헤아리고 이해하고 그런 건 소용없어요.

저도 옛날에 교리 공부를 했어요. 제 나름대로 대승·소승의 교리를 다 정리했는데 대학 노트 몇 권에 필기를 해 가면서 열심히 정리했어요. 지금은 그게 어디로 가 버리고 없는데, 정리를 하고 난 결론은 뭐냐면, "불이중도, 이게 부처님의 법이구나. 모든 방편의 말씀이 양변을 쳐 내고 불이중도로 이끌어 가는 말씀이로구나" 이겁니다. 교리는 그런 정도로 이해가 되거든요. 그런데 그렇게 이해해 봐야 아무 소용이 없는 거라. 내 번뇌가 떨어지는 것도 아니고 깨달음이 밝아지는 것도 아니고 아무 쓸데가 없는 거죠. 결국 "아, 이 불교를 교리적으로 공부하는 것은 소용이 없구나. 선을 해야 되겠다." 그렇게 선으로 방향을 바꿨죠. 그래서 선에 딱 들어오면,

"도가 뭐냐?"
"잣나무다."

"도가 뭐냐"

"……"(법상을 두드리며)

말이 필요 없는 거라. 불립문자(不立文字). 그냥 (법상을 두드리며) 바로, 말이 필요 없고 그냥 바로 (법상을 두드리며), 그냥 바로 (법상을 두드리며) 살아 있는 법을, 살아 있는 마음을 딱 가리키는 거라. 지금까지 배운 말은 싹 다 내버리고 지금 (법상을 두드리며) 이 살아 있는 마음 하나, 살아 있는 법 (법상을 두드리며) 이거를, 이거 하나를 확인하는 거예요. 그러니까 선 설법하는 데 가서 앉아 있으면 남녀노소, 배우고 못 배우고 아무 차이가 없습니다. 누구든지 조건이 똑같아요. 그렇죠? 어차피 이것은 불립문자니까요.

모든 사람에게 있는 마음 하나, (법상을 두드리며) 이것 하나를 확인하는 거예요. (법상을 두드리며) 이 하나의 진실을, 이것 하나 확인하는 것 말고는 아무것도 없어요. 많이 배운 사람이나 일자무식한 사람이나 조건은 똑같아요. 그냥 오직 (법상을 두드리며) 이 일 하나, 이것 하나밖에 없는 거죠. (법상을 두드리며) 이거 하나, 이게 분명해지지 못하면 아무 소용이 없어요.

(법상을 두드리며) 이게 딱 분명해져 버려야 해요. 그 다음에 뭘 하든지. 하여튼 생각 속에서 살다가 생각에서 확실하게 해방되지 않으면 아무 소용이 없어요. 생각에서 확실하게 해방이 되는 것은 이게 명백해져 버리는 겁니다. 생각 속에 있다는 것은 망상 속에 있는 겁니다. 생각에서 확실하게 해방이 딱 되어 버려야 비로소 모든 번뇌가 다 사라지고 그야말로 온 우주가 그만 허공이라. 아무것도 없

어요, 아무 일이 없어. 그래야 언제든지 이 하나의 일뿐이에요. 이 한 개 일!

그래서 우리가 '체험한다'고 하는데 다른 게 아닙니다. 체험의 첫 번째 효과는 뭐냐? 생각에서 해방이 돼야 해요. 그 해방이 안 되고 계속 생각 속에서 공부가 어떻고 도가 어떻고 체험이 어떻고 그런 소리를 하면 안 돼요. 생각 속에서 체험하는 게 아닙니다. 생각에서 확실하게 해방이 되어 곧장 온 천지가 이 하나일 뿐이면 아무것도 없어요. '나'라고 할 것도 없고, 사람이라 할 것도 없고, 마음이라 할 것도 없고, 아무것도 없어요. 그냥 만법이 한결같이 똑같은 일이에 요, 똑같은 일.

반드시 이 선은 바로 이 하나의 체험이고 이 하나의 진실을 확인 하는 겁니다. 아무 다른 게 없습니다. 체험하는 사람들이 많이 나온 다고 하는데, 생각에서 아직 해방이 안 됐다고 하면 아직 멀었어요. 반드시 생각에서 해방이 돼야 비로소 통 밑이 쑥 빠지는 겁니다. 그 러면 온갖 일이 다 있는데 아무 일이 없죠. 반드시 그렇게 됩니다. 그냥 조금 가벼워지는 것 가지고는 안 되고, 확실하게 (법상을 두드리 며) 이 일이 이렇게 명백해져야 하는 겁니다.

곧장 근원에 도달함만을 부처님은 인정했으니 잎 따고 가지 찾는 일을 나는 할 수 없다…… 바로 (법상을 두드리며) 여기에 통달해서 곧 바로 다른 일이 없어야 해요. 하나하나가, 사물사물이, 순간순간이, 말말이, 생각생각이, 전부가 이 하나의 일이어서 다른 일이 없으면 뭘 하든지, 숨을 쉬고, 쳐다보고, 말을 하고, 움직이고, 뭘 하든지 이 하나의 일이고 한 개의 법이어서 전혀 다른 것은 없는 겁니다. 뭘 하든지 그냥 똑같아요. 항상 똑같이 이 한 개 일일 뿐이에요.

그러면 우주가 눈앞에 있는데 우주가 그만 사라져 버려요. 그게 열반이라고 하는 거예요. 열반이라는 말은 적멸이라는 뜻이거든요. 다 사라지고 아무것도 없다 이 말입니다. 눈앞에 모든 일이 그대로 있는데 그만 아무것도 없어요. 적멸해 버리는 겁니다. 그래야 우리 가 "불법이 이런 거구나" 하고 조금 맛을 보는 거지. (법상을 두드리며) 불법의 맛이라는 것을 조금 맛본다, 이렇게 말할 수 있습니다.

곧장 근원에 도달함만을 부처님은 인정했으니 잎 따고 가지 찾는 일을 나는 할 수 없다…… 이것 따지고 저것 따지고 그렇게 하면 안 돼요. 바로 즉각 아무 일이 없어야 되는 거지.

18
마니주를 얻을 수 있다

마니주를 사람들은 알지 못하지만
여래장 속에서 몸소 얻을 수 있다.

摩尼珠人不識
如來藏裡親收得

마니주는 우리가 이 법을 가리키는 방편의 이름입니다. 마니주라는 건 수정 구슬이거든요. 수정으로 만든 투명한 구슬을 왜 이 법에다 비교를 했느냐? 수정 구슬을 앞에 놓으면 여기에 모든 모습이 굴절되어 가지고 다 나타나요. 앞에 있는 모양들이 수정 구슬 속에 다 나타나죠. 나타나지만 실제로 수정 구슬 안에는 아무것도 없습니다. "모든 것이 나타나지만 전혀 아무것도 없다." 그런 뜻에서 이 법을, 마음을 수정 구슬로 비유합니다.

보통 마음을 비유하는 게 수정 구슬, 그 다음에 거울입니다. 거울도 그렇죠? 모든 것이 거울에 모습으로 나타나지만 실제로는 거울 속에 아무것도 없잖아요. 그러니까 원래 이 법계의 실상을 말할 때에, 모든 게 다 있는데 아무것도 없다고 하는 이게 법계의 실상이기 때문에 거울이나 마니주를 비유적으로 쓰는 겁니다.

148

마니주를 사람들은 알지 못하지만 여래장 속에서 몸소 얻을 수 있다.

마니주를 사람들은 알지 못하지만…… 즉 이 마음을 깨닫지 못하고 있지만, 여래장 속에서 몸소 얻을 수 있다…… 이 여래장이 무슨 뜻이냐? 여래장은 우리 마음을 가리키는 것인데, 왜 여래장이라 그러느냐? 장(藏)이라는 것은 저장이라는 말이거든요. 여래가 그 안에 저장되어 있다 이 말입니다. 여래는 뭡니까? 깨달음이잖아요. 마니주와 같은 말입니다. 깨달음은 우리 마음속에 있다 이 말입니다. 그래서 마음을 여래장이라고 해요. 여래는 부처 아닙니까? 깨달음이죠. 부처를 여래라 하는 겁니다. "깨달음은 우리 마음속에 저장되어 있다." 그런 뜻에서 우리 마음을 여래장이라 그래요.

여래장 속에서, 마음속에서 직접 얻을 수 있다…… 말은 어렵게 했지만 어려운 말이 아니에요. 사람들이 깨닫지 못하고 있지만 깨달음은 결국 자기 마음에서 얻는 것이다, 이 말이죠. 경전 속에 나오는 용어를 빌려 쓰다 보니까 말이 어렵게 되어 버렸는데, 쉽게 말하면 그런 말입니다. 사람들이 깨달음을 얻지 못하고 있지만, 깨달음은 우리 마음속에서 얻는 것이라는 거예요. 마음속에서 얻는다는 것보다도 "마음이 곧 깨달음이다" 이겁니다. "마음이 곧 깨달음이고, 깨달음이 곧 마음이다." 그런 표현이 있죠. 선에서 "마음이 곧 부처다" 하는 게 그겁니다. 부처는 깨달음이죠. "즉심시불. 마음이 곧 부처고, 부처가 곧 마음이다" 하는 말이 그 말이죠.

마음이라 하든지 부처라 하든지 그건 이름일 뿐입니다. 마음이니 부처니 하는 이름에는 신경 쓸 필요가 없어요. 마음이 바로 이거고 부처가 바로 이거예요. "마음" 하는 게 이거고, "부처" 하는 게 바로 이거다 이 말이에요. 마음이 있고 부처가 있는 게 아니고, "마음", 이 것뿐이잖아요? "부처", 이것뿐이잖아요. 이것을 가지고 마음이라 하기도 하고, 부처라 하기도 하고, 잣나무라 하기도 하고, 똥 막대기라 하기도 하고, 컵이라 하기도 하고, 시계라 하기도 하죠. 온갖 잡다한 세간의 말도 다 하고, 생각도 다 하고, 행동도 다 하고, 그냥 하는 일마다 전부 이 한 개 일일 뿐이잖아요. 하는 일마다 전부 그냥 이거잖아요, 그냥 이거!

그러니까 만 가지 일이 전부 똑같은 일이죠, 똑같은 일. 하는 일마다 똑같은 일입니다. 그런데 부처가 어디 있어요? 그런 게 다 허망한 이름이에요. 그래서 《금강경》에서 "부처니 마음이니 하는 것은 그냥 이름일 뿐 얻을 게 아무것도 없다"라고 했잖아요.

우리가 자꾸 이름으로 뭘 얻으려고 하고 뭘 잡으려고 하니까 그런 방편을 쓴 거죠. "잣나무", "부처님", "여래", 이게 모두 똑같은 거잖아요. "시계", "컵", "하늘", "바다", 이게 똑같은 거잖아요. 이 일이지 또 뭐가 있습니까? 바로 이 일이잖아요. 이 일(법상을 두드리며), 이 일 하나. 이 일! 전부가 이 일(법상을 두드리며) 하나, 전부 딱 이 일 하나밖에 없잖아요. 그래서 이게 딱 분명하면 온 우주가 자기 자신이라. 자기 자신! 우주의 모든 일이 자기 자신이라니까요.

150

하늘이 푸르면 하늘이 푸른 게 이거고

구름이 흘러가면 흘러가는 게 이거고

바람이 불면 바람이 부는 게 이거고

꽃이 자기 혼자 피어 있는 게 아니라 꽃이 이거예요.

그러니까 꽃을 보고도 깨닫는 거라. 아름다운 꽃이 바로 이거예요. 동산 스님이 물 흘러가는 것을 보고 깨달았는데, 그래서 물이 졸졸 흐르는 게 바로 이거죠. 무슨 다른 일이 있는 게 아니라 아주 단순한 겁니다.

그냥 이 일 하나뿐인데, 이게 이렇게 한번 생생하게 딱 분명해지지가 않으니까 생각이 그 틈을 비집고 들어와서 "이것, 뭐?" 하게 되죠. 그렇지만 생각은 답을 줄 수 없습니다. 생각으로는 해결이 안 돼요. 그냥 생각이 뚝 끊어지면서 이 자리가 이렇게 명백해져 버리는 거죠. 생각이 뚝 (법상을 두드리며) 끊어지면서 이 일이 명확해져야죠. 이것뿐이에요. 이것 (법상을 두드리며) 하나, 이것 하나!

그래서 "도가 뭐냐?" 하면 손수건을 흔들기도 하죠. 만공 스님하고 경허 스님이 간월암이 있는 간월도에 배를 타고 건너갔대요. 경허 스님이 뭔가를 물었는데 만공 스님이 손수건을 꺼내서 흔들었대요. 그러자 경허 스님이 "자네 살림살이가 언제 그렇게 됐느냐?" 그렇게 얘기했다고 해요. 물론 손수건을 안 흔들어도 되죠. 뱃전을 한번 (법상을 두드리며) 툭툭 두드려도 되고 말없이 합장해도 되고, "바닷물이 참 푸릅니다" 해도 되죠. 그때 아마 손수건을 쥐고 있었겠죠. 그래서 그걸 한 번 흔들었겠죠.

그냥 이 일이지 다른 일이 있는 게 아니에요. 누구든지 그냥 이 법 하나지 다른 법이 뭐가 있겠습니까? 생각으로 돌아가면 안 됩니다. 생각으로 돌아가면 안 되고 저절로 이렇게 (법상을 두드리며) 명확해져서 사물사물이 티끌티끌이, 전부가 이 하나의 살아 있는 법이 돼야 해요. 사물사물이, 티끌티끌이 전부 이 하나의 살아 있는 법이 돼야 해요.

하여튼 생각 따라가면 안 돼요. 곧장 바로 틈이 없어야 됩니다. 틈이 없고, 앞뒤가 없고, 주관·객관이 없어야 해요. 사물사물이, 티끌티끌이, 하나하나가, 생각생각이, 느낌느낌이 전부가 바로 이렇게, 그래서 만법이 평등해야 된다고요. 만 가지 법이 똑같이 평등하게 이 하나의 일이어야 해요.

눈치 빠른 사람들은 선어록 같은 것을 많이 보다가 "아, 법을 물으면 어떤 동작을 가지고 법을 나타내는구나" 이렇게 눈치를 채죠. 그래서 법을 물으면 절을 하기도 하고 방바닥을 치기도 하고 합장을 하기도 하고, 이런 식으로 동작을 해서 나타내 보이는 거죠. 자기가 진실한 깨달음이 있어서 그러면 관계없는데, 선어록 같은 것을 많이 보고 "아, 이것을 답할 때는 행동을 하는구나" 그런 식으로 하게 되면 아무 소용없습니다.

남한테 보여 주는 법이 아니고 자기 스스로가 완전히 하나가 돼야 해요. 그래서 만법이, 티끌티끌이, 사물사물이 전부가 부처님이 되어서 다 설법을 해야 해요. 그렇게 해야 하는 거지, "도가 뭡니까?" 하니까 대충 이렇게 "아, 이게 바로 마음이구나" 하고 어둠속에서 무슨 사물을 보듯이 그런 식으로 눈치를 채는 식으로 해 가지고는 아직 멀었습니다. 반드시 (법상을 두드리며) 명확해져야 해요. 이게 명확해져 버리면 온 우주 삼라만상이 전부 똑같아요. 똑같은 이 한 개의 일이에요. 그러니까 도니 법이니 그런 것은 다 쓸데없는 말이고 (법상을 두드리며) 이 일 한 개입니다. 다른 일이 있는 게 아닙니다. 바로 지금 이 법 (법상을 두드리며) 하나뿐입니다.

하여튼 생각이 조금이라도 개입이 되면 안 됩니다. 그냥 온 천지가 이렇게 밝아야 돼요. 법으로 밝아야 되지 생각이 들어오면 안 됩니다. 법으로 밝아서 자기도 모르게 저절로 모든 일이 하나 일이 되어 버려야 해요. 그래야 자나 깨나 어떤 경우에도 다른 일이 없는 겁니다. 이 일 (법상을 두드리며) 하나입니다. 다른 일이 뭐가 있어요? 언제든지 이 법 하나지. 만 가지 일이 전부 다 똑같아요. 그래서 사실은 할 말이 없어요. 뭐, 법이 아닌 게 있고 법이 있고 그래야 "아, 이게 법이다" 하고 얘기를 하죠. 아무린 그린 차별이 나지 않으니까 그만 할 말이 없는 겁니다.

공부를 위해서는 어쩔 수 없이 얘기를 해야 하니까 자꾸 말씀을 드릴 수밖에 없습니다. 그냥 (법상을 두드리며) 이 일 한 개다. "이 한 개다" 하는 게 바로 지금 이거예요. 언제든지 누구든지 어떻게 하더라도 이것 하나예요. 보는 게 이거고, 숨 쉬는 게 이거고, 느끼는 게 이거고, 생각하는 게 이거예요. 움직이는 게 이거고, 소리 듣는 게

153

이거고, 그냥 한순간도 여기에는 다른 일이 없어요. 이 일 하나가 있을 뿐이죠. 이 일 하나가 있을 뿐! 그래서 만 가지 온갖 삼라만상이 전부 이 한 개 일이죠. (법상을 두드리며) 이 한 개 일. 이런 일 저런 일, 이런 일이 이거고 저런 일이 이거고, 여기에 다른 게 뭐가 있어요. 뭘 어떻게 하든지 간에 이 일이라. 이 일 하나라.

이것만, 이것만 한번 분명해져 버리면 됩니다. "분명해져 버리면" 하는 게 바로 이 일이 되어서, 그러면 곧장 이런저런 일이 따로 없어요. (법상을 두드리며) 곧장 똑같은 일이라. 만 가지 일이 (법상을 두드리며) 똑같은 일, 이 한 개 일이라. 한 개 일일 뿐이란 말이죠. 여기서 (법상을 두드리며) 한 번만 분명해져 버리면 돼요. 그러면 전부가 똑같이 이 한 개 일이라, 한 개 일!

19
공이면서 공이 아니고

여섯 가지 신통묘용은 공이면서도 공이 아니고
한 개 두루한 빛은 색이면서도 색이 아니다.

六般神用空不空
一顆圓光色非色

　여섯 가지 신통묘용이라는 것은 우리가 말하는 육신통이 아니라
육식(六識)입니다. 육식이 걸림 없이 작용하는 것을 일러서 여섯 가
지 신통묘용이라 했어요. 그래서 "공이면서도 공이 아니고, 한 개
두루한 빛은 색이면서도 색이 아니다" 이렇게 한 거죠. 여섯 가지
신통, 이 육식 경계라는 것은 눈앞에 드러나 있는 경계인데, 이 경
계는 공이면서 또한 색이고, 한 개 두루한 빛은 경계가 아니라 법을
가리키는데 이것은 색이면서도 공이다…… 표현이 그렇게 되어 있
습니다. "육식 경계는 공이면서도 색으로 드러나 있고, 하나의 빛은
색이면서도 색이 아니라 공이다." 말은 아주 그럴듯하게 해 놓았습
니다.

　이건 "색이 공이고, 공이 색이다" 하는 불이법문을 얘기하는 건
데, '있음과 없음', '공과 색' 이 둘이 아니라 하나다. 항상 우리 불법

155

은 이런 식으로 표현이 됩니다. 이런 표현이 왜 가능한지 알려면 실제로 자기 살림살이가 확실해져야 됩니다. 왜냐하면 바로 여기에 경전의 교학과 선의 차이점이 있는 것이거든요. 경전에서 방편의 말은 이런 식으로 모순되는 두 가지 말을 모순되지 않는 하나로 표현합니다. 선은 여기에 머물면 안 되죠. 여기에 머물러 버리면 하나의 문자가 되고 이치가 되고 도리가 되기 때문에 선이란 것의 소용 가치가 없는 것입니다.

제 경험상 이런 얘기는 교리 공부를 하다 보면 알거든. "아, 이 법을 표현하는 방식이 양변 분별, 이것과 저것, 있음과 없음을 떠난 자리를 표현하는데, 그것은 이 두 가지 모순되는 것을 하나로 표현하는 거구나." 그 정도까지는 이해할 수 있습니다. 그런데 그걸 이해해 봤자 이해로 그쳐 버리게 됩니다. 그 때문에 실제로 우리 스스로가 매 순간순간 삶을 이어가고 있고, 지금 이렇게 살아서 보고 듣고 느끼고 알고 행동하고 있는 이 자리에서의 온갖 경계와 의식과 이것의 구속으로부터 벗어나는, 말하자면 해탈이라고 하는 체험을 할 수는 없죠.

그런 체험을 하려면 이런 말에 얽매여 있어서는 안 돼요. 그래서 선에서는 '불립문자(不立文字)'라는 표현을 쓰죠. 말을 안 한다기보다는 말에 얽매여서 무슨 이치를 이해하는 게 아니다. 그러면 곧장 바로 이 자리를 봐야 하는데, 이 자리를 딱 다가가게 되면 생각은 아무 소용이 없고 결국 아무것도 모르게 되는 겁니다. 알 수 없어요. 그러니까 제가 학교에서 불교 교리를 공부했는데, 막상 가서 "선이 뭐냐?" 물으면 "이게 (법상을 두드리며) 선이다" 그래 버려요. 이것 (법상을 두드리며) 하나에 말하자면 우리 스스로의 삶이 있는데, "이게 (법상을 두드리며) 선이다" 그래 버리면 머리로는 전혀 알 수가 없죠.

그러니까 뭘 아는 것이 문제가 아니라, 이렇게 (법상을 두드리며) 살아 있는 삶이랄까, 지금 이 자기 마음이라 해도 좋고, 삶이라 해도 좋고, 이게 확인되고 드러나야 하죠. 제가 선을 공부해 보니까 "선이라는 게, 또 선사들이 하는 말들이 수수께끼 같은 말이고, 장난치는 것 같지만 실제로 불교 공부는 이 선에 있구나. 교리적으로 경전에서 교학적으로 하는 그것은 아무 의미가 없구나." 이걸 알겠더라고요.

왜? "실제로 매 순간의 삶이라는 건 지금 여기 말에 있는 게 아니고, 여기에 있구나. 그러니까 선에서 진짜배기 불법을 맛볼 수 있는 것이고, 경험을 할 수 있는 것이고, 우리가 얻을 수 있는 것이지, 경전 공부하고 교리 공부해서는 얻을 수가 없는 거구나." 이런 확신이 들었어요. 그러니까 지금까지 배운 것을 싹 버려야 하겠다고 결정했죠.

"도가 뭐냐?" (법상을 두드리며) "이거다." 완전히 아무것도 모르는 입장에서 "도가 뭐냐?", "이거다(법상을 두드리며)." 이렇게 이 문제에 딱 마주친 거죠. 하여튼 여기에서 이 하나 진실이라는 것은 우리 마음이다, 우리 본래면목이다. 또 그 외에 뭐라고 하든지 진실은 이렇게 살아 있는 것이고, 당장 우리 스스로 체험하고 그 효험을, 말하자면 맛을 봐야 하는 거거든요. 이것이 선이란 말입니다. 실제로 불교 공부는 선에서 끝나는 것이지, 교리적인 표현 같은 것은 사실 별로 의미가 없어요. 그러니까 선이라고 하는 건 당장 이런저런 말이 아니라, 무슨 말을 하든지 뭘 보고 뭘 듣고 무슨 행동을 하든지 지금 이 자리고 이 하나의 일이거든요. 지금 곧장 바로 이 일이라는 말이죠.

이거(법상을 두드리며)거든요! (법상을 두드리며) 아무것도 아닌 것 같지만 결국 내 삶이라는 것은 불교니 뭐니 하는 것과 관계없는 것이고, 그냥 일상생활 속에서 늘 변함없고 확고부동하고, 뭐랄까 안심입명 할 자리라 해야 되겠죠. 그냥 변함없이 확실하게 뿌리가 딱 박힌 자리라고 해야 하나. 어쨌든 이거거든요, 이 일 하나! 이게 자기 존재, 자기 삶의 근본이고 근원이다, 이렇게 얘기할 수 있는 거죠. 이것을 확인하는 거지 다른 건 없어요. 경전에 나오는 온갖 아름다운 말은 쓸데없는 말이고, 지금 여기서 이 법 하나, 이 자리 하나만 분명하면 됩니다. 이것은 어떤 이름도 아니고 말도 아니고 생각도 아니고 뭐가 붙을 수가 없죠. 그냥 이거거든요. 그냥 이 일이고 이 자리죠. 그냥 이 일 하나뿐인 거예요.

그래서 이게 (법상을 두드리며) 이렇게 한번 와 닿아야 되는 겁니다. 이것만 한번 와 닿아 버리면 불법이니 뭐니 이런 생각도 없는 것이고, 이 하나의 진실은 항상 변함이 없죠. 이게, 마음이라는 무슨 물건이 있는 게 아니라 한결같이 똑같은 것이고, 정말 이것을 어떻게 표현할 수가 없어요. 그냥 이겁니다. 근데 "이겁니다" 하면 좀 막무가내인데 사실 이것은 막무가내예요.

　옛날 스님들이 이것을 어떻게 표현했느냐 하면 '무공철추(無孔鐵鎚)' 라는 표현을 썼어요. 철추라는 건 볼링공 같이 둥근 것에 못 같은 게 사방으로 박혀 있는 무기예요. 철퇴라 하기도 하죠. 철퇴인데 무공이라, 그것에 자루를 박아 자루를 잡고 써야 되는데 자루를 박을 구멍이 없이 마치 고슴도치처럼 되어 있다는 말입니다. 이 법을 설법하는 것은 그렇게 고슴도치처럼 생긴 무공철추를 건네주는 것과 같다고 했거든요. 고슴도치처럼 빽빽하게 뾰족한 침밖에 없고 잡을 데가 없는 것을 던져 주면 어떻게 할 수가 없잖아요. 받을 수가 없는 거죠.

　(법상을 두드리며) 이 법을 가리키는 '직지인심(直指人心)' 이라 하는 것은 '무공철추' 를 주는 것과 같다고 옛날 선사들이 얘기를 했죠. 그러니까 생각으로는 손댈 데가 없어요. 생각으로 손댈 데가 없는데, 하여튼 여기(법상을 두드리며)에서 한번 이 일이 이렇게 탁 와 닿는다 해도 좋고, 이게 확인이 되는 겁니다. 딱 확인만 되면, 자기 본심이고, 절대로 흔들리고 변할 수 없고, 왔다 갔다 할 수 없는 자리라는 것을 본인이 스스로 알죠.

　그래서 이것 하나를 확인하는 거죠. 아주 단순한 거고, 말하자면 헤아릴 수가 없는 거예요. 선은 사실 그냥 막무가내죠. 그러니까 선 공부하는 사람은 그냥 '아무것도 모른다, 손댈 수 없다' 그런 입장에서 할 수밖에 없고, 가리키는 것은 (법상을 두드리며) 분명하게 "이 일 하나입니다" 이렇게 가리켜 드리는 거죠.

159

색이 공이고, 공이 색이다…… 이런 말들은 자기가 이걸 체험해 놓고 세상을 보면 저절로 "아, 이 모든 일이 다 있는데 아무 일이 없구나" 하고 스스로 느끼는 거니까 "아 그래서 이렇게 얘기하는구나." 이렇게 아는 것이지, 이런 말 자체를 이해할 필요는 없어요. 문제는 이 말이 아니고 지금 이 한 마디 말, 두 마디 말, 세 마디 말, 매 순간순간 보고 듣고 느끼고 알고 한 순간도 달라질 수 없고 끊어질 수 없고, 이렇게 있고 없고가 아니라, 그냥 이 일이거든요. 그냥 이 일, 이 법 하나거든요.

이게 어쨌든 한번 분명해지는 것이고, 그냥 이것뿐입니다. '도(道)'라 해도 이거고, '선(禪)'이라 해도 이거고, '마음'이라 해도 이거고, '법'이라 해도 이거죠. 그러니까 이건 아주 단순한 거예요. 단순하다는 말도 못하죠. "단순하다" 하는 게 바로 이거니까요. 그러니까 그냥 그저 (법상을 두드리며) 이 일 하나죠. 여기서 이렇게 (법상을 두드리며) 한번 와 닿으면 돼요. 여기서 한 번만, (법상을 두드리며) 딱 한 번만 확인하면 되는 겁니다. 딱 한 번만. 조그마한 (법상을 두드리며) 관심이라 할까, 마음을 열어야 합니다. 마음을 열고, 이렇게 손을 대지 말아야 해요. 생각이라는 걸 가지고 장막을 치지 말고, 마음을 열어서 곧장 이렇게 (법상을 두드리며) 한 번!

"뭡니까?" "이겁니다." (법상을 두드리며) "이 자리입니다." 그냥 이거지. 이게 스스로 확인되는 건데, 그냥 이 일뿐인 겁니다. 이 일뿐. 다른 건 없어요. 이것은 아주 단순하고 분명한 거예요. 이것만 한번 딱 확보가 되면 그 다음부터는 자기 살림살이니까 다른 데 의지할 필요가 없는 거죠.

그러니까 도인은 '무의도인(無依道人)'이라, 의지할 자리가 없다. 예를 들어, 좌선에 의지하고 선정에 의지하면 도인이 될 수 없어요. 의지를 하고 있는데 무슨 도인이 돼요? 의지할 필요 없이 한마디 말 끝에 몰록 (법상을 두드리며) 자기 면목이 확! 자기 살림살이가 탁 나오면 본인 스스로가 그냥 이 일이고 이 자리인데요, 뭐.

그러니까 이 일 (법상을 두드리며) 하나라, 이 일 하나! 이것은 (법상을 두드리며) 전혀 다른 일이 없습니다. 다만 이 일 하나고 이것 하나예요. 이게 하여튼 한 번만, 한 번만 딱 여기에 와 닿으면 그냥 이것뿐이거든요. 그냥 이 일 하나뿐이란 말이죠.

'신통묘용'이니 공이니 색이니 이런 말은 필요가 없어요. 색이라고 생각하든 공이라고 생각하든, 색이라 말하든 공이라 말하든, 그 의미는 상관이 없는 것입니다. 이것은 공도 아니고 색도 아니고, 그냥 이것을 만법의 근원이다, 만법이 여기에서 나오는 근원이다, 그렇게 표현하기도 하죠.

그런데 이것도 하나의 방편의 말이고, 하여튼 지금 이 일입니다. 이 일 하나! 이것 (법상을 두드리며) 하나가 어쨌든 분명해야 되는 거라. 다른 법은 없어요. 이게 분명해지면, 이게 자기 살림살이고 그냥 이 일 하나뿐이라. 하여튼 생각으로 헤아리거나 의식에 머물러 있으면 안 됩니다. 이게 한번 (법상을 두드리며) 딱 분명하면, 이것은 어떤 육식(六識)에도 해당이 안 된다는 것을 자기가 저절로 알 수 있습니다. 육식에 해당되는 게 아니에요. 의식이 아니니까 '허공과 같

161

다'는 표현도 하는 건데, 하여튼 이 하나의 일이에요. 이게 어쨌든 한번 와 닿아야 돼요.

묘(妙)하죠. 묘하다는 것은 이해할 수 없다는 것입니다. 이해할 수 없지만 체험은 할 수 있습니다. 묘한 일이지만, 알고 보면 그렇게 묘한 것도 아니고 너무 당연한 것이고, 그냥 이 하나의 일입니다. 이것만 하여튼 한번 와 닿으면 돼요. 이것만 이렇게 와 닿으면, 이게 (법상을 두드리며) 하여튼 이 일 하나라. 지금 이것만 (법상을 두드리며) 확실해져 버리면 여기저기서 헤아리고 따지고 할 게 아무것도 없거든요.

그냥 만법이 한 개 법이고, 아니 한 개라고 할 것도 없어요. 따지고 헤아리고 붙잡고 놓고 할 게 아무것도 없습니다. 그냥 이 일 (법상을 두드리며) 하나라, 하나의 일. 하여튼 이게 한번, 이 일이 한번! 문자가 아니고 생각이 아니고 이게 자기 살림살이입니다. 이게 한번 이렇게 와 닿아야 돼요.

162

20
스스로 확인하여 안다

오안을 깨끗이 하고 오력을 얻음은
오직 스스로 확인하여 아는 것이니 누가 추측할 수 있겠는가?

淨五眼得五力
唯證乃知難可測

오안(五眼), 오력(五力)이라는 것은 깨달음을 나타내는 용어들입니다. "깨달음을 얻으면 다섯 가지 안목을 갖게 된다." 또 "깨달음을 얻게 되면 다섯 가지 힘을 얻게 된다." 이런 말이죠. 하나하나 따질 것은 없습니다. 어쨌든 깨달아서 자기가 자기 살림살이를 확인한다는 것은 오직 스스로 확인해서 알 뿐, 헤아리고 추측하고 상상해서 아는 것은 아니라는 겁니다. 자기 살림살이, 자기 법이라는 이것은 대상이 될 수 없어요. 바깥에 있는 게 아니죠. 말 한마디를 해도, 생각 한 토막을 해도, 느낌이 하나 있어도, 동작을 하나 해도, 하여튼 뭘 하든지, 예를 들어 사물을 보든지 뭘 하든지 간에 이것이 다 자기 일이죠, 자기 일.

그래서 분별하면 "내가 죽비를 친다." 우리가 육체를 '나'라고 하는데 그것은 분별이죠. 잘 보면 "내가"라고 하는 것이나 "죽비를"이라고 하는 거나 말이 다르지 실제로는 똑같은 일입니다. "내가" 할 때도 이 일이고 "죽비를" 할 때도 이 일이거든요. 말은 다르지만 실제로는 똑같은 일입니다.

"내 기분이 지금 슬프다" 하는 거나 "날씨가 쾌청하게 맑다" 하는 거나, 말이 다르지 실제로는 똑같은 일을 하고 있는 겁니다. 말하자면 이 자체를 가리키는 거죠. "나는 기분이 슬프다" 그러면 우리는 슬픈 기분이 있다고 여기니까 그게 문제죠. 따로 있다고 여긴다 이 말이에요. "나는 슬프다" 하는 거나 "날이 쾌청하게 맑아서 햇살이 따갑다" 그러는 거나 사실 똑같은 겁니다.

그런데 말을 따라서 분별해 버리면, 햇볕이 따가운 것은 바깥의 일이고 슬픈 것은 내면의 일이고, 이렇게 나누어 버리는 거예요. 그게 바로 우리 망상 세계죠. "내 기분이 울적하다" 하는 거나 "바깥에 햇살이 따갑다" 하는 거나 똑같은 거라니까요. 그래서 실상을 보라고 하는 거예요. 우리가 "기분이 울적하다" 하면 "기분이 울적하다"라는 그 실상을 봐라. 그러면 거기는 기분이 울적한 게 없다 이 말이에요. 그냥 이 하나의 일입니다. "바깥의 햇살이 따갑다"라는 실상을 봐라. 그러면 바깥에 햇살이 따가운 게 아니라 역시 이 하나의 일이다 이거예요.

그래서 우리가 "이 하나로 돌아간다"라고 하는 건데, "나는 기분이 울적하다" 그냥 이거죠. "바깥의 햇살은 따갑다" 그게 이거예요. 이 하나의 일이란 말이죠. 그런데 하나로 돌아오지 못하고 경계를 따로 분별해서, 밖에는 이런 일이 있고 안에는 이런 일이 있고, 이렇게 하면 그게 망상이에요.

그러니까 (법상을 두드리며) 하나의 일이라는 이것 자체가, 이게 한 번 어쨌든 분명해져 버려야 하는데, 분별로는 절대 안 돼요. 분별로는 안팎이 당연히 있으니까 그것은 절대 안 되는 것이고, 분별이 아니라 이 하나의 일이 분명해야 돼요. 하나의 일이.

이것은 아주 단순하게 "도대체 뭐냐?" "이거냐?" "저거냐?" 하는 거기에서 곧장 탁 한번 통하면 되는 거라. "이거냐?" 하는 게 이거고 "저거냐?" 하는 게 바로 이건데, 자기가 행하고 있으면서 자기 생각에 속아 가지고 "이거냐?" "저거냐?" 이렇게 한다는 말이죠. 자기가 하면서 자기 생각에 속아 가지고, "이거냐?" 하면 "이거다" 하고 "저거다" 하면 "저거다" 하고 따라다닌단 말이죠. 그럴 때 할(喝)과 방(棒)이 필요한 거라. 정신 차리라고 콱 한 번 쥐어박는 거죠.

질문하는 사람이 들어와서 이러쿵저러쿵하면 그 사람은 굉장히 심각하게 얘기하는데 듣고 있으면 갑갑해요. 그냥 이렇게 하든 저렇게 하든 전부 다 똑같이 그냥 이 하나의 일인데 뭘 저렇게 하고 있나? 정신이 번쩍 나게 콱 하고 쥐어박고 싶다니까요. 이게 한 번만 이렇게 탁 와 닿으면 그냥 이것 하나뿐인데, 그게 참 잘 안 돼요. 우리가 너무 오랫동안 분별하는 버릇이 들어서 그런 거라. 이게 희한한 거죠.

"이거냐?" 하는 것도 이거고 "저거냐?" 하는 것도 이거고 이 일 하나뿐인 건데 말입니다. 어쨌든 (법상을 두드리며) 이게 한번 이렇게 딱 와 닿으면 다른 게 없어요. 이게 (법상을 두드리며) 한번 딱, 그러면 정말 만 가지 일이 한순간에 다 쉬어져 버리고, 그냥 아무 일이 없고 이 일 하나뿐이거든요.

만 가지 일에서 다 쉬어져 버리고 그냥 (법상을 두드리며) 이것 하나뿐인 거예요. 뭘 하든지, 안의 일도 아니고 바깥의 일도 아니고, 색도 아니고 공도 아니고, 안도 아니고 바깥도 아니고, 마음도 아니고 사물도 아니고, 그냥 (법상을 두드리며) 이것. 그래서 불이법이라는 묘한 표현을 쓰는 겁니다. 이쪽도 아니고 저쪽도 아니라는 거죠.

그래서 한결같이 어떤 일도 아니고, 똑같이 그저 이 한 개 일이다. 그냥 이 일, 이거거든요. 이 일 하나! 그러니까 (법상을 두드리며) 여기는 이게 어쨌든 한 번만, 한 번만 쉬어져 버리면 우리가 양변을 벗어나 일 없는 자리에 통하는 거죠. 지금 이건데, 이렇게 하든 저렇게 하든 단지 이 일 하나뿐입니다.

요즘은 저한테 시비를 거는 사람들이 없어요. 이제는 시비를 걸 대상이 아니구나 하는 것을 알았는지 모르겠는데, 옛날 초창기에는 그런 사람들이 많이 찾아왔었어요. 한번 만나보고 싶다고 해서 찾아온 사람들 중에 자칭 주역의 대가가 있었어요. 50대 중반이나 60대 초반쯤 됐는데 주역 공부를 오래 해서 세상 이치는 모르는 게 없대요. 자기는 그렇게 세상 이치를 다 아는데 나는 뭘 아느냐고 묻더라고요. 그래서 "나는 아는 게 아무것도 없는데 당신이 누구인지는 안다" 그랬더니 그 사람은 "세상 이치도 모르면서 그런 얘기를 하느냐?" 하더라고요.

그래서 "지금 당신이 세상 이치가 어떻게 돌아가는지 안다고 하는데, 그렇게 말하고 있는 이게 뭔지는 아느냐?" 하니까 "그것은 알 수 없다. 그것은 세상 이치가 아니다" 그러더라고요. 그렇지만 자기는 세상이 어떻게 돌아가고 앞으로 어떻게 변하고, 이런 건 다 안다는 거죠. 그래서 제가 "물론 이것은 당신이 아는 세상 이치는 아니다. 그런데 이것을 알아야 진짜로 남김없이 다 아는 것이다. 세상 이치를 다 알아서 잘사는 것도 좋겠지만, 이것을 모르면 진짜로 잘살 수 없다." 하여튼 그런 식으로 얘기했어요.

우리 불법은 세상 이치를 아는 것은 아니거든요. 세상이 이렇게 돌아가고 저렇게 돌아가고 하는 것은 아니고, 자기의 본래면목을 깨치는 거죠. 지금 우리가 이런 생각을 하고 저런 생각을 하고, 이런 말을 하고 저런 말을 하고 있잖아요. 여기서 자기 생각과 자기 말과 자기 감정과 자기 욕망과 자기 느낌에 안 속고 안 끄달리고 구속받지 않으려면, 어쨌든 이 자리 하나를 한번 확보할 수밖에 없어요.

해탈이라는 것은 그런 거지, 세상으로부터 해탈하는 것은 아니거든요. 하나하나 따져 보면 세상으로부터의 해탈이라고 할 수도 있겠죠. 해탈이라는 것은 이 자리가, 이 일이, 이게 한번 이렇게 (법상을 두드리며) 분명해져서, 이게 (법상을 두드리며) 분명해지면 생각이 아니라 생각으로부터의 자유! 누가 '자기로부터의 자유'라는 책을 썼던 것 같은데, 자기로부터의 자유라 해도 좋고, 자기 생각으로부터의 자유라 해도 좋고, 이게 진짜 중요한 겁니다.

결론은 (법상을 두드리며) 이 자리가 나와야 돼요, 이 자리가. 이 일

(법상을 두드리며)이 분명해져야 되는 겁니다. 이게 어쨌든 이 일 하나 (법상을 두드리며)! 이게 분명해지고, 한번 딱 여기에 계합이 되고, 여기(법상을 두드리며)에 싹, 통 밑이 빠지듯이 이쪽에 통해서 들어와야 돼요. 그래야 여기에서 (법상을 두드리며) 비로소 온갖 번뇌와 자기 마음으로부터의 자유를 얻는 거죠. 자기 마음에 부림을 당하다가 이제는 마음에서 벗어나 마음을 부릴 수 있는 힘도 점차 얻게 되는 거니까요. 지금 이 일(법상을 두드리며)입니다. 이 자리(법상을 두드리며), 다만 이 일 하나(법상을 두드리며). 도라 하든 선이라 하든 그냥 이거 하나예요. 이거 하나.

아무것도 따질 것이 없고 생각할 것도 없고, 지금 딱 (법상을 두드리며) 이것 하나거든요. 매 순간 매번 그냥 단지 이것 하나뿐인 겁니다. 이 일(법상을 두드리며) 하나뿐이라. 이러쿵저러쿵할 게 아무것도 없어요. (법상을 두드리며) 이것만 딱 분명해져 버리면 곧장 바로 모든 것이 다 사라져 버리고, 손을 놓게 돼요. 우리가 "놓아라" 하는데, 놓을 필요가 없어요. 저절로 다 놓여서 없어져 버리니까. 그러니까 (법상을 두드리며) 이 일!

저절로 모든 것이 놓여서 그냥 모든 일이 없어집니다. 반드시 그렇게 돼야 해요. 그래야 "아, 불법이라는 것이 온갖 번뇌와 시름을 다 내려놓고 해탈한다고 하더니, 정말 그렇구나" 하고 실감을 하는 거죠. 그러니까 (법상을 두드리며) 이 일이라, 다른 게 없어요. 그냥 (법상을 두드리며) 이 일 하나입니다. 지금 모든 사람이 딱 (법상을 두드리며) 이 자리에 있는데, 이 일인데 말이죠. 하여튼 이게 한번 여기에 확실하게 통 밑이 빠져 버려야 돼요. 딱 (법상을 두드리며) 이 자리, 이 일 하나니까요.

돌아가신 제 스승인 훈산 거사님은 배운 게 별로 없는 데다 경상도 사투리를 굉장히 심하게 쓰셨어요. 또 일본 생활을 오래 해서 일본식 발음이 섞여 경상도 사투리조차도 정확하게 제대로 안 나와요. 그래서 그 말씀을 제가 삼분의 일은 잘못 알아듣고 그랬죠. 그분은 아주 단순하게 말씀하셨어요. 근데 제가 박사라는 타이틀을 가지고 있는 게 어떤 면에서는 도움이 되지만, 어떤 면에서는 공부에 오히려 안 좋은 것 같아요. 거사님처럼 배운 것이 적어서, "나는 다른 것은 모르겠고 (법상을 두드리며) 이것 하나밖에 모른다" 이렇게 가리키는 게 오히려 어떤 면에서 더 효과적이지 않을까 해요. 그러면 공부하는 사람도 누구든지 "아, (법상을 두드리며) 이것 하나만 깨달으면 되겠구나"라고 생각하겠죠. 제가 거사님 앞에 앉아서 공부할 때는 정말 그랬거든요. 그냥 단순해요. "이 일 (법상을 두드리며) 하나, 아무것도 없어. 그냥 (법상을 두드리며) 이것이야." 딱 그렇게 말씀하셨어요.

물론 거사님도 어록이나 경전을 보고 나름대로 공부를 하셔서 아시는 부분을 말씀하시는데, 제가 들어 보면 그리 정확하지 않았어요. 그러니까 저는 그런 것은 싹 무시해 버리고 듣지 않았죠. "지금 내가 모르는 건 다만 이것 (법상을 두드리며) 하나뿐이다. 말은 들을 필요도 없고. 이미 내가 더 많이 아는데 뭐. 내가 모르는 것은 단지 이

169

것 하나(법상을 두드리며)뿐이다." 이렇게 했죠. 저는 사실 여기서 딱 가로막혀 있던 것이죠. 그리고 가로막혔던 여기서 (법상을 두드리며) 끝이 나는 겁니다.

이 공부 자체가 그래요. 모르는 것은 딱 이것 하나(법상을 두드리며)뿐이거든요. 이것저것 헤아려 보고 따져 보고 고려해 볼 게 전혀 없습니다. 우리가 통하지 못하는 것은 딱 이 일 하나(법상을 두드리며)뿐이고, 여기서 (법상을 두드리며) 통해 버리는 겁니다. 아주 단순하고 단순한 겁니다. 못 통하는 것도 (법상을 두드리며) 여기서, 통하는 것도 (법상을 두드리며) 여기서 통하는 겁니다.

그러니까 (법상을 두드리며) 이것! 이 일 하나뿐이에요. 여러 가지 고려할 것도 생각할 것도 없는 거라. 다만 이 일 하나뿐인 거고, (법상을 두드리며) 여기서 이 자리가 한번 확, 자기 살림살이가, 자기 일이 한번 확 드러나 버리면, 그냥 이것뿐인 거예요. 그렇게 되면 언제든지 우리가 이 힘 하나로, 이 살림살이 하나를 가지고 세상을 사는 겁니다. 이게 자기 살림살이라. 이 힘 하나, 이 살림살이의 힘 하나를 가지고 세상을 사는 거죠. 힘이라 하면 자꾸 육체 쪽으로, 또 몸에 무슨 힘이 느껴진다느니, 이렇게 할까 봐 조심스러운데, 몸은 아닙니다. 그러니까 이 일 (법상을 두드리며) 하나라. 이것 하나로 모든 일을 다 하는 것이고, 모든 게 여기서 다 나오는 거라. 뭘 하든지 그냥 이 일이지 다른 일은 없습니다. 뭘 하든지 이 일 하나를 하고 있는 거죠.

21
물속의 달

거울 속의 모습은 보기 어렵지 않으나
물속의 달을 붙잡으려 하니 어떻게 붙잡겠는가?

鏡裡看形見不難
水中捉月爭拈得

　거울 속의 모습, 물속의 달······ 경전에서는 이런 표현이 나와요. 거울이라는 것은 온갖 삼라만상을 다 비추어서 그 안에 삼라만상의 모습이 다 나타나지만 실제 그 속에는 아무것도 없죠. 그런 것처럼 이건 정신세계를, 실상을 표현하는 하나의 비유입니다. 실상 속에서는 삼라만상이 모습만 나타나는 게 아니고, 색깔·소리·냄새·맛·촉감·의식의 육진(六塵) 경계로서 드러나죠. 모습이 보이기도 하고, 소리가 들리기도 하고, 잡아서 감촉도 되고, 맛도 냄새도 생각도 다 됩니다. 그렇죠?

　이렇게 나타나 있지만 아무것도 없다 이겁니다. 그래서 이것을 거울 속의 모습이라 비유하는 거죠. '물속의 달'은 법을 가리킵니다. 달은 하늘에 하나밖에 없지만, 이 지상의 물 위에 다 달이 있어요. 하늘의 달은 하나밖에 없지만, 지상에 물이 100개가 있으면 100

개 위에 달이 다 떠 있는 것처럼 이 하나의 실상이 온 천지에 없는 데가 없다 이겁니다. 삼라만상 위에 다 나타나 있는데, 물속에 떠 있는 달을 이태백이 술 먹고 붙잡으려 했다는 식으로, 물속에 있는 달을 붙잡으려고 하면 거기에는 아무것도 없어요.

그러니까 삼라만상 위에서 확인되는 이 하나의 마음은, 이 하나의 진실은 따로 '이거다' 하고 집어내려고 하면 집어낼 수가 없다는 말입니다. 우리가 "도가 뭐냐?" 물으면 "죽비다" 하지만, 죽비 바깥에 죽비와 도를 분리해서, 죽비는 나무고 나무 위에 드러나 있는 도라는 것을 따로 분리할 수는 없어요. "도가 뭐냐?" 물으면 "죽비다." 그야말로 색과 공이 하나고 둘이 아니어서 죽비는 죽비가 아닙니다. 말하자면 표현을 그렇게밖에 할 수가 없죠. "죽비는 색이지만, 색이 아니라 공이다." 이렇게 표현을 하는데, 그냥 이런 표현보다도, 하나가 탁 되어서 죽비가 마음이고 마음이 죽비고, 안과 바깥이 없고 하나다 이겁니다.

"도가 뭡니까?" "죽비다." 그러면 죽비가 마음이고 마음이 죽비고, 안과 밖이 없고 하나가 탁 있는 거죠. 이렇게밖에 할 수 없거든요. 따로 마음을 떼어낼 수가 없어요. '물속의 달'이라 하면 달은 항상 물속에 비추어져 있지만 따로 달을 떼어낼 수가 없죠. 이런 측면이 있기 때문에 "거울 속의 모습이다"라고 비유를 드는 겁니다.

이런 비유도 자기가 한번 여기에 계합이 돼야 알 수 있는 거니까 이런 비유보다도, "도가 뭡니까?" "죽비다." 이런 데서 아무 생각 없이 그만 탁 하나가 되어 버려야 해요. "도가 뭐냐?" "이거다." "죽비

172

다." 이런 데서 자기가 한번 그냥 하나가 탁 된다 할까? 여기서 한번 이렇게 딱 계합이 되어 버리면, 저절로 이런 말을 할 수 있어요. 이런 말을 이해할 필요는 없고, 이게 (법상을 두드리며) 한번 분명해져야 돼요. 이 일(법상을 두드리며)이 한번 분명해져야 해요. "도가 뭐냐?" "죽비다." 이게 그냥 분명해져야 됩니다.

거울 속의 모습은 보기 어렵지 않으나
물속의 달을 붙잡으려 하니 어떻게 붙잡겠느냐.

우리가 삼라만상을 분별하는 것은 쉽죠. 삼라만상 속에서 마음을 깨달으려고 하니까 그것은 어렵죠. 어렵지만 불가능한 것은 아니고 하여간 꾸준히 "도가 뭡니까?" (법상을 두드리며) "이거다." "선이 뭐야?" (법상을 두드리며) "이겁니다."

다른 것은 없습니다. 다만 이 일 하나입니다. 언제든지 이쪽저쪽 안팎이 없고 모든 것이 똑같이 하나 일이다. 나와 남이 따로 없고, 너와 내가 없고, 옳고 그름이 없고, 좋고 나쁨이 없고, 모든 법은 단지 이 한 개 법이다.

여기에 어쨌든 계속 이 일 하나를 (법상을 두드리며) 자꾸 듣고 또 듣고, 여기에서 (법상을 두드리며) 자꾸 부딪쳐서 여기에서 (법상을 두드리며) 한번 탁 끝장이 나 버려야 해요. 그래서 (법상을 두드리며) 이것뿐 이거든요, 이것뿐! 그러면 만 가지 일이 다 하나로 돌아가고 다 똑같은 거예요. 하여튼 이겁니다. 이 일 하나!

22
홀로 걷는다

늘 홀로 다니고 늘 홀로 걸으니
통달한 이들은 함께 열반의 길에 노닌다.

常獨行常獨步
達者同遊涅槃路

늘 홀로 다니고 늘 홀로 걷는다…… 항상 혼자다. 초기 불교 경전
에도 "무소의 뿔처럼 혼자서 가라"는 말이 있습니다. '혼자'라는 표
현은 역시 불이법을 가리키는 것입니다. 이쪽저쪽이 없다, 상대가
없다 이겁니다. 상대가 없어요. 다른 말로는 "우주가 곧 나고, 내가
곧 우주다." 상대가 없어요. 항상 하나뿐이니까 '홀로'라는 표현을
쓰는 겁니다. 상대가 없고 항상 하나뿐이고, 언제든지 그냥 이 한 개
일일 뿐인 거죠.

(법상을 두드리며) 이쪽저쪽, 이런저런 상대가 없고 언제든지 단지
이 하나의 일, 한 개의 일로 다 통해 버리니까, 원융무애 하니까 '홀
로'라는 표현을 쓰는 거죠. '혼자'라고 하니까 '남'은 저쪽에 있고
'나' 혼자라고 생각할 수 있는데, 그런 뜻이 아닙니다. 그렇게 하면
이법(二法)이 되어 버려서 여법하지 못해요. '다른 사람은 다 내버

리고 나 혼자서' 라는 뜻이 아니고, '남' 이 없다 이겁니다. 다른 사람이 없다는 뜻으로 '홀로' 라고 하는 거죠. 안팎이 없다, 남이 없고 다른 대상이 없다 이겁니다. 그러니까 홀로라고 표현하죠. 그냥 이 일 뿐이다. (법상을 두드리며) 만 가지 일이 똑같은 일이고, 그냥 전체가 이 하나의 일이다. 그래서 '홀로', "무소의 뿔처럼 혼자서 가라"는 것도 깊은 뜻을 보면 그런 뜻일 겁니다. 그걸 이법(二法)으로 이해해서, '남을 물리치고 나 혼자서' 라고 하면 이 공부는 소승이 되어 버려요. 우리 대승은 불이법인데 그렇게 하면 안 맞습니다.

그래서 "늘 홀로 다니고 늘 홀로 걸으니" 하는 것은 '행주좌와 어묵동정(行住坐臥 語默動靜)' 즉 24시간 생활 자체가 항상 불이법으로서 안팎이 없고, 나와 남이 없고, 상대가 없다 이겁니다. 법은 항상 하나라고 그랬잖아요. 법은 항상 전체이고 하나입니다. 항상 그저 지금 이 일입니다. 지금 이것! 그냥 모든 사람이 똑같이 이 일 하나. 삼라만상이 똑같습니다. 똑같이 그저 이 한 개 일이죠. 그러니까 다 그냥 이 하나의 일일 뿐입니다.

늘 홀로 다니고 늘 홀로 걸으니
통달한 이들은 함께 열반의 길에 노닌다.

통달해 버리면 모든 사람이 다 하나가 되어 버리는 겁니다. 생각을 해 버리면 너와 내가 있고 분별하지만, 법으로 돌아오면 너와 내가 없이 하나죠. 분별하면 온 천지는 차별세계고, 법으로 (법상을 두드리며) 돌아오면 이 세계는 불이의 세계라 차별이 없습니다.

차별세계에만 머물러 있으면 중생이라 하고, 불이의 세계에 통해서 원융무애하게 차별이 사라져 온 천지가 하나가 되면 부처라 하는데, 차별세계도 차별세계대로 변함없이 항상 드러나 있고, 불이의 세계도 불이의 세계대로 역시 언제나 여여한 겁니다.

이렇게 얘기하든 저렇게 얘기하든, 이렇게 행동하든 저렇게 행동하든, 이래 생각하든 저래 생각하든, 그냥 하나입니다. 그냥 이 일뿐이에요, 이 일뿐! 그냥 이 일 하나뿐이라. 언제든지 그냥 이 일 하나이고 안과 밖, (법상을 두드리며) 이쪽저쪽, 너와 나, 법과 법 아닌 것, 아무 그런 차별이 없습니다.

그냥 언제든지 (법상을 두드리며) 다만 이 하나의 일이고, 여기에만 (법상을 두드리며), 여기에만 (법상을 두드리며) 한번 이렇게 (법상을 두드리며) 탁 통해서 하나가 되어 버리면 돼요. 하나가 된다는 것은 경계선이 사라지고 끝이 없는 겁니다. 안팎이 없고 온 천지가 똑같은 일이에요, 똑같은 일. 그러면 그냥 열반이죠. 열반이라는 것은 모든 일이 다 있는데 아무 일이 없으니까 열반입니다. 열반에 관해서는《육조단경》에 지도 선사와의 대화가 있죠. 우리가 보통 열반에 대한 오해와 착각을 많이 하는데 거기서 아주 잘 얘기하고 있어요.

지도 선사라는 분이 "열반이라면 적멸이니 그냥 아무것도 없는데 거기에 무슨 적멸의 즐거움이 있느냐?" 이렇게 질문하죠. 그러니까 육조가 "너는 불법을 배운다면서 어떻게 단상이변 이법에 떨어져 있느냐?" 하고 질책을 합니다. 적멸을 '아무것도 없다'라고 하면

'있음'에 대해 상대적으로 '없다' 하는 것이라서 이법입니다. '있음'과 '없음'이라는 그 양변, 즉 '단상이변(斷常二邊)'은 '유무이변(有無二邊)'과 같은 말입니다. 그러면서 육조가 계속 얘기하죠. "있음과 없음이라는 양변에 떨어져 있느냐? 그래 가지고 네가 무슨 불자냐?"

그러면 "열반이 뭡니까?" 하니까 "불이법이다. 적멸이란 것은 아무것도 없다는 말인데, 이건 모든 것이 있는데 아무것도 없는 것이다. 그렇기 때문에 아무것도 없지만 즐겁다고 얘기할 수 있다. 즐거움이 있는데 즐거움이 없는 것이지, 즐거움이 전혀 없이 그냥 나무토막처럼 아무 감정이 없는 그런 게 아니다. 즐거움도 있고 슬픔도 있는데 또한 즐거움이 아니고 슬픔이 아니고, 이게 그래서 적멸이라고 하는 것이다." 그런 식의 가르침이죠. 그런 것들이 불이법에 대한 안목을 얻는 데 아주 좋은 가르침입니다.

우리는 불이법이라 해도 잘 모릅니다. 이법과 불이법을 또 따로 나누죠. 이법이 아니고 불이법이 따로 있는 것처럼 자꾸 그렇게 분별을 하려고 하죠. 너무나 습관적으로 분별하기 때문입니다. 딱 어쨌든 한번 (법상을 두드리며) 이쪽이다 저쪽이다 하는 그런 게 아니라 하나로 이렇게 탁 통해서, 이렇다 저렇다 하고 양쪽으로 분별하는 시각을 벗어나야 법을 보는 안목을 얻을 수 있는 거죠.

법을 보는 안목도 서야 하지만, 자기 살림살이가 이렇게 분명해져야 해요. 그래서 둘 아닌 이 하나의 일, 안팎이 없이 확 통해서 온 천지가 이 한 개의 일, 언제든지 이렇게 분명하고 언제든지 이렇게 확실한 이 하나의 일이 확립되는 것과 법을 보는 안목은 두 가지 일이 아니고 같은 일이거든요. 똑같은 일입니다.

그러니까 자기 살림살이가 분명한 것은 곧 불이법이고, 안팎이 없는 것이고, 온 천지가 이렇게 하나의 일이죠, 하나의 일! 하여튼 이 일이라. (법상을 두드리며) 지금 이 일. 우리가 "이게 한번 와 닿아야 되는데" 하고 있는 일이, 이게 (법상을 두드리며) 미세하게라도 한 번만 딱 접촉되어서 확인만 되면 돼요. 미세하게라도 한 번만 와 닿기만 하면 된다고요.

그러면 "아, 여기가 내 살림살이구나" 하고 본인이 알아요. 이건 오로지 본인이 알지 남이 아는 것은 아닙니다. "아, 내가 이제야 비로소 내 살림살이를 찾았구나. 내 집으로 돌아왔구나." 이렇게 자기가 안다고요. 반드시 이게 있어야만 자기 내면의 변화가 시작됩니다. 헤매고 다니는 일이 거기서 끝나는 거죠. 그러니까 이 일 하나, 반드시 이 일 하나가 확인되어야 해요. 이거 하나 확인하는 거지 다른 게 없어요. 그냥 이 일 하나를 확인하는 거예요. 이 일 하나.

제 입장에서는 사실 이것이 아무것도 아니고 너무 당연한 일인데 자꾸 얘기하기가 참 싱겁기는 하죠. 그런데도 모르니까, 이게 와 닿지를 못하니까, 자꾸 "다른 것 없다. 이거다. (법상을 두드리며) 바로 지금 이 일이다." 이렇게 이끌 수밖에 없어요. 이 일 하나뿐이거든요, 이 일 하나뿐.

오랫동안 절에서 좌선하고 선정삼매에 드는 데 익숙한 사람도 자기 살림살이, 이것을 못 찾으면 결국 밖으로 헤매고 있는 겁니다. 자꾸 뭔가에 의지하고 있는 것이죠. 이게 아무것도 아니지만, 이게 한번 자기 살림살이가 나와야 어디에 의지할 것도 없고 수행이니 뭐니 할 일이 그만 없어져 버려요. 아무것도 할 일이 없어요.

뭘 하든지 다 원래 자기 스스로 하고 있는 일이니까 그냥 아무것도 할 일이 없어져 버리는 거라. 반드시 이게 한번 확인이 돼야 하고, 이게 (법상을 두드리며) 와 닿아야 해요. 이게 (법상을 두드리며) 바로 입문처(入門處)입니다. 자기 살림살이를 한번 확인하는 일. 세계의 실상을 보는 불이법의 안목을 갖는 것은 그 다음의 일이에요.

이 일, (법상을 두드리며) 자기 살림살이를 한번 확인하는 일, (법상을 두드리며) 이게 첫 번째라. 제 체험으로 볼 때는 (법상을 두드리며) 방바닥을 탁 칠 때 온 체험이 제 살림살이를 확인한 체험이었고, 두 번째로 마음이 사라지는 체험은 세계의 실상을 보는 안목을 얻는 체험이었죠. 그 전에 어쨌든 자기 살림살이가 나와야 돼요. 그게 없으면 아무짝에도 쓸모가 없어요.

그런데 그런 사람들을 볼 수 있습니다. 경전이라든지 조사들의 공안이나 어록을 열심히 보고 법을 보는 안목을 대충 갖추게 돼서 굉장히 그럴듯하게 얘기하고 다른 사람들한테도 한마디 해 보라고 하는 사람이 있어요. 이런 사람들은 자꾸 뭘 표현하려고 하고 공안이나 이런 것을 빌려서 법을 얘기하려고 하죠. 그런 사람들이 저한테도 많이 대화를 걸어오는데, 제 입장에서 보면 공안이고 경전의 말이고, 그냥 여기 빗방울 하나 떨어지는 소리하고 나뭇잎 흔들리는 소리하고 아무 차이가 없어요. 그 사람들은 거기에 굉장히 큰 의미를 부여해서 거기서 뭔가 확실한 말 한마디를 해야 한다 이거라. 근데 제가 보면 전부 쓸데없는 망상이에요. 거기서 그 사람들이 요구하는 대답을 하는 게 아니고 그 사람들이 묻는 한마디 한마디를 제가 다 깨 버리거든요. 그러면 이 사람들은 자기들이 예상하는 것하고 전혀 딴 소리를 하니까 뭐라고 얘기하느냐 하면 "왜 대답을 회피하느냐?" 이렇게 하는 거라. 제가 마치 대답을 회피하고 있는 것처럼 인식하고 있는 거예요.

그런 부류들이 선(禪) 한다는 사람들 중에 상당히 많이 있습니다. 이 체험을 하고 어디 가서 아는 척하면 반드시 그런 사람을 만나게 됩니다. 그런데 그런 사람들은 자기가 가지고 있는 선에 대한 그림이 이미 딱 그려져 있기 때문에, 거기에 맞지 않는 얘기를 들으면 그것을 선(禪)적이지 못하다고 보는 거라. 그런 사람들을 만나면 정말 황당해요. 자기 살림살이를 이렇게 턱 내서 보면 무슨 경전이나 조사 어록 같은 것은 아무 필요가 없는 건데, 자꾸 거기에 의지를 해서 그럴듯한 한마디 하기를 요구하거든요. 그런 사람들은 말이 안 통해요. 그런 것에 콱 젖어 있어서 그러는데, 그런 식으로 가면 절대로 안 됩니다.

공부를 그렇게 하면 절대 안 됩니다. 자기 살림살이를 확인하면 원래 아무 일이 없는데요. 그리 되면 그냥 일 없이, 걸림 없이 사는 것이지 꼭 무슨 공안을 하나하나 헤아리고 따져서 한마디 말을 붙이고 그렇게 할 필요가 없어요. 그렇게 하는 게 아니에요. 바른 공부하는 사람들이 참 드물어요. 선방에 앉아서 선정삼매에 드는 사람도 본래면목을 깨닫기가 어렵고, 또 공안이나 이런 것을 공부하는 사람도 어떤 틀 속에 갇혀 있기 때문에 어두워서 자기 본래면목을 모르는 거라. 이게 뭔지를 몰라요. 그러니까 아예 대화가 안 되는 거죠.

이 일이 (법상을 두드리며) 한번 체험이 돼야 비로소 '원래 아무 일이 없다'는 것을 확인하죠. 이게 어쨌든 자기가 한번 분명해져야 돼요. 이것뿐이에요. 자기 살림살이라 (법상을 두드리며) 원래 아무 일이 없고 원래 그냥 이 일 하나뿐인 것인데, 어쨌든 생각으로 돌아가면 안 되고, 이 일 (법상을 두드리며) 하나뿐이라, 이 일 하나뿐. (법상을 두드리며) 원래 아무 일이 없는 겁니다.

23
돌아보지 않는다

곡조 예스럽고 정신 맑으니 풍류가 저절로 높지만
초췌한 모습의 고집 센 사람은 돌아보지도 않는구나.

調古神淸風自高
貌悴骨剛人不顧

 곡조 예스럽고 정신 맑으니…… 이건 좀 시적인 표현인데 법을
노래의 '곡조'로 비유했죠. 곡조 예스럽고 정신이 맑으니…… 예스
럽다는 것은 중국 사람들의 사고방식인데, 옛날에 모범이 되는 전
범이 있다, 모범이 옛날부터 다 이렇게 갖추어져 있다는 뜻입니다.
 불법으로 얘기하자면, 이미 부처님이 법을 다 말씀하신 것이다,
그 법이 오늘날 이렇게 다시…… 아니, 사실 법이라는 건 '다시'라
는 게 없죠. 원래 과거·현재·미래가 없는 건데 다만 시적인 표현
이 그렇게 되어 있어요. '곡조가 예스럽다' 하는 것은 옛날 부처님
의 법이 지금 여기서 이렇게 노래를 부르듯이 실현되어 있다는 것
입니다. 그렇게 표현한 거예요. 곡조가 예스럽고 정신이 맑으니……
정신이 맑다고 하는 것도 이 법을 가리키는 말이죠. 풍류가 저절로
높지만…… 풍류도 시적인 표현인데 곡조와 마찬가지로 선(禪)을

가리키는 말입니다. 풍류가 높다, 즉 선의 격조가 높다. 시적인 표현이고, 곡조라는 게 지금 여기서 보고 듣고 느끼고 알고, 지금 당장 이거죠.

법은 사실 시간이 없어요. 과거·현재·미래라고 할 게 없어요. 지금 당장에 바로 지금 이거니까요. 뭘 하든지, "뭘 하든지" 하는 게 바로 지금 이거거든요. 그래서 언제든지 삼라만상이 전부 이 법으로 밝아 있고, 시계와 탁자와 죽비와 종이와 방바닥과 컵이 전부 이 일 하나거든요. 이 일 하나를 이렇게 드러내고 있는 거죠. 그러니까 이것은 지금 이것이기 때문에 과거, 현재, 미래라는 게 없습니다. 말로 분별하면 '옛날 부처님'이라고 하지만, "옛날 부처님" 하는 것이 지금 이거란 말이에요. 옛날 부처님이 바로 지금 이렇게 분명하고 명백하거든요.

중국 천태종을 일으킨 사람이 천태지의(天台智顗) 국사(538-597)라는 분인데, 이 양반은 《법화경》을 읽다가 깨쳤어요. 《법화경》을 수천 번 읽다가 어느 순간 보니까, 부처님이 영취산에서 설법을 하는 게 아니라 지금 자기 눈앞에서 실법을 하고 있거든요. 그래서 뭐라고 했습니까? "아, 부처님이 영취산에서 1,000년 전(당시 기준)에 법을 설하시는 줄 알았는데, 그 설법이 지금 이 자리에서 이렇게 일어나고 있구나." 그게 자기가 깨닫고 한 얘기예요.

이 얘기처럼 이것은 '지금 이 일'이거든요. 지금 바로 이 일이란 말이에요. 여기서 우리가 이렇게 하든 저렇게 하든, 이런 말 하든 저런 말 하든, 하나하나가, 한순간 한순간이, 사물사물이, 생각생각이,

느낌느낌이, 그냥 뭘 하든지 티끌 하나가 전부 그냥 그대로가 법이거든요. 티끌 하나가 그냥 온 법을 남김없이 몽땅 이렇게 드러내고 있으니까. 바로 지금 이거란 말이에요. 이것(법상을 두드리며)만 분명하면 일상생활 24시간이 늘 이 (법상을 두드리며) 한 개 법이에요. 여여한 거예요. 그냥 항상 똑같아요. 이 일뿐이니까요.

여기서 (법상을 두드리며) 우리가 부처도 말하고 불교도 말하고 깨달음도 얘기하고 해탈도 말하고 번뇌도 얘기하죠. 여기서 (법상을 두드리며) 다 그렇게 온갖 차별세계를 만들어 내고 차별세계를 이렇게 생각하고 얘기하고 느끼지만, 이게 (법상을 두드리며) 분명하면 차별세계는 차별세계가 아니고 그냥 이 일 하나죠.

번뇌가 이것이고, 해탈이 이것이고, 깨달음이 이것이고, 미혹이 이것이고, 부처가 이것이고, 중생이 이거란 말이에요. 그냥 이 일 한 개뿐이죠. 그냥 이 일 하나뿐! 여기에 내가 있는 것도 아니고 내 마음이 있는 것도 아니고. 이것은 이름 붙일 만한 그런 물건이 전혀 아닙니다. 그냥 사물사물이 전부 이름도 없고 모양도 없고 아무 색깔도 없고 아무것도 없는 거지만, 하나하나가 전부 똑같이 이 한 개 일이란 말이에요.

그러니까 이게 딱 분명하면 뭘 하든지 항상 똑같은 겁니다. 있는 것도 아니고 없는 것도 아니고, 삶도 아니고 죽음도 아니고, 윤회도 아니고 해탈도 아니고, 아무런 경계가 아니에요. 그냥 항상, 그저 그냥 이 일이 항상 분명하고 뭘 하든지 항상 똑같은 거니까요. 이것을

"옛날부터 내려온 곡조고 맑은 정신이고 높은 풍류다." 그렇게 표현하는 거죠. 어쨌든 이것만 딱 분명하면 이런저런 얘기 다 필요 없어요.

법계의 실상을 보는 게 깨달음이라 하죠. 그런데 법계의 실상은 불이법이라 표현되듯이, 있는 것도 아니고 없는 것도 아니고, 있기도 하고 없기도 한 겁니다. 모든 일이 다 일어나고 있는데 아무것도 없어요. 모든 사물이 다 있는데 한 물건도 없어요. 그러니까 24시간 사바세계 속에서 온갖 일을 다 하면서 살아가는데도 허공처럼 깔끔한 거라. 아무 일이 없는 거예요. 이게 말하자면 불이법의 묘용(妙用)이고, 불이법계라는 게 바로 이것이거든요.

여기에 통달이 되면 무슨 얘기를 할 수 있느냐? "세간의 모습은 세간의 모습으로서 변함이 없고, 법은 법으로서 변함이 없다." 이런 얘기를 할 수 있는 겁니다. 이 말이 무슨 뜻인지 정확하게 통달이 되면 세간법과 불법을 헷갈리지 않게 돼요. 그걸 옛날 스님들이 뭐라고 표현했느냐? "거위왕은 우유와 물을 섞어 놓으면 우유만 마시고 물은 마시지 않는다." 이렇게 얘기를 한 겁니다. 법을 볼 수 있는 날카로운 안목이 생겨요.

그렇게 되면 이 세상의 온갖 이야기들, 온갖 말들 중에 저 말이 여법한 말인지 삿된 말인지를 가려낼 수 있는 귀가 열릴 수 있는 것이고, 그것을 지혜라고 하는 겁니다. 그런 게 없으면 수없이 많은 그럴듯한 말들이 그야말로 뱀인지 용인지를 가려낼 수가 없어요. 이게 (법상을 두드리며) 분명하면 자기 스스로의 마음이 불이법이라.

사람들이 보통 혼동하는 게 뭐냐 하면, 법을 가지고 세간의 생활을 어떻게 바꾸겠다고 생각하거든요. 그렇게 해야 여법해지는 생활인 줄 알고 그런다고요. 전혀 그런 게 아닙니다. 그것은 법과 세간의 모습이 따로 있다고 착각해서 그런 겁니다. 그런데 그런 사람들이 이 세상에 정말 많아요. 법을 보는 안목이 없고 생각으로 헤아리고 있기 때문에 그런 겁니다.

법을 보는 안목을 갖추면, 법도 손댈 게 없고 세간도 손댈 게 없습니다. 세간 그대로가 법이고 법이 곧 세간이기 때문에, 법을 어떻게 해서 세간을 고칠 것도 없고 세간을 고쳐서 여법하게 만들 것도 없어요. 그런 게 아니에요. 하여튼 여법하게 되는 것은 오로지 망상에서 벗어나서 딱 계합하는 것, 그 일만이 모든 것이 해결되는 길이지 따로 손댈 것은 없습니다.

곡조 예스럽고 정신이 맑으니 풍류가 저절로 높지만
초췌한 모습의 고집 센 사람은 돌아보지도 않는구나.

초췌한 모습의 고집 센 사람이라는 게 어떤 사람이냐? 머리로 생각해서 자기 멋대로의 견해와 관념을 가지고 있는 사람들이죠. 그런 사람들이 정말 수없이 많죠. 자기 나름대로 이치에 맞는다고 이해를 하고는 그걸 꽉 쥐고 있는 사람들, 그런 걸 주장하는 사람들은 자기를 한번 돌이켜 보고, "아, 내가 진짜로 깨달아서 이걸 아는 게 아니고 머리로 이해해서 아는 거구나. 이래서는 안 되겠구나. 진짜 공부를 제대로 해서 불이법문을 정말 깨달아 봐야 되겠구나." 이렇게 마음을 고쳐먹기 전에는 말을 안 들어요.

그런 사람들의 사고방식이 뭐냐면 "이래도 좋고 저래도 좋다" 대개 그런 식이죠. 일종의 실용주의 사고방식인데, 법을 이용해서 이 세상을 바꿔 보겠다는 사고방식은 완전히 세간적인 사고방식입니다. 법을 무슨 효용가치로 보는 거예요. 불법을 이용해서 세간의 삶을 좀 더 향상시키겠다는 것은 불법을 세간의 무슨 쓸모 있는 물건 정도로 생각하는 거예요. 이건 완전히 세간적인 사고방식입니다. 세간적인 가치관이에요. 법을, 진리를 깨닫고자 하는 진리 탐구자의 자세가 아닙니다.

불법을 공부하는 사람은 기본자세가 항상 중요합니다. 물론 뭘 하든지 기본자세가 다 중요하겠지만, 내가 법을 얻어서 내 삶을 윤택하게 하겠다는 사고방식은 순전히 세간적인 사고방식입니다. 그런 생각을 하면 안 돼요.

불법이라는 진리가 있는데 나는 그게 뭔지 모르겠다, 그냥 그 진리를 열심히 공부해서 그야말로 진리가 뭔지, 아무런 전제 조건 없이, 세간적인 사고방식을 다 버리고 진리를 공부해서, 완전히 진리에 계합해서 정말로 확실하게 완전하게 진리 속으로 들어가겠다. 이런 자세가 되어야 법계 실상을 볼 수 있어요.

그런 자세가 되어 있지 않으면 항상 모든 것을 쓸모나 효과가 있는 가치 입장에서 보게 되는 거라. 이 공부를 해서 무슨 쓸모가 있느냐? 자꾸 이런 방식으로 사고를 해요! 이런 사고방식으로는 절대 불법 공부를 할 수 없습니다. 세간적인 사고에 머물러 있기 때문이죠. 그렇게 하면 안 됩니다.

우리가 불법에 제대로 계합하게 되면 '나' 라고 하는 관념 자체가 놓이게 되거든요. 내 마음이라는 게 사라지게 돼요. '나' 라고 하는 것을 손에서 놓아 버리게 된다고요. '내' 가 있어서 "내가 불법이라는 것을 이용하겠다" 이런 게 아니고, '내' 가 사라지고 '법' 만이, 말하자면 이 법계의 진실만이 드러나는 거예요. 그게 불법 공부라고요.

그러니까 불법에서는 '무아(無我)' 를 얘기합니다. 또 '아공법공(我空法空)', 나도 공이고 법도 공이다. 이런 말도 하죠. 무아라는 것은 '나라고 할 게 원래 없는 것이다' 라는 것이거든요. 그래야 법계의 실상이 조금이라도 드러나고, 법을 보는 안목을 갖출 수 있는 겁니다. 그래서 법을 보는 안목이 갖추어지고 나와 마음이라고 하는 관념이 사라지고 나면, 손댈 게 없어요. 어떤 일이 일어나더라도 법계 이 자체 그대로가 실상입니다.

비유하자면 항상 물과 물결 얘기를 하잖아요. 이 물결을 어떻게 내 마음에 들게끔 만들까. 이런 생각은 세간의 사고방식이고 욕심이에요. 이 물결의 진실이 뭔가? 이런 입장에서 공부를 해야 되거든요. 이 물결의 진실이 뭔지를 확실하게 깨달으면 물결의 진실은 물이잖아요. 물을 알고 나면, 물이라는 것은 어떤 모양이든지 인연 따라 나타나는 것이니까, 그 물결의 모양을 내가 어떻게 바꾸겠다고 생각할 수가 없어요. 왜냐하면 물이라는 진실 하나는 물결이 어떻

188

게 일든지 간에 아무 상관이 없는 것이거든. 아무 상관이 없다고요.

《반야경》에 보면 그런 얘기가 나오죠. "해탈이라는 것은 세간 속에 살면서 세간으로부터 해탈이다." 《유마경》에서도 "생로병사하며 윤회하는 것이 곧 해탈열반이다"라고 했잖아요. 이것을 우리가 알 수 있는 거예요. 원래 불법이라는 게 이거구나 하고 말이죠. 그러니까 이것은 순전히 공부하는 사람이 바른 자세를 갖춰야만 제대로 공부할 수 있는 거예요. 그렇지 않고 불법을 갖고 내 삶을 어떻게 윤택하게 하고 어떻게 바꾸고 하는 식의 사고방식은 완전히 잘못된 것입니다. 무릇 공부하는 자세가 똑바로 서야 하는 겁니다.

잘못된 사고방식을 가진 사람들은 엄청나게 많은데 결국 어떻게 되느냐? 불법이라는 것이 굉장한 신통력을 가지고 있으니까 그 위대한 신통력을 가지고 우리 사회와 이 세계를 바꾸어야 된다. 이렇게 생각하는 거예요. 사고방식이 그렇게 흘러가요. 불법에서 얘기하는 신통력이 뭔지 전혀 모르는 무지의 소치입니다. 법을 보는 안목이 전혀 없는 것이죠.

불법의 신통력은 언제든지 이 법계에 실현되어 있습니다. '내'가 법을 얻어서 '내'가 그것을 실현하는 게 아니에요. 이 법계는 원래 신통하게 항상 흘러가고 있어요. '내'가 신통력을 얻어서 '내' 힘으로 법계를 바꾸는 게 아니라고요. 그런 아상에 젖어 있으면 안 되는 겁니다. 그러면 전혀 불법을 모르는 겁니다. 이 법계 자체가 이미 완전히 신통력으로 흘러가고 있습니다.

그 신통력에 통달되지 못하는 유일한 이유는 '나' 스스로가 분별심에 빠져 있기 때문에 신통력을 볼 수 있는 눈이 없는 거예요. '내'가 신통력을 부리고 말고 하는 게 아니에요. '나'라는 게 사라지는데 어떻게 '내'가 신통력을 부려요? '나'라는 게 없어져야 됩니다. 우리 교리에도 항상 그 얘기 하잖아요. 무아, 아공법공(我空法空). 이렇게 얘기하잖아요. 인무아(人無我), 법무아(法無我). 항상 그런 얘기를 하거든요.

그러니까 안목이 정확하게 서지 않으면 세간적인 사고방식에서 못 벗어나고 법을 볼 수 있는 눈이 안 생겨요. 우리가 어떤 체험만 해서 그 눈이 완전히 밝아지면 다행인데 그렇게는 잘 안 되죠. 그래도 막연하게 '그래, 이거다' 하는 그것은 분명히 있어요. 그래서 '이쪽이 바른 길이고 저쪽은 아닌 것 같다' 하는 게 있지만, 그것을 아주 분명하게 볼 수 있는 안목이 생겨야 돼요.

그런 게 공부가 더 깊어지게 되는 건데 저도 그랬어요. 지금 같은 이런 안목이야 옛날에는 없었죠. 그런데 안목이 없어도 외도들의 주장에 동조는 안 되더라고요. "저것은 뭔가 잘못됐어. 저것은 아니다. 법계는 그런 게 아니다." 뚜렷하게 이해는 못했지만 막연하게는 알죠. 그런데 막연하게 알아 가지고는 헷갈리는 거라. 그러니까 명확한 안목이 서야 하는 겁니다. 그러려면 다른 것이 없어요.

이 법 하나가 이쪽저쪽이 없어야 돼요. 우리는 '나'와 '내 생각', 이렇게 하는데 그게 따로 있으면 안 됩니다. 나와 내 생각이 따로 없어야 하고, 내 마음이라는 게 따로 있으면 안 돼요. 완전히 딱 하

190

나가 되어 버려야 돼요. 완전히 하나가 되면 나라는 게 따로 없고, 생각이 나고, 마음이 나고, 시계가 나고, 사물이 나고, 느낌이 나고, 감정이 나고, 그러면 나라고 하는 물건은 따로 없어요. 감정을 느낄 때가 바로 나고, 생각할 때가 바로 나고, 사물을 보고 접할 때가 바로 이거고, 그러니까 항상 어떤 일이 있어도 매 순간순간 그냥 이 일 하나가 이렇게 항상 밝고도 명확하고 분명한 거거든요.

그러니까 이 일 하나가 이렇게 밝고 명확하고 분명하면 여기에는 아무것도 없어요. 아무것도 없는데 실제로 육식, 칠식, 팔식은 항상 나타나 있단 말이에요. 보고 · 듣고 · 느끼고 · 알고 다 하잖아요. 그런데도 아무 일이 없어요. 이 일 하나뿐이라. 이 일이 이렇게 (법상을 두드리며) 이게 명확하고 명백하고 분명해야 되는 겁니다. 어쨌든 이 일 하나뿐이에요.

완전히 하나가 되면 하나라고 할 게 없고, 그냥 하는 일마다 전부 똑같은 겁니다. 완전히 하나가 되면 하나라고 할 뭐가 없고, 그냥 뭘 하든지 전부 다 항상 분명하고 이 하나의 일이거든요. 이것은 어떤 정해진 모양, 분별할 수 있는 게 아니죠. 분별하는 자체가 이거고, 생각하는 자체가 이거고, 말하는 자체가 이거고, 그냥 이 일이거든요. 그냥 이 일!

그러니까 이게 어쨌든 이게 (법상을 두드리며) 딱 분명해야 돼요. 그러면 깨달음이라고 할 그런 게 없어요. 반야니 뭐니 방편으로 하는 소리고, 항상 똑같아요. 만 가지 일이 똑같아요. 그래서 이런 말들은 전부 방편의 말들이 되어 버리는 겁니다.

24
도는 가난하지 않다

가난한 불자는 가난하다고 말하지만
사실 몸은 가난해도 도는 가난하지 않다.

窮釋子口稱貧
實是身貧道不貧

　　가난한 불자(佛子)는 가난하다고 말하지만 사실 몸은 가난해도 도
(道)는 가난하지 않다…… 우리가 여기 한번 계합해서 법이 명확해
지면 어떻게 되느냐? 이전에는 사람의 욕심이 세간의 사물들에 있
고 세속의 각종 일에 있었죠. 이제는 욕심이 어디로 오느냐 하면, 이
법에 욕심이 생겨요. 세간에 대한 욕심은 없어져 버리고 이 법에 욕
심이 생겨요. 이게 제일 좋으니까 법에 욕심이 생기는 거라. 세간에
는 저절로 관심이 옅어져 버리죠. 세간사는 '인연 따라서 되는 대로
되겠지' 하게 됩니다.

　　그렇다고 일부러 가난하고 일부러 다 떨어진 옷 입고 다닐 필요
는 없는 겁니다. 그냥 평소 살던 대로 인연 따라 사는 거죠. 그리고
한순간이라도 이것을 놓칠까 봐 이것을 좀 더 확실하고 분명하게,
이게 좀 더 넓어지고 힘이 강해지고 항상 좀 더 뚜렷하게 되도록 여

기에만 욕심을 내게 됩니다. 그러니까 출세간의 욕심이라기보다는 마음이 이쪽으로 기울어지는 거죠. 욕심이라고 표현하면 욕심이겠지만, 마음이 완전히 출세간에, 이 법에 딱 기울어져서 그냥 하루 종일 관심이 여기에 있으니까 세간사는 눈에 들어오지 않아요. 저절로 그렇게 되어 버리거든요. 체험하면 다들 그렇게 될 거예요. 제가 그랬으니까요.

체험하고 나면 세간사에 관심이 없어지니까 주위 사람들이 "저 사람이 좀 변했다" 이런 얘기를 하기도 하죠. "좀 이상하다"고들 해도 그런 말이 귀에 들어오지 않고, 누가 무슨 말을 어떻게 하든지 간에 관심이 없어지는 겁니다. 그래서 사회가 어떻게 흘러가든지, 물론 "좀 더 좋은 방향으로 갔으면 좋겠다"는 생각이 들기는 하지만, 이러나저러나 어쨌든 이 물질세계, 사바세계라는 것은 '성주괴공(成住壞空)'을 하면서 그냥 그렇게 흘러가는 거니까 관심이 없어요.

관심이 없고 그냥 오로지 바로 지금 이 일, 이 자리! "아, 이게 정말로 뚜렷하고 정말로 확실하고 완전히 법밖에 없으면, 이 자리에서 내 육체가 다 망가지고 이렇게 죽어도 좋다." 정말 그런 생각까지 든다니까요. 남이 보면 완전히 법에 미친놈처럼 돼요.

처음에 이 자리를 확인하고 난 뒤에 자기도 모르게 점차 점차 사람이 좀 그렇게 돼요. 어쨌든 그렇게 돼야 우리가 이 속으로 충분히 이렇게 들어올 수 있게 되고, 법에 충분히 익숙해질 수 있습니다. 법만 분명하면 세간사는 그냥 갈등 없이 대충 이렇게, 그야말로 좋은 게 좋다고, 관심이 없어요. 공자는 "아침에 도를 들으면 저녁에 죽어도 좋다"고 했는데, 석가모니는 뭐라 그랬습니까? "지금 도를 들으면 지금 죽겠다" 이랬거든요. 공부하는 사람의 자세가 다 그렇게 되는 거예요.

이렇게 완전히 이 법에 마음을 쏟아야, 이 법이 점차 넓어지고 깊어지고 확실해지는 겁니다. 하루아침에 그렇게 되지는 않아요. 그래서 "몸은 가난해도 도는 가난하지 않다." 이 말은 몸이야 가난하든 말든 상관없다 이거예요. 상관이 없고 오로지 이것 하나만 그냥 온 천지에 분명하기를 바란다는 거죠.

'팔난(八難)'이라는 말이 불교에 있습니다. 공부를 방해하는 '여덟 가지 장애'라는 뜻이에요. 난(難)이라는 것은 장애물이라는 뜻입니다. 공부를 가로막는 여덟 가지 장애라. 거기 보면 재산·지식·명예·애정, 이런 식으로 쭉 나오는데 그게 우리가 세속적으로 마음을 뺏기는 대상들이거든요.

그러니까 양다리를 걸치려고 하면 안 돼요. "나는 세속적으로도 여러 가지 가치, 명예, 물질, 지식 같은 것을 많이 얻고, 이 법도 공부해서 법도 분명하게 얻겠다." 이런 식으로 두 마리 토끼를 쫓으면 두 마리 다 놓쳐요. 공부를 제대로 못하게 되고, 이것도 아니고 저것도 아니고, 둘 다 어중간하게 되어 버려요.

공부를 하려면 어느 한쪽에 완전히 마음이 쏟아져야 돼요. 《금강경》에 얘기했잖아요. "삼천대천세계를 칠보로 장식해 봐야 이 경전 한 구절과는 비교도 할 수 없다." 출세간의 공부라는 게 그런 겁니다. "이 공부가 확실하면 지금 죽어도 여한이 없다." 그만큼 우리가 공부에 마음을 온통 쏟아야 하는 겁니다. 그런 취지에서 하는 얘기예요.

몸은 가난해도…… 세속적인 일, 세간적인 조건 같은 것들이야 상관이 없다 이거예요. 비록 몸은 가난해도 도는 온 천지를 덮고도 남아야 된다 이거죠. 이렇게 확실해야 된다는 말이에요.

25
값을 매길 수 없는 보물

가난하니 몸에는 늘 누더기를 걸치지만
도가 있으니 마음에는 값을 매길 수 없는 보물을 품었네.

貧則身常被縷褐
道則心藏無價珍

가난하니 몸에는 늘 누더기를 걸치지만 도(道)가 있으니 마음에는 값을 매길 수 없는 보물을 품었네…… 법을 맛본 사람만이 알 수 있는 얘기죠. 이게 확실하면 외모나 다른 게 저절로 신경이 안 써져요. 이것만 명확하고 분명하면 아무것도 눈에 보이지 않으니까요. 세속적인 것에 아예 관심이 없으니까 일부러 다 내버리겠다는 사람도 있기는 있어요. 방거사 같은 경우죠.

방거사의 경우, 다행히도 방거사와 부인 그리고 딸, 이렇게 세 식구가 모두 이 공부를 해서 도를 얻었어요. 그러니까 세 사람이 의기투합해서 "야, 재산 다 필요 없으니까 내버리자" 했죠. 처음에는 좀 잘 살았는데 그것을 전부 동정호 물에다 수장시켜 버렸죠. 옆에서 보던 사람이 "그것을 내버리느니 다른 사람한테 주지 왜 내버리느냐?" 하니까 "나한테 장애가 돼서 내버리는데 다른 사람한테 주면

196

그 사람한테 장애가 될 게 아니냐?" 그렇게 몽땅 내버리고 산에 들어가 밭을 일구고 초가집 짓고 가난하게 살았다고 합니다. 그렇게 선택했으면 그렇게 살아갈 수도 있겠죠.

그런데 저 같은 경우는 우리 집에서 공부하는 사람이 나 혼자거든요. 다른 식구들은 먹고사는 일에 관심들이 있고 공부에는 관심이 없어요. 그러니까 제가 거기에 맞춰야 되는 거죠. 그 식구들한테 제가 "우리 재산 모두 내버리고 다 같이 공부하자" 이렇게 할 수 있겠어요? 방거사처럼 가족 모두 공부하는 사람 같으면 서로 뜻이 맞아 그렇게 하겠지만, 저 같은 경우 그렇게 하면 가정이 망가지고 가족들이 불행해지니까 그렇게 할 수 없죠. 제가 할 수 있는 만큼 최소한이라도 맞춰 줘야 그게 인연에 맞는 거죠.

어떤 사람들은 "내가 공부가 됐으니까 가족이고 뭐고 다 내버리고, 그들이야 불행하든 행복하든 상관하지 않고 떠날 수도 있다"고 하기도 해요. 그런데 저는 그렇게까지 할 필요는 없다고 봐요. 옆 사람을 불행하게 만들면서까지 공부를 한다는 것은 욕심이다, 꼭 그렇게 하지 않아도 얼마든지 공부할 수 있다고 보는 거죠. 옆에 있는 식구들에게 어느 정도 맞춰 가면서 공부할 수 있습니다. 문제는 자기 마음이 문제죠.

그러려면 뭐가 있어야 되느냐? 고집이 좀 있어야 돼요. 옆에 있는 사람한테 맞춰 주면서도 자기가 하고 싶은 것을 할 수 있는 그런 고집이 있어야 돼요. 그것은 자기의 의지와 고집의 문제죠. 고집이라고 하면 좀 부정적인 말이 되겠지만, 의지죠, 의지! "아, 내가 좀 피곤하기는 해도 옆에 있는 사람들한테 맞춰 주지만, 내가 할 것은 확실하게 한다." 그런 의지를 확실히 갖고 하면 되는 거죠. 그러면 돼요. 우리 집사람도 그런 얘기를 해요. "당신이 나한테 맞추고 살았다 하지만 그래도 실제로는 당신이 하고 싶은 것을 다 하고 살았잖아요?" 사실 맞거든요. 그 말에 저는 할 말이 없는 거예요.

가난하니 몸에는 늘 누더기를 걸치지만
도가 있으니 마음에는 값을 매길 수 없는 보물을 품었네.

하여튼 이 일 하나예요. 이 일 하나. 이것만 확실하면 되는 겁니다. 다른 것은 없어요. 이 일이거든요. 뭘 하든지, 하는 것 자체가 바로 이거니까요. 여기에는 마음이 있고 도가 있는 게 아니고, 안이 있고 밖이 있는 게 아닙니다. 그냥 이 일 하나라. 그래서 '찾으면 없다'고 할 때, 찾는 것 자체가 이거니까 따로 찾을 수가 없어요.

그래서 《법화경》에 "대통지승불(大通智勝佛)이 십겁(十劫)을 도량에 앉아 있었는데 성불하지 못했다" 하는 얘기가 바로 그거예요. 왜? 자기가 부처인데 뭘 또다시 성불을 해요? 늘 그냥 이 일이라. 찾으면 없는데, 찾지 않으면 항상 뭘 하든지 그냥 이 일이거든요. 뭘 하든지 이 자리고, 뭘 하든지 이 일이다 이 말이에요. 그러니까 언제든지 그냥 이 일 하나라. 뭘 하든지 언제든지!

어쨌든 이 공부가 원만해지면, 내가 법을 찾아서 법이 있는 게 아니고, 일상생활 순간순간이 어떤 일이 일어나든지 간에 다른 일이 아니어야 됩니다. 전부 똑같은 일이에요, 똑같은 일. 저절로 그렇게 돼요. 그게 '완전히 초점이 맞다'고 얘기할 수 있는 겁니다. 우리가 뭘 하든지 무슨 일을 하든지 그냥 이거예요. 그렇기 때문에 어떤 일을 하더라도 아무 일이 없어요. 어떤 경계가 다가와도 경계가 뻔히 눈앞에 있고, 내가 거기서 같이 일을 해도 끄달림이라고 하는 게 없는 겁니다. 하여튼 쉬운 것은 아니지만 자꾸 하다 보면 그렇게 하나가 되고 초점이 딱 들어맞게 되는 겁니다.

그러면 항상 이 일 하나고, 법을 보는 안목도 자꾸자꾸 날카로워지고 정확해져요. 법을 보는 안목이 정확하지 않으면 머릿속에 항상 의심이 남아 있게 돼요. 어떤 부분은 말끔하게 드러나고 어떤 부분은 좀 흐릿하고 그렇단 말이죠. 그건 아직까지 안목이 확실하지 못한 겁니다.

안목이 딱 서면 모든 게 투명해져요. 말끔해져 버리거든요. 그러면 자신만만해지고 어딜 가서 무슨 소리를 듣더라도, 어떤 경우가 생기더라도 거기에 대해 이치 정연하게 정확하게 얘기할 수 있는 그런 능력이 생겨요. 그걸 "변재(辯才)가 자재(自在)하다" 하는 겁니다.

변재가 자재한 것은 체험이 있다고 해서 금방 그렇게 되지는 않아요. 오랫동안 공부해서 안목이 정확하게 서야 변재가 자재할 수 있어요. 변재라는 것은 말솜씨거든요. 말솜씨가 자재하게 되는 거죠. 그러니까 공부라는 게 그렇게 쉽게 되는 게 아닙니다. 쉽게 되는 건 아니지만 어쨌든 분명한 사실은, 하여튼 이 법을 놓치지 않고 이것을 더 정확하게, 더 분명하게, 명확하게 해야 되는 거예요. 이걸 도라 하기도 하고, 법이라 하기도 하고, 이름을 그렇게 여러 가지로 붙이는 겁니다.

어떤 사람은 "나는 꿈속에서도 항상 여법하다"는 소리를 하거든요. 그래서 "어떻게 여법하냐?" 물으면, "꿈속에서도 깨어 있을 때와 마찬가지로 내가 이 자리를 확인한다" 이런 소리를 하거든요. 그것은 여법한 게 아닙니다. 전부 생각으로 하는 소리예요.

이 법이 진짜로 여법하면 평소에 법이니 뭐니 그런 생각 안 하고, 그냥 경계 속에 들어가서 그냥 무심코 온갖 경계를 따라서 이렇게 하더라도 꿈을 꾸는 거나 마찬가지예요. 법에는 아무런 의식이 없이 그냥 막 경계를 따라서 이런저런 일을 하고 있어도 이게 다른 일이 아니라니까요.

법이라는 의식이 없는데 다른 일이 없어요. 전부 똑같은 일이에요. 저절로 말이죠. 내가 법을 의식해서 이 자리를 알아차리고 있는 게 아니다 이 말이에요. 그렇기 때문에 어떤 꿈을 꾸더라도 상관이 없게 되는 거라. 이게 "꿈속에서 주인공 노릇 한다"는 거죠.

'이것이 법이로구나' 하고 항상 붙잡고 있어서, 놓치지 않고 의식하고 있어서 여법하다는 얘기가 아니에요. 깨어 있을 때 항상 법을 의식하고 있고, 법을 놓치지 않고 있고, 꿈속에서도 항상 법을 의식하고 있다고 하는 사람들은 의식이라는 경계를 붙잡고서 법이라고 착각을 하고 있는 겁니다.

'의식을 하고 있다' 라는 얘기가 아니라, 어떤 일이 일어나고 어떤 경계가 나타나더라도 그게 경계가 아니라 그냥 이 한 개 일이라. 그래서 불이법이라 하는 겁니다. 이게 법계의 실상인 것이고, 법이 따로 있는 게 아니고 그냥 경계가 바로 이 법이에요. 어떤 경계가 일어나더라도 그냥 이 법이에요. 이 일 하나일 뿐이라. 이 일 하나뿐. 그래서 따로 '이게 법이다' 하고 의식하고 있어야 되는 것은 아니라고요.

체험했다는 사람조차도 그런 것을 오해하는 경우들이 있습니다. 그러면 자기도 모르게 자꾸 이것을 의식하고 있는 쪽으로 가려고 하고, 그렇게 잘못할 수 있습니다. 그런 사람한테 필요한 방편으로 '숙면일여(熟眠一如)' 란 말이 나올 수 있는 거예요. 꿈은 의식이 살아 있다고 해도, 꿈도 안 꾸는 깊은 잠속에서는 의식 자체가 사라져 버리거든요. 그러면 "거기서도 네가 과연 여여할 수 있나?" 물어볼 수 있거든요. 이러니 할 말이 없게 되는 거라. 그러니까 결국 뭐냐 하면 법이라는 것은 그런 게 아니다 이 말이에요.

불이법이라고 하는 것은 그냥 어떤 경계가 나타나도 경계 자체가 바로 법인 것이지, 경계 속에서 내가 법을 의식하고 있다는 뜻이 아니에요. "아, 이 경계구나. 이 경계 속에서 내가 법을 딱 놓치지 말아야지." 이런 게 아니고, 어떤 경계가 닥쳐오더라도 '경계 그 자체가 이 법이다' 이 말이에요. 그렇기 때문에 법을 따로 의식할 필요가 없는 겁니다. 그렇게 돼야 그게 진짜배기 불이법이라.

그렇기 때문에 아무리 깊은 잠을 자고 꿈을 꾸고 무슨 일이 일어나더라도 다른 일이 없는 거예요. 그런데 거기에 대한 오해들이 굉장히 많아요. 자꾸 무엇을 의식하고 있으려고 하는데, 그 의식을 하고 있는 동안에는 진짜로 완전한 불이법은 계합을 못하고 있는 겁니다. 여전히 법이라는 것이 의식되고 있기 때문이죠. 법이라는 게 따로 없다고 분명히 얘기를 하잖아요. 법이 따로 없습니다.

색이 공이고 공이 색이라고 그랬지, 색 위에서 공을 확인한다는 뜻이 아니에요. 색이 곧장 바로 공이고 공이 색이라 그랬지, 색 위에서 공을 확인하라는 뜻이 아니에요. 우리가 자꾸 그렇게 오해를 해요. 그게 아닙니다. 그냥 하나(법상을 두드리며)예요, 하나! 그냥 이 일뿐이라. 그냥 전체가 하나의 일이에요, 하나의 일!

그러니까 어떤 일이 있어도 아무 일이 없는 거고 다른 일이 아니에요. 그냥 이 일 하나뿐인 거지. 이게 완전히 초점이 딱 들어맞아서 그림자가 사라지기 전에는 그게 잘 안 돼요. 그렇기 전에는 여전히 이렇게 법이라는 것에 우리가 머물러 있을 수밖에 없어요.

26
써도 써도 다함이 없다

값을 매길 수 없는 보물은 써도 써도 다함이 없으니
중생을 이롭게 하며 쓸 때에는 결코 아끼지 않는다.

無價珍用無盡
物應機終不悋

값을 매길 수 없는 보물은 써도 써도 다함이 없으니…… 표현을 이렇게 했습니다. 왜냐? 이것은 내가 얻은 게 아니에요. 법을 얻는다, 도를 얻는다 하지만, 우리가 얻는 게 아니고, 원래 뭘 하든지 하는 것 자체가 바로 이거거든요. 사물 자체가 바로 이겁니다. 만일 도라는 뭔가가 있어서 죽비를 쓰듯이 쓴다고 하면, 죽비를 자꾸 쓰고 또 쓰다 보면 닳아서 없어지겠죠. 그런데 이것은 그런 게 아니란 말이에요. 법이라는 뭔가가 있는 게 아니거든요. 법이라는 물건이 있는 게 아니라고요.

사물이 있으면 사물 자체가 그냥 법이고, 말하면 말하는 게 그냥 법이고, 생각하면 생각하는 게 법이고, 그냥 이게 뭘 하든지 하는 게 법 자체지, 법이라는 물건이 따로 있는 게 아니에요. 물이 흐르면 흐르는 게 법이고, 고여 있으면 고여 있는 게 법이죠. 그러니까 시작도 없고 끝도 없는 거예요. 이건 시작도 없고 끝도 없는 거라고요. 그냥 있는 그대로가 전부 똑같아요. 이 일 하나예요.

값을 매길 수 없는 보물은 써도 써도 다함이 없으니
중생을 이롭게 하며 쓸 때에는 결코 아끼지 않는다.

써도 써도 다함이 없다…… 말로는 그렇게 표현했지만 쓸 물건이 있는 건 아니에요. 뭘 하든지 하는 것 자체가 그냥 이 일이어서 그냥 '쓴다'라고 표현한 것이지, '법이라는 물건이 있어서 쓴다'라고 말하는 게 아닙니다. 보면 보는 게 이거고, 들으면 듣는 게 이거고, 말하면 말하는 게 이거고, 사물이 있으면 사물이 있는 게 이거고, 추우면 추운 게 이거고, 더우면 더운 게 이거니까, 이것을 '쓴다'라고 말하지만 무슨 물건을 쓰는 건 아니죠. 그러니까 이것은 시작도 없고 끝도 없는 것이에요.

중생을 이롭게 하며 쓸 때에는 결코 아끼지 않는다…… 이것도 우리가 생각해 보면 '내가 다른 사람을 위해서 아무리 설법을 해도 아낌없이 얼마든지 설법을 할 수 있다'라고 이해하는 것이고, 법의 입장에서 본다면 삼라만상이, 지금 이 세계가 이렇게 굴러가는 것 자체가 바로 법이거든요. 그래서 '대기대용'이란 말을 쓰는 겁니다. '이 우주는 한 개 큰 엔진이 돌아가고 있는 것이다.' 의상 대사의 〈법성게〉에 보면 그런 말이 있잖아요. "이 법의 비가 내려서 산천초목에 있는 모든 것을 윤택하게 한다." 그런 것처럼 이것은 모든 게 다 한 개 법이다 이 말이에요.

중생을 이롭게 하며 쓸 때에는 결코 아끼지 않는다…… 이 말은 모든 것이 한 개의 법이다, 법 아닌 게 없다, 모든 일이 단지 이 한 개의 법이다, 이런 뜻으로 하는 말일 수도 있고, 또 '아무리 설법을 해도 이건 소진되는 게 아니다'라는 뜻으로 쓸 수도 있겠죠. 여기서 중생이라고 했는데, 우리가 바깥의 남을 중생이라 여기는 것은 잘못된 겁니다.

《금강경》에 분명히 그 말이 나오잖아요. 제3분에 보면 '무상정등각'에 대한 답이 나오죠. 보통 '아뇩다라삼먁삼보리'라고 읽습니다. 여기서 사실은 아뇩이 아니고 아누라고 읽어야 합니다. '아누다라삼야삼보리'인데, 번역하면 '무상정등각'이라는 말이에요. 부처님의 깨달음을 가리키는 것입니다.

"무상정등각의 마음을 낸 보살은 어떻게 그 마음을 항복시키고 그 마음을 머물러야 됩니까?" 이런 질문을《금강경》에서 수보리가 부처님한테 하죠. 이게《금강경》의 주제입니다. "보살이 만약 무상정등각의 마음을 낸다면 어떻게 해야 합니까?" 그에 대한 답변은 "이렇게 그 마음을 항복시켜야 된다" 하면서 하는 얘기가 뭡니까? "이 세상에 있는 헤아릴 수 없는 모든 중생을 일시에 모두 제도를 해서 해탈시켜야 된다. 그런데 일시에 제도를 해서 해탈을 다 시켰는데 사실은 하나의 중생도 해탈한 중생이 없다. 이렇게 보살은 그 마음을 항복시켜야 된다." 이렇게 명확하게 나와 있습니다.

만약 바깥에 중생이 있다면 단 한 사람의 중생이라도 일순간에 제도할 수 있겠어요? 그건 안 돼요. 말이 안 되는 소리죠. 그렇다면 그게 결국 무슨 얘기입니까? "자기 마음의 망상을 제도해라" 이거예요. 자기 마음의 망상은 일순간에 제도할 수 있으니까. 결국 중생과 부처를 구별하는 것은 자기 마음의 망상이다 이 말이죠.

결국 불법의 제도 대상은 옆에 있는 다른 사람이 아니고 자기 스스로예요. 불법에서 제도 대상은 항상 자기 스스로예요. 자기 마음이라고요, 자기 마음! 자기 마음을 제도하면 이 세상은 불국토입니다. 자기 마음을 제도하지 못하면 자기도 중생이고 온갖 세상 사람들이 다 중생이에요.

그러니까 불교 공부 하는 사람은 항상 자기 마음을 제도해야 됩니다. 남을 제도하려 하면 안 됩니다. 남을 제도하기는 무슨 남을 제도해요? 자기 마음을 제도해야 돼요. 그러면 남이라는 게 없고 중생도 없고 부처도 없어요. 항상 여법할 수 있는 겁니다. "최고의 깨달음에서는 어떻게 항복시켜야 됩니까?" 바로 그 대답이 나왔잖아요. "이 세상에 있는 헤아릴 수 없는 모든 중생을 일시에 제도를 하는데, 제도해 놓고 보니까 한 중생도 제도된 중생이 없더라."

이 말은 무슨 말입니까? 내가 지금까지 온갖 분별망상 속에서 이런 것도 있고 저런 것도 다 있는 줄 알고 살았는데, 문득 분별망상에서 확 벗어나서 보니까 본래 이런 것 저런 것이 아무것도 없더라 이 말이죠. 본래 없는 것이니까, 제도했지만 제도한 게 아니죠. 원래 중생이라는 게 없었고 내가 망상 부린 건데요. 우리가 꿈속에서 온갖 천 중생, 만 중생을 제도했는데 그게 뭡니까? 꿈에서 깨는 거 아니에요? 꿈속에서 천 중생 만 중생이 있었는데, 문득 꿈에서 탁 깼다 이거죠. 그러면 천 중생 만 중생이 다 없어요. 없어진 겁니까? 없어진 게 없잖아요. 원래 없었어요. 원래 없었던 것을 내가 착각하고 꿈을 꾼 거죠.

불법이 그런 겁니다. 전도중생(顚倒衆生), 즉 뒤집어진 중생이라는 것은 자기 스스로를 가리키는 말이에요. 자기 스스로 분별망상 속에서 뒤집어져서 이것도 있고 저것도 있고, 좋아하고 싫어하고, 거기에 얽매여 가지고 스스로를 번뇌와 고통 속에서 살게 했던 것입니다. 자기를 제도하면 돼요. 그러면 다 끝나는 겁니다. 그게 무상정등각이거든요.

혹시 잘못 알아들을까 봐 그 다음에 한마디 더 있습니다. "왜 무슨 까닭에 그런가, 수보리야. 아상·인상·중생상·수자상이 있으면 그 사람은 보살이 아니기 때문이다." 이렇게 딱 얘기하잖아요. 아상·인상·중생상·수자상이 뭡니까? 상(相)이라는 것은 분별이라는 뜻입니다. 내가 있고, 중생이 있고, 사람이 있고, 목숨이 있다고 분별했던 거지요. 그게 아상·인상·중생상·수자상이거든요. 그런 분별을 가지고 살면 그것은 중생 제도를 못한 사람이다, 보살이 아니다 이거예요. 그러니까 그것은 바깥에 있는 게 아니에요. 순전히 자기의 망상이에요. 자기 스스로 뒤집어져서 망상하는 것이죠.

그러니까 "어리석은 사람은 바깥의 경계를 없애려 하고, 지혜로운 사람은 자기를 죽인다"라고 하잖아요. 마조가 석공혜장 스님한테 한 얘기가 바로 그 얘기거든요. "바깥에 있는 사슴 잡으려고 하지 말고 너를 잡아라" 그랬잖아요. "너 스스로를 쏴라." 그런 얘기들이 다 이런 얘기예요.

자기 마음이 사라지고 자기 자신이 사라지면 번뇌망상은 없습니다. 아무 문제가 없어요. 세상 법계는 아무 문제가 없어요. 모든 문제는 자기 스스로에게서 말미암는 겁니다. 그러니까 자기 중생, 자기 마음을 제도해야 하는 것이지, 바깥에 있는 사람을 중생이라 여기고 그걸 제도하겠다고 달려드는 사람은 불법이 뭔지 전혀 모르는 사람이고 공부가 뭔지 모르는 사람이에요. 전부 망상 속에 있는 사람이죠. 아상·인상·중생상·수자상을 가지고 있는 사람이니까요.

불법의 공부 방향이 바로잡혀야 해요. 이게 중요한 겁니다. 방향이 조금이라도 잘못되면 자기도 모르게 망상 속에 들어가게 되죠. 우리 공부하는 사람은 항상 자기 중생 제도를, 자기 자신이 망상 속에 있는지, 헤아리고 있는지, 분별 속에 있는지, 이법(二法) 속에 있는지, 어디에 떨어져 있는지, 그걸 살펴봐야 돼요. 자기 불이법이 분명해서 안팎이 없고, 앞뒤가 없고(법상을 두드리며), 언제든지 나도 없고, 남도 없고, 사람도 없고, 사물도 없고, 마음도 없고, 대상도 없이, 항상 이 법 (법상을 두드리며) 하나가 분명한지 점검해 봐야 됩니다. 이게 (법상을 두드리며) 완전히 하나가 되면 이쪽저쪽이 없어요. 언제든지 이 하나뿐인 거거든요. 중생도 없고 부처도 없고 깨달음도 없고 미혹함도 없어요. 언제나 이 일 하나뿐이에요. 이 일 하나뿐! (법상을 두드리며) 그러니까 이 일이라.

공부하는 사람은 이 법 하나를 어쨌든 한번 확실히 체험해서 이게 딱 확인이 되면, 이제 여기에만 확실해져야 해요. 마음이니 도니 세상이니 육체니 하는 그런 흔적이 사라지고, 완전히 이 법 하나가 오롯하게 명확하고 분명하도록, 그래서 삼라만상 온갖 사물이 전부 다 한 개 도여서, 어떤 일이 일어나도 도가 따로 없고, 찾을 도가 없어서, 경계가 곧 도고, 사물사물이 전부 다 부처가 되고, 그렇게 되면 아무 찾을 게 없어요. 어떤 일을 하더라도 항상 이 한 개 일이거든요.

이게 (법상을 두드리며) 분명해야 돼요. 이 법 하나예요, 이 법 하나. 이게 명백하고 이게 분명하면, 공부라고 할 것도 없고 일상생활 자체가 항상 저절로 공부고 삼매고 선정이라. 따로 선정이니 삼매니 공부가 있는 게 아니고 매 순간순간이 그대로가 공부고 선정이고 삼매죠. 왜? 매 순간순간이 전부 이 한 개 일이거든요. 언제든지 이 일(법상을 두드리며)이고 언제든지 이것뿐입니다. 그러니까 이 일이라, 이 일뿐이라. 이게 명확하고 이게 분명해져야 되는 거라. 언세나 그냥 언제든지 이 일 하나라.

이것만(법상을 두드리며), 공부하는 사람은 오로지 이 법 하나를 얻어서 체험을 해서 이걸 더 확실하게 해야 됩니다. 그 외에는 돌아볼 것도 없고, 그냥 완전히, 그야말로 온 우주가 법계라 그러잖아요. 법의 세계라고요. 나라고 할 것도 없어지고, 법이라는 개념이 따로 있는 게 아니라 온 우주 전체가 사물사물이 그대로가 법이어서, 완전히 이 일 (법상을 두드리며) 하나가 되도록 말이에요.

　시간이 많이 걸립니다. 시간도 지나야 되고, 그러는 사이에 공부가 더 초점이 딱딱 맞아 들어가고, 자꾸 이렇게 망상의 흔적들이 사라져야 되고, 희미하고 어두운 구석이 없어져야 돼요. 틈이 없어져야 됩니다. 그러면 언제든지 이 한 개 일, 이 하나의 일, (법상을 두드리며) 언제나 이것, 언제나 이것! 이 일 (법상을 두드리며) 하나뿐이라! 이 일 하나뿐! (법상을 두드리며) 언제든지 이 일 하나뿐인 겁니다.

27
본바탕 속에 두루하고

삼신과 사지는 본바탕 속에 두루하고
팔해탈과 육신통은 마음이 증명하는 것이다.

三身四智體中圓
八解六通心地印

　'삼신과 사지'는 방편의 말인데, 먼저 뜻을 보면 '삼신(三身)'은 삼신불입니다. 법신·보신·화신인데, 부처에 세 가지 뜻을 부여해 방편으로 세 가지 뜻을 얘기하는 거죠. '사지(四智)'는 유식에서의 네 가지 지혜, 즉 대원경지, 평등성지, 묘관찰지, 성소작지를 말하는데, 깨달음의 반야지(般若智)를 네 가지로 또 분류했다고 할까요. 뜻을 분류해서 네 가지로 얘기하는 겁니다.

　이 '삼신과 사지'라는 것은 말하자면 깨달음입니다. 깨달음의 다른 이름들이죠. 방편으로 '삼신불'과 '사지'라고 했는데 이것은 우리 마음의 본바탕 속에 본래 두루 갖추어져 있다는 거죠. '팔해탈과 육신통'이라 할 때 '팔해탈'은 해탈을 역시 여덟 가지로 나눠서 그 특징에 따라 여덟 가지 이름을 붙여 방편으로 만든 거죠. 그냥 '해탈'이라고 해도 되는데, 해탈의 특징에 따라 분류해서 굳이 여덟 가

211

지로 얘기한 겁니다. '육신통'도 신통을 여섯 가지로 분류해 나눈 것인데, 전부 교리적인 용어를 가지고 얘기하고 있습니다.

〈증도가〉를 지은 영가현각이라는 분이 육조에게 와서 하룻밤을 자면서 인가를 받기는 했지만 원래 교학을 공부했던 스님이에요. 그래서 이치가 앞뒤로 딱딱 맞기는 하지만, 말하는 방식이 선(禪)적이지 않고 전부 교리적인 용어를 사용해 얘기하고 있죠. 선적인 입장에서 보면 조금 말이 많다거나 시끄럽다고 느낄 수도 있어요. 그러나 이치가 딱딱 맞게 얘기를 해요. 법을 깨달은 사람으로서 온갖 교리적인 용어를 하나로 회통시켜서 얘기하고 있습니다.

삼신과 사지는 본바탕 속에 두루하고
팔해탈과 육신통은 마음이 증명하는 것이다.

팔해탈과 육신통은 마음이 증명한다…… 말하자면 "우리 마음이 갖추고 있다. 마음이 나타내는 것이다" 이 말입니다. 결국 삼신과 사지라고 하는 깨달음의 특징들은 마음속에 본래 갖추어져 있다는 거죠. 팔해탈과 육신통이라고 하는 것은 해탈의 특징이죠? 삼신과 사지는 깨달음, 지혜 쪽의 말이고, 팔해탈과 육신통은 해탈 쪽의 말인데, 해탈이든 깨달음이든 체험으로 보면 하나의 체험입니다. 해탈한다, 열반한다, 깨닫는다, 말은 다 다르지만 이 하나의 체험을 다양한 방면에서 얘기하고 있는 거죠.

삼신과 사지의 내용은 뭐냐 하면, 온갖 경계에 끄달리지 않고, 속

212

지 않고, 온갖 경계가 결국 이 하나의 일이다, 말하자면 "오온이 개공이다" 하는 그런 거죠. 팔해탈과 육신통이라고 하는 것도 똑같아요. 해탈이라고 하는 것은 경계에 구속받지 않는다는 것이고, 육신통 역시 경계에 장애를 받지 않는다는 것이거든요. 그러니까 이게다 같은 말입니다.

교리적으로는 굉장히 여러 가지로 그 특징을 나타내고 있지만, 실제 우리가 체험을 할 때는 그렇게 다양한 방면으로 무엇이 나온다기보다 그냥 '하나'의 체험입니다. 말하자면 '하나'에 통달하는 것이죠. 그래서 하나에 통달하고 하나의 체험으로 이게 딱 초점이 들어맞으면, 유식학에서 '사지'라고 하는 내용을 왜 이런 식으로 얘기하고 있는지 알 수 있죠. 그것은 이론화시켜서 얘기하는 것인데, 왜 삼신이라는 방편을 쓰는지를 알 수 있는 것이고, 팔해탈이나 육신통이라는 방편 역시 왜 이렇게 얘기하는지 알 수 있습니다.

그렇기 때문에 삼신이니까 법신불도 알아야 되고 보신불도 알아야 되고 화신불도 알아야 되고, 사지니까 대원경지도 알아야 되고 평등성지도 알아야 되고 묘관찰지도 알고 성소작시도 알고, 이렇게 하나하나를 다 챙겨 나가야 되는 게 아닙니다. 그렇게 하면 공부가 차제법(次第法), 말하자면 순차적인 공부가 되고 원래 우리의 이 법과는 맞지 않아요. 여러 가지로 분별해 보면 이런 여러 가지 얘기를 할 수 있다는 거죠. 이 법을 모르는 사람들, 말만 보는 사람들은 그것을 하나하나 따로 있는 줄 알죠. 법신불이 따로 있고 보신불이 따로 있고 화신불이 따로 있고, 대원경지가 따로 있고 평등성지가 따

213

로 있고 그렇게 따로 있는 줄 알고 따로 하나하나를 갖춰야 되는 것으로 착각하는 겁니다. 그건 공부를 완전히 엉뚱하게 하는 거예요. 따로 있는 게 아니에요.

팔해탈이니 육신통도 마찬가집니다. 팔해탈 같은 경우는 해탈의 여러 가지 특징을 따라서 여덟 가지로 얘기했죠. 우리가 제일 많이 속는 게 육신통인데, 천안통이니 천이통이니 숙명통이니 신족통이니 이런 것을 얘기하는 거죠. 육안으로 볼 수 없는 뭔가를 보는 게 천안통, 육체의 귀로 들을 수 없는 어떤 소리를 듣는 게 천이통, 다른 사람의 마음을 아는 게 타심통, 과거세의 일을 아는 게 숙명통이에요. 신족통이라고 하는 건 축지법 쓰는 거예요. 못 가는 데가 없다 이거예요. 하늘이든 땅이든 바다 밑이든 땅 밑이든 어디든 못 가는 데가 없다 하는 게 신족통이고, 누진통은 번뇌가 다 끊어졌다는 말이거든요. 언뜻 보면 다 다른 기능을 가지고 있는 것처럼 오해할 수 있는데, 법을 보는 안목이 없으니까 그렇게 오해하는 겁니다.

오해를 하면 결국 외도법에 떨어져 버리는데, 외도라 하는 것은 경계를 갖고 법을 말하는 사람들이에요. 신통은 불교 경전에 보면 다 나와 있죠? 기본적으로 신통이라는 말은 경계에 걸림이 없다는 뜻이거든요. 그래서 불교 경전을 보면 부처님의 신통을 얘기할 때 이런 얘기도 물론 하지만 이건 극히 일부분이에요. 대부분은 이런 얘기를 하는 게 아니죠. 예를 들어 《유마경》만 보더라도 "조그만 방 안에 그 방보다도 수십, 수만 배, 수백만 배, 수억만 배가 더 큰 불국토를 통째로 가지고 온다." 이런 식으로 얘기하거든요.

또 "그 자리에 앉아 움직이지 않고 한순간에 바로 저 무한히 떨어져 있는 다른 불국토로 간다." 그런 얘기를 하죠? 또 "밥 한 그릇을 가지고 수만 명을 먹였는데 밥이 조금도 없어지지 않고 그대로 있다." 이런 이야기라든지 비슷한 이야기가 많습니다. 이런 이야기들이 결국 뭘 나타내고 있는 겁니까? 경계에 걸림이 없음을 말하는 거예요.

천안통이라 하는 것도 무슨 육체의 눈으로 못 보는 자외선, 적외선을 보는 게 아니고, 귀신의 모습을 본다는 뜻도 아니고, 눈에 보이는 사물의 모습에 걸리지 않는다 이 말이에요. 거기에 장애를 받지 않는다는 말이라고요.

천이통도 마찬가지예요. 귀에 들리는 소리에 구속받지 않는다, 거기에 걸리지 않는다, 거기에 장애받지 않는다는 말이에요. 타심통도 마찬가지죠. 내 마음, 네 마음이라고 하는 차별이 없다 이거예요. 네 마음이 따로 있고 내 마음이 따로 있는 차별경계에 장애를 받지 않는다는 말이잖아요.

신족통이라고 하는 것도 하늘도 가고 바다도 가고 땅 밑에도 가고 못 가는 데가 없다. 마찬가지 아닙니까? 하늘이니 땅이니 바다니 하는 그런 경계에 구속받지 않는다 이 말이에요. 누진통은 그 앞에 있는 다섯 가지를 다 통틀어서 하는 얘기거든요. 번뇌가 소멸했다는 말인데 번뇌가 결국 뭡니까? 경계에 장애를 받는 게 번뇌거든요. 이제 그런 게 다 없다는 말이죠.

근데 외도들이 얘기하는 육신통이 있기는 있어요. 예를 들어 천안통 같으면 미래에 일어날 일을 미리 본다든지, 천이통 같으면 남들이 못 듣는 소리를 듣죠. 또 숙명통 같으면 과거의 모습을 봐요. 숙명통도 우리가 불법을 볼 때에는 시간이라는 경계에 걸리지 않는다는 말이거든요. 그런데 외도들은 어떤 뭔가를 닦아서 미래를 보는 예지력을 가지거나 다른 사람의 생각을 읽어 낸다든지 과거를 본다든지 하는 그런 소리를 하고 있죠.

또 축지법을 쓴다고도 하는데 다른 건 몰라도 축지법은 아마 거짓말일 거예요. 모르죠. 또 그런 사람이 있는지 모르겠는데 어쨌든 그런 게 가능하다 하더라도 그 얘기를 하는 것은 아니에요. 그것은 불법이 아니라 전부 경계 속에서 하는 소리거든요. 경계 속에서 하는 소리란 말이에요. 경계 속에서 뭘 보느냐 못 보느냐, 듣느냐 못 듣느냐, 그것은 불법의 얘기가 아니에요. 불법을 보는 안목이 갖추어져야 되는 겁니다. 부처님이나 깨달음의 불법, 경전에서의 신통이라고 하는 것은 경계를 놓고 하는 소리가 아닙니다. 적어도 이 정도는 생각으로도 이해를 하고 있어야 되는데, 실제 자기가 법을 체험해서 이 자리에 딱 계합이 돼서 초점이 딱 들어맞으면 이게 무슨 말인지 저절로 알아요. 이런저런 외부의 어떤 경계도 아무런 장애가 되지를 않아요. 이게 아무 문제가 없다고요.

그런데 불교를 오래 공부한 소위 큰스님이니 하는 사람들조차도 이런 걸 잘 몰라요. 그건 불법을 보는 안목이 없는 거예요. 하여튼 자기가 체험을 해 봐야 알아요. 원래 법이라는 것은, 우리가 여기에 한번 계합이 되면, 온갖 삼라만상 경계가 다 있는데도 또한 아무것도 없어요. 장애 받을 게 아무것도 없는 겁니다.

진실한 것은 이 하나가 진실한 것이지, 삼라만상 경계가 진실한 게 아니에요. 우리가 이 법을 모를 때에는 경계 하나하나가, 사물·색깔·물질·촉감…… 이런 것들이 진실하다고 여기죠. 그러나 법이 분명해지면 그게 진실한 게 아니고, 촉감을 얘기할 때도 촉감이 촉감이 아니라 이 일이고, 색깔을 볼 때도 색깔이 색깔이 아니라 이겁니다. 그래서 색깔일 때는 우리가 색깔에 장애를 받고 촉감일 때는 촉감에 장애를 받지만, 법으로 돌아오면 여기는 장애될 게 전혀 없어요. 허공과 같은 거예요.

이것은 《반야심경》의 말 그대로 색이 공이라 하는 것하고 똑같아요. 아무런 장애될 게 없어요. 이것을 달리 얘기하면, 경계가 따로 있고 내가 따로 있으면 내가 경계에 가로막히고, 법으로 돌아오면 나와 경계라는 게 없어져서 가로막힘이 없거든요. 경계가 따로 없고 내가 따로 없어요. 그러니까 내가 경계에 장애를 받지 않는 겁니다. 하여튼 이건 자기가 체험을 해 봐야 되는 문제입니다.

우리가 '금강권(金剛圈)'이라는 걸 말하잖아요? 금강석으로 만든 감옥이라는 뜻인데, 이것은 자기 마음을 가리키는 겁니다. 마음속에 갇혀서 벗어나지 못하고 계속 괴로워하고 있는 게 중생이거든요. 마음속에 갇혀서 벗어나려고 하는 뭔가가 있기 때문에 그런 거예요. 내 마음속에 '나'라는 놈이 있기 때문에 그런 거거든요.

우리 불교에서는 늘 무아를 얘기합니다. '나'라는 게 없다고 얘기하잖아요. 그런데 깨달음의 체험을 해서, 정말로 바른 체험이라면 나라는 게 없어요. 그냥 온 천지가 한 개 마음이고 마음이 곧 나예요. 그러니까 원래 밖으로 벗어나 나갈 이유가 없는 거예요. 안팎이 없는 거라고요. 갇혀 있었다는 마음이라는 게 없어요. 만 가지 경계 그대로가 나 스스로예요. 사물이 곧 마음이다 이 말이에요. 그러니까 마음이 사물에 가로막혀 가지고 못 빠져나가는 일이 없어요. 사물이 곧 마음인데 어디에 가로막힐 게 있습니까?

담벼락이 있는데 담벼락 속에 사람이 있으면 담벼락에 탁 부딪쳐서 못 나가지만, 담벼락이 곧 '나'인데, 그러면 안팎이 없어요. 들어가고 나가고 할 일이 없어요. 말을 하자면 이렇게 표현할 수 있는데 어쨌든 이것은 본인이 체험을 해 봐야 돼요.

그래서 항상 얘기하잖아요. 안팎이 없다, 사물이 따로 없고 마음이 따로 없다, 만법이 단지 이 하나의 일일 뿐이다. 그렇기 때문에 어떤 사물이 있고 어떤 일이 벌어지더라도 뭐가 있어야 걸리죠. 걸릴 놈이 있어야 걸리지 걸릴 놈이 없는데요. 걸릴 사람이 없으니까 사물에 사람이 걸릴 까닭이 없는 거예요.

제 경우에는 '마음이 사라졌다'는 그 체험이 왔을 때, 비로소 그걸 확연하게 확인했어요. '마음이 있다'는 것은 '내가 있다'는 말인데 내가 사라져야 돼요. 그래야 비로소 신통을 말할 수 있다고요. 경전에 나오는 신통을 보면 정말 상상을 넘어서는 얘기를 합니다. 왜 그런 얘기를 하느냐? 아무것도 걸릴 게 없어서 그래요. 무한한 세계에 걸릴 게 전혀 없는 겁니다. 그냥 만법이 그저 이 하나뿐이거든요. 이 한 개 법일 뿐입니다.

여기 나와 있는 '삼신 사지'라는 게 결국 우리 본바탕 속에 본래 다 있는 것이고, 본바탕 하나만 분명하면 삼신 사지 따질 것 없다 이 말이에요.

팔해탈 육신통은 본래 우리 마음이 다 증명하는 거다…… 마음 하나를 깨달아 버리면 팔해탈 육신통, 그것을 하나하나 따질 게 없다는 말이죠. 본래가 이 일 하나다 이 말입니다. 그러니까 지금 이 일 하나(법상을 두드리며)예요, 이 일 하나! 하여튼 이게 이렇게 분명하고 명백해지면, 삼라만상 모습의 진실은 이 하나가 진실한 겁니다. 이 하나의 일이 진실한 거예요.

그래서 "사물이 설법을 한다"고 하는데, 이 말은 사물 위에 이 하나의 진실이 드러나 있다 이 말이에요. 온갖 사물 위에 다만 이 하나의 진실이 드러나 있다…… 물론 이것이 쉬운 것은 절대 아닙니다. 공부를 꾸준하게 해서 정말 완전히 사람이 바뀌어야 돼요. 겉모습이야 항상 똑같지만 자기가 이렇게 바뀌어야 비로소 뭐가 (법상을 두드리며) 진실한 것이고 뭐가 허망한 건지 알 수 있죠.

《열반경》의 유명한 사구게가 아주 미묘한 법을 다 드러내고 있는데 언뜻 보면 별것 아닌 것 같습니다. "제행무상(諸行無常), 시생멸법(是生滅法), 생멸멸이(生滅滅已), 적멸위락(寂滅爲樂)"이죠. 여기서 '제행무상'이라는 것은 무상한 삼라만상의 모습들, 사물입니다. 시생멸법은 '이게 생멸법이다'라는 뜻이죠. 그런데 생멸멸이 적멸위락, 즉 "생멸법이 끝나면 열반의 즐거움이다"라는 말은 뭐냐 하면 이 여여한 법 하나에 통달하게 되면 열반의 즐거움이 있다. 불교를 딱 네 마디 구절로 다 드러내고 있는 겁니다.

허망해 보이는 온갖 삼라만상, 이 사물 세계가 허망하지 않게 되는 그날, 그때 세계가 진실하게 되는 겁니다. 사물사물이 허망하지 않게 된다. 사물이 허망하지 않다는 게 아니라, 이 모든 사물이 이 하나의 진실이기 때문에, 망상 그대로가 실상이고 사물사물이 허망하지 않게 되는 겁니다. 그러니까 이 일 하나가 이렇게 명백해지는 거죠.

그러니까 이런 '신통'이니 '팔해탈'이니 '사지'니 하는 게 따로따로 있다고 착각하면 안 됩니다. 불법을 보는 데 경계를 가지고 보면 안 된다 이겁니다. 이게 아주 단순하고도 분명한 일이고 기초적인 안목인데도 우리가 여기에 굉장히 어두워요. 그러니까 공부가 참 쉬우면서도 어려운 거라. 알고 보면 아주 당연하게 쉬운 얘기들인데, 여기에 통달이 안 되니까 그렇겠죠. 자꾸 생각으로만 하니까요.

하여튼 지금 삼신이라 하든지 사지라 하든지 팔해탈, 육신통, 이것은 전부가 이 하나의 법에 통달한 여기 (법상을 두드리며) 이것을 다양한 방면에서 얘기한 것이기 때문에, 이것을 하나하나 따질 게 없다 하는 겁니다. 지금 이 일만, 이 일 하나만 이렇게 명백하고 분명해지면 돼요. 이것 하나만, 이것 하나만 명백해지고 분명해지면 그냥 무슨 일이든지 이 한 개 일이거든요.

"도가 뭡니까?" "차나 마시자." 이럴 때 차를 마시는 것은 물질적인 사실이지만, 도를 물었기 때문에 도를 말하는 것이지 물질적인 사실을 얘기하는 게 아니에요. 그러니까 이것을 "물결을 보면서 물결을 보지 않고 물을 본다"고 얘기하는 거라. 물결을 보면서 물결을 보는 게 아니라 물을 보게 되는 것이 《금강경》에서 얘기하는 "약견제상비상" 하는 겁니다. "모습을 보면서 모습을 보지 않는다" 바로 이거예요. 여기서 이것 하나(법상을 두드리며)를 확인하는 겁니다. 《금강경》에서 "약견제상비상(若見諸相非相)이면 즉견여래(卽見如來)라." "모습을 보되 모습으로 보지 않으면 그것은 여래를 본다" 그랬거든요.

"도가 뭐요?"
"차 한 잔 합시다."

바로 이것을 가리키고 있는 겁니다. 모습을 가지고 얘기하고 있는 게 아닙니다. 이것 하나를 가리키고 있는 거라, 이것 하나를! 이것은 누구든지 온 천지에 항상 이렇게 드러나 있어서 숨길 수도 없고 숨어 있지도 않습니다. 그렇기 때문에 도라는 것은 찾으면 없어요. 찾는다면 모습을 찾게 되니까 당연히 없죠. 찾지 않으면 항상 눈앞에 있죠. 온 천지에 다 드러나 있어요.

그런데 수행한다고 하는 사람들이 '뭘 관(觀)한다' 거나 '뭘 알아차린다' 하면 이게 전부 다 찾는 것이거든요. 그런 게 아니란 말이에요. 그렇게 해서는 안 돼요. 전부 망상하고 있는 거죠. 수행해서

221

아는 게 아니고, 그냥 한번 (법상을 두드리며) 문득 한마디에 이게 탁 이렇게 분명해지면, 그냥 이 일 하나뿐인 거예요. 그러니까 이게 어쨌든 한번 탁 와 닿으면 돼요. 이것은 본인이 스스로 아는 겁니다.

그래서 대개 육신통에 대한 안목을 물어보면, 그 사람이 불법에 대해서 깨달았든 못 깨달았든, 불법의 시각이 제대로 되어 있는지 안 되어 있는지 다 알 수 있어요. 그러니까 육신통을 경계 위에서 분별하고 있는지, 아니면 모습을 대하되 모습으로 대하지 않는 이걸 제대로 알고 있는지를 말이죠. 이건 우리가 꼭 깨닫지는 못했더라도 공부를 좀 하면 어느 정도는 이해될 수 있는 것이거든요.

'약견제상비상'이기 때문에 상에 걸리지 않는 거예요. 그게 우리 불법의 신통이라. 이게 그런 것이지, 무슨 벽 뒤에 숨어 있는 뭘 보는 게 아니라고요. 그것은 전부 경계를 갖고 하는 소리거든요. 아무것도 따로 눈에 보이는 것이 없고 따로 들리는 것도 없어요.

28
많이 들을수록 믿지 않는다

상근기는 한 번 터져서 다 깨달아 버리지만
중하근기는 많이 들을수록 더욱 믿지 않는다.

上士一決一切了
中下多聞多不信

　어쨌든 이런 구절을 보면 이분이 비록 경전을 공부했지만 체험이 있는 분이라는 것을 알 수 있어요. "상근기는 한 번 탁 터져서 딱 깨달아 버리지만 중·하근기는 많이 들을수록 더욱 안 믿는다"는 건, 알음알이 속에 더욱더 빠져서 자기 생각 속에만 있다 이 말이죠. 이 공부에 중·하근기나 상근기가 따로 있는 것은 아니고 우리 공부하는 사람의 자세가 문제입니다. 이것은(법상을 두드리며), 이 법은 우리가 자기 마음을 확인하고 자기 마음을 깨닫는 것인데, 우리 마음 자체가 불이법입니다. 우리 마음 자체가 불이법이고 중도고 여법한 겁니다. 이게 마음을 깨닫는 것이기 때문에 누구든지 단번에 이것을 확인하고 체험할 수 있는 거죠. 그래서 마음에 탁 통달이 되어 버리면 남아 있는 일은 없어요. 이걸 더 분명하고 확실하고 세밀하게 하는 그것밖에 없는 거죠. 뭔가 따로 더 얻어야 되는 게 있는 것이 아니고, 아무런 얻을 게 없습니다.

이것을 체험한 사람들도 이걸 잘 모르고, 뭘 자꾸 노력해서 어떤 뭔가를 유지해야 되는 것처럼, 뭔가 할 일이 있는 것처럼 여기지만, 사실 아무 할 일이 없어요. 뭘 하면 안 돼요. 체험을 하든 안 하든 뭘 애를 쓰고 뭘 어떤 것을 한다고 하면 이 공부에 해당이 안 되는 겁니다. 뭘 하는 게 아니라 그냥 아무 일도 안 하고 가만히 있으면 저절로 여법해져요. 그러니까, "찾으면 없고 안 찾으면 항상 눈앞에 있다." 이 공부가 그렇게 돼야 하는 거거든요. 아무것도 안 하고 가만히 있으면 항상 이 자리예요. 언제나 쉬는 자리고 완전히 쉬는 자리라. 뭘 하고, 이렇게 하고, 저렇게 하고, 뭘 관찰하고, 뭘 애를 쓰고, 이러면 망상입니다.

옛날에 이걸 제가 어떻게 표현했느냐 하면, 완전히 무장 해제를 해야 한다고 했어요. 긴장을 확 풀어 버려야 한다는 말입니다. 특히 체험한 사람이 조심해야 될 부분인데요. 어떤 체험이 있는 경우에, 우리가 긴장해서 뭔가 의도적으로 집중하면 그게 엉뚱한 방향으로 가 버려요. 바른 법이 되는 게 아니라 조작된 법이 되어 버려요. 그래서 이상한 방향으로 가 버려요. 특히 조심해야 되는 겁니다.

그러니까 이 법은 아무것도 안 하고 그냥 완전히 놓고 있을 때 자기 자리가 드러나고, 그냥 푹 쉴 때 그냥 이 자리가 분명해야 해요. 긴장해서 애를 쓰고 노력하면 이 자리가 있고 그냥 쉬면 이 자리가 없다고 한다면, 그것은 깨달음이 아니에요. 애써 뭔가를 만들어 내고 있는 거죠. 이렇게 만들어 내는 법 공부를 하게 되면 외도의 신통 쪽으로 가게 됩니다. 몸에 기가 흐른다는 둥, 눈에 뭐가 보인다는 둥 이런 이상한 소리를 시작해요. 그런 사람들 대개 다 그렇습니다. 그래서 망상을 보게 된다 이 말이죠. 그게 전부 망상 경계입니다.

공부하는 사람은 절대 애를 쓰면 안 돼요. 특히 조심해야 되는 겁니다. 완전히 무장 해제를 해서 그냥 인연 따라서 흘러가는데, 항상 이 자리가 이렇게 저절로 분명해야 돼요. 처음에는 그게 명확하지 않지만 시간이 지날수록 저절로!

제 체험은 분명히 그렇습니다. 그냥 가만히 있으면 저절로 이 자리에 있는데, 이 자리를 찾으려 하면 오히려 없고, 도리어 뭐가 뭔지를 모르겠어요. 처음부터 그랬습니다. 그러니까 옛날 스님들이 한 말, "찾으면 없고 안 찾으면 눈앞에 있다" 그 말이 딱 맞더라고요. 그걸 무위법이라고 하죠. 유위가 들어오면 안 된다는 말이에요. 무위법이라고요.

그렇기 때문에 이게 (법상을 두드리며) 한 번 터져서 다 깨달아 버린다는 게, 저절로 이 자리가 드러나서 저절로 이렇게 돼야 되는 겁니다. 그냥 이것뿐이라! 이것뿐! 저절로 되는 것은 (법상을 두드리며) 그냥 이것 하나뿐이에요.

하여튼 듣고 아는 것은 전부 망상입니다. 그런데 자기가 이 자리에 (법상을 두드리며) 통달하고 나서 조사들의 말씀이나 경전의 말이나 선사들의 말이나 바른 가르침들을 보면 이제는 공감이 가요. "아, 이래서 저렇게 얘기하는구나!" 하고, 자기 체험에 비추어 공감을 하게 된다고요. 그런 공감을 통해서 자기 체험을 더 굳건하게 할 수 있습니다.

그런 게 있잖아요. 내가 뭔가 경험했는데 나 혼자 가지고 있으면 뭔가 좀 미흡하죠. 다른 사람도 이런 경험을 했다고 하면 조금 안심이 되잖아요. 그래서 경전이나 조사들이 불법을 이렇게 얘기하는 걸 보고 "아, 불법을 이렇게 얘기하는구나!" 그래서 자기의 경험을 통해서 불법을 보는 안목이 갖추어진다고요.

그러니까 체험한 뒤에는 그런 식으로 책을 조금씩, 경전이라든지 조사 어록을 자기가 소화할 만큼만 보면 돼요. 억지로 보면 안 되고 소화되는 만큼만 보면 돼요. 그러면 조금씩 도움이 되죠. 하여튼 다 자기 안목만큼 보입니다. 올해는 보고 그게 이런 줄 알았는데, 내년에 안목이 달라져서 다시 보면 "야, 작년에 내가 그걸 잘못 봤구나" 하는 경우도 많이 있죠. 자기 안목만큼 보이니까요. 그런데 아직 체험이 되기 전에는 들여다봐야 별로 도움이 되지 않아요.

하여튼 이게 (법상을 두드리며) 한번 와 닿아야 해요. 문제는 지금 살아 있는 이 법이고, 이 한 개 일이고, 누구든지 이 하나가 있을 뿐이거든요. 이걸 가지고 뭐든 다 하는 것이고, 만법이 전부 다 이 자리에 있는 것이니까요. 하여튼 이걸 한번, 어쨌든 이게 한번 이렇게 분명해져야 돼요. 이 일이 (법상을 두드리며) 이렇게 분명해져야 되는 거예요.

물론 뭐 경전이라든지 이런 것을 많이 읽고 이해를 올바르게 많이 하다가 나중에 체험이 올 수도 있겠죠. 영가현각 스님 같은 경우가 그런 사례 같아요. 그런데 자기가 한번 탁 터져 놓고 보니까 지금까지 보고 들은 것은 사실 별 의미가 없다는 말이죠. 그래서 이런 얘기를 하는 거라. 상근기는 한 번 터져서 다 깨달아 버리지만……실제 이 자리를 턱 확인해 놓고 보면 사실 여기는 한마디 말이 없거든요. 그냥 이렇게 생생하고 분명하고 명백할 뿐이지 여기는 한마디 말이 없다고요.

그러면 지금까지 보아 왔던 수많은 말은, 그동안 아무것도 모르고 그냥 뜻만 따라다녔던 말들일 뿐이죠. 이 자리를 좀 더 자기가 확실하게 하고 나서 다시 보면, 옛날에 봤던 것은 순 엉터리로 봤던 것이고 이제 비로소 새로 보는 거예요. 이게 그렇게 되는 거죠.

상근기는 한 번 터져서 다 깨달아 버리지만
중하근기는 많이 들을수록 더욱 믿지 않는다.

상근기는 한 번 터져서 다 깨달아 버리지만…… 이게 (법상을 두드리며) 터져야 돼요. 이게 (법상을 두드리며) 이 일이거든요. 이 일 하나, 이 일 하나가 이렇게 명백해져서, 삼라만상 온 우주가 자기 살림살이가 되어서, 자기 일이 되어서, 무슨 일이 일어나더라도 여기서 벗어나지 않고 항상 이 자리(법상을 두드리며)가 유지되는 거죠. 유지가 된다는 말도 할 수 없어요. 왜냐하면 이 자리밖에 없거든요. 다른 자리가 없어요. 어디를 가든지 이 일이고, 어디를 가든지 이 자리거든요. 이것(법상을 두드리며)뿐이니까. 가고 올 데가 없어요. 바깥이 없다는 말이에요. 안팎이 없어요. 그냥 이 일 하나뿐이거든요.

이게 어쨌든 한번 딱 이렇게 (법상을 두드리며) 명백해지고 분명해져서, 이게 좀 더 분명해지고 좀 더 확실해지면 공부가 자꾸자꾸 폭이 넓어지고 깊어지고 자신감도 생기죠. 처음부터 자신감이 생기는 건 아니에요. 꾸준히 공부해서 망상이 따로 없고 실상이 따로 없는, 완전히 하나가 돼야 돼요. '여법함'이 있고, 또 '법에서 벗어남'이 있고 하면 자꾸 흔들리게 되거든요. 그렇게 되면 자신감이 부족해요. 여법함과 법에서 벗어남, 그런 차별이 없어져 버려야 해요. 그게 없어지면 언제든지 다만 이 일 하나뿐이거든요. 그러면 자신감이 훨씬 더 강해지는 겁니다. 언제든지 다만 이 하나의 일이에요, 하나의 일!

상근기는 한 번 터져서 다 깨달아 버리지만 중하근기는 많이 들을수록 더욱 믿지 않는다…… 하여튼 이 일(법상을 두드리며)입니다, 이 법! 그런데 이것을 (법상을 두드리며) 《육조단경》에 보면 육조 스님이 그렇게 얘기하거든요. 자기가 이것을 확인하고 나서 오조 스님한테 뭐라고 얘기합니까? "아니, 이게 이럴 줄 내가 어떻게 예상을, 기대를 했겠습니까?" 그런 얘기를 해요. "아니, 이게 이런 일일 줄 어떻게 기대를 했겠습니까?" 진짜 그런 생각이 들죠. 이것을 몰랐을 때는 원래 내가 이 자리에 있었던 줄 전혀 몰랐던 거죠. 근데 이건 진짜로 원래 있었던 거예요. 원래 이 일이죠. 따로 있다가 이쪽으로 돌아온 게 아니에요.

그러니까 육조 스님을 보면 "원래 이것이 이럴 줄……" 하고 몇 가지를 얘기하는데, 정확하게 기억이 안 나지만 원래 뜻은 그런 뜻이에요. "원래 마음이 청정해서 아무 번뇌망상이 없을 줄을 어떻게 알았겠습니까?" 이런 식의 얘기거든요. 원래 이 자리고, 원래 이 일이고, 원래 다른 일이 없어요. 그냥 언제든지 이 하나의 일뿐인 겁니다. 하여튼 지금 누구든지 단지 이 하나의 일이에요. 이 하나의 일!

이게 이렇게 분명하면 어떤 경계든지, 경전에도 나오다시피, 꿈과 같고 허깨비 같아요. 아무 의미가 없어요. 오직 의미 있는 진실은 이 하나의 일이라, 이 하나의 일. 이 하나의 일만이 정말로 전부고 전체라. 이게 모두 다예요. 그런데 이것은 어떤 경계가 아닙니다. 이 하나의 일이 전부 다라! 가치라면 전(全) 가치고, 살림살이라면 전 살림살이고, 존재라면 전 존재가 바로 이것 자체라.

그러면 그 다음 경계는, 우리가 어쩔 수 없이 세간 속에 사니까, 예를 들어 육체를 가지고 있다면 육체가 고장 안 나고 움직이면 되는 거죠. 무슨 몸짱을 하고 뭐 어쩌고, 그런 생각이 전혀 안 일어나는 거예요. 경계는 그저 문제만 안 일으키면 되는 거죠. 문제가 일어나서 망가지면 또 그만이고요. 그래서 이게 영원히 사는 길, 영원한 길이라고 하는 거거든요. 왜냐하면 이것은 모양이 없기 때문에, 여기는 생기고 사라지는 그런 문제가 전혀 없거든요. 언제나 이 일 하나이고 언제든지 변함이 없는 거예요.

그러니까 모양 없는 이 진실 하나인데, 모양 없는 이 진실 하나가 경계를 벗어나서 따로 있는 것은 물론 아닙니다. 그렇다고 해서 경계 속에 갇혀 경계와 더불어 부서지고 생기는 것도 아니에요. 어쨌든 이 일이 한번, 이게 한번 이렇게 (법상을 두드리며) 분명해져야 되는 거라. 누구에게나 (법상을 두드리며) 만 가지 일이, 지금 차 마시고, 시계 보고, 이야기하고, 움직이고, 생각하고 하는 일이 전부 다 똑같은 하나의 일입니다, 하나의 일. 똑같이 이 한 개의 일이 이렇게 이루어지고 있을 뿐이에요. 하나의 일이 말하자면 진행되고 있을 뿐이라. 여러 가지 일이 없어요.

이 한 개의 일이 이렇게 밝고 분명하거든요. 명백할 수밖에 없죠. 왜냐? 하늘을 보고 "하늘이 푸르다" 하는 게 이 일이고, "날씨가 덥구나" 하는 게 이 일이고, "꽃이 피었구나" 하는 게 이 일이에요. 그냥 '배가 부르다', '배가 고프다', '숨을 들이쉬고 내쉬고', '어디가 가렵다', '안 가렵다' 그게 이 일이에요.

전부가, 나타나는 일마다 이 일이니까, 이 한 개 일이 항상 이렇게 변함이 없고 여여한 겁니다. 이것 하나거든요, 이것 하나! 누구나 똑같이 이 일 하나예요. 분별이 들어오면, 생각이 들어와 버리면 그만 이렇게 안 돼요. 이 일이 따로 있고 경계가 따로 있게 된다고요. 이건 그런 게 아니에요. 그렇게 하면 안 되거든요.

우리가 차를 마시면서 "아, 이게 달다" 또는 "쓰다", "맵다", "시다"고 할 때 "시다" 하는 게 이거고, "맵다" 하는 게 이거거든요. 그냥 그대로가 항상 이 한 개 일일 뿐이다 이 말이에요. "뜨겁다" 하는 게 이거고, "차갑다" 하는 게 이거고, 그냥 그대로가 단지 이 하나의 일일 뿐이에요. 누구에게나 이 한 개 일이 하루 24시간 진행되고 있는 거예요.

그러니까 생각하는 게 바로 이 한 개 일이고, 느끼는 게 이 한 개 일이고, 움직이는 게 이 한 개 일이고, 숨 쉬는 게 이 한 개 일이고, 그저 하는 일마다 전부 이 일일 뿐이죠. 그리고 뭘 보든지 뭘 듣든지, '시계가 몇 시 몇 분이구나', '시계가 째깍째깍 가는구나', 그냥 이거지 마음이라는 것은 없습니다. 그냥 이 하나의 일이 이렇게 언제든지 진행되고 있을 뿐인 거죠. 이것 하나뿐이지 다른 것은 얘기할 게 없어요. 누구에게나 지금 이 일 하나가 있어서, "어, 그게 뭐야? 그게 뭐야, 그게 뭐야?" 하는 게 바로 이건데 자기가 그만 자기한테 가로막혀 있어요.

나중에 깨달아 알고 보면 "아, 이게 뭐야? 이게 뭐야?" 하는 것이 바로 이거예요. 이게 따로 없어요. 그런데 그게 이상하게도 한 꺼풀이라, 한 꺼풀! 얇은 습자지 한 장이 그 위에 딱 덮여 있는 것 같아요. 이 상 위에 습자지가 딱 덮여 있어서 그 밑이 드러나지 않고, 거기에 딱 갇혀 있는 그런 식이에요. 여기(법상을 두드리며)에 통하여 알고 보면 그냥 습자지 하나 걷어 낸 것밖에 안 돼요. 그걸 걷어 내고 보니까 원래 전부 다 이거예요. 그러니까 깨달음과 못 깨달음의 차이는 얇은 습자지 한 장 차이라고요. 다른 차이가 없어요.

29
누가 자랑할 수 있으랴

다만 자기 마음속에서 때 묻은 옷을 벗을 뿐인데
누가 겉으로 정진함을 자랑할 수 있으랴.

但自懷中解垢衣
誰能向外誇精進

다만 자기 마음속에서 때 묻은 옷을 벗을 뿐인데…… 마음속에서 착각을 하고 있기 때문에 착각에서 한번 탁 깨어나는 것밖에 없단 말이에요. 누가 겉으로 정진함을 자랑할 수 있으랴…… 겉으로 정진하는 것을 자랑하는 사람은 많죠. 무문관에 들어가 문 걸어 잠가 놓고 몇 년이고 들어앉아 하루 한 끼 먹고 밖으로 나오지 않거나, 몇 날 며칠이고 장좌불와를 하고. 이게 도대체 뭐하는 짓인지 모르겠어요. 공부는 마음으로 하는 것이지 바깥으로 하는 게 아닙니다.

다만 자기 마음속에서 때 묻은 옷을 벗을 뿐인데
누가 겉으로 정진함을 자랑할 수 있으랴.

다만 자기 마음속에서 때 묻은 옷을 벗을 뿐인데…… 마음속에서 그냥 발을 한 발 옆으로 살짝 비켜 딛는 것하고 같아요. 이쪽에 서 있다가 한 발짝 옆으로 비켜서는 것하고 같아요. 아무것도 아닌 거라. 왜? 체험하고 보면 원래 내가 하는 일이, 눈앞에 드러나 있는 일이 전부 이것뿐이잖아. 저절로 그냥 이렇게 다 명백해져 버리거든요.

겉으로 공부한다고 천 배를 하고 삼천 배를 하고 잠도 안 자고 오체투지를 하고 뭘 하고 그러면서, 그것도 옷을 잘 차려입고 격식을 갖춰서 이렇게 하는 것을 보면, 부처님 가르침이 참 많이도 왜곡되어 있어요. 이것은 아무것도 할 일이 없어요. 그런데 '자기 마음속'이라 하지만 우리가 잘 모르니까 바른 가르침을 반드시 들어야 돼요. 어리석음에 떨어져 있기 때문에 어리석음을 바로잡으려면 바른 가르침을 자꾸 들어야 되죠.

다만 자기 마음속에서 때 묻은 옷을 벗을 뿐인데…… 이건 문득 한순간에 이 자리에 확 통하는 거거든요. (법상을 두드리며) 확 통하고 보면, 여전히 물결을 보고 있는데 이제 물결이 아니라 물이 보이는 거예요. 그냥 그것뿐이에요. 다른 일이 있는 게 아니고 아주 단순한 겁니다. 생활은 여전히 똑같은데, 이제 삼라만상의 모습은 별 의미가 없고, 이 자리가 이 일이 유일한 진실, 유일한 의미로서 이렇게 드러나는 거라고요.

여전히 삼라만상을 보고 생활하는 것은 똑같아요. 여전히 물결을 보고 있는데 이제는 물결이 보이지 않고 물이 딱 보이는 거예요. 그런 것과 같다는 말이죠. 삼라만상이 아니라 이 한 개 법이 이렇게 분명하고 또랑또랑한 거예요. 이게 유일한 진실이고, 이게 실상이죠. 그러니까 이 일(법상을 두드리며)이라. 모든 일이 육식, 칠식, 오온, 십팔계가 전부 이 한 개 일입니다. 이 하나의 일, 이 한 개의 일, 그냥 이 하나라고요!

헤아리고 따질 게 전혀 없어요. 하나인데 뭘 헤아릴 겁니까? 헤아리고 따질 게 전혀 없어. 뭘 하든지 하는 일마다, 하는 그 자체가 바로 이거예요. 이 하나의 일이란 말이죠. 무슨 일을 하든지 하는 자체가 이거고, 뭘 생각하고 보고 듣고, 그냥 바로 지금 이거거든요. 바로 지금 이 일이란 말이에요. (법상을 두드리며) 따로 있지 않아요. 언제나 이 자리에 (법상을 두드리며) 있고, 언제나 이 일 하나뿐이에요. 뭘 하든지 언제나 이 일이죠.

"도가 뭐냐?" "형광펜이다."

"도가 뭐냐?" "죽비다."

"도가 뭐냐?" "오늘은 몇 월 며칠이다."

"도가 뭐냐?" "몇 시 몇 분이다."

"도가 뭐냐?" "차나 한 잔 하자."

"도가 뭐냐?" "지금 우리가 〈증도가〉를 보고 있습니다."

이거란 말이에요. 따로 뭔가가 있는 게 아니에요. "따로 뭔가가 있는 게 아니에요" 하는 게 바로 지금 이거예요. 이것은 정말 손댈 데가 없고, 가리킬 데가 없고, 발 디딜 곳이 없고, 입댈 데가 없어요.

뭘 하든지, 입을 열든지 닫든지, 이리 가리키든지 저리 가리키든지, 이리 가리키는 게 이거고 저리 가리키는 게 이거고, 입을 여는 게 이거고 다무는 게 이거고, 말하는 게 이거고 침묵하는 게 이거죠.

뭘 어떻게 하든지 다른 일이 없어요. 여기는 다른 일이 없다고요. 그냥 만 가지가 이 하나의 일입니다. 이것을 이름 붙이면 마음이라 해도 좋고 법이라 해도 좋고 반야라 해도 좋아요. 이름이야 아무 상관없고, 어떤 이름을 붙이든지 간에 이것 하나니까요. 그러니까 이 일 하나라, 이 일 하나. "도가 뭐냐?" (말없이 죽비를 한 번 친다.) 또 주장자를 한 번 휘두르기도 하고, (법상을 두드리며) 법상을 이렇게 한 번 치기도 하죠. (합장을 하며) 합장을 이렇게 하기도 하고요. 다른 일이 있는 게 아닙니다. 누구든지 항상 하는 일이 바로 이 일이라. "항상 하는 게 바로 이 일입니다"가 바로 이거거든요.

생각으로는 절대로 안 돼요. 생각이 끊어지면서 이게 한번 턱 와 닿는데, 어떤 사람은 이게 강하게 확! 정말 통 밑이 빠지듯이 올 수도 있고, 어떤 사람은 조그마한 바늘 하나 툭 떨어지듯이 약하게 올 수도 있어요. 약하게든지 강하게든지 소식이 한번 오기만 하면 돼요. 느낌이야 강하든 약하든 아무 관계가 없어요.

바늘 하나가 툭 떨어지듯이 아무렇지도 않게, 순간적으로 뭔가 툭 하는 것 같은데 시간이 지나면서 보면 세상이 달라져 있는 거예요. 어떤 사람은 진짜 통 밑이, 땅 밑이 꺼지듯이 강한 느낌을 받을 수도 있죠. 그것은 사람 따라 다르고 기질 따라 다르죠. 어디까지나 느낌이기 때문에 그런 느낌은 별 의미가 없어요. 문제는 세상이 달라져서 자기가 이 자리를 보느냐, 이 자리에 있느냐 하는 거예요. 그 냥 이 자리가 확인이 되면 언제든지 그냥 이 일 하나뿐이에요. 우리 가 단지 이것 하나뿐이거든요. 누구나 똑같아요. 누구나 그저 이 일 입니다. 아무 다른 일이 없어요. 뭘 하든지 모든 사람이 단지 이 하 나의 일이에요.

그러니까 이게 와 닿으면 하루 24시간 뭘 하든지 항상 다른 일이 없어요. 항상 아무 일이 없어요. 항상 이 자리. 이 자리는 허공과 같 아서 아무 일이 없거든요. 항상 이 자리라서 항상 아무 일이 없어요. 그래서 무슨 일을 해도 걸림이 없다 이 말이에요. 어떤 경계에 들어 가도 거기에 오염되지 않아요. 항상 이 자리고 항상 이 일이니까요. 그래서 이게 (법상을 두드리며) 어쨌든, 이 일이 한번 분명해져야 하는 겁니다.

30
내버려두어라

남의 비방을 내버려두고 남의 비난을 내맡겨 둘지니
불을 붙잡고 하늘을 태우려 하니 헛되이 자신만 피로하리라.

從他謗任他非
把火燒天徒自疲

 남의 비방을 내버려두고 남의 비난을 내맡겨 둘지니, 불을 붙잡고 하늘을 태우려 하니 헛되이 자신만 피로하리라…… 이 법은 남한테 보여 주기 위한 것도 아니고 보여 줄 수도 없어요. 본인 스스로에게는 명확하고 분명한 것이지만 객관적으로 입증할 수 있는 것은 전혀 아닙니다. 자기 스스로 살림살이가 한번 확인이 되면 이 일뿐이고 언제든지 이것밖에 없는 거죠. 옛날 사람들이 얘기하듯이 "물을 마셔서 그 시원함을 안다" 하는 식으로 본인이 잘 알고, 긍정 부정을 할 필요가 없는 법이에요. 그러니 다른 사람이 "당신이 법을 아느냐? 모르느냐?" 이런 얘기는 사실 아무런 의미가 없어요. 이것은 말로써 설명할 수 있는 게 아니니까요.

 그래서 이 얘기는 남이 비방을 하든, 비난을 하든, 따지든 아무 문제가 안 돼요. 이것은 오로지 자기가 여기에 확! 한번 뚫어지면 본인이 잘 알죠. 말하자면 통 밑이 빠져 버리고, 마음이라 할 것도 없고, 그냥 아무것도 걸릴 게 없으니까요. 굳이 말을 하자면 "하나하나가, 순간순간이, 온 천지가 이 일 하나밖에 없다"고 할 수 있겠죠. 이것도 말을 하려니까 그렇게 하는 것이지, 무슨 이 일이라는 것이 있어서 이렇게 말하는 것은 아닙니다.

이 법은 오로지 자기 스스로 체험을 해서 자기가 그냥 아무 일이 없고 걸림이 없고 흔들림이 없고 끄달림이 없고 그런 것입니다. 누구한테 이걸 알아 달라, 인정해 달라 하는 건 아니라고요. 그런데 항간에 이쪽 공부하는 사람들 중에는 남한테 인정받으려고 애쓰는 사람들이 많이 있어요. 그런 것을 보면 그 사람들이 제대로 공부를 하고 있는가 하는 의구심이 많이 들어요. 남이 인정해 주면 자기 법이 분명하고 인정 안 해 주면 없고, 그런 게 아니거든요. 이건 오로지 자기 스스로 의심할 수 없고 자기 스스로 이게 너무나 명백하고 확실하기 때문에 뭐 어떻게 할 수가 없죠.

그리고 우물 속 개구리가 되지 않기 위해서 결국 봐야 될 게 뭐냐? 바른 법을 가르쳐 놓은 경전과 조사들의 공인된 어록이죠. 그런 것들을 통해 이미 같은 공부를 한 다른 선배들의 가르침을 보고, "아, 이분들이 이 얘기를 저렇게 하고 있구나. 사람마다 조금씩 말은 달라도 결국 이 얘기를 자기 나름으로 저렇게 표현하고 있구나." 그렇게 하면 조금 더 우리에게 견문이라는 게 생깁니다. 우물 속 개구리에서 벗어나는 것은 결국 견문을 통해서 벗어나는 것이니까 그 정도 하는 것이지, 이 법 자체야 어디 안팎이 있는 것은 아니거든요.

제가 옛날 처음에 느꼈던 것은, 내 마음이라는 조그마한 울타리 속에 있다가 울타리가 싹 열려서 끝도 없고 한도 없는 그런 어떤 우주와 같다 할까? 어떤 허공과 같다 할까? 신세계라 해도 좋고, 마치 조그만 우리 속에 갇혀 있다가 야생으로 방사된 동물처럼 그런 자유였거든요. "아, 정신세계라는 게 이렇게 조그마한 게 아니었구나, 한도 없이 큰 거구나" 하는 그런 걸 본인이 아는 거죠. 남이 뭘 어떻게 해 주는 게 아니에요.

그런 체험을 하고 나면 저절로 "원래 아무 일이 없구나. 원래 마음이라는 게 조그만 이런 게 아니구나" 하게 되고 어딜 가든지 뭘 하든지 마음도 없고 사람도 없고 그냥 똑같아요. 있는 것도 아니고 없는 것도 아니고, 온갖 일이 다 있어도 그만 아무 일이 없죠. 그래서 제가 이 문으로 이렇게 여러분을 안내해 드리는 거죠. "이것뿐입니다. 이런저런 일들이 있는 게 아니고 단지 지금 이 일 하나뿐입니다" 하고 계속 이렇게 안내해 드리는 겁니다. 이것뿐이거든요. 사실 이 일 하나뿐이라고요.

왜 '이것뿐'이라고 하냐면, 여기에는 헤아리고 분별함이 들어올 수가 없다 이거예요. 헤아리고 분별해 버리면 이것뿐이 되지 않고, 이 일도 있고 저 일도 있고 차별이 생기니까요. 헤아릴 수 없고 분별할 수 없고 단지 언제든지 이 일 하나뿐입니다.

남의 비방을 내버려두고 남의 비난을 내맡겨 들지니
불을 불잡고 하늘을 태우려 하니 헛되이 자신만 피로하리라.

불을 붙잡고 하늘을 태우려 하니 헛되이 자신만 피로하다······ 저처럼 선원이라는 간판을 내걸면 법에 대해 시비하고 따지는 사람들이 막 찾아옵니다. 대화를 해 보면 그중에는 진실하게 대화를 나눌 수 있는 사람도 있고, 또 어떤 사람들은 '여기'에 대한 지식과 나름의 상(相)을 가지고 따지는 사람도 있고 그렇죠. 별의별 사람들이 다 있는데 이런 것은 상관할 바가 아니에요. 왜냐? 이건 누가 맞다고 해서 맞아지고, 틀리다고 해서 틀려지는 게 아니거든요. 맞다고 얘기해도 그냥 이것뿐인 거죠. 이 자리에서 '맞다'라는 말이 나오는데 '맞다'라는 말이 나오든 '틀리다'라는 말이 나오든 그냥 물거품 같고 물결 같고 그림자 같고 메아리 같아서 아무 그런 게 없어요. 이것은 그냥 변함이 없거든요.

맞다 하든 틀리다 하든 우리가 자꾸 말에 끄달리니까, "왜 맞다 그러지?" "왜 틀리다 그러지?" 하고 생각에 사로잡히면 아직 공부가 부족한 거예요. 그러니까 이 자리에 통달하는 것도 어렵지만 생각에서 벗어나는 게 더 어려워요. 어떤 말을 듣든지 어떤 시비가 일어나든지 아무 그런 것 없이 언제든지 자기의 살림살이가 분명해야 되는 겁니다. 그런 말이나 생각에서 자유로우려면 자기 살림살이가 어쨌든 명백하고 분명하고 진실해져야 되는 거죠.

우리는 모든 것을 생각만 하면서 살아왔기 때문에 그게 쉽지 않습니다. 하지만 결국 생각을 조복시키는 길은 그냥 이 일 하나가, 자기 살림살이가, 이 법이 명백해지는 길 외에는 다른 길이 없어요. 그래서 이걸 두고 하는 말이 뭐냐면 "근본을 바르게 하면 말단은 저절로 바르게 된다"는 거예요. 이 법을 확실하게 하면 그 나머지 모든 번뇌망상의 문제는 해결이 된다는 거죠. 그러니까 공부하는 사람은 언제든지 이것 하나를 확실하게, 이게 분명해져서 언제든지 뭘 하든지 그냥 이 일이다, 이 자리다! 어쨌든 이 법에 대한 감각이 확실하게 생겨야 되죠. 그걸 안목이라고 하는 겁니다. 법에 대한 감각이라는 게 보고 듣고 하는 감각이 아니라, 그걸 안목이라 하는 거거든요.

법에 대한 감각이 확실하게 딱 잡혀야 "아, 이 일 하나가 진실하고, 그 나머지 보고 듣고 알고 하는 것들은 물거품과 같구나." 저절로 그렇게 되거든요. 그러니까 체험하는 것도 중요하지만, 그 체험 뒤에 법에 대한 감각이 또렷하고 분명하게 자리 잡히게 되는 게 중요합니다. 시간이 필요하죠. 그게 체험 뒤의 공부인데, 중요한 공부가 되는 겁니다. 이게 확실하지 않으면 계속 생각을 벗어날 수 없어요.

그러니까 체험을 했다고 하는데, 가만히 보면 시비분별에 빠져서 옳은 게 있고 그른 게 있고, 막 시비하는 사람들이 있거든요. 그린 사람들은 뭔가 체험을 했다 하더라도 자기 분별심을 조복하지 못했기 때문에 불법에서 얘기하는 깨달음은 아닌 겁니다.

불법에서의 깨달음은 반드시 분별심을 조복시켜야 돼요. 불교 경전에서 얘기하는 깨달음이라는 말은 항상 분별심의 조복을 얘기하는 것이지, 어떤 체험을 통해서 "이제 편안해졌다" 이런 소리를 하는 게 아니거든요. 그런데 분별심을 조복시킬 수 있으려면 법을 보는 감각이 아주 날카로워져야 하는 겁니다. 이 자리가, 이 일이 명확해져야 하는 거예요. 그쯤 돼야 남이 비난을 하든 비방을 하든 무슨 시비를 하든 아무 상관이 없어요.

불을 붙잡고 하늘을 태우려 하니 헛되이 자신만 피로하리라……
시비하는 사람 스스로 피로할 뿐이지 자기야 아무 문제가 없는 거예요. 시비하는 사람만 혼자서 왔다 갔다 하는 거지. 시비를 하는 사람은 견성을 했다고 볼 수 없고 법상(法相)을 가지고 있어요. '법은 이런 것이다' 하는 게 있으니까 시비가 일어나죠.

그런데 우리가 여기에 통달이 되면 그런 법상이 없습니다. '법은 이런 거다' 라는 그런 상을 가지지 않아요. 그렇기 때문에 아무 시비할 게 없어요. 시비심이 일어나지도 않고 24시간 모든 일이 그냥 다 여법해요. 그런데 누군가가 법에 대해서 이러쿵저러쿵 하는 말을 해 오면, 그 사람이 지금 어디에서 어떤 망상을 하고 있는지 그대로 딱 보여요. 그러니 거기에 대해 지적을 해 줄 수 있죠. 법에 대한 감각이 분명하면 그런 안목은 저절로 생기거든요. 그런 것은 일단 한 번 체험한 뒤의 공부입니다. 하여튼 이게 한번, 이 일이 한번 (법상을 두드리며) 이렇게 분명해지고 이게 명확해져야 하는 겁니다.

31
단박에 해탈로 들어간다

내가 들으면 마치 감로수를 마시는 것처럼
녹아서 단박에 불가사의 해탈로 들어간다.

我聞恰似飮甘露
銷融頓入不思議

    내가 들으면 마치 감로수를 마시는 것처럼…… 어떤 소리를 듣더라도, 어떤 시비분별을 듣더라도 그게 다른 일이 아니다 이 말이에요. 전부 이 하나의 법이지 다른 일이 없다 이거죠. 온갖 시비분별이 다 녹아서 단박에 불가사의 해탈로 들어간다…… 이 자리에 이렇게 있으면, 무슨 얘기가 있더라도 결국 시비분별이라는 게 따로 있는 게 아니고 그냥 그 사람이 망상하는 겁니다. 착각하고 망상하는 거예요. 법 자체가 어디 시비분별법이 따로 있고 무슨 법이 따로 있는 것은 아니거든요. 아무리 시비분별을 하더라도 온갖 시비분별 자체가 그냥 이 일입니다. 다른 일은 없어요.

    그러니까 지적해 주고 싶으면, 상대방이 말을 들을 만한 사람 같으면 "그것은 당신이 이래이래 망상하는 거다" 이렇게 얘기해 줄 수 있겠죠. 그렇지만 말을 들을 만한 사람이 아니라면 그냥 내버려두는 거죠. 듣지 않을 사람한테 괜히 힘을 낭비할 필요는 없죠.

어떤 말이 있고 어떤 모습을 드러내고 아무리 그럴듯한 이치를 들이대더라도 여기 이 일에는 아무 그런 게 없습니다. 그야말로 모든 물결이 단지 하나의 물이듯이 그냥 한마디 말이, 하나의 생각이, 모든 느낌이, 모든 일이 그냥 똑같은 일이에요. 똑같이 그저 이 하나의 일이에요, 하나의 일. 이런저런 차별경계가 있는 것은 아니에요. 누구든지 단지 이 한 개의 일이 있을 뿐이고, 이 하나일 뿐입니다. 전혀 (법상을 두드리며) 다른 일이 있는 게 아니에요. 그러니까 이 일이거든요. 이 법(법상을 두드리며), 이 법 하나죠.

이것은 (법상을 두드리며) 우리 각자의 살림살이고, 이것은 온 천지에 항상 이렇게 늘 있는 거죠. '이게 법이다' 하는 그런 뭔가가 없기 때문에, 말하자면 세간의 모습과 법이라는 것이 둘이 아니라 하나이기 때문에, 세간의 모습 속에서 법을 볼 수 있는 안목이 있어야 하는 거죠. 그걸 제가 아까 법에 대한 감각이라고 표현한 겁니다. 물결을 보면서 물결만 보는 게 아니라 물을 볼 수 있는 그런 지혜라고 할 수 있는 것입니다. 그것은 생각으로 되는 게 아닙니다. 말은 이렇게 방편으로 하지만, 불이법에 정확하게 초점이 딱 맞아 떨어져야 온갖 차별되는 세간의 모습 속에서, 세간 생활을 그대로 하면서도 항상 아무 일이 없어요. 그냥 한결같은 하나의 법일 뿐이라.

그래서 이게 한번 이렇게 딱 자리가 잡혀야 해요. 경전에도 중요한 대목들이 곳곳에 나옵니다. 예를 들어 《법화경》에 "세간의 모습은 세간의 모습으로서 언제나 변함이 없고, 법은 법으로서 언제나 변함이 없다." 이런 구절들이 굉장히 중요한 구절들입니다. 우리 안목을 볼 수 있는 중요한 구절들인데 그런 것을 보면 그야말로 "야, 이렇게도 멋지게 표현하는구나" 하고 공감을 하는 거죠. 법과 세간 이 둘이 있다는 뜻은 절대 아닙니다. 표현을 그렇게 한다고요.

세간의 모습은 세간의 모습대로 변함이 없고 법은 법으로서 언제나 변함이 없다…… 불이법에 대한 안목을 가리켜 주는 것인데, 저 사람이 불법을 보는 안목이 있는지 그렇지 못한지를 판정할 수 있는 그런 구절 중 하나입니다. 보면 쉽지 않습니다, 계속 공부를 해서 이런 안목이 딱 서야 돼요.

내가 들으면 마치 감로수를 마시는 것처럼
녹아서 단박에 불가사의 해탈로 들어간다.

불가사의 해탈…… 이게 불이법이거든요. 금방 "물이 물결이요, 물결이 물이요" 하는 거나 "세간상은 세간상으로 변함이 없고, 법은 법으로서 변함이 없다" 하는 말이나 "불가사의 해탈법문"이라는 말이 모두 불이법문을 가리키는 말입니다. 다르게 표현하면 "생사윤회가 곧 해탈열반이다" 하는 말과 같습니다. "펄펄 끓는 화탕지옥 (火湯地獄) 속에 있으면서도 언제나 시원하고 아무 일이 없다" 하는 말과도 같은 겁니다. 하여튼 이게 한번 확실해야 이게 가능한 것이고, 어쨌든 (법상을 두드리며) 그런 안목이 생기려면 이 근본이 확실해야 된다고요. 이 법이, 이 일 하나가 분명해져야 해요.

이 일 하나뿐이거든요, 이 일 하나뿐. 이 법 하나가 분명해져야 돼요. 언제든지 (법상을 두드리며) 우리가 지금 이 살림살이, 모든 사람이 다만 이 일 하나뿐이거든요. 그러니까 이것을 "이 일입니다", "이 일입니다" 하는데, 여기에 한번 이렇게 감이 와야 되고 이렇게 통달이 되고 체험이 돼야 되는 겁니다. 그냥 이 일뿐입니다.

여기에 체험이 될 때, 이건 우리 마음에 나타나는 의식하고는 관계가 없는 거거든요. 그렇기 때문에 뭘 알아차리거나 의식적으로 무슨 변화가 있거나 그런 것은 아니에요. 의식으로 할 수 있는 일이 아닙니다. 우리 의식으로 할 수 있는 일이 아니기 때문에 불가사의하다고 얘기하는 겁니다.

불가사의…… 알 수 있는 일이 아니고, 그냥 한번 이렇게 자기도 모르게 한번 탁 뚫어지는 거죠. 그래서 (법상을 두드리며) 이것이 한번 뚫려 가지고 이렇게 분명해져야 하는 겁니다. 여하튼 한번 뚫려야 해요. 다른 것은 없어요. 이게 안 뚫리면 이런 얘기 백날을 들어도 전혀 모르는 얘기입니다. 뚫린 뒤에 조금씩, 조금씩 이렇게, 한꺼번에 금방 소화는 안 되겠지만 조금씩, 조금씩 알 수가 있는 거죠.

내가 들으면 감로수를 마시는 것처럼…… "만 가지 소리가, 만 가지 모습이 순간순간 전부 설법을 한다." 그렇게 표현하는 게 바로 이거거든요. 그러니까 이 법이 확인이 되면, 그냥 일상생활 속에서 법이니 공부니 하는 것도 잊어버리고 사는데, 순간순간 다른 자리가 아니고 이 자리예요.

물론 처음부터 잘 되는 건 아니에요. 처음에는 여법함이 있고 차별세계가 따로 있어서 두 개의 세계가 있는 것처럼 왔다 갔다 하는데, 자꾸 하다 보면 두 개의 세계가 없어져 버려요. 세간과 출세간이, 여법함과 여법하지 못함이라는 이 두 가지 세계가 없어져 버리고, 그냥 일상생활 자체가 늘 불이법이라. 늘 여법해져요. 반드시 그렇게 돼야 하고 그렇게 됐을 때 이런 얘기가 가능하죠. "무슨 소리를 듣든지 다 감로수고 삼라만상이 전부 녹아서 다 불가사의 해탈법문으로 들어간다." 이런 얘기를 할 수 있는 겁니다. 하여튼 이 법 하나입니다. 그렇기 때문에 어떤 체험이 있다고 해서 공부가 끝나는 게 아니고 시작이라고요, 시작! 하여튼 초점이 딱 들어맞아야 되는 겁니다.

내가 들으면 마치 감로수를 마시는 것처럼…… 공부라는 것은 결국 자기 안목만큼만 보는 것입니다. 그래서 자기 안목을 자꾸자꾸 더 넓히고 더 깊게 하고 더 세밀하게 하는 게 공부죠. 그럴수록 더 평범해지고 일상생활에서 공부라는 것도 더 잊어버리고 그냥 더 생활인이 되는 거예요.

〈심우도〉에 보면 마지막에 원래의 중생 모습으로 다시 돌아가잖아요. 이제 그 뜻을 알 수 있는 겁니다. 소를 찾아서 소를 키우고 일원상(一圓相)이 되고 할 때는 굉장한 도사 같은데, 결국 도사가 아니라 원래 중생으로 돌아가야 돼요. 그게 바로 보살이라 하는 거거든요. 중생은 중생인데 이제는 깨달은 중생이다 이 말이에요. 그러니까 만법 그대로, 있는 그대로 불이법이라. 언제든지 그저 이 일 하나죠. 하여튼 이 하나, 이 법 하나입니다. 이것! (법상을 두드리며) 어쨌든 여기서 한번 뚫어져야 돼요. 여기서 (법상을 두드리며) 뚫어져서 이 일이 이렇게 분명하고 명확해져야 하는 겁니다.

'불가사의 해탈법문'에서 '불가사의'란 말 자체가 불이법이라는 말이에요. '분별할 수 없다' 바로 그 말이거든요. '묘법', '불가사의의 법', '불이법', '중도법', 이게 다 같은 말이에요.

그냥 하나이면서 (법상을 두드리며) 둘이고,
둘이면서 하나고,
하나도 아니고 둘도 아니고,
한결같은데 온갖 차별법계가 펼쳐져 있고,
온갖 차별법계가 펼쳐져 있는데 언제든지 한결같다.

이런 식으로 여러 가지로 표현할 수 있는데, 어쨌든 이것은 분별할 수 있는 건 아니죠. 하여튼 이것이고 이게 한번 딱 맞아 떨어지는 겁니다. 이것뿐인 거예요.

32
이런 사람이 선지식이다

욕하는 말이 바로 공덕임을 볼 수 있으면
이런 사람이 곧 선지식이다.

觀惡言是功德
此則成吾善知識

　자기를 욕하는 말이 바로 공덕이라는 것을, 즉 이 법을 드러내는
것임을 볼 수 있으면 이 사람이 바로 선지식이다…… 계속 똑같은
얘기를 하고 있죠. 말에 안 끄달려 가고, 다시 말해 "비방하고 비난
하고 욕하고 하는 모든 말이 불가사의 해탈법문으로 돌아와서 하
나가 되어 버리면"이라는 뜻이에요. 비방하고 비난하고 욕하는 것
에 대한 대처로 두 가지가 있을 수 있잖아요. 하나는 그냥 무시해서,
"저건 그냥 쓸데없는 말이고 망상이니 무시해 버리자" 하는 것이죠.
그런데 무시하는 것은 아직 완전한 법은 아니죠. 완전한 법이 되려
면, "욕하는 말, 비방하고 비난하는 말이 전부 불가사의 해탈법문으
로 돌아와서 법의 공덕이 된다" 이렇게 하는 거죠.
　그래서 "욕하는 말이 따로 없고 비난하는 말이 따로 없고 전부가
똑같은 한 개 법이다" 이 말이에요. 그냥 무시하는 게 아니라. 이걸

바르게 얘기하면 "온 세상 삼라만상 생겨난 일들이 전부 이 하나의 법으로 돌아오면, 어떤 일이 벌어지더라도 이쪽저쪽 안팎이 없다" 이겁니다. 온 세상일이 전부 다 자기 일이 되고 하나의 법이 된다는 말이에요. 그래야 선지식이라 할 수 있다는 겁니다.

욕을 하든 비난을 하든 안 듣고 무시한다…… 이럴 수도 있는데 그것만으로는 안 되죠. 그건 분별이잖아요. 그런 분별이 아니고, 어떤 말을 듣고 무슨 소리를 듣고 어떤 것이 눈에 보이고 어떤 일이 일어나더라도 그만 전부가 하나의 일이라. 그냥 이 일이라, 이 일! 이 한 개 일일 뿐이다 이거죠. 이 한 개 일입니다.

그래서 한마디, 한마디 말, 하나하나의 사물에서 자기 살림살이를 확인하고…… 이 '공덕'이라는 말이 아주 기막힌 표현입니다. 공덕은 법의 효험을 가리키는 것이거든요. 어떤 설법을 해서 여법한 말을 하는 것만이 법의 효험을 드러내는 것이 아니라, "비난하고 비판하고 욕하는 말이 법의 효험을 드러낸다"는 말이거든요. 그러니까 모든 일이, 모든 말이, 모든 소리가, 모든 모습이, 모든 생각과 모든 느낌이 전부 이 하나의 법임이 명확해져야 된다는 말이죠.

《화엄경》에서는 이걸 일러 뭐라고 하느냐? 이사무애(理事無碍), 사사무애(事事無碍)라고 얘기합니다. 장애됨이 없다 이거예요. '이사무애 사사무애'를 알려면 아까 말한 법과 세간의 모습 얘기라든지, 불가사의 해탈법문이라든지에 대한 안목이 딱 서야, 도대체 왜 저런 말을 하는지 알 수 있어요. 하여튼 본인이 자기 안목으로 모든 것을 봐야 됩니다. 말을 듣고 아는 것은 자기 살림살이가 못 되죠. 자기 스스로의 안목으로 터득하고 깨닫고 이해해야 하는 겁니다. 그런 원천이 바로 자기 살림살이죠. 살림살이, 이 하나, 이 법 하나란 말이에요. 이 일 하나, 이 일 하나죠.

그런데 처음에는 "이것!"이라고 해도 의식이나 감각이 좀 개입되어 있습니다. 체험을 한다 해도 처음에는 의식이나 감각이 개입되어 있기 때문에 법이 깔끔하지 않아요. 의식이나 감각의 개입이 자꾸자꾸 없어지고 깔끔하게, 법이 그렇게 돼야 하는데 그건 시간이 걸리고 계속 공부를 해야 되죠. 그러니까 처음에 체험을 해도 의식이나 감각이 개입되는 것은 법에 대한 흥분이 있거든요. "아, 이것을 가지고……!" 이렇게 되는데 그게 의식이 개입돼서 그런 거예요. 진실로 법이 깔끔해지면 그런 게 없어요. 무슨 흥분될 게 있어요? 전혀 그럴 게 없어요. 그야말로 그냥 공기로 숨 쉬는 것하고 같다니까요. 그냥 늘 그럴 뿐이지, 아무 그런 흥분되고 감동적이고 그렇지 않아요.

그러니까 "아 이것?" 하면서 흥분되고 감동적일 때는 아직까지 의식이 개입되어 있는 거예요. 이게 조금 오염되어 있다 이 말이에요. 그렇지만 이게 가면 갈수록 그야말로 깔끔해지는 겁니다. 그때가 되어야 비로소 청정 법계라는 말을 할 수 있는 거예요.

욕하는 말이 바로 공덕임을 볼 수 있으면
이런 사람이 곧 선지식이다.

욕하는 말이든 비난하는 말이든 무슨 말이든 간에 법의 공덕이 아닌 게 없으면, 온 천지에 모든 일이 다 법의 공덕임이 명백해지면, 이런 사람이 바로 선지식이다…… 그러니까 모든 일이 (법상을 두드리며) 한결같이 하나의 일이다…… 만법이 그냥 하나가 (법상을 두드리며) 돼야 하는 거죠. 이게 쉽지 않습니다. 우리가 그만큼 성실하게 공부해야 해요. 성실하게 하고 완전히 공부 속에 빠져서 여기 법의 세계에 푹 익숙해져야 해요. 시간이 필요한 거고, 하여간 지금 이 일 하나뿐입니다. 알아듣든 못 알아듣든 (법상을 두드리며) 이 일 하나뿐이에요.

(법상을 두드리며) 생각으로는 안 되고, 통하면 그냥 다 자기 살림살이고 온 천지가 그냥 이 일 하나인 거고, 그래서 아무 일이 없다 이거예요. 이 일 하나라는 것은 아무 일이 없는, 온갖 일이 다 있는데 아무 일이 없는 것입니다. 언제든지 그냥 이 법 하나죠. 이게 하여튼, 이 일이 (법상을 두드리며) 한번 와 닿고, 이게 분명해지고 이게 명백해져야 하는 겁니다. 다른 일은 아닙니다. 이게 쉬운 일은 아닌데 지금 이렇다 저렇다, 이러쿵저러쿵하는 매 순간순간에 하나하나의 일이, 찾아보면 뭔지 모르지만, 찾지 않고 있으면 저절로, 저절로 모든 일이 그냥 이 일이거든요, 이 일 하나!

처음에 체험이라는 게 뭔가 왔을 때, '이게 체험이 맞나 틀리나?' 알아보는 기준을 찾아보면, 도리어 뭐가 어떻게 되는지 잘 몰라요. 그런데 그걸 찾지 않으면 그냥 저절로 항상 법이 나타나고, 문득문득 '아, 이 자리에 있구나' 하는 것을 알죠. 그게 바로 자기 체험이 진짜인지 가짜인지 판정하는 하나의 기준이 됩니다.

찾아봐서 있다면 그건 분별이에요. 법이 뭔지를 찾아보면 오히려 알 수가 없는 겁니다. 그냥 일상생활을 하다 보니까 문득문득 이 자리라. "내가 옛날과는 전혀 다른 곳에 와 있구나." 정신적으로 말이에요. 그게 문득문득 확인되면 이쪽으로 발을 디딘 거죠. 그게 자기의 체험이 제대로 됐는지 아닌지를 판정할 수 있는 기준이 됩니다.

물론 사람에 따라서 그 경계선상에 서 있을 수도 있어요. "아, 여기 같은데, 찾아보면 이쪽 같은데, 찾지 않으면 그냥 일상생활이다" 이렇다면 "문 앞에는 와 있는데 문을 열고 아직 들어오지는 못했다"고 말할 수 있습니다. 공부를 하다 보면 그런 케이스도 있거든요. 문 앞에는 와 있는데, 문을 확 열고 들어와 버려야 되는데 그렇지 못한……. 문을 열고 확 들어와 버리면 여기 있잖아요? 찾아보면 안인지 바깥인지 알 수 없는데, 오히려 안 찾으면 늘 그냥 이렇게 이 자리라.

전적으로 제 경험에 의해서 말씀드리는 겁니다. 경험을 해 보면 이런 말들을 알 수 있습니다. 이렇게 문득문득 드러나는 이 자리에 힘들이지 않고 익숙해져야 돼요. 힘을 들일 수가 없이 저절로요. 힘을 들이면 벌써 이게 아닌데, 뭐. 힘들이지 않고 문득문득 드러나는 이 자리에 저절로 익숙해지는 거죠. 애를 써서 뭘 하려고 하면 금방 어긋나 버려요. "이게 아니구나" 하는 것을 금방 알 수 있거든요. 전혀 애쓰지 않고 저절로 늘 여기에 익숙해지는 거라.

체험한 뒤의 공부가 바로 그겁니다. 대혜 스님이 그것을 멋지게 표현했는데요. "낯익은 것에 낯설어지고, 낯선 것에 낯익어 간다." 낯익은 게 뭐냐? 지금까지의 망상분별이죠. 낯선 것은 뭐냐? 반야라 이 말이에요. 낯이 설긴 하지만 이 자리에 발을 디뎠기 때문에 찾지 않아도 문득문득 "내가 이 자리에 들어왔구나" 하고 알거든요. 그러면 여기에 자꾸 자꾸 익숙해지는 겁니다.

생각을 가지고 의심하고 헤아려 보면 안 됩니다. 그러면 절대 안 돼요. 법을 보는 눈은 따로 있습니다. 생각으로는 절대 볼 수 없습니다. 이 자리에 들어왔다는 것을 다른 식으로 표현하면 '심안이 열렸다' 고 하는 거거든요. 법을 보는 마음의 눈이 열렸다 이 말이에요. 그것에 눈이 밝아져야지, 생각으로는 절대 안 되는 거라. 법을 보는 안목의 눈이 밝아져서 점차점차 법이 밝아지고 세간의 모습들은 별 의미가 없어져요. 이제 법이 의미가 있고 이 자리가 밝아지고 세간의 모습들은 별 의미가 없어지는 거예요. 그러니까 세간에 대한 집착이 저절로 사라지죠. 왜? 법 하나가 나한테 모든 것이니까요. 공부하는 사람이 그렇게 안 되면 공부가 제대로 안 됩니다. 이 법 하나가 나한테는 이제 100% 모든 거예요, 모든 것!

세간사? 그건 있어도 그만 없어도 그만, 저절로 그렇게 돼요. 이제는 법이 모든 것이 돼서 법에서 살아 있는 사람이죠. 정말로 법의 즐거움을 누리는 건데 법 자체가 내 삶, 내 존재의 모든 것이죠. 이게 여기서 확실하면 아무 일이 없어요. 그야말로 우리한테 있는 모든 탐·진·치와 오욕칠정, 세간에 대한 모든 욕망들, 집착들, 심지어 삶과 죽음까지 모든 게 여기서 그만 의미가 없어져 버리거든요.

삶과 죽음까지도 여기서 의미가 딱 떨어져 버리거든요. 그냥 아무 일이 없어요. "아, 이래서 불법을 해탈법문이라고 하는구나" 하고 우리가 법의 맛을 알 수 있죠. 그러니까 이 일 하나라. 이게 다고 이게 전부예요. 이 일 하나뿐입니다.

'불가사의 해탈'이니 하고 이런 말 저런 말을 하지만, 이 법 (법상을 두드리며) 하나고 이 일 하나여서 이게 전부고 다른 일은 없습니다. 이 자리에서 보면 습관적인 망상분별에 얽매여 있는 사람들이 불쌍하게 보이고 안타깝게 여겨지는 거죠.

33
싫어하거나 좋아하는 마음

비방 때문에 싫어하거나 좋아하는 마음을 일으키지 않는다면
무엇하러 생겨남 없는 자비인욕의 힘을 나타내겠는가.

不因訕謗起怨親
何表無生慈忍力

'자비인욕'이니 하는 그런 수행이 필요 없다 이 말입니다. 비방
때문에 싫어하거나 좋아하는 마음이 일어나지 않는데 무슨 인욕이
필요하고 자비가 필요하냐고요. 애초에 그럴 이유가 없는데요. 그러
니까 육바라밀과 만행을 닦는다는 것은 안 맞는 소리란 말이죠. 진
실로 법계에 들어와 법의 뿌리가 확실하게 딱 박히면, 욕하고 비난
하는 말이 그냥 다 법의 공덕이고 법문인데 뭘 인욕해요? 참고 견디
자? 그럴 필요가 없죠.

"내가 자비를 베풀어야지" 이럴 필요도 없는 거고요. 육바라밀
과 만행을 닦는다는 것은 헛소리예요. 법에 들어와서 진실로 이 자
리가 딱 자리 잡히면, 만법이 전부 하나로 돌아가서 거기에 뭐 옳고
그르고, 욕하고 칭찬하고, 참고 참지 않고, 이런 게 전혀 없는데 참
기는 뭘 참아요? 자비심을 가지고 인욕을 수행하고 하는 것은 다 헛

소리하는 거라고요.

비방때문에 싫어하거나 좋아하는 마음을 일으키지 않는다면
무엇하러 생겨남 없는 자비인욕의 힘을 나타내겠는가.

항상 말씀드리지만 "근본을 분명하게 하면 말단은 저절로 다 바르게 된다." 이게 우리 최상승(最上乘) 선(禪)의 법입니다. 말단을 하나하나 챙기고 정리하고 할 필요가 없어요. 그렇게 하면 쓸데없는 시간 낭비고 어리석은 공부죠. 지난주 법문에서도 얘기했죠. "계정혜가 뭐냐?" 물으니까 천황도오 선사가 뭐라고 대답했습니까? "우리 집에는 그런 쓸데없는 가재도구는 없다" 이랬단 말이에요. 보통은 "계·정·혜 삼학을 닦는다"고 하죠. 그래서 누군가 천황도오 선사에게 "계정혜가 뭡니까?" 물어보니까, 선사가 대답하기를 "우리 집에는 그런 쓸데없는 가재도구는 없어."

공부는 계·정·혜를 닦고 그렇게 하는 게 아니에요. 그냥 단박에 (법상을 두드리며) 이 자리로 들어와서 단박에 아무 일이 없으면, 만법이 하나로 돌아와 버리면, 모든 일이 단지 자기 일이고 그냥 이 일 하나뿐인 거예요. (법상을 두드리며) 이것, 이 일이 딱 분명해지면 이것은 있는 것도 아니고 없는 것도 아니거든요. 있는 것도 아니고 없는 것도 아니에요. 무슨 일이 벌어져도 그야말로 물거품 같고 꿈 같고 이슬 같아요. 그냥 만법에 자성이 없어요. 오로지 진실한 것은 모양도 없고 크기도 없고 아무 그런 게 없지만 생생하고 분명한 이

257

일, 이 자리, 이것뿐이거든요. 이 일!

이것만 분명하면 자비인욕의 힘을 나타낼 필요가 어디 있겠어요? 불교에는 사실 온갖 그럴듯한 말들이 많아요. '육바라밀'만 하더라도 보시·지계·인욕·선정…… 참 그럴듯해요. 근데 그건 잡다하고 피곤한 일이에요. 잡다한 일을 안 하려면 그냥 단박에 (법상을 두드리며) 근본만 바르게 하면 돼요.

제 경우를 보면 예전부터 성격상 좀 뭐랄까, 뭘 구질구질하게 쓰는 것보다 핵심 하나를 딱 집어내는 것을 좋아하는 스타일이에요. 논문을 쓰고 글을 쓰더라도 화려하게 장식하는 것을 싫어하고, 그냥 모든 것을 핵심으로 몰아가서 끝내 핵심을 딱 하나 집어내면 그걸로 끝이죠. 제가 볼 때 선을 하는 데는 그런 성격이 좀 맞는 것 같아요.

불교 교리를 공부해 보니까 이것저것이 다 맞는 소리예요. 무슨 유식학, 중관사상, 여래장, 근본불교, 초기불교, 다 그럴듯해요. 그런데 이렇게 하나를 갖고 핵심을 딱 집어내는 것은 원효대사의 일심법(一心法)이라는 게 참 그럴듯하더라고요. 한 개 마음이라는 것을 가지고 모든 걸 회통시켰으니까요. 그래도 시원하지가 않아요. 왜냐하면 그 일심이라는 게 개념적으로 있으면 안 되거든요. 자기가 뚫어져야 되니까요.

그러니까 역시 선(禪)이에요, 선! 불교 공부는 선을 가지고 "도가 뭐냐?", (법상을 두드리며) "이거다." 이런 데서 한번 딱 뚫어져서 자기 살림살이로 확 뚫려 버려야 하죠. 걸림 없이 뚫어진 다음에 다시 불교의 여러 방편의 말씀을 보고 그것을 소화시켜야 해요. 그게 그렇게 되는 거예요.

잘못 알고 있는 사람들은 불교를 많이 공부해서 마지막으로 깨달음이 있는 줄 알죠. 그게 아니고 먼저 깨달아서 불교의 방편의 말씀들을 소화시키는 게 불교 공부라니까요. 그러니까 반드시 여기에 (법상을 두드리며) 한번, 이 일이 한번 확 뚫어져야 돼요. 뚫어져서 여기에 발을 디뎌야, 그 다음에 이 입장에서 보면 모든 게 다 소화되고 이해되는 거죠. 경전이나 조사의 말씀이나 틀림없이 다 맞는 말만 하는 건 아닙니다. 자세히 보면 흠이 다 있어요. 자기 안목이 밝아지고 나서 보면 "저것은 표현이 좀 좋지 않다" 이런 것들이 있거든요. "저 표현은 아주 그럴듯하고, 저것은 뭔가 좀 군더더기가 많다" 그런 안목도 생긴다는 말이죠. 어차피 말이란 것은 그런 것이니까.

자기 살림살이, 이게 분명해져야 돼요. 이 일 하나가, 이 일이 (법상을 두드리며) 분명해야 돼요. 오로지 이것 하나가 뚫어져서 이 근본이 분명해져야 이런저런 말을 들어도 소화할 수 있고 이해할 수 있는 거죠. 결국 이런 말들이 뭐냐 하면, 이 법을 나름으로 표현한 것밖에 없으니까요. 어쨌든 이 일 하나입니다. 이러쿵저러쿵 아무것도 따지고 헤아릴 것 없이 그냥 이 일이에요, 이 일 하나!

언제든지 (법상을 두드리며) 이 법 하나뿐이에요. 생각을 가지고 의식을 가지고 하면 안 됩니다. 단지 언제든지 (법상을 두드리며) 이 일 하나! 이렇게 확하고 한번 뚫어져 버려야 돼요. 그래서 심의식이 소멸해 버려야 돼요. "심의식이 소멸한다"고 표현하는데, 사실은 심의식이 없어지는 게 아니에요. 비유를 들자면, 출렁이는 물결 위에 떠 있는 나뭇잎이 물결을 따라서 왔다 갔다 출렁이다가 물속으로 푹 들어가는 것하고 같아요. 푹 들어가면 출렁임이 없잖아요. 그런데 물결과 물이 둘이 아니니까 따로 있는 것은 아니에요.

그러니까 이 법 하나예요, 이 법 하나. 이게 (법상을 두드리며) 뚫려야 돼요. (법상을 두드리며) 말로는 표현할 수 없고, 바로 지금 이 일 하나입니다. 이 법 하나예요. 다른 일은 없다고요. 언제든지 이거 하나예요. 이것 하나!

"도가 뭐냐?" "(법상을 두드린다)"
"선이 뭐냐?" "(법상을 두드린다)"
"부처가 뭐요?" "(법상을 두드린다)"
"깨달음이 뭐요?" "(법상을 두드린다)"

이 일 하나거든요. 이 일 하나. 다만 이 법 하나입니다. 이 법 하나고 이 일 하나지 딴 일은 없어요. 이게 이렇게 한번 하여튼 뚫어져야 돼요. 아무것도 이해할 필요 없고 헤아릴 필요 없고 따질 필요 없고 알 것도 없어요. 그냥 통째로 이 일 하나라, 이 일 하나뿐이라. 온 우주가 모든 것이 통째로 이 일 하나뿐이라, 하나뿐! 생각할 필요 없습니다.

저 같은 경우 옛날에 공부할 때를 돌이켜 보면, 그냥 설법을 듣고 앉아 있었어요. 계속 설법은 들리는데, 이게 뭔지를 몰라요. 안 뚫리고 꽉 막혀 있으니까요. 모르는 채 그냥 앉아서 끊임없이 듣고 있는 겁니다. 무슨 말인지 모르지만 계속해서 뚫어질 때까지 듣는 거죠. 법문은 다 말로 되어 있으니까 이런 말 저런 말을 듣죠. 설법을 들을 때 제 태도는 이랬어요. "어떤 말이든지, 이해가 되는 말이든지 이해가 안 되는 말이든지, 내가 지금 깨닫지 못했기 때문에 나는 모르는 말이다. 나한테 이해가 되는 말이든 이해가 되지 않는 말이든 내가 깨달아야 그 말을 제대로 아는 거지 그 전에는 무조건 모르는 말이다." 그런 자세로 계속 들었죠. 그러면 (법상을 두드리며) 뚫어질 수밖에 없는 거예요. 다른 길이 없어요.

그렇게 (법상을 두드리며) 한 2~3년 들었을 겁니다. 저는 공부할 때도 그랬고 공부 체험하고 나서도 그랬고 오로지 법만 쳐다보고 있었기 때문에 시간관념이 없어요. 그런데 기억은 있어요. 매미 소리가 나고 선풍기가 돌아가고 하는 기억은 있으니까 "아, 그때가 여름이었지." 이렇게밖에 모르는 거예요. 왜냐하면 오로지 법 하나에만 관심이 딱 가 있고 다른 것은 일절 생각을 안 했기 때문에요.

어떤 사람은 "내가 몇 월 며칠 몇 시에 어떤 체험을 했다" 이렇게 기록도 하는데, 제가 그걸 보면 "저 사람이 아직도 저렇게 생각 속에 있어 가지고 저게 무슨 체험이고?" 의심스러워요. 그런 사람은 설령 어떤 체험이 있다 하더라도 결국 생각을 못 벗어나고 있는 거라. 그런 사람들하고 얘기해 보면 생각하는 게 딱 보이거든요. 그 경우에는 계속 두들겨 깨 줘서 결국 그 생각에서 놓여나게 해 줘야 돼요.

처음부터 생각에서 완전히 손을 놓고 그냥 완전히 여기에, 아무 분별 없이 몰입하는 자세를 가진 사람들은 순조롭게 길을 가죠. 그런데 생각도 하면서 여기에 애를 쓰는 사람들은 나중에 체험이 있어도 생각을 놓는 데 또 시간이 필요해요. 체험이 있다 하더라도 다시 그 생각에서 벗어나는 공부가 또 필요하다는 말이죠. 결국 모든 생각, 분별심을 다 내려놓고, 의식을 다 놓아 버리고 여기에 완전히 몰두해서 그야말로 통째로 법이 되어 버려야 해요. 법은 허공과 같아서 아무 뭐라 할 게 없거든요. 스스로 알아요. 이렇게 명백하고 분명하고 아무것도 없지만, 스스로는 이걸 안다고요.

하여튼 여기에 (법상을 두드리며) 생각을 개입시키면 안 돼요. 생각을 개입시키지 말고 여기에 확 통해서, 사람이 사라지고 마음이 사라지고 법이 사라지고 부처가 사라지고, 완전히 녹아 가지고 그야말로 원융무애하게 되어야 해요. 티끌 하나도 없어져야 해요. 티끌 하나도 없이 원융무애하게 그렇게 돌아가 버려야 하는 겁니다.

공부하는 사람이 생각을 가지고서 '내가 어떻게 공부를 하고……' 이러면 안 되죠. 제가 항상 얘기하잖아요. 자기를 돌이켜 보지 말라고, 자기를 의식하지 말라고요. 공부하는 사람이 자기를 의식하고 자기 공부를 돌아보면 그게 뭡니까? 전부 망상이죠. 그러면 공부가 안 돼요. 법을 모를 때는 완전히 짝사랑하는 것과 같은 거라. 자기를 잊어버리고 오롯이 법만 쳐다보고 있어야 돼요.

그것을 우리 선에서 어떻게 표현합니까? '현애살수(縣崖撒手)'

라 합니다. 절벽에 매달려서 손을 놓아 버려야 한다는 뜻이죠. 절벽에 매달려서 손을 놓으려면 '나'라는 것을 돌아보면 안 돼요. 완전히 법에 대한 갈망만 있어야 가능하단 말이죠. '나'라고 하는 것을 돌아보는데 어떻게 손을 놔요? 못 놓는 거지. 그래서 "절벽에 매달려서 손을 놔 버려야 비로소 죽었다가 다시 살아난다"고 하는 겁니다. 그때 체험이 오는 일이 벌어질 수 있는 거죠. 그렇게 되면 어려운 일이 아니에요. 의식과 생각과 분별을 놓아 버리고 그냥 법에만 이렇게 완전히 빠져들면 돼요. 마음을 여기에다 두면 돼요. "이 일이 나한테 제일 큰일이다" 하면 우리가 자동적으로 빠져들게 되잖아요. 그렇게 저절로 빠져들어야 돼요.

사람에 따라서 이 공부를 하기 쉬운 사람이 있고 하기 어려운 사람이 있죠. 자기가 좋아하는 일이 있으면 거기에 푹 빠져드는 사람이 있잖아요. 그런 사람이 공부하기 쉬워요. 왜냐하면 이게 나한테는 제일이니까 빠져드는 거거든요. 제가 좀 그런 스타일입니다. 그런데 이리저리 둘러보고, 재 보고, 헤아려 보는 스타일은 이게 어려운 거예요. 말하자면 몰입이 안 된단 말이죠.

그러니까 공부는 하여튼 겉으로 뭘 어떻게 하라는 게 아니라, 자기 속에서 "아, 이게 정말 나한테는 최고로 중요한 일이다" 하면 완전히 빠져드는 게 좋아요. 겉으로야 그렇게 하면 안 되죠. 겉으로는 정상적으로 생활해야죠. 속으로는 그냥 여기에 이렇게 빠져들어야 해요.

이 공부에만 빠져들 때는 진짜 눈에 아무것도 안 보여요. 그냥 이

법만 딱 보이죠. 저의 스승이신 훈산 박홍영 거사님 같은 경우도 가정생활이 순탄치 않았습니다. 사모님과 별거하고 계셨어요. 그걸 보고 어떤 사람들은 "선지식이라는 사람이 자기 가정 하나도 제대로 못 지키고 저래 가지고 무슨 선지식이냐?"라고 생각하기도 했는데, 그런 생각을 하는 사람들은 수년 동안 그 밑에서 공부하고 있으면서도 제대로 공부 속으로 푹 못 들어가요. 그런 걸 쳐다보고 있으니까 법에 빠져들 수가 없는 거예요.

저 같은 경우는 그분이 세속 생활을 어떻게 하든 관심이 없었어요. "나는 오로지 이분이 가지고 있는 그 법 하나만 얻으면 된다." 저는 처음부터 그렇게 생각했기 때문에 가정생활이 어떻든 성격이 어떻든 신경 안 썼어요. 우리 거사님 보면 결벽증이 있어요. 상당히 까다로운 성격인데 사람들이 접하기 어려운 성격이에요. 그래도 제게 그런 것은 아무 상관이 없었어요. 그런 것은 전혀 생각하지 않았으니까요. 오직 법 하나만 딱 쳐다보고 묵묵히 공부했죠. 하여튼 이 공부에는 그런 집중력이 필요합니다.

그러면 공부가 깔끔하게 되고 굉장히 순조롭게 갈 수가 있죠. 그렇지 못하고 이것저것 살펴보고 그러면 공부할 수 없어요. 하여튼 이게 여기에 (법상을 두드리며) 푹 빠져 가지고 완전히 이렇게 여법하게 되면, 이 자리에는 아무것도 없거든요. 아무 이러쿵저러쿵할 게 없어요. 그렇게 아무 일이 없으면 세속에 대해서도 이렇든 저렇든 끄달려 다니지 않죠. 그래서 세속도 저절로 조복이 된다 이 말이에요.

법이 저절로 조복이 되면 세속일도 저절로 조복이 다 돼요. 세속의 오욕칠정에 끄달려 다니지 않게 돼요. 세속일이 의미가 없는데요, 뭐. 의미가 있다 하면 딱 이것 하나가 의미 있을 뿐이죠. 그러니까 (법상을 두드리며) 근본을 바르게 하면 말단은 저절로 바르게 되는 겁니다. 오로지 이 근본 (법상을 두드리며) 하나만, 법만 이렇게 분명히 하면 돼요. 이 일 하나뿐이에요.

34
공에 막히지 않는다

근본에도 통하고 말씀에도 통하면
선정과 지혜가 두루 밝아 공에 막히지 않는다.

宗亦通設亦通
定慧圓明不滯空

근본에도 통하고 말씀에도 통하면 선정(禪定)과 지혜가 두루 밝아
서 공(空)에 머물러 있지 않다, 이런 말입니다. '근본'과 '말씀'으로
나눠 얘기하니까 따로 있는 것처럼 생각할 수 있는데, 통하는 건 그
냥 하나뿐입니다. 그냥 하나뿐이고, 지금 바로 이거예요. 지금 여기
서 늘 이렇게 보고 듣고 말하고 생각하는 게 전부 하나거든요. 하나
로 탁 통하면 여기는 뭐 아무 이름 붙일 그런 게 없습니다. 하나하
나의 일들, 하나하나의 사물이 그냥 그대로 이 하나일 뿐인 겁니다.

이 하나는 전혀 분별이 없으니까 불이법이라고 하는 거죠. 느낌
이나 생각이나 보고 듣는 것을 헤아려 보면 색이니 공이니 근본이
니 말씀이니 선정이니 지혜니 하면서 분별할 수 있지만, 공부하는
사람은 이 하나의 근본에만 통달이 되면 나머지는 신경 쓸 게 없어
요. 달리 말하자면 근본만, 뿌리만 확실하게 하면 줄기나 가지는 신

경 쓸 필요가 없다는 게 기본적인 우리 공부 자세이기 때문에 하나하나를 따져 챙겨 볼 필요는 없습니다.

그냥 곧장 바로 여기에 통달이 돼서 곧장 바로 아무 일이 없고, 하는 일마다 전부 그대로 마음도 아니고, 사물도 아니고, 공도 아니고, 색도 아니고, 주관도 아니고, 객관도 아니고, 헤아릴 필요가 전혀 없는 거죠. 두두물물(頭頭物物) 그대로가 불이법이기 때문에, '여법하다'는 말 그대로가 불이법이어서 안팎이 없고 유무가 없는 겁니다. 그냥 한결같이, 그저 이 일 하나뿐이거든요.

그래서 사실 이 법은 "도가 뭡니까?" 그러면 "11시 3분입니다." 여기서 끝나는 거예요. 더 붙이면 안 맞는 겁니다. "도가 뭡니까?" 그러면 "안녕하십니까?" 이걸로 딱 끝이죠. 여기다 뭘 덧붙이고 빼고 취하고 버리고 하면 전부 다 망상이 되어 버려요.

이걸 일러서 '일초직입여래지(一超直入如來地)', 즉 "한 번 벗어나 곧장 여래의 지위에 들어간다"라고 하는 거거든요. 바로 곧장 확 통해 버리면 즉시 만법이 묘법이 되죠. 우리가 통하기 전에는 있는 게 있고 없는 게 있는 차별법이지만, 확 통해 버리면 있음과 없음이 아무런 차이가 없어요. 그러니까 이걸 뭐라 얘기할 수가 없죠.

어쨌든 한번 이렇게 하나가 탁 돼 버리면 그냥 지금 이 일뿐입니다. "이 일뿐이다" 하는 말도 물론 방편의 말이지만, 자기가 통달해 보면 자기 스스로 이쪽저쪽이 없고 쥘 것도 없고 놓을 것도 없는 겁니다. 그냥 하는 일마다 그대로 이 일이고, 사물사물이 전부 법 아닌 게 없고, 만법이 선명해서 그야말로 생각을 움직일 필요가 없고 뭘 헤아릴 필요가 없는 겁니다.

우리에게 제일 끈질기게 남아 있는 망상이 뭐냐 하면, 자꾸 자기의 생각을 가지고 뭘 헤아려서 '이게 법이다' 하는 것을 정하려고 하고 그것을 붙잡으려고 하는 겁니다. 끈질기게 남아 있는 망상인데 그게 없어져야 되는 거죠. 그런데 우리는 워낙 오랫동안 생각에 의지해 살아왔기 때문에 '이게 법이다' '이게 도다' 하는 식으로 자기가 만족할 만한 어떤 답이랄까, 어떤 이해랄까, 그런 게 없으면 자꾸 불안하게 여겨요. 생각에 의지하고 살아왔기 때문에 그런 거예요. 생각에 의지하지 않고 이 자리를 탁 통해서 이게 딱 분명해져 버리면, '법이다' '도다' 하는 것은 그냥 가짜 이름입니다. 전부 가명이고 이 공부를 위해 만들어 놓은 하나의 방편이죠. 수단일 뿐이고 진실은 진실이라 이름 붙일 게 없어요.

그냥 있는 그대로 (법상을 두드리며) 하는 일마다 그대로, 다 여법해서 '이게 진실이다' 라고 할 그런 게 따로 없습니다. 그러면 아무 할 일이 없는 거예요. 아무 할 일이 없고 뭘 하든지 항상 똑같은 겁니다. '이게 진실이다' 하는 진실이 따로 있으면 그건 분별하고 있는 거죠. 그렇게 완전히 초점이 딱 들어맞기 전까지는 방편으로 진실이니 법이니 뭐니 하는 말, 도니 마음이니 하는 방편을 이용해서 공부할 수밖에 없습니다. 하여간 지금 이 일, 이 하나의 일이어서 사물사물이, 시계, 컵, 손가락, 죽비, (법상을 두드리며) 움직이고, 보고, 듣고, 느끼고, 생각하는 하나하나의 일이 모두가 똑같은 일입니다. 하나하나의 일이 전부 다 이 한 개의 일이다 이 말이에요.

이게 어쨌든 명백해져 버려야 돼요. 전부 똑같은 일이어서 온갖 차별되는 세계가 전혀 차별 없는 하나의 법이다…… 우리가 항상 이렇게 얘기하거든요. 이 말이 확연하게 자기 스스로에게서 증명돼야 하는 거예요. 하나하나의 모든 일이 그냥 똑같은 일이어서, 그 겉모습이야 온갖 차별세계지만 전혀 차별이 없는, 이 하나의 일이거든요, 이 하나의 일! 이게 말하자면 근본이라고 할 수 있는 겁니다.

근본에도 통하고 말씀에도 통하면
선정과 지혜가 두루 밝아 공에 막히지 않는다.

또 어떤 측면에서 이런 얘기를 하느냐 하면, 우리가 여기에 통달이 되기 전에는 머리로 생각해서 말하는데, 말은 곧 생각입니다. 말씀이라는 건 곧 생각이에요. 왜냐하면 생각이 말이 돼 나오지, 생각 없이는 말이 나올 수 없는 거잖아요. 그러니까 우리가 생각을 가지고 도가 어떻고 법이 어떻고 불교가 어떻고 깨달음이 어떻고 이렇게 헤아려 왔는데, 여기 통달이 돼서 이 자리에 턱 오면 지금까지 알고 있던 생각, 헤아려 왔던 게 전부 싹 사라져 버리고 아무 의미가 없어요. 그냥 이 진실이 생생하게 딱 드러나니까요.

생각을 하면 오히려 이것을 알 수 없는데, 생각을 안 하면 그냥 항상 이것뿐이에요. 이걸 근본이라고 하고, 여기에 익숙해지게 되는데, 생각을 하면 또 옛날 버릇대로 배운 말을 가지고 자꾸 생각을 하게 되는 거라. 그러니까 이 근본과 생각이 서로 정확하게 안 맞아요. 그런데 우리 생각이라는 건 자기의 경험에 따라서 변하는 겁니다. 생각이 근본은 아니기 때문에 생각이라는 것은 자기의 경험에 따라서 변하는 거죠. 그러니까 이 근본에 익숙해지면 이 근본의 경험, 이 근본의 체득에 따라서 시간이 지나면서 생각도 차차 변해요. 생각이 변하기 때문에 말도 이 근본에 맞는 쪽으로 점점 이렇게 다시 정리가 돼요. 그래서 어떤 식으로 말을 해야 근본에서 어긋나지 않고 불이법을 말할 수 있는가 하는 게 체득이 돼요. '이해된다'고 할 수 없고, '체득된다'는 말이죠. 불이법에 어긋남이 없이 말하고 생각하는 방법을 체득하는 겁니다. 그걸 일러 체험한 뒤의 공부라고 할 수 있어요.

그러니까 이 법계를 보는 시각이, 관점이 옛날의 분별심을 가지고 보던 관점에서 이 근본을, 법성을 통해서 법계를 보는 방식으로, 자기 체험에 의해서 변화되는 겁니다. 그게 체험 뒤의 진짜 공부인데 "체험은 공부의 시작이다" 하는 게 바로 그런 이유에서 그런 겁니다. 《육조단경》을 읽어 보면 전부 그 얘기를 하고 있어요. "모든 사물을 접하고 보고 듣고 느끼고 알고 한순간도 법성을 놓치지 않는다." 이렇게 말하죠. "말을 할 때도 법성에 맞게끔 한다." 그렇게 얘기한다고요. 《육조단경》에 똑같은 구절이 또 나와요. "마음에도 통하고 말에도 통하면, 하늘에 태양이 걸려서 구름 한 점 없는 것처럼 통하지 않는 데가 없다." 이렇게 얘기하거든요.

'체험'이라는 것은 '마음이 한번 통하는 것'이고, 그 다음으로 '말에 통하는 것'은 충분한 시간 동안 이 자리에 내가 익숙해지면서 사고방식도 여법하게 바뀌고, 그렇게 될 때 비로소 법계를 보는 안목이 확립되는 겁니다. 그렇게 되면 말도 여법하게 나오게 되고 누가 무슨 말을 하거나 할 때 "아, 저 사람이 지금 어디에 어떻게 치우쳐 있구나" 판단할 수 있는 겁니다.

그게 소위 '해탈 뒤의 해탈지견'이라고 하는 거예요. '지견(智見)'은 가지고 있는 지식이 있다는 게 아니고 그런 지혜가 형성된다는 말이에요. 그럴 때 "근본에도 통하고 말에도 통한다." 그렇게 되는 겁니다. 그런데 그 전에는 잘 안 돼요. 억지로 할 수 있는 것도 아니고. 우선 근본에만 충실하면 돼요. 근본에만 충실하면서, 경전이나 조사의 말씀들을 너무 열심히 볼 것은 없고, 보고 싶을 때 가끔 보다 보면, 이 법을 어떻게 표현하고 있고 어떻게 법계를 보는가 하는 그런 것들을 알 수 있죠. 하여튼 그런 것을 통해서 우리가 좀 배우기도 해요.

예를 들어《육조단경》에 지도 선사에 대한 법문이 나오는데 불이법(不二法)으로 이 법계를 보는 시각을 일깨워 주는 참 좋은 공부예요. 제가 여러 번 말씀드렸죠. '제행무상 시생멸법(諸行無常 是生滅法)' 이랬거든요. 그러니까 "무상하게 흘러가는 모든 이 법계는 생멸법이다." 그리고 '생멸멸이 열반위락(生滅滅已 涅槃爲樂)'이라고 했는데, "이 생멸법이 사라지고 나면 열반인데 그것이 즐거움이 된다."

이건 원래《열반경》에 나오는 내용인데, 그것을 읽고 지도 선사라는 사람이 육조한테 질문을 어떻게 했느냐 하면, "보고 듣고 느끼고 하는 이 감정이나 생각이나 이런 모든 것이 다 생멸법인데, 이게 다 열반해서 소멸하고 나면 그냥 텅 비어 아무것도 없는데, 왜 그게 즐거움이 되느냐?" 그러니까 "뭐가 있어야 즐거움이 될 것 아니냐?" 이게 그 사람의 질문이에요. 우리도 충분히 할 수 있는 질문입니다.

열반이란 우리의 온갖 오욕칠정과 탐·진·치의 삼독이라든지 그런 모든 것이 적멸하고 그냥 고요해진 거죠. 열반이란 말은 인도의 말을 음역한 거라서, 번역을 하면 적멸이라는 뜻입니다. '고요할 적(寂)'에 '사라질 멸(滅)' 자를 써요. 그러니까 "고요히 다 사라지고 아무것도 없는데 무슨 감정이 남아서 즐겁냐?" 이렇게 질문을 한 거죠.

그러니까 육조가 뭐라고 답변하느냐? "너는 불제자이면서 어찌 불이법을 모르고 이법(二法)을 얘기하느냐?" 그렇게 꾸중을 합니다. 지도 선사는 아직 법을 보는 안목이 없었던 것이죠. "고요하게 사라져서 아무것도 없다." 이것은 결국 뭡니까? 있음과 없음을 나누어 가지고, 열반이란 마치 모든 있는 것이 사라져 아무것도 없는 것인 양 잘못 이해한 겁니다. 그게 우리 일반적인 범부들의 기본적인 사고방식이거든요. 그러니까 범부들은 전부 '이법(二法)'을 가지고 세상을 바라보고 있고, 이분법적 사고방식을 갖고 있는 겁니다.

우리가 불법(佛法)을 볼 때는 불이법적 사고방식을 가지고 '불이법'으로 세상을 볼 수 있는 안목이 돼야 해요. 그래야 불법을 얘기하는 말들을 오해하지 않고 볼 수 있는 안목이 생긴다는 말이죠. 그러니까 열반이라고 하는 것이 무슨 감정·느낌·생각·욕망 이런 것들이 있다가 다 사라지고 고요하게 아무것도 없어진다는 그런 뜻이 아닙니다. 그렇게 되면 그것은 양쪽 중에서 어느 하나를 버리고 다른 하나를 취하는 이분법적인 것이 되거든요. 그런 게 아닙니다.

열반은 불이법이거든요. 그렇기 때문에 그냥 지금까지처럼 모든 생각·느낌·감정·욕망이 그대로 다 있어요. 사라지거나 새로 생기는 것은 하나도 없어요. 그대로 다 있는데, 전부 다 있지만, 말하자면 아무것도 없다. 이렇게 얘기할 수 있는 거거든요. 경전이나 조사들의 어록에는 이것을 어떻게 표현하느냐 하면 "삼계의, 삼라만상의 법계 속에 있으면서도 법계에서 벗어나 있다." 이렇게 표현한단 말이에요. 이게 우리가 열반을 표현할 수 있는 방법입니다.

자기가 실제로 체험이 되면 "이것은 이렇게밖에 말할 수 없겠구나" 하고 스스로 알 수 있는 거죠. 그건 꼭 그렇게 배워서 하는 것은 아니거든요. 그렇지만 생각이 극복되지 않으면 자기도 모르게 그만 생각을 따라서 이분법적으로 하려고 한단 말이죠. 불이법의 안목이 생기지 않으면 우리는 사실 불법을 정확하게 볼 수 없어요.

이분법적으로 보게 되면 근본이 따로 있고 말단이 따로 있고, 출세간이 따로 있고 세간이 따로 있고, 자꾸 이렇게 된단 말이에요. 그런데 우리가 체험하기 전부터 계속해서 법을 추구하고 깨달음을 추구하는 방향성이나 목표를 가지고 공부해 왔기 때문에, 이게 문득 체험됐다고 곧장 불이법에 계합이 돼서 이법의 버릇이 없어지느냐? 그게 하루아침에 그렇게 안 돼요. 그러니까 공부에 시간이 필요한 것이고 꾸준히 해야 되는 겁니다.

"근본에도 통하고 말씀에도 통한다"는 게 바로 그거예요. 이게 문득 체험이 되면 다른 일이 없어요. 그냥 온 천지가 있는 그대로 아무 일이 없고, 말할 게 없고, 생각하고 헤아릴 게 없고, 그냥 이 자리라. 그런데도 생각은 다 따로 논다니까요. 뭔가 '이 자리'라는 것을 자꾸 정해 놓으려고 하거든요. 정해 버리면, 그건 이법이란 말이에요. 근본은 전혀 정해지지 않는 것이거든요.

그러니까 이 근본에서 법을 보는 안목이 생겨야 하는 거죠. 법을 그대로 볼 수 있는 그런 안목이 생겨야 되는데, 그것은 하루아침에 되는 게 아닙니다. 그저 꾸준히 공부하다 보면 저절로 터득이 돼요. 체득이 된단 말이죠. 체득이 되어 가지고 저절로 안목도 이렇게 자리가 잡히는 거고요. 하여튼 '뭐가 이런 게 있다' '이쪽이다' '저쪽이다' '이게 법이다' 하는 그런 걸 정하려는 그 버릇만, 거기에만 속지 않으면 돼요. 정해진 것은 전혀 없습니다.

그렇기 때문에 '법을 정한다'고 표현하지 않고 '초점이 딱 들어맞다'고 표현하거든요. 초점이 딱 들어맞으면 아무것도 정해진 것은 없고, 아무런 형식도 격식도 없고, 아무런 견해도 개념도 없지만, 저절로 순간순간 사물들이 전부 이 묘법을 다 증명해 주는 거거든요. 저절로 만법의 실상이 드러나요.

그런 불이법의 안목이 생긴 뒤에 조사의 글이나 경전이라든지 《반야심경》 같은 것들을 봐야 "아, 이게 이런 거구나" 하고 볼 수 있죠. 그 전에는 《반야심경》에 있는 "눈도 없고 코도 없고 색깔도 없고 소리도 없다"는 구절 같은 것은 봐도 전혀 알 수가 없어요.

불이법의 안목이 딱 서야 "아, 눈이 있는데도 눈이 없고, 색깔이 있는데 색깔이 없구나. 코가 있는데도 코가 없고, 소리가 있는데도 소리가 없다고 하는구나." 당연히 그렇게 납득이 되죠. 없다고 해서 없는 게 아니고, 있다고 해서 있는 게 아니에요.

그렇기 때문에 "생멸법이 사라지고 나면 적멸이 즐거움이 된다"고 하는 것도 즐거움이 있어서 즐거움이 되는 게 아니에요. 즐겁지만 즐겁지 않아요. 즐거움이 없지만 또 즐겁다고요. 군이 얘기하자면 그렇게밖에 얘기할 수 없는 건데 안목이 없으면 그걸 알 수 없어요.

'법희선열(法喜禪悅)'이라는 표현이 있어요. 법의 즐거움과 선의 즐거움, 희열이라는 것은 둘 다 즐거움이라는 뜻입니다. '법희선열'은 '열반이 곧 즐거움이다'라는 것과 같은 말입니다. 즐거움이 있지만 즐거움이 없는 거예요. 그 즐거움이라는 것은 세속에서의 감각적인 즐거움이 아닙니다. '좋다'라는 그런 즐거움이 아니라, 군이 표현하자면 '아무 일이 없는 즐거움'이죠. 아무 일이 없고 헤맬 일이 없고 한결같고 '즐거움이 없는 즐거움'이죠. 그렇게도 표현할 수 있고, 하여튼 그건 본인이 체험해 봐야 아는 문제입니다.

근본에도 통하고 말씀에도 통한다…… 근본에 통하는 것은 쉽지만 말씀에 통하는 것은 도리어 어렵다, 이렇게도 얘기할 수 있습니다. 저 같은 경우에도 처음에 스승님께서 (법상을 두드리며) 방바닥을 두드려서 감이 왔을 때, "마음이라는 테두리가 무너지고 끝없는 자리에 이렇게 통했구나"라고 스스로 느꼈죠. 그래서 "아, 이쪽저쪽이 없고 안팎이 없고, 그냥 아무런 이러쿵저러쿵할 게 없구나." 그런데도 '이런 게 법이다'라고 뭔가 말할 수 있어야 된다는 생각이 들었어요. 그런데 그렇게 하려면 자꾸 이게 양쪽이 되는 거예요.

그런데 제가 말에도 확실히 통해서 불이법을 분명하게 얘기할 수 있게 된 것은 대혜종고 스님의 책을 쭉 열람해 보고 얻은 지혜거든요. 우리 돌아가신 노 거사님 같은 경우, 그런 가르침은 없었어요. "이것은 말할 수 없는 거다." 그런 정도였죠.

제가 불법을 보는 안목이랄까, 말에 통달하는 그런 가르침은 대혜종고 선사를 통해서 얻은 겁니다. 그 전에는 경전 같은 것을 봐도 제 나름대로 이해했지만 어떤 부분은 뭔가 좀 명확하지 않았어요. 그런데 그러고 나서 보니까 경전이고 조사의 공안이고 그냥 걸리는 게 없는 거예요. 그게 말에도 통한다는 거예요.

대혜종고 스님만 하더라도 처음에 원오 스님의 한마디 말을 듣고 확 통해서 그냥 의심이 사라졌을 때 "어, 나는 편하다" 하고 "일 없다"라고 그랬죠. 그런데 원오 스님이 몇 개월 지난 뒤 다시 불러서 뭐라고 이야기를 하느냐? "네가 얻은 것도 아주 훌륭하다. 그런데 너는 지금 죽어서 살아나지 못하고 있다." 그러면서 또 뭐라고 얘기를 하느냐 하면 "조사들이나 부처님의 말씀을 의심하지 않으면 이 공부는 완성될 수가 없다. 그게 큰 병이다." 이런 얘기를 하거든요.

거기서 '유무(有無)' 두 구절을 가지고 공부를 다시 시키는데 그게 말씀에 통달하도록 시키는 거예요. 말씀에 통달한다는 게 결국 뭐냐 하면 우리 분별심을 여법하게 조복시키는 그런 겁니다. 이게 사실 불교에서만 접할 수 있는 가르침인데, 굉장히 중요한 가르침입니다.

우리가 뚫어지는 체험을 했다 하더라도 불이법이라는 여기에, 불이중도라는 이 법에 확실하게 통달되려면, 우리의 분별심을 조복해야 돼요. 그렇게 돼야 하는 것이지, 자기 생각을 가지고 그럴듯하게 "아, 이게 법이구나" 하고 그림을 그려 놓는다면 옳지 않습니다. 그럴 경우, 대개 다 이법(二法)으로 떨어져 버리게 되죠. 가지고 있던 게 기본적으로 분별심이기 때문에 그렇습니다.

반드시 분별심이 완전히 조복돼서 법에 대한 개념이 전혀 없고, 하는 일마다 법도 아니고 법 아닌 것도 아니고, 세간도 아니고 출세간도 아니고, 전혀 양쪽이 없어야 됩니다. 이게 육조가 말하는 "언제나 견성을 말할 뿐이고, 선정 해탈은 말하지 않는다"라는 거예요. 그런데 이런 얘기들은 사실 체험한 뒤에 필요한 얘기들이죠.

근본에도 통하고 말씀에도 통하면 선정과 지혜가 두루 밝아서 공(空)에 막히지 않는다…… 공에 머물지 않는다. 이런 얘기도 다 들어둘 필요가 있는 얘기인데 '선정과 지혜'에 대해서는 《육조단경》에 상세하게 설명이 돼 있어요. 우리가 보통 '선정'이라고 하면 좌선삼매를 얘기합니다. 좌선으로 고요히 앉아 삼매 속에 드는 것을 선정이라고 얘기하죠. 그런데 대승의 불이법을 말하는 《유마경》이라든지 《금강경》이라든지, 또 대승의 꽃이라고 할 수 있는 선종에 오면 좌선을 얘기하지 않습니다. 좌선이라는 말 자체를 전혀 다르게 해석해요. '몸이 앉는다'는 뜻으로 해석하지 않는다고요. 같은 말을 쓰더라도 해석이 달라진다 이 말이에요. 그런 걸 모르니까 사람들이 그냥 '좌선'이라고 하면 무조건 앉아 있는 걸로 생각해요.

《육조단경》에 좌선에 대한 얘기가 어떻게 나오느냐 하면 "여러분, 무엇을 일러 좌선이라고 하느냐? 이 법문 속에서 장애가 없어서 바깥으로 모든 좋고 나쁜 경계에서 마음에 허망한 생각이 일어나지 않는 것을 일러서 좌(坐)라 한다." 그러니까 '좌'라는 것이 뭐냐 하면 "바깥으로 모든 좋고 나쁜 온갖 경계 위에서 마음에 허망한 생각이 일어나지 않아서, 말하자면 온갖 경계에 내가 끄달리거나 물들지 않는다." 이걸 '좌'라 한다는 거죠. 몸이 앉는 것과는 아무 상관이 없는 거예요. 이게 우리 선종의 '좌'예요. 앉을 '좌(坐)'라고 쓰지만, 전혀 다른 이야기를 하고 있는 겁니다.

보통은 몸뚱이가 앉아 있는 걸 좌선이라 하는데 그게 아닙니다. 육조 스님의 가르침을 왜 안 보는지 몰라요. 조사의 가르침을 따른다면서 왜 전부 육조 스님의 가르침을 따르지 않고 퍼질러 앉아 있느냐 말이죠. 분명하게 가르침이 있잖아요. "밖으로 모든 좋고 나쁜 경계에서 마음에 허망한 생각이 일어나지 않는 것을 일러서 좌(坐)라 하고, 안으로 자기 본성을 봐서 흔들림이 없는 것을 일러서 선(禪)이라고 한다." 여기 딱 나와 있잖아요.

좌선이라는 것은 앉아서 정신을 모아 무념무상의 삼매 속에 들어

가는 얘기를 하고 있는 게 아니에요. 전혀 그런 얘기가 아니란 말이죠. 이름은 좌선이라고 똑같아요. 그런데 전혀 그런 얘기가 아니란 말입니다. 밖으로 온갖 경계를 만나 허망한 생각이 일어난다는 건, 우리가 경계에 오염이 돼서 망상을 일으키는 거거든요. 그런 게 없는 것이 좌라. 그러면 '좌' 라는 게 결국 뭐냐? 우리가 불이법에 통달해서 이 자리, 근본자리에 있다 이 말이에요. 안팎이 없다는 말이거든요. 바깥의 어떤 경계를 만나든지 그 경계에 오염되지 않는다는 것은 결국 뭡니까? 안팎이 없고, 밖이 따로 없고 안이 따로 없어서 한결같이 그저 이 하나의 법일 뿐이다. 그럴 때 가능한 얘기거든요.

그 다음에 "안으로 자기 본성을 보아 흔들림 없는 것을 일러 선이라고 한다"도 마찬가지입니다. '본성이 따로 있다' 는 얘기는 안팎이 있을 때 이런 얘기를 할 수 있는 거죠. 언뜻 잘못 이해를 하면 "바깥으로 경계를 보고서 끄달려 가지 않고, 안으로 내 본성을 지킨다"는 말처럼 들릴지 모르겠는데, 그렇게 되면 이법입니다. 경계가 따로 있고 본성이 따로 있으면 이법이 되어 버리잖아요. 그 얘기가 아니라는 걸 그 다음 구절을 보면 알 수 있습니다. 둘이 따로 있는 게 아닙니다.

그 다음에 뭐라고 얘기했느냐 하면 선정에 대해 또 설명합니다. "여러분, 무엇을 일러 선정이라고 하느냐? 밖으로 분별된 모습을 벗어나는 것이 선이고." 똑같은 얘기를 앞에서는 뭐라 했습니까? "안으로 자기 본성을 보아 흔들림 없는 것을 선이라 하고." 바로 그다음 구절에서 "바깥으로 분별된 모습을 벗어나는 것이 선"이라고 그랬거든요. 그런데 앞에서는 그것을 '좌'라고 얘길 했잖아요. 그러니까 좌라고 얘기하든 선이라고 얘기하든 사실 똑같은 내용이라는 말이에요.

바깥으로 모습에 대해서 흔들림 없는 것이 앞에서는 좌고, 안으로 본성을 지키고 있는 게 선이라 말했어요. 바로 그 다음 구절에서 "바깥으로 모습을 보아서 흔들림이 없는 것이 선이다." 또 이렇게 얘기를 하거든요. 그러니까 결국 좌나 선이나, 안을 얘기하든 밖을 얘기하든 똑같은 얘기다 이겁니다. 똑같은 얘기를 하고 있는 겁니다.

그리고 "안으로 시끄럽지 않은 것이 정(定)이다." 그러니까 정이라고 하든 좌라 하든 선이라 그러든 안팎을 얘기하고 있는 것 같지만 안팎을 얘기하는 게 아닙니다. 그 다음에 또다시 같은 얘기를 반복하고 있어요. "밖으로 만약 분별된 모습에 집착하면 안으로 마음이 곧 시끄럽고, 밖으로 만약 분별된 모습을 떠난다면 마음이 시끄럽지 않다." 이것만 보면 꼭 안팎이 따로 있는 것처럼 착각할 수 있는데 계속 그 뒤를 보면 알 수가 있습니다. "본성은 스스로 깨끗하고 스스로 안정되어 있지만, 단지 바깥으로 경계를 보고 경계를 생각하기 때문에 시끄럽다. 만약 온갖 경계를 보고서도 마음이 시끄럽지 않으면 이것이 바로 참된 정이다. 여러분, 밖으로 모습을 떠난 것이 선이고, 안으로 시끄럽지 않은 것이 정이니, 밖으로 선하고 안으로 정하면 곧 선정이다."

그 다음에 《유마경》을 얘기합니다. "《유마경》에서는 '즉시 통하여 본심을 되찾는다'고 했고 《보살계경》에서는 '나의 본성은 본래 스스로 깨끗하다'고 했다. 여러분, 매 순간 본성이 깨끗한 것을 보고 스스로 닦고 스스로 행하면 저절로 불도가 이루어질 것이다."

이렇게 《유마경》을 인용하고 《보살계경》을 인용하는데, 이게 전부 불이법을 얘기하는 겁니다. 언뜻 보면 "아, 이거 뭐 밖이 있고 안이 있는데, 바깥의 경계를 무시하고 나는 내 안의 내 마음만 지키겠다." 이런 뜻으로 이해하면 절대 안 됩니다. 그런 뜻이 아닙니다. 안팎의 경계가 없어요. 바깥으로 끄달릴 경계가 따로 없고, 안으로 머물 자기 마음이 없어야 비로소 이런 말이 가능한 겁니다. 안에 지킬 마음이 있고 바깥에 끄달릴 경계가 있다면 이미 장애가 발생한 것입니다. 이게 굉장히 중요한 겁니다. 까딱 이런 데서 잘못 이해를 하면 "모든 경계를 무시해 버리고 내 마음만 지키자." 이렇게 돼 버릴 수 있어요. 그렇게 가르치는 사람들도 있는데 그것은 이법입니다.

그런 사람들한테는 물어볼 수 있어요. "옛날 사람들은 사물사물이 전부 설법을 하고 사물사물 위에 부처님이 모습을 나타낸다고 했는데 그것은 무슨 말이냐?" 이렇게 물어보면 그런 사람들은 대답할 수 없어요. 그래서 《유마경》에 분명히 "안과 바깥의 경계가 사라져야 비로소 깨달음이다"라는 말이 나오거든요. 그리고 《유마경》에서 또 뭐라고 했습니까? "지옥의 경계에 들어가야, 화탕지옥에 들어가 펄펄 끓는 경계 속에 들어가 있어야 비로소 해탈이다." 그리고 "62견을 말하는 삿된 외도들의 견해를 내가 가지고 있어야 비로소 깨달음이다" 그러거든요. 안팎을 얘기하는 사람들의 입장에서는 전부 바깥에 끄달려 있는데 그런 것이 어떻게 깨달음인지 알 수가 없습니다.

그러니까 이게 그런 말이 아니란 말이에요. 안과 바깥이 있어서 안을 지키고 바깥을 떠나는 게 아니에요. 안팎이라는 말은 방편의 말이고, 안과 바깥이 없습니다. 그 안과 바깥이 없는 것을 일러서 뭐라고 얘기했느냐? 무심(無心)이라고 얘기합니다. 또는 무념(無念)이라고도 합니다. '마음이라는 게 없다' 이 말이에요. 마음이 따로 없다면, 그러면 마음이 어디 있느냐? 삼라만상이 다 그냥 마음이에요. 따로 내 마음이라고 할 게 없다고요.

제 경우에도 첫 체험을 하고 나서 "내 마음이라는 것을 확인했구나" 이렇게 생각했었거든요. 또 그런 느낌이 있었고요. 그런데 그러니까 계속 바깥의 경계가 걸리는 거라. 바깥 경계를 자꾸 피하려 하게 되고 내 마음만을 지키려 하고 말이죠. 그래서 "아, 이건 아니다" 하고 생각했죠. 그때 제 스승님의 말씀이 "안팎이 하나가 돼야 된다." 이런 말씀을 자주 하셨는데, 저는 그게 아닌 거예요. "아, 내가 이건 아직 아니구나." 그래서 계속 공부를 할 수밖에 없었죠.

그러다가 마음이 싹 사라지는 체험을 하고 나니 비로소 '원래 안팎이 따로 없다'는 게 분명해졌어요. 비로소 '왜 하나라는 방편을 쓰는가' 하는 것도 저절로 명확해지고 이렇게 되는 거죠. 안팎이 있는 게 아닙니다. 안팎이 있어서 안으로 자기 본성을 지키고 마음을 지킨다면 이법입니다. 그런 사람들은 아마 '관하고 살피고 알아차리고' 이런 말을 할 수 있을 거예요. "바깥으로 경계를 다 무시하고 알아차림 하나만, 안의 마음만 지킨다." 그런 식으로 가면 이법입니다. 안팎이 다 사라져야 돼요.

그래서 옛날부터 선사들이 하는 얘기가 뭐냐? "어리석은 사람은 바깥 경계를 물리치려고 하고, 지혜로운 사람은 자기 마음을 없앤다." 황벽이 그것을 뭐라고 표현했느냐 하면 "삼계유심(三界唯心) 만법유식(萬法唯識)이다." 말하자면 이 "온 세계는 한 개 마음이다." 그래 놓고 그 다음 말이 뭐냐 하면 "이 온 세계가 한 개 마음인데, 마음이 없어져야 비로소 깨달음이다" 그랬거든요. 그 말이 의미심장한 말입니다. "이 온 세계는 한 개 마음이다. 그런데 마음이 사라져야 비로소 깨달음이다" 그런 거예요.

그 말이 무슨 말이냐? "사물사물이 전부 마음이고 사물사물이 전부 부처가 돼서 설법을 한다" 그 말입니다. 사물사물이 전부 여법하다. 그것을 《화엄경》에서는 '사사무애(事事無碍)'라고 한 겁니다. 사물사물 위에서 전혀 걸릴 게 없다, 걸리고 안 걸리고 하는 그런 차별이 없다 이 말이에요. 하여튼 그런 말들인데 그런 게 납득이 될 때가 있는 겁니다. 그래야 여법해지는 겁니다.

그러니까 선정과 지혜라는 말을 보통 고정관념으로 좌선이라고 이해하면 안 되는 겁니다. 그런 뜻이 아니에요. 지혜라고 하는 것도 아까 선정을 얘기할 때 "바깥으로 사물에 오염되지 않고 안으로 마음에 시끄러움이 없다." 이것을 지혜라고 표현하기도 하는데 어쨌

283

든 양쪽 경계가 없는 겁니다.

지혜는 반야라는 말인데 《반야심경》에서 반야를 뭐라고 합니까? "한 물건도 얻을 게 없기 때문에 반야바라밀다에 의지한다" 그랬거든요. 한 물건도 얻을 게 없는 것을 반야라 그러는 거예요. "한 물건도 얻을 게 없다"라는 게 뭡니까? 헤아리고 분별할 게 전혀 없다 이겁니다. 이거다 저거다 할 게 전혀 없다, 안팎의 차별이 없다 이 말이에요. 차별 없이 그저 이 일 하나다. 이것을 반야라 하는 겁니다. 지혜라고 하는 거예요.

그렇게 되면 공에 머물지 않는다…… 공에 사로잡히지 않는다는 거죠. '관하고 알아차리는' 수행을 하는 사람들은 결국 공에 빠지는 사람들이에요. 그런 사람들은 그냥 텅 비고 아무 안팎의 경계가 없고 아무 일이 없고 고요하면 그게 전부인 줄 알 뿐, 불이법을 몰라요. 그저 공에 머무는 사람들입니다. 그렇게 공에 머무는 사람을 소승(小乘)이라 그러거든요.

대승법은 그런 게 아니고 불이법이란 말이죠. 지금 온갖 분별망상을 다 하고 헤아리고 온갖 일을 다 하는데, 그냥 아무 일이 없어요. 공이 따로 있는 게 아니고 색이 따로 있는 게 아니란 말이에요. 그냥 이거예요, 그냥 이것! 그냥 곧장 이 일 하나뿐이다 이 말이에요. 공이 따로 없고 색이 따로 없어요. 공이 색이고 색이 공이라고 하지만, 그것을 달리 표현하면 '공도 아니고 색도 아니다' 이 말입니다. 그냥 이 일 하나일 뿐이에요. 그래서 무슨 일이든지 걸림 없이 하는 것이고, 못하는 일이 없고, 법이니 도니 그런 말을 할 것도 없

고, 그냥 언제든지 똑같이 (법상을 두드리며) 이 법 하나고, 이 일 하나
뿐이란 말이에요. 뭘 하든지 똑같은 일이에요, 똑같은 일!

그런데 분별하는 찌꺼기가 조금이라도 남아 있으면 그렇게 안 돼
요. 그래서 '지금 있는가? 없는가?' 자꾸 양쪽을 이렇게 왔다 갔다
하기 때문에, "없다"고 하면 "법뿐이구나" 이렇게 되어 버리고, 또
"있다"고 하면 "사물이구나" 이렇게 되어 버리는데, 법도 아니고 사
물도 아닙니다. 법도 없고 사물도 없어요. 양쪽에 치우치면 안 되고,
하여튼 법도 아니고 사물도 아니고 곧장 바로 이 일이고, 그냥 확
통해서 저절로 여법하게 돌아가 버려야 돼요.

그렇게 되면 공을 얘기해도 색을 얘기해도 무슨 말을 하는지 알
지만 양쪽으로 끌려가지 않는 겁니다. (법상을 두드리면) 이 일 하나!
이걸 굳이 물어보면

"도가 뭡니까?"
"이것은 죽비다."

"도가 뭐냐?"
"11시 50분이다."

"도가 뭐냐?"
"차나 한 잔 하자."

그냥 매일 하고 있는 일이고, 늘 하는 일이고, 늘 그냥 이 일 하나 뿐인 거예요. 그래서 이것은 이쪽저쪽, 도냐 경계냐, 마음이냐 무슨 사물이냐, 이런 게 아니고 그냥 온 천지가 하나의 생생한 법이라. 하나의 생생한 한 개 진실이라. 온 천지가, 모든 일이 이 한 개 생생한 진실이다 이 말이에요. 모든 일이 이 한 개 생생한 진실이라고 하는 것은 뭐냐 하면, 이것 하나만이 진실로 이렇게 진짜배기로 와 닿는 것이고, 이것 하나만 진짜배기지 그 나머지는 전부 여기서 일어나는, 그런 지나가는 무상(無常)한 일이죠.

오직 이것 하나만이 변함없고 한결같고 정말 항상 분명한 진실이고, 그 나머지 모든 생각, 보고, 듣고, 느끼고, 생각하는 이 전부가 순간뿐인 거죠. 그래서 순간순간이지만 이 하나의 진실이 분명하기 때문에 이 법계도 진실한 겁니다. 이 하나의 진실이 없으면 이 법계라는 것은 《열반경》의 말처럼 온갖 생멸법은 무상해요. 허망하다고요. 그런데 이 하나의 진실이 분명해지면, 이 허망한 생멸법이 바로 이 진실 때문에 허망하지 않고 다 진실한 거예요.

그래서 이 하나가 진실하면 만법이 다 진실하고, 이 하나를 확인하지 못하면 온 세상이 그냥 허망한 꿈과 같은 거죠. 그러니까 이게 진실해지면 꿈과 같은 세상이 또한 꿈이 아닌 겁니다. 그래서 그런 것을 일러서 "꿈과 깸이 하나다" 그러는 거예요. 꿈과 깸이 하나라는 것도 체험을 해서 꽤 몇 년 공부했다는 사람조차도 무슨 말인지 몰라요. 그걸 모르고 무슨 얘기를 하느냐 하면 "아, 내가 공부를 깊이 해 보니까 꿈을 안 꿉니다" 그러는 거예요. 꿈을 안 꾸는 게 아니고 꿈을 기억하지 못하고서 그렇게 말하는 겁니다.

"꿈과 깸이 하나다. 깨달은 사람에게는 꿈이 없다." 그런 말이 있거든요. 깨달은 사람에게 꿈이 없다는 말은 꿈을 안 꾼다는 것이 아니고, 꿈과 깸이 같다는 말이에요. '하나다' 또는 '같다' 이 말이에요. 그러니까 꿈이 꿈이 아니고, 깨어 있음이 깨어 있음이 아니라는 거죠. 똑같은 일이다 이 말이에요. 그래서 깨달은 사람에게는 꿈이 없다고 하는 것이지, 그것을 이분법적으로 생각해서 '꿈을 안 꾼다'고 하면 분별로 하는 말인 거라. 그러면 그것은 불자가 아니라 단상이변(斷常二邊)을 말하는 외도가 되는 거예요.

우리 불법은 항상 불이법입니다. 불이법의 안목이 갖춰지지 않으면 자기도 모르게 "아, 내가 체험을 하고 공부를 해 보니까 꿈도 안 꾸네" 이렇게 분별해 버리는 거라. 이분법적으로 말하면 법을 말하는 게 아니고 전부 망상입니다. 분별이죠. 이 법계는 불이법계입니다. 법계의 실상은 불이법이에요.

견성이라는 말은 "법계의 실상인 불이법을 늘 보는 눈을 가지고 있다"는 말입니다. 자기 본성이라는 게 따로 있어서 그 본성을 본다는 뜻이 아닙니다. 분명히 《육조단경》에 나오잖아요. "견성만 말할 뿐이다." 왜 그러는 겁니까? "이 법계의 본성은 불이법이다. 법계의 실상은 불이법이기 때문에, 그 불이법을 항상 보는 것이 깨달음이다." 다른 것은 없다 이거예요. 그래서 그 불이법이 명백해지면 우리 생각도 불이법으로 조복이 되어 가지고, 꿈을 안 꾼다는 소리를 안 하는 거죠. '있다, 없다'라는 양쪽으로 왔다 갔다 하면 안 됩니다. 이 법계는 그런 게 아니란 말이에요.

　이런 안목이 갖춰져야 되는데, 하여튼 그것은 공부를 쭉 해서 법을 보는 안목이 확실하게 서야, 이 근본이 분명해야 되는 거죠. 이 하나의 진실이 분명하기 때문에 하여튼 만법이 다만 이것 하나뿐이에요. 다른 일이 없어요. 양쪽으로 이런 게 있고 저런 게 있고 하는 게 아닙니다.

　오직 이 하나가 진실인데, 이것을 가지고 이런 말도 하고 저런 말도 하고 온갖 이러쿵저러쿵 하는 거고, 이런 생각 저런 생각을 하고, 이런 느낌 저런 느낌이 일어나는 거죠. 하여튼 어떤 일이 있더라도 (법상을 두드리며) 이 진실뿐입니다. 생각을 따라가지 말고 (법상을 두드리며) 이 진실이 이렇게 딱 분명하니, 진실을 항상 확인하면 돼요. 자꾸 생각이 앞장을 서서 이러쿵저러쿵하려고 하는데, 그러지 말고 (법상을 두드리며) 이 하나의 진실!

　지금이야 제가 그렇게 하지 않아도 괜찮게 됐는데, 옛날에 제게 여전히 생각의 힘이 남아 있을 때에는, 생각이 자기도 모르게 이러쿵저러쿵 막 일어나려고 할 때면, 제 무릎을 한 번 탁 쳤어요. 그러면 그냥 (법상을 두드리며) 이 자리예요. 그런 식으로 옛날에 한때 힘이 없을 때는 그렇게라도 할 수밖에 없었어요. 생각을 좇아가는 게 아니라, (법상을 두드리며) 이 법이 이렇게 분명해져야 된단 말이죠. 나중에 법이니 생각이니 하는 게 다 사라져서 우리가 생각에 끄달리지 않게 되면, 생각 자체가 바로 무릎 치는 이 자리거든요. 생각 자체가 바로 이것이기 때문에 이제는 아무리 생각을 해도 아무 상관이 없게 됩니다. 예로부터 선사들이 가장 요구하는 것이 바로 이런 것입니다.

공안 같은 것도 우리는 그 공안의 내용을 생각으로 이해해서 "이게 결론적으로 이런 얘기를 하려고 하는구나" 하고 그저 이해를 하려고 하는데, 실제로 요구하는 것은 그게 아닙니다. 생각이 그대로 법이어서 한마디 말도 전혀 이해하고 분별할 필요 없이, 그냥 한마디 한마디가 여법하고, 생각생각이 여법하고, 그래서 생각하는 사람과 생각이 따로 없고, 아는 사람과 앎이 따로 없고, 보이는 사물과 보는 사람이 따로 없고, 완전히 하나가 되는 거죠. 그러면 사물사물이 나라고 할 수 있고, 생각생각이 나라고 할 수 있고, 느낌느낌이 나라고 할 수 있고, 주관과 객관이 완전히 하나가 되어서 둘이 없는 겁니다.

그렇게 되면 그 다음부터야 뭘 어떻게 하든지 그만 아무 할 일이 없어요. 완전히 아무 할 일이 없어지는 것을 무위법(無爲法)이라 하거든요. 공부가 정확하게 초점이 맞지 않는 동안에는 뭔가 계속 할 일이 남아 있습니다. 그게 어떤 일이든지 간에, 법을 챙기는 일이든 공부를 챙기는 일이든 할 일은 있는데, 완전히 하나가 딱 되어 가지고 뭘 하든지 간에 할 일이 전혀 없어져 버리면 무위법인 거죠. "이 자리는 법의 자리니까 내가 법을 항상 챙겨야 되고 옛날 버릇으로 따라가지 말아야 되겠다" 하는 생각이 조금이라도 남아 있으면 무위법이라고 할 수 없어요. 왜냐하면 법을 챙겨야 되니까요. 그래서 그게 쉽지 않아요.

(법상을 두드리며) 이 체험이 있더라도, 근본이 뭔지 확인했다고 하더라도, 끊임없이 거기에 익숙해지고 그것을 챙겨야 돼요. 의식적으로 의도적으로 억지로 챙기라는 게 아니라, 늘 거기에서 벗어나지 않고 계속 그쪽으로 자꾸 익숙해져야 된다 이 말이에요. 그래서 완전히 하나가 되면, 나중에는 그럴 필요가 없는 때가 와요. 그야말로 아무 할 일이 없는 때가 온다고요.

그러면 뭐 공부니 법이니 하는 것도 없고, 모든 게 저절로 다 여법하게 됩니다. 뭘 하든지, 생각을 하든지, 말을 하든지, 무슨 행동을 하든지, 항상 법도 아니고 법 아닌 것도 아니고, 아무 그런 게 없어요. 항상 그야말로 늘 중도(中道)고 늘 불이법이어서 해탈도 아니고, 번뇌도 아니고, 부처도 아니고, 중생도 아니고, 그만 아무 일이 없는 겁니다. 한결같이 그저 똑같아요. 이 한 개 일일 뿐입니다. 그럴수록 법은 더 확실하고 생생해지고 분명하게 되는 거죠.

하여튼 이쪽저쪽이라는 그런 틈이 없어야 되는 겁니다. 분별이 없어야 돼요. 그냥 이 일 하나예요, 하나! 하나라는 말도 사실은 방편의 말입니다. 그래서 도라는 게 따로 없고, "도가 뭐냐?" 그러면 "밥이나 먹자." 그렇게 되어야 하는 거예요. 밥 먹자는 얘기를 하는 게 아닙니다.

"도가 뭐냐?"
"밥 때가 됐으니까 밥이나 먹자."

밥 먹자는 얘기이기도 하지만, 다만 이것뿐임을 나타냅니다.

"도가 뭐냐?"
"차나 한 잔 마시자."

차 마시자는 얘기이기도 하지만, 이 하나의 진실을 드러내고 있습니다.

"도가 뭐냐?"
"뜰 앞에 서 있는 잣나무다."

뜰 앞에 잣나무가 서 있다는 말이기도 하지만, 안팎이 없는 이 법을 딱 그대로 드러내고 있는 겁니다.

〈심우도〉를 보면 알 수 있듯이, 처음에 저잣거리 중생으로 살다가 소를 찾아서 발자국을 발견하고, 소를 찾아서 소를 타고, 소를 키우고, 나중에 소도 없어지고 사람도 없어지고, 그러다가 다시 어디로 돌아가죠? 옛날 살던 그 자리로 다시 돌아가거든요. 옛날 살던 그 자리로 돌아가서 예전과 똑같은 사람이지만, 이제는 또한 전혀 다른 사람인 거죠. 그러니까 이게 묘한 법이라. 옛날 살던 이 자리로 돌아와서 똑같은 사람으로 그냥 그대로 살지만, 또 전혀 다른 사람이란 말이에요. 이렇게 얘기할 수 있는 건데 어쨌든 지금 이 일 하나입니다.

그래서 법이라는 게 따로 있으면 그것은 안 맞고 "도가 뭐냐?" 그러면 이것뿐인 거예요. "아, 이것은 죽비인데 이 죽비를 왜 나무로 만들었지?" 이것뿐이에요. 이 일 하나뿐이라고요. 하여간 이 자리에 탁 통해야, 육조 스님이 말했듯이 "안으로 흔들릴 것이 아무것도 없고 바깥으로 끄달릴 게 아무것도 없다"는 것을 스스로 확인할 수 있습니다. 그러니까 꾸준하게 하셔야 돼요. 꾸준하게 해서 공부를 더 완성시키고 더 확실하게 해야 됩니다.

공부에는 더 이상 할 것이 없다고 하는 '완성' 이라는 것은 없습니다. 그런 소리를 하는 사람은 법상(法相), 즉 견해를 갖고 있는 사람이에요. '이게 공부다' 라는 견해를 갖고 있으니까 이 이상 없다는 소리를 하는 거라. 완성이라는 것을 얘기하자면 우리는 본래 완성돼 있는 거예요. 새로 완성시킬 그런 것은 없어요. 본래 완성돼 있는 건데, 우리 스스로 자꾸 망상을 일으키고 있는 거예요. 망상을 일으키는 이 버릇이 조복이 되어야 하는 거라. 다른 것은 없어요. 완성이라고 한다면 이미 다 완성돼 있어요. 이 법을 일러 '본성' 이라고 하는 것이 '타고났다' 이 말이에요. 문제는 자꾸 우리가 망상을 일으키고, 분별을 해서 알려고 하고, 뭘 잡으려고 하고, 놓으려고 하고, 얻으려고 하고, 버리려고 하는 이게 문제라고요. 이 버릇이 모든 문제를 일으키는 거예요. '완성했다' 이런 말은 안 맞아요. 본래 완성되어 있는데 뭘 또 완성을 해요?

경전에서도 분명히 말합니다. "부처가 다시 부처가 되는 일은 없다." 그렇기 때문에 마조가 뭐라 했습니까? "도는 닦을 게 없어. 이미 완성돼 있기 때문에. 단지 오염만 되지 마라." 이랬거든요. 그렇지만 오염된 버릇이 너무 오래되었기 때문에 그게 쉽지가 않아요. 그러니까 꾸준히 공부하다 보면 스스로 "아, 내가 옛날하고 또 달라졌구나. 법을 보는 안목이나, 법의 생생함이라 할까 이런 게 다르구나" 하는 것을 시간이 지날수록 경험할 수 있습니다.

35
본바탕은 모두 같다

지금 나 혼자 통달한 것이 아니라
무수한 온갖 부처의 본바탕은 모두 같다.

非但我今獨達了
河沙諸佛體皆同

　우리가 '본바탕'이라고 하는데, 지금 바로 이 자리! 이거거든요.
여기서 다만 '이런 것이 있다, 저런 것이 있다, 공이다, 색이다' 그러
는 거지만, 어떤 그런 차별경계가 아니고 그냥 바로 이 자리죠. 생각
으로는 이게 뭔지 몰라요. 생각이 아니라 지금 보고 듣고 느끼고 움
직이고 하는 바로 이것인데, 생각으로 헤아려서 "이것이 어떤 것이
냐?" 이러면 바로 어긋나 버립니다. 그렇게 생각으로 헤아리지 않으
면 지금 일어나는 온갖 일들이 전부 분명한데, 분명하다고 하는 까
닭은 이것 하나가 진실이니까, 이 하나가 진실할 뿐입니다. 이것이
부처의 본바탕입니다.
　여기에서 "아무것도 없이 텅텅 비었구나" 하는 그런 공을 느끼기
도 하고, 공을 얘기하기도 하고, 또 "이런저런 온갖 물질경계가 있
구나" 하고 색을 보고 듣고 느끼고 생각하고 말하기도 합니다. 그런

데 공을 말하는 것도 이거지만 이것은 공이 아니고, 색을 느끼고 말하는 것도 이거지만 이것은 색이 아니지요.

언제든지 온갖 일이 여기서 일어나고 있습니다. 여기서 "아, 텅텅 비고 아무것도 없구나"라고도 하고, "이런저런 하나하나 사물사물이 다 있구나"라고도 생각합니다. 뭘 알든 뭘 느끼든 뭘 하든 상관없이 이것은 항상 '부처의 본바탕'입니다. 이것 자체는 공이라 할 때도 공이 아니고, 색이라 할 때도 색이 아니고, 그냥 언제든지 이 일 하나거든요. 이것을 놓치면 우리가 경계에 끌려가 버려요. 그러니까 "텅텅 비고 아무것도 없구나" 하거나 "뭐가 꽉 들어차 있구나" 하거나 이런 식으로 경계를 따라가 버리는 거라, 이것을 놓치게 되면.

여기에 초점이 딱 들어맞아야 어떤 경계가 나타나더라도 어떤 경계도 없습니다. 불이법이라 하는 것은 이쪽저쪽이 아니라는 것이거든요. 어떤 식의 경계도 아니라서 공도 아니고 색도 아닙니다. 그러니까 "텅텅 비었구나" 하고 "나에게는 아무것도 없다. 몸도 없고 마음도 없다"라는 등의 말 자체가 이것입니다. 이것을 모르고 '아무것도 없다'고 하는 느낌을 따라가 버리면 그것을 오염이라고 합니다. 또는 "뭔가 항상 밝게 빛나는 것이 있다" 이러면 이런 말 자체가 바로 이 일인데도 '밝게 빛나는 뭐가 있다'라는 모습에 또 끌려가 버립니다. 그러므로 중도에 있지 못하고 자꾸 이쪽 아니면 저쪽으로 왔다 갔다 하는 겁니다.

중도라고 하는 이것은 어떤 현상이 벌어지고 무슨 느낌이 일어

295

나고 어떤 뭐가 있더라도 모든 일이 항상 여기서 다 일어나는 것입니다. 이것은 비어 있는 것도 아니고 차 있는 것도 아니고, 있는 것도 아니고 없는 것도 아니고, 깨달음도 아니고 미혹함도 아닙니다. 그 어떤 무엇도 아니에요. 여기서 "나는 깨달았다" 하고 외치기도 하고, "나는 어리석다" 하고 느끼기도 하는데, 알고 보면 이것은 어리석을 때도 어리석음이 아니고, 깨달을 때도 깨달음이 아닌 겁니다. 그냥 언제든지 변함없는 이 하나의 일입니다. 이것이 분명하지 못하면 우리가 양쪽을 왔다 갔다 해 버려요. 부처가 되거나 중생이 되거나 공이 되거나 색이 되거나 양쪽을 왔다 갔다 하는 거라. 그게 차별경계 속에 있는 것이고 망상입니다. 진실은 여여해서 언제든지 이 하나뿐이고, 양쪽이 없습니다. 언제나 하나죠.

(법상을 두드리며) 이 자리, 이것에 확실하게 하나가 되기는 사실 쉽지 않습니다. 왜냐하면 우리는 버릇처럼 없거나 있거나, 밝거나 어둡거나, 알거나 모르거나, 자꾸 이런 식으로 양쪽을 왔다 갔다 하는 것이 버릇이 되어 있기 때문이죠. 부처의 본바탕은 언제나 여여해서 양쪽이 없는 이것인데, 여기에 딱 계합이 되어서 이것이 딱 분명하게 되기는 쉽지 않아요. 어떻게 보면 이것은 참 어려운 것이라고 볼 수가 있는데, 어쨌든 진실을 찾고 보면 이 자리입니다. 이 일 하나뿐이에요. 이것을 '부처의 본바탕'이라고 합니다. 이것을 두고 우리는 아무것도 없다고 하거나 뭐가 있다고 하거나 그런 양쪽의 소리를 자꾸 하지만, 없다고 할 때도 이 일이고 있다고 할 때도 이 일이거든요. 그러니까 이 일 하나라는 말이죠. 이것이 어쨌든 한번 명

확해져야 하는데, 그러면 양쪽에 있지 않으면서 양쪽을 얼마든지 말할 수가 있습니다.

어쨌든 (법상을 두드리며) 이것이 한번 딱 분명해져야 하는 겁니다. 그래서 이것은 이름을 붙이면 안 되고, 생각으로 이해를 하면 안 되고, 이것에 초점이 딱 맞아야 합니다. 여기서 우리가 즐겁다고도 하고, 슬프다고도 하고, 힘이 난다고도 하고, 힘이 없다고도 하고, 기분이 좋다고도 하고, 기분이 나쁘다고도 합니다. 여기서 다 하는 것이거든요. 괴롭다고도 하고 행복하다고도 하지만, 이것 자체는 괴롭다고 할 때도 괴로움이 아니고, 행복하다고 할 때도 행복함이 아닙니다. 아무 그런 것이 아니에요. 그래서 청정하다는 겁니다. 아무 색깔이 없으면서 온갖 색깔을 다 드러내고, 아무 모양이 없어도 온갖 모양이 여기서 다 드러나는 것이죠.

그래서 이것을 "부처의 본바탕이다"라고 합니다. 왜냐? 온갖 무수한 일이 여기서 다 나오기 때문이죠. 이 일이 한번 딱 분명해져야 돼요. 이것 하나입니다. 이것을 우리가 근본이라 하는데, 이것에 한번 초점이 딱 들어맞으면, 이제는 양쪽의 일들이 일어나더라도 그 양쪽으로 떨어지지 않게 되고, 중도라고 이름을 붙일 수 있는 겁니다.

공부하는 사람을 보면 온갖 경험을 다 하는데, 대개 아무것도 없다고 하거나, 몸도 없고 마음도 없고 육체도 없고 뭐도 없다고 무조건 없다는 식으로 그런 이야기를 하거나, 또는 항상 불변한 뭐가 있어서 이것은 절대로 놓치면 안 된다고 그것을 딱 붙잡고 있거나 그렇게 되는데, 이 입장에서 보면 이들도 모두 양쪽, 양변입니다. 말은 없다고 말하고, 없다고 느끼고, 없다고 생각을 하지만, 이것 자체는 '있다, 없다' 와 관계가 없는 것이고, 또 있다고 느끼고 있다는 그런 집착을 하지만, 이것 자체는 있는 것이 아니죠.

그러니까 있고 없고의 문제가 아니고, 하여튼 이 일이 한번 분명해져야 하는 겁니다. 여기다 무슨 이름을 붙이거나 하면 바로 그 이름이라는 분별에 다시 떨어져 버리기 때문에 그렇게 하면 안 되고, 하여간 (법상을 두드리며) 이것이 한번 딱 들어맞아야 돼요. 이 한 개의 일입니다. 이것은 본인이 한 번 탁 느끼고 이것을 잘 살펴보면, 결국 이 일 하나뿐이라는 것이 저절로 분명하게 됩니다.

지금 나 혼자 통달한 것이 아니라
무수한 온갖 부처의 본바탕은 모두 같다.

그래서 우리가 불법을, 부처의 본바탕을 '불이중도' 라 이름 붙이는데, 하여간 지금 이 한 개 일입니다. 이 불이중도라는 것은 양쪽이 없어서 취하고 버리고 할 수 없기 때문에, 나누어 버릴 수 있는 게 아니에요. 이쪽과 저쪽이 없거든. 그러니까 항상 전체이고 하나입니다. 사물사물을 대할 때 사물이 진실한 것이 아니라 이 하나가 진실합니다. 사물을 대할 때나 느낌·생각·기분·행동, 말하고 듣고 하여튼 모든 경우에 단지 이 하나가 진실할 뿐입니다. 그러면 보고, 듣고, 느끼고, 뭘 생각하는 것은 그냥 그 순간 지나가는 허망한 일이죠. 그런데 이것은 지나가지 않아요.

비유적으로 말하자면 영화 스크린과 같습니다. 영화의 온갖 장면이 다 상영이 되지만 스크린은 항상 그 자리에 있죠. 그래서 '만법의 본바탕'이라고 하는 거예요. 본바탕이라 하는 것이 스크린처럼 그렇게 뭐가 있다는 것은 아니에요. 그래서 본래 마음은 없다고 하고 본래 한 물건도 없다고 하는 것인데, 그런 물건이 있는 것은 아니지만 언제든지 변함없이 이 하나의 일이라는 사실은 분명한 것이거든요.

그래서 "도가 뭡니까?" "뜰 앞의 잣나무다"라고 하면 "뜰 앞의 잣나무"라는 말을 통해서 (법상을 두드리며) 이것을 가리키고 있는 것이지, 사물을 가리키고 있는 것은 아니에요. "도가 뭡니까?" "차 한 잔합시다"라고 하면, 차 마시자는 행동을 얘기하는 것이 아니라, "차 한 잔 합시다"라는 말을 통해서 이것을 가리키고 이것을 드러내고 있습니다.

이것은 모든 사람에게 언제나 여여부동(如如不動)이라서 《반야심경》에 있는 그대로 사라지지도 않고 생기지도 않습니다. 항상 이것은 변함이 없어요. 만법이 사라질 때도 이것이 사라지는 게 아니고, 만법이 생길 때도 이것이 생기는 건 아닙니다. 사라지는 일도 여기서 나타나고, 생기는 일도 여기서 드러나는 것이지만, 이것은 생기는 것이 아니고 이것은 사라지는 것이 아니거든요.

그러니까 이것이 어쨌든 한번 딱 분명해져 버려야 양쪽에 떨어지지 않습니다. 있고 없음, 공과 색, 어리석음과 깨달음, 이것이 다 양변인데, 이런 양쪽에 떨어지지 않고 언제든지 여여한 겁니다. 여여한 자리가 분명하면 깨어 있다고 하고, 깨어 있기 때문에 헤매지 않고 항상 안정이 되지요. 아무 일이 없어요.

깜깜하고 아무것도 몰라서 안정이 되는 것은 범부들의 안정입니다. 세속의 범부들은 골치 아픈 일이 있으면 "그만 술이나 퍼 마시자"라고 하죠. 술에 취하면 아무것도 모르잖아요. 열반에 들어 버리는데 그런 열반은 범부들의 열반이고, 부처님의 열반은 생생하게 평소 그대로 깨어 있는 속에서 아무 일이 없는 거예요. 그러니까 우리 범부 중생들은 골치 아픈 번뇌가 있으면 잊어버리면 된다고 피하려고 하는데, 그건 근본적인 해결책이 아니죠. 근본적인 해결책은 이 자리가 딱 나와야 해요. 그냥 모든 것이 그대로 있는데 아무 일이 없어요. 왜냐하면 진실은 이 일 하나뿐이거든요.

그래서 자꾸 피하고 잊어버리고 도망가는 공부를 하면 안 되고, 근본자리가 분명해져야 되는 겁니다. 그러면 "생사윤회 그대로가 해탈열반"이고 "번뇌 그대로가 보리"가 됩니다. 버리고 취하고 할 것이 없습니다. 우리는 원래가 이 하나의 진실이기 때문에.

온갖 무수한 부처의 본바탕은 단지 이 일 하나뿐이다…… 다만 이 일 하나다, 이것만 어쨌든 분명해지면 다른 일은 없다 이겁니다. (법상을 두드리며) 이것은 단박에 밝아질 수 있는 것이기 때문에 돈오법이라고 하는 겁니다. 몰록 단박에 이것이 밝아지면, 이 자리가 한 번만 딱 밝아져 버리면, 언제든지 세상에 일어나는 모든 일이 이 하나의 진실입니다. 그러면 어떤 일이 일어나더라도 영화나 꿈과 같아서 허망한 일입니다. 오직 이 하나가 진실할 뿐이죠. 그래서 이것 하나를 가리켜 드리는 것이지 다른 것은 없습니다.

무수한 온갖 부처의 본바탕…… 이 본바탕에는 어쨌든 양쪽이 없습니다. 이것은 번뇌도 아니고 보리도 아닙니다. 번뇌와 보리, 구속과 해탈, 생사와 열반, 이것은 다 방편입니다. 양쪽을 말할 때는 전부 방편이에요. 근본으로 돌아오면 양쪽이 없어요. 그래서 불이중도라고 하는 겁니다. 양쪽이 없다, 이 말입니다. 언제든지 똑같아서 이것 하나지요.

이게 (법상을 두드리며) 한번 분명해져야 됩니다. 물론 이게 쉽게 명확해지진 않는데, 그러나 자꾸 하시다 보면 허망한 것들은 결국 "다 허망한 일이구나" 하고 저절로 정체가 드러나게 됩니다. 그것을 옛날 사람들은 이렇게 말했습니다. "향나무가 있는데, 그 향나무의 본질을 캐기 위해서 향나무의 현상을 다 내버린다. 잎도 떼 내 버리고 가지도 잘라 내 버리고 줄기도 잘라 내 버리고 뿌리도 잘라 내 버리고 다 잘라 내 버리고 나니까 비로소 향나무의 완전한 본질이 나오더라." 그것도 물론 방편의 말이지만 "모습으로 있는 것은 다 허망하다" 이 말입니다. 모습으로 이런 것이 있다 하는 것은 다 허망한 겁니다. 이것은 아무런 모습이 아니지만, 언제든지 모든 모습을 여기서 헤아리고 분별하고, 모든 모습이 여기에서 나타나고 사라지고 하는 것이거든요. 그러니까 그냥 이 일 하나뿐입니다, 이 일 하나뿐!

그래서 아무것도 모를 때도 모른다는 것 자체가 이 자리이고, 뭘 안다 하는 것 자체가 이 자리죠. 그렇기 때문에 이것은 뭘 안다고 할 때나 모른다고 할 때나 차별이 없고, 어떤 현상이 일어나면 일어나는 것이 이것이고, 현상이 사라지면 사라지는 것이 이것이거든요. 그러니까 일어나도 사라져도 이것, 이 자리는 변함이 없어요.

생각을 하면 안 됩니다. 이것이 당장 이렇게 밝고 분명한 거거든요. 생각을 하면 안 돼요. 이름을 붙이면 안 되고요. 이렇게 밝고 분명하고 확실한 것이란 말입니다. 여기다 생각을 하거나 이름을 붙이면 안 돼요. (법상을 두드리며) 이것은 명백한 것이거든요. 명백하면 그냥 명백한 것뿐이지, 여기에 이름을 붙여 버리면 바로 다시 분별에 떨어져 버리는 겁니다.

그래서 임제 스님이 뭐라 합니까? "일단 잡았으면 그냥 쓸 뿐, 거기에 생각을 붙이지 마라." 여기에 탁 통했으면 그냥 통한 것이 항상 명백할 뿐이지 "이것이 뭐다"라고 정하려고 하지는 마라 이겁니다. 정하려고 하는 건 망상입니다. 그렇기 때문에 "깨닫고 나면 깨달음이라는 것이 없다"고 하는 겁니다. 깨닫고 나서 깨달은 것이 있으면, 또다시 깨달음이 하나의 경계가 돼서 망상이 돼 버려요. 그러니까 깨닫고 나면 깨달음이 없다고 하는 거예요. 깨달음도 없고 미혹함도 없는 것이고, 그냥 언제든지 밝고 분명합니다. 언제든지 이 일 하나뿐인 거죠.

이 일이 이렇게 명백하고 분명하면 양쪽에 떨어지지 않습니다. 항상 변함이 없어서 똑같아요. 그런데 우리가 오랜 세월 동안 '있다 없다, 이것이다 저것이다' 하는 습관이 돼서 그 습관이 잘 극복이 안 돼요. 자기도 모르게 자꾸 "아, 이런 거구나" 하려고 하고, "이런 것이 있다" 하거나 "이런 것은 없다" 하거나 자꾸 그렇게 하려는 거라. 그 습관이 확실하게 조복이 되지 않으면 중도(中道)에 설 수 없어요. 중도에 계합이 안 되는 겁니다.

그것을 확실하게 조복시키려면, 일단 이 자리가 딱 분명해지고, 그 다음에 이것을 놓치지 말아야 돼요. 흔히 자전거를 타는 비유를 하잖아요. 자전거를 못 타던 사람이 자전거를 타게 됐을 때 안 넘어지고 계속 가면 되죠. 넘어지면 안 되는 거죠. 그런 거와 같아요. 자전거를 타면서 넘어지느냐, 안 넘어지느냐 하는 건 우리 내부에 본능적으로 그런 능력이 있는 것이지, 생각으로 조절하는 것은 아닙니다. 이렇게 타면 안 넘어지게 타고, 저렇게 타면 넘어지게 되고, 그렇게 생각하는 것은 아니잖아요. 내 몸이 무의식적으로 그런 균형 감각을 갖고 있는 것이죠.

우리 공부도 마찬가지예요. 마음 자체가 본래 불이중도이고, 양변에 떨어지지 않는 그런 본성을 가지고 있는 것이죠. 우리 본성이 불이중도이지 생각으로 조절할 수 있는 것은 아닙니다. 그러니까 본성에 잘 따라서 이 자리가 명백하면 그냥 이것뿐인 거예요. 생각이 다른 짓만 안 하면 됩니다. 결국 우리 생각, 분별망상하는 그것을 조복시키는 것이 공부다, 이렇게도 얘기할 수 있는 것이거든요.

경전에서 그런 얘기를 많이 하지요. "그 마음을 어떻게 조복시키고 항복시키느냐?" 자꾸 그 얘기를 하는 이유가 "분별망상하는 그 마음을 어떻게 조복시키느냐?" 그렇게도 얘기할 수 있기 때문이에요. 이런 말들은 물론 다 방편의 말이고, 어쨌든 이 자리가 한번 딱 분명해지면 이것뿐입니다. 항상 언제든지 그저 이 하나, 온 천지가 하나여서 이렇게 밝은 거죠. 이게 어쨌든 분명해져야 되는 것이고 다른 것은 없어요.

36
사자의 울부짖음처럼

사자의 울부짖음처럼 두려움 없는 말씀이여,
온갖 짐승들이 들으면 모두 머리가 찢어진다네.

師子吼無畏說
百獸聞之皆腦裂

사자의 울부짖음은 우리 부처님의 말씀, 불이중도를 얘기하는 것이죠. 두려움이 없어요. 왜? 이 자리가 딱 분명하면 상대가 없으니까요. 상대가 있으면 눈치를 보기 때문에 두려운 것인데 여기는 상대가 없어요. 눈치 볼 것이 없으니까 자유롭고 걸릴 게 없고 장애가 없고 두려울 것이 없죠. 《반야심경》에 뭐라고 나옵니까? "장애가 사라지면 두려움이 없어진다"고 하잖아요. 장애라는 것이 상대인데, 여기는 상대가 없어서 주관과 객관, 안과 바깥이 없이 이 하나뿐이니까요. 당연히 두려울 것이 없어요. 이것 하나만 딱 분명하고 명백하다면, 그렇게 말하는 것이죠.

'이것을 듣는 온갖 짐승들'은 분별망상하는 우리 범부 중생들을 가리키죠. '머리가 찢어진다'는 것은 머리로 알 수 없다는 말이에요. 생각을 할 수 없으니까 생각이 딱 끊어져 버린다는 겁니다. 이런 이야기도 있죠. 도솔천에는 도독고(塗毒鼓)라는 북이 있다고 합니다. 이것도 방편의 말인데, 도독(塗毒)이라는 것은 독을 발랐다는 말이에요. 우리가 절에 가면 범종·북·목어·운판의 사물(四物)이 있잖아요. 그런 것처럼 도솔천에도 북이 있는데 그 북의 가죽에 독을 발라 놓았대요. 그 북을 "둥!" 하고 치면 3천 대천세계에 있는 중생들이 그 북소리를 듣는 순간에 독에 중독되어 다 죽어 버린대요. 그 이야기와 같습니다. 그 북이 우리 불법을 말하는 것이고, 불법을 들으면 중생의 분별망상이 부서져 버린다는 뜻이죠.

사자의 울부짖음처럼 두려움 없는 말씀이여,
온갖 짐승들이 들으면 모두 머리가 찢어진다네.

분별심이 깨져 버려야 이 법에 통하니까, 방편의 얘기지만 이런 식으로 표현하는 겁니다. 분별심이 깨져야 이렇게 분명하고 명확해지는 겁니다. 그런데 이걸 확인해 놓고 보면 너무나 당연한 것인데 이것을 확인 못하니까, 자꾸 생각으로 헤아리다 보니까, '이런 것인가? 저런 것인가?' 하고 자꾸 헷갈리게 되죠. 그렇지만 이것을 확인하고 보면, 이것은 너무나 당연한 일입니다. 일어나는 일마다 사물사물이 전부 이 하나의 일일 뿐이에요.

《반야심경》에 뭐라고 했습니까? "오온(五蘊)이 개공(皆空)임을 비추어 보면"이라고 했죠. 비추어 본다는 건 깨닫는다는 말입니다. 머리로 안다는 뜻이 아니고요. 조견오온개공(照見五蘊皆空)이라……

306

오온이라는 것은 우리가 보고 듣고 느끼고 알고 하는 모든 경험을 가리키는 말입니다. 외부적으로, 내면적으로 우리가 경험할 수 있는 모든 것을 뭉뚱그려서 오온이라고 다섯 가지로 분류해 놓은 겁니다. 그것이 다 공이라는 건 텅 비어서 아무것도 없다는 뜻이 아니고, 그것이 전부 다만 이 하나의 근본이라는 말이에요. 이 하나의 근본은 아무런 정해진 물건이 아니고, 모양으로 분별할 수 있는 것이 아니기 때문에 공이라 표현해요. 불교에서는 불이중도가 곧 공이라고 표현되지, 아무것도 없다는 뜻이 아니에요. 분명히 그렇게 명시되어 있어요.

우리가 중관(中觀) 사상을 불교 교리적으로도 공(空) 사상이라 그러거든요. 중관이라는 건 중도라는 뜻입니다. 중도가 곧 공이라 이 말이에요. 그것이 중관학에 명시되어 있어요. 불이중도가 곧 공이라. 텅텅 비어서 아무것도 없는 것이 공이라는 뜻이 아닙니다. 그렇게 이해하니까 전부 엉터리가 되는 거예요.

공이라는 것은 있는 것도 아니고 없는 것도 아니에요. 정해진 것은 아무것도 없지만, 분명하고 끊어짐이 없어서 불생불멸이라는 말을 하거든요. 《반야심경》에서 분명히 말하잖아요, "시제법공상(是諸法空相)이니 불생불멸(不生不滅)"이라고. 공이기 때문에 불생불멸입니다. 텅 빈 데서 아무것도 없기 때문에 불생불멸이라는 뜻이 아니고요. 불생불멸이라는 건 생기는데 생기는 것이 아니고, 사라지는데 사라지는 것이 아니라는 뜻입니다. 아예 허공이라서 생기는 것도 없고 사라질 이유도 없다는 뜻이 아니고요. 그러니까 말만 가지고 이해하면 전부 오해가 돼요.

불이법이란 생기는데 생기는 것이 아니고, 사라지는데 사라지는 것이 아니라는 겁니다. 더럽혀지는데 더럽혀지는 것이 아니고, 깨끗하게 되는데 깨끗한 것이 아니에요. 텅텅 비어서, 허공이 되어서, 아무것도 없어서 깨끗할 것도 없고 더러울 것도 없다는 뜻이 아닙니다. 불이중도란 말이에요. 《중론中論》이라는 책에 보면 중도가 곧 공이라고 그렇게 딱 명시가 되어 있습니다. 불이중도가 곧 공이라.

그러니까 이 일, 이것을 일러서 공이라고 하는 것인데, 공이라 하든 중도라 하든 불이법이라 하든 다 방편의 말이고, 사실은 이름 붙일 필요가 없습니다. 선(禪)에서 이것을 불립문자라고 하는 이유가, 이름을 붙여 버리면 우리가 이름을 따라서 헤아려 버리기 때문에 자꾸 부작용이 일어난단 말이에요. 그래서 불립문자(不立文字), 이름 붙이지 말자. 이름 붙이지 않아도 이것은 우리 각자 스스로이기 때문에 우리 스스로 명백한 일이거든요. 그러니 이름 붙일 필요가 없는 거예요. 그냥 바로 이 일이니까.

그냥 (법상을 두드리며) 지금 이 일, 명백한 일이거든요. 말하고, 보고, 듣고, 이것이 이렇게 명백하잖아요. 긍정할 수가 있고 부정할 수가 있습니까? 긍정하는 것도 이것이고 부정하는 것도 이것인데. 이렇게 명백하잖아요. 긍정하는 것도 이것이고 부정하는 것도 이것이니까. 이것은 긍정할 이유가 없고 부정할 수가 없는 거예요. 이것이 이렇게 명백하면 그대로 명백할 뿐인 것이지, 여기에 이름을 붙이고 그렇게 하면 안 맞는 거라.

308

경전이나 교리에서 이것을 얘기하지만, 자꾸 이름을 붙이는 바람에 완전히 통하지 못하고 계속 그 이름에 끌려가 버리니까, 그런 병폐를 없애자고 해서 불립문자라고 한 겁니다. 말을 하지 말자는 것이 아니에요. 아무리 말을 많이 해도, 그냥 여기에 확 통하면 임제 스님 말처럼 "잡았으면 쓰면 됐지 이름 붙이지 말라"가 바로 그거예요. 그냥 분명하면 이것뿐이에요. 생각할 것도 없고 말할 것도 없는 거예요. 항상 그냥 이것 하나뿐인 거지, 생각할 것도 없고 말할 것도 없어요. 왜냐? 항상 온 천지가 이 하나의 일이니까요.

항상 이렇게 명백한 일이니까, 당연히 생각할 필요도 없고 말할 필요도 없죠. 무슨 생각을 하더라도 그냥 이 일이고 무슨 말을 하더라도 이것이니까 생각할 필요도 없고 말할 필요도 없는 겁니다. 언제든지 그저 이 하나의 일이니까요.

37
고요히 들으며

향상은 바쁘게 뛰어다니며 위엄을 잃고
천룡은 고요히 들으며 즐거워한다.

香象奔波失却威
天龍寂聽生欣悅

　'향상(香象)'은 향기를 내는 코끼리라는 말인데, 본래 교미할 때
가 되면 코끼리가 상대를 끌어당기려고 코끼리 이마 위의 어디에서
향기를 내뿜는다고 해요. 체액이 나오는 것을 향상이라고 그러는데,
그 뜻이 뭐냐 하면 자꾸 상대를 찾아서 헤매는 사람을 비유적으로
말합니다. 교미기에 있는 코끼리의 이마에서 나오는 체액이 내뿜는
향기로 상대방을 유혹하듯이 상대를 찾는 사람, 말하자면 법을 찾
아서 헤매는 사람을 뜻하죠. "향상은 바쁘게 뛰어다니며 위엄을 잃
고"라는 말은 법을 찾아서 헤매는 사람은 뭐가 뭔지 모르니까 그냥
막 찾아다닌다는 거예요.
　천룡(天龍)은 고요히 들으며 즐거워한다…… 천룡은 천룡팔부(天
龍八部), 불법을 수호하는 신장입니다. 천과 용이라 해서 천신과 용.
'천룡팔부'라 할 때는 보통 천신·용·야차·아수라·가루라·건

310

달바·긴나라·마후라를 말하는데요. 그중에서 앞에 나오는 천과 용은 불법을 수호하는 수호신이니까, 불법을 들으며 고요히 듣고 즐거워한다. 비유적으로 얘기하자면, '향상'은 믿음을 갖지 못하고 법을 찾아다니는 어리석은 사람이고, '천룡'은 불법의 믿음을 갖추고 공부하는 사람을 가리키는 것이겠지요.

향상은 바쁘게 뛰어다니며 위엄을 잃고
천룡은 고요히 들으며 즐거워한다.

별 얘기는 아니고 경전에 나오는 방편의 말을 빌려 얘기하고 있습니다. 향상이라 하든 천룡이라 하든, 오락가락 뛰어다닌다 하든 고요히 앉아 즐거워한다 하든, 어떤 경우에도 우리 스스로가 잃지 말아야 하고, 잃을 수가 없고, 변할 수가 없는 이 일 하나! 선을 하는 사람은 이 하나만 확인하면 되는 겁니다. 천룡이니 향상이니 부처니 보살이니 그 모든 것이 전부 자기 살림살이로 돌아와서 자기 자리, 자기 스스로가 드러내는 경계가 되는 겁니다. 그래서 선을 하는 사람은 만법이 자기에게로 귀결이 돼야 돼요. 그런 얘기를 하잖아요. "깨닫기 전에는 내가 사물을 좇아다녔는데, 깨닫고 나니까 사물이 나를 좇아온다." 선사들이 그렇게 얘기하듯이 우리가 자기 본래면목을 확인한다는 것은 만법이 그만 하나라, 이 자리, 스스로 여기서 딱 밝다 이 말이에요.

만법이 (법상을 두드리며) 이 자리에서 분명하거든요. 만 가지 법이,

311

하나하나가 나 스스로라. 시계를 보면 시계가 나 스스로고, 컵이 나 스스로예요. 하늘과 땅, 시계, 컵에서 벗어나 따로 변함없는 '나'라고 하는 물건이 있지 않습니다. 사물사물 위에서 변함없는 이 하나가 밝고 분명하게 드러난다는 말이에요.

이렇게 비유를 할 수 있습니다. 달빛이 없는 그믐밤, 캄캄한 밤중에 손전등을 들고 길을 갑니다. 그런데 손전등으로 길을 비추면 손전등이 비추어지는 앞에 물건이 밝게 드러나잖아요. 자기는 캄캄해서 안 보여요. 그런데 손전등이 비추면 그 앞에 불빛이 비춰지는데 사물이 밝게 다 드러나요. 거기서 자기 자신의 밝음이 드러난다는 식의 비유인데요. 자기라고 하는 것이 따로 있지 않고, 마음이라는 것이 따로 있는 것이 아닙니다. 사물사물 위에서 그냥 이 일 하나가 있을 뿐이라. 사물사물이 전부 이 한 개 일이다 이 말이에요.

그러니까 밝고 변함없고, 중도니 공이니 하는, 본래자리니 본래부처니 본래면목이니 하는 것이 따로 있는 게 아니고, 사물사물 보고 듣고 느끼고 하는 이 자리에서 지금 바로 이것입니다. 설명을 하려고 하니 복잡해요. 그냥 지금 (법상을 두드리며) 이 일입니다. (법상을 두드리며) 이 자리에서 딱 한번 밝아지면 온 우주가 바로 자기 자신의 살림살이잖아요. 이 자리가 딱 밝아지면 전부가 똑같잖아요. 그냥 이 일이잖아요. 하여튼 이 일이 분명하게 밝아져야 해요.

여기서는 잠과 깸이 하나요, 꿈과 깸이 하나라. 이리저리 아무 그런 차별경계가 없어요. 잠이니 깸이니 하는 그런 경계를 좇아다니면 안 돼요. 그냥 이 일, 이 자리라. 다시 경계를 좇아가서 깨어 있을 경계와 잠자는 경계를 좇아가 버리면, 또다시 양쪽에 떨어져 버리는 겁니다. 그냥 지금 (법상을 두드리며) 이 일이잖아요. 당장 (법상을 두드리며) 지금 이 자리, 이 자리의 이 일!

누구든지 지금 여기서 살아 있고, 여기서 깨어 있고, 여기서 분명하고, 여기서 확실해요. 모든 과거, 현재, 미래와 영원한 시간과 온 우주가 여기서 다 드러나잖아요. 여기서 끝없는 우주를 이야기하고, 끝없는 과거, 끝없는 미래를, 지구의 나이가 45억년이니 뭐니 어쩌고저쩌고, 태양이 65억 년 사는데 20억 년 뒤에는 태양이 뻥 하고 사라지니 어쩌니, 지금 여기서 별 이야기를 다 하는 겁니다. 그렇게 해 봐야 지금 이 자리입니다. 이 일 하나뿐이다 이 말이에요.

그러니까 누구든지 (법상을 두드리며) 지금 이 자리에서 밝게 깨어 있으면 자등명(自燈明), 자기 등불이 환히 밝아져 있는데, 이걸 모르고 지금도 꿈을 꾸고 엉뚱한 소리를 하고 있는 겁니다. 아무리 엉뚱한 소리를 해도 역시 자기 등불이 환히 켜져 있는 여기서 하는 소리예요. 다른 데서 나오는 것이 아니거든요. 그러니까 어쨌든 이것이 한번 딱 명백해져 버려야 우리가 헤매고 끌러 다니는 일이 없어져 버리는 겁니다. 이것이 부처의 본바탕이죠.

'일체유심조'라는 게 바로 그런 말이거든요. 모든 일이 여기서 다 일어나니까 일체가 오직 마음에서 만들어진다고 얘기를 하는 거예요. "만법이 하나로 돌아간다"고 하는 것도 다 이 일이니까 만법이 (법상을 두드리며) 이 하나란 말이에요. 만법이 (법상을 두드리며) 이 자리에 다 있거든요.

'백장야호(百丈野狐)'라는 공안이 있어요. 백장 스님이 보니까 설법을 할 때마다 흰옷 입은 어떤 노인이 항상 뒷자리에 앉아 설법을 듣는 거라. 누구지? 하고 있었는데 어느 날 흰옷을 입은 그 노인이, 설법이 끝나고 대중들이 다 흩어진 뒤에도 가지 않고 있다가 백장 스님한테 와서 이야기를 합니다.

"스님, 사실은 제가 천년 묵은 여우입니다. 그런데 왜 여우가 됐느냐 하면, 500세 전 무슨 부처님이 계실 때 제가 사실은 불제자였습니다. 불교 공부를 하고 있었는데 어떤 사람이 와서 '수많은 세월을 수행한 사람도 인과법의 생사에 떨어집니까?' 이렇게 묻기에 제가 '생사에 떨어지지 않는다. 인과법에 떨어지지 않는다'고 답을 했는데, 그 답이 잘못되어 제가 갑자기 죽어서 여우 몸, 축생으로 태어났습니다. 제가 이 뒷산 바위굴 속에 살고 있는데, 선지식이 마침 이 절에 계셔서 지금까지 공부를 했습니다. 이제 제가 수명이 다해서 내일모레 죽을 것인데, 마지막으로 다음 생에 또 여우 몸을 받지 않기 위해서 한 말씀 물어보려고 지금 남아 있습니다. '수많은 세월을 수행한 사람도 생사라는 인과법에 떨어지느냐?'는 질문에 대해서 저는 '떨어지지 않는다'고 답을 해서 그만 여우가 되어 버렸는데, 어떻게 해야 제가 여우 몸을 벗어나 다시 사람이 될 수 있겠습니까?"

백장이 "그럼 그 질문을 나한테 해 봐라" 해서 그 노인이 "수많은 세월을 수행한 사람도 생사윤회라는 인과법에 떨어집니까?" 하고 물으니까, 백장이 뭐라고 답을 했느냐면 "인과법에 어둡지 않다"고

314

대답을 했습니다. "인과법에 떨어진다, 떨어지지 않는다"고 하지 않고 "인과법에 어둡지 않다"고 답을 했어요. 그 답을 듣고 거기서 노인이 문득 한 소식을 했어요. 그래서 절을 하고 "제가 이제 여우 몸을 벗게 됐습니다" 하고, "저는 내일 죽을 것인데 마지막 부탁이 하나 있습니다. 제가 저 뒷산 바위굴에 사는데, 내일 제가 죽고 나면 저도 수행자니까 부처님 제자의 법에 따라서 다비를 해서 장례를 치러 주십시오."

그래서 다음 날 점심을 먹고 백장 스님이 갑자기 스님들한테, "열반한 스님이 있으니까 다비 준비를 해라." 그 말을 듣고 스님들이 "아무도 열반한 스님이 없는데, 갑자기 무슨 소리입니까?" 했어요. 백장은 스님들을 이끌고 뒷산의 바위굴에 갔어요. 가서 보니까 여우 시체가 하나 있어서 그 여우 시체를 메고 내려와서 다비를 했습니다. 다비를 하고 그날 저녁에 법상에 올라가서 그런 얘기를 하는 겁니다.

"사실은 이러이러해서 오늘 여우를 다비했다. 그런데 '수많은 세월 동안 수행을 한 사람도 인과법에 떨어집니까?' 라는 물음에 '떨어지지 않는다' 고 대답해서 여우 몸을 받았는데, '인과법에 어둡지 않다' 는 말을 듣고 여우 몸을 벗었다. 인과법에 어둡지 않다고 대답해서 여우 몸을 벗게 해 줬는데, 내 대답에 대해서 이의가 있는 자는 말해 보라." 그러니까 황벽 스님이 앞으로 나와서 "이의 있습니다" 한 거예요. "그래, 네 대답은 뭐냐?" 하니까 황벽 스님이 백장 스님의 뺨을 한 대 때렸거든요. 그러니까 백장 스님이 껄껄 웃으면서 뭐라고 했느냐? "수염 붉은 오랑캐(달마 조사를 가리킴)가 서쪽에서 왔다는 얘기는 들었는데, 오늘 보니까 진짜로 그런 오랑캐가 있긴 있구나." 이런 이야기를 한 겁니다.

　보통 이 화두를 가지고 사람들은, '인과에 떨어진다'고 하는 것은 '떨어진다, 떨어지지 않는다'는 분별법을 얘기했으니까 인과에 떨어졌고, '인과에 어둡지 않다'는 것은 분별법을 얘기한 게 아니라 자기의 밝은 지혜를 얘기했으니까 거기에서 벗어난 것 같다고 생각해 버리거든요. 백장 스님이 "인과에 어둡지 않다"는 답을 하니까 "여우의 몸에서 못 벗어났다"는 데에만 사람들이 자꾸 초점을 맞추어서 답을 얻으려고 해요.

　그런데 실제 이 공안의 포인트는 어디에 있느냐 하면, 황벽이 백장의 뺨을 한 대 때린 거기에 있는 겁니다. 참 좋은 방편의 말인데, 이 이야기가 어디 실제 사건이겠습니까? 전부 다 백장이 방편으로 만들어 낸 이야기인데, 황벽이 백장의 뺨을 한 대 때림으로써, 한순간에 방편의 온갖 말들이 다 날아가 버리고 자기 살림살이가 딱 나왔잖아요.

　불립문자라는 말이 나오니까 하는 얘기입니다. 자꾸 문자 속에서 "아, 좀 더 그럴듯한 말이 뭘까?" 하고 고민하면 안 돼요. 그러면 문자 속으로 끌려가 버려서 자기 살림살이가 없어요. (법상을 두드리며) 선이라고 하는 것은 일시에 모든 번뇌, 망상, 분별과 헤아림을 싹 쓸어버리고, 바로 곧장 자기 살림살이가 딱 밝아지는 겁니다. 그러니까 '일초직입여래지(一超直入如來地)'라고 그러는 거예요.

이 자리가 분명하면 여우가 어디 있고, 500세 전이 어디 있고, 떨어지는 것이 어디 있고, 안 떨어지는 것이 어디 있고, 밝음이 어디에 있고, 어두움이 어디에 있어요? 만법이 이 일 하나뿐입니다. 여기서 온갖 여우 이야기도 하고 백장 이야기도 하고 황벽 이야기도 하고 뺨도 때리고 다 하는 거예요. 자기 살림살이가 이렇게 분명해져야 된다는 말이에요.

공안집을 가지고 공부를 할 때도 그런 겁니다. 공안이란 자기 살림살이를 확인하라고 있는 방편들입니다. 말하자면, 여기 시식 코너에 온갖 음식들이 다 있습니다. 중생들은 음식 맛이 어떤 맛인지에만 관심을 가지고 이것은 짠맛, 신맛, 떫은맛, 매운맛, 어쩌고저쩌고 하죠. 근데 지혜로운 사람은 짠맛, 신맛, 매운맛, 떫은맛, 어떤 맛, 하는 것을 통해서 뭘 확인하느냐? 자기 미각이 살아 있음을 확인하는 겁니다. 미각이 살아 있어야 무슨 맛이든지 다 알지, 진짜 확인되는 것은 미각이 살아 있는 것을 확인하는 것이지, 어떤 맛을 확인하는 것은 아니잖아요. 이것을 일러 '회광반조(廻光返照)'라고 하는 겁니다.

이 일이 분명해져야 돼요. 미각이 살아 있어야 무슨 맛이든지 다 알지요. 어떤 맛이든지 천 가지 만 가지 맛이 자기한테, 자기 미각 속에 다 있잖아요. 그것이 사물에 있습니까? 천 가지 만 가지 법이 자기 스스로에게 다 있다 이 말이에요. (법상을 두드리며) 이 자리에 다 있습니다. 이 일이거든요, 이 일 하나! 자기 스스로라고 생각할 것도 없고, 바로 지금 이거다 이 말이에요. 바로 지금 이 자리의 이 일이 거든요. 이것이 분명해져야 됩니다. (법상을 두드리며) 이것이 분명해져 버리면 그냥 전부가, 온갖 종교, 철학, 학문, 인간의 온갖 문화와 문명과 모든 일이 여기서 다 일어나는 거거든요. 여기서 벌어지는 거라고요. 그러니까 이것이 분명하면 무슨 일이든지 다 하지만 아무런 일이 없어요. 온갖 일이 다 일어나지만 하나의 일도 일어난 적이 없다고요.

절에 가면 팔상도(八相圖)가 있습니다. 또 큰 절에 가면 팔상전(八相殿)이라고 있지요. 여덟 개의 장면을 그려 놨습니다. 석가모니가 태어나기 전 도솔천에 있을 때부터 시작해서 그 다음에 엄마 옆구리로 태어나고, 출가를 하고, 깨닫고, 중생을 제도하고, 나중에 죽어 다비를 하고 이런 것이 모두 그려져 있죠. 이렇게 여덟 가지 생로병사의 모습을 그려 놓고 있는데, 설명은 어떻게 되어 있는 줄 압니까? "엄마 뱃속에 들어가기 전 도솔천에 있을 때, 이미 중생 제도는 다 끝났다." 이렇게 되어 있어요. 그러니까 온갖 일이 일어나도 아무 일 없어, 원래 이 일 하나뿐이에요. 원래 태어난 적도 없고, 죽는 것도 아니고, 미혹한 적도 없고, 깨닫는 것도 아니에요. 그냥 이 하나의 일뿐이라니까요.

그냥 (법상을 두드리며) 이 일 하나뿐입니다. 이것만 명백하면 항상 분명해서 반야는 불꽃과 같다고 하는 거예요. 늘 꺼지지 않는 불꽃, 항상 분명하고 명백해서 온 우주를 다 비추고 있는 불꽃이다, 그런 말로 표현하는 것인데, 하여튼 지금 이 일입니다. 이 일 하나! 표현을 가지고 생각할 것은 아니고, 생각하든 보든 느끼든 알든 그냥 이 한 개의 일뿐이다 이 말이에요. (법상을 두드리며) 이 한 개 일뿐! (법상을 두드리며) 이 하나의 일뿐입니다. (법상을 두드리며) 이것이 딱 명백해져 버리면 그저 만법이 다 이 일이지, 다른 일이 뭐가 있습니까?

그러니까 이것을 말로써 표현하는 것은 전부 방편의 말입니다. 그냥 그림으로 그려 놓고 있는 것일 뿐이죠. 그러나 이것 하나는 원래 그림이 되는 것이 아니고, 그냥 늘 명백한 것이죠. (법상을 두드리며) 이것 하나는 늘 분명하고 명백해서 어떤 그림이 되는 게 아니에요. 그래서 (법상을 두드리며) 이것은 우리가 모를 때는 "아, 저것이 뭔가?"라고 하지만, "저것이 뭔가?" 하는 것이 바로 이 일이라고요. 이 일인데 자기가 자기 생각에 속기 때문에 중생이 전도됐다고 하는 겁니다. 자기가 자기 느낌이나 자기 생각에 속아 버리기 때문에요.

물속에 있으면서 물을 묻고 있고, 머리를 가지고 있으면서 머리를 찾게 된다는 말이에요. 그냥 (법상을 두드리며) 이것입니다. 누구든지 딱 이 일 하나뿐이거든요. 언제든지 항상 그냥 이거잖아요. 항상 이 일 하나뿐이고 이 자리인데, 보는 것, 듣는 것, 말하는 것이 전부 (법상을 두드리며) 이 하나의 일이라. 어떻게 하더라도, 무슨 일이 일어나더라도, 아무 일이 없더라도, 언제든지 그냥 이 한 개 일인 거죠.

언제나 (법상을 두드리며) 이것! 보고 듣고 느끼고 알고 생활하고 움직이고, 당장에 그냥 이것뿐이란 말이죠. (법상을 두드리며) 이 자리에 있으면서, 물속에서 물을 생각하지 말고, 머리를 달고 머리를 생각하지 말아요. 생각하면 망상이 일어나 버려요. 그냥 물속에 있으면 물속에서 헤엄치고 마시고 살아가는 것이고, 우리가 그냥 하는 일마다 그대로 이거잖아요. 하여튼 이 하나가 분명한 것이거든요. 언제든지 이 일 하나뿐인 겁니다. 언제나 (법상을 두드리며) 이 일. 언제나 이 일 하나!

38
스승을 찾아 도를 묻는다

강과 바다를 지나고 산과 개울을 건너서
스승을 찾아 도를 물음은 참선 때문이다.

遊江海涉山川
尋師訪道爲參禪

　"참선 때문이다"라고 했는데 참선이니 스승이니 도니 이런 말들
은 다 방편의 말이고, 진실은 우리가 지금 보고 듣고 말하는 바로
이 자리입니다. 여기에는 이름을 말할 것도 없고, 생각할 것도 없고,
그냥 바로 뭘 하든지 이 자리를 벗어나질 않죠. 이것은 우리가 뭘
아는 것이 아닙니다. '안다, 모른다' 하는 그런 것을 떠나 여기에 한
번 확인이 되면 본래 알든 모르든 그냥 언제든지 이 자리죠. 이 자
리라고 하는 것도 말을 하려니까 어쩔 수 없이 말하는 것이지, 자기
가 정말 이 자리에 통하면 '이 자리다'라는 생각을 하는 것은 아닙
니다. 그냥 언제든지 막힘이 없고 걸림이 없는 것을 소위 '장애가
없다'고 하는 것인데, 장애가 없고 항상 똑같아요.
　그래서 "무슨 일이 있든지 아무 일이 없다"고 얘기할 수 있는데,
지금 여기 들어오는 관문을 제시해 드리고 있는 것입니다. 바로 지

금 이거다, 이거다, 이러면 이것이 막연한데, 이것은 막연해야 되는 겁니다. 왜냐하면 분별하고 헤아리면 이것이 아니기 때문이고, 통하죠 면 분명하고 명백해지죠. 통하기 전에는 막연하지만 통하고 나서는 그냥 이것뿐이죠. 그렇기 때문에 우리가 '이거구나' 하고 뭘 알고 있거나 잡고 있는 것은 아니고, 그냥 통해 버리면 "원래 모든 일이 다 이 자리에서 일어나는 일이다." 이렇게 얘기할 수 있습니다. 그 냥 이 일 하나뿐인 겁니다. 이것이 한번 확인되면 온갖 일이 다 쉬 어져서 할 일이 없어져 버립니다.

만사가 다 쉬어지고 할 일이 없어져서 공부할 것도 없어요. 그야 말로 완전히 쉬어져 버리는 자리이기 때문에 이것을 열반이라고 하 는 겁니다. 이것이 좋다는 건 뭐냐 하면, 완전히 쉬어져서 아무 할 일이 없으니까 제일 좋은 거죠. 뭔가 할 일이 남아 있어서 계속 공 부라는 것을 해야 될 것 같으면, 이게 좋은 것이 아니죠. 그것은 끊 임없이 어떤 뭔가 부담을 주니까요. 그러나 (법상을 두드리며) 이 법이 라는 것이 한번 탁 통해 버리면 부담이 싹 없어져 버리거든요. 아무 할 일이 없으니까요.

그래서 언제든지 이 자리에서 벗어나지만 않으면 저절로 온갖 망 상번뇌가 다 적멸해 버리고, 삼라만상이 눈앞에 있어도 아무 일이 없는 그런 자리입니다. 표현은 그렇게 할 수 있지만, 결국은 '바로 지금 이것!' 이 자리일 뿐이에요. 누구든지 자기 자리를 가지고 있 고 자기 자리에 있는 겁니다. 이것을 확인 못해서 그렇지 누구든지 자기의 '일 없는 자리'가 있고, 일 없는 자리에 본래 있는 것이죠.

그런데 자꾸 무슨 일을 찾아다니는 것이 버릇이 돼서 '이것을 해 볼까? 저것을 해 볼까?', '이것인가? 저것인가?' 하고 있지만 뭘 분별하는 것도 이 일이고, 뭘 이렇게 하고 저렇게 하는 것도 다 이 일이죠.

분별하는 것은 "물결만 보고 물을 보지 못한다" 하는 그런 입장입니다. 그래서 물결이 아니라 물을 확인해 버리면 할 일이 없어져 버립니다. 언제든지 늘 이 자리고 이것뿐이니까 하루 스물네 시간이 그냥 아무 일이 없습니다. 뭘 하든지 무슨 일을 하든지 항상 똑같거든요. 똑같다는 것은 똑같은 일이 있다는 것이 아니고, 그냥 아무 일이 없는 겁니다. 그래서 여기에 통한 사람을 "일 없는 사람이다"라고 했죠. 옛날부터 임제 스님이 그런 말을 많이 했습니다. "일이 없는 사람이다." 할 일이 없다 이거예요. 하여튼 이 자리입니다. 이것에 분별할 수 있는 뭔가가 있어서 보여 줄 수 있으면 참 쉬운데, 문제는 그런 것이 없으니까요. 모든 사람이 각자 자기 자리에 있는데 스스로 확인 못하고 있는 것이지, 이것은 남이 보여 줄 수 있는 것은 아닙니다.

그러니까 바로 이 자리고 이것이다…… 누구든지 지금 있는 자리가 이 자리일 뿐이에요. 이것을 생각으로 이해하면 안 돼요. 이런 말을 듣다가 한번 여기서 '통 밑이 빠진다'고 하듯이, 즉시 모든 생각이 확 스러져 버리면 저절로 이것뿐이거든요. 모든 생각이 확 스러져 버리면 원래 이 자리예요. 무슨 일을 하더라도 아무 일이 없는 것이거든요. 그러니까 모든 생각이 확 스러져 버리는 것을 '통 밑이 빠진다'고 하는 겁니다. 온갖 분별을 가지고 생각하는 이런 것들이 확 스러져 버리면 이 자리일 뿐이지, 그러면 그 다음부터는 무슨 일을 하더라도 아무 일이 없습니다. 그래서 "삶과 죽음이 여기서 끝나는 자리다"라고 하는 거죠.

이것이 참선(參禪)입니다. 참선이라면 흔히 좌선을 자꾸 말하는데 그것은 전혀 엉뚱한 소리입니다. 참선이라는 것은 '선을 행하다'라는 말입니다. 바로 이 자리를 가리키는 게 선이거든요. 선을 행한다는 건 이 자리에 한번 통해서 일이 없어져 버리고 언제든지 항상 이 자리에 있는 겁니다. 말이라는 것은 완벽할 수 없습니다. 그러나 법을 표현하기 위해 방편이라는 말을 할 수밖에 없죠. 그러나 이것은 말로써 표현할 수 있는 것이 아닙니다. 그렇기 때문에 말을 하더라도 말 너머를 봐야 합니다. 제가 "바로 이 자리입니다"라고 할 때는 이 말이 아니라 제가 분명히 표현하고자 하고 전달하고자 하는 바가 있거든요. 그것에 통해야 되는 것이지, 사실 말은 별것이 아니죠.

그러니까 '바로 이 자리'입니다. 이것뿐입니다. 뭘 하든지 단지 이것 하나뿐이지 다른 일은 없습니다. 언제나 누구든지 자기 자리에 있습니다. 날 때부터 죽을 때까지 여기서 한 발짝도 벗어나질 않습니다. 제가 이 자리가 이렇게 분명하니까 이렇게 말씀드리는 거예요. 분명하다는 말이 좀 우습지만, 왜? 이것은 너무나 당연한 것이기 때문에요. 뭔가가 분명하다고 하면, 우리는 보통 '보고 듣는 것'이라고 생각할 수 있는데 그런 뜻은 아닙니다. 그냥 변함이 없는 자리, 남이 없는 자리다, 이 말입니다. 누구든지 변함없이 너무 당연하게 이 자리에 있습니다. 이 일을 한 번만 확인해 보면 누구든지 변함없이 당연하게 애초부터 한결같이 이 자리에 있습니다. 그래서 이 자리를 고요한 자리다, 적정하다, 적멸, 이렇게 표현하기도 하는데, '고요할 적(寂)' 자를 씁니다. 이 자리에 있으면 아무 일이 없으니까 이 자리를 고요하다고 표현하는 거죠.

하여튼 지금 이 자리이고 이 일이니까 여기서 한번 정말 땅 밑이 딱 꺼져 버리듯이 모든 것이 놓여 버리면 그냥 이것뿐입니다. 그 다음부터는 뭘 하든지 항상 똑같습니다. 이렇게 완전히 한번 다 쉬어져 버려서 그야말로 허공처럼 아무것도 걸릴 것이 없어야 비로소 우리가 불법에 들어왔다고 할 수 있는 겁니다. 그러니까 하여튼 이것뿐이에요. 공부는 지금 바로 이것, (법상을 두드리며) 바로 이 자리, 지금 이것뿐이라. 바로 이 자리고 이것뿐이니까 이것만 한번 통해 버리면 몸도 마음도 실체가 없습니다. 허망하기도 하고 만법이 그만 실체가 없습니다. 그냥 아무것도 없는 텅 빈 것 같은 이 하나가 진실하다는 말이죠. 어쨌든 지금 이 자리고, 이 일입니다. 여기에 (법상을 두드리며) 한번 통해야 되는 겁니다.

39
조계의 길을 알고 나서는

조계의 길을 알고 나서부터는
삶과 죽음에 상관없음을 분명히 알았다.

自從認得曹溪路
了知生死不相關

조계의 길…… 조계(曹溪)는 육조 혜능이 설법했던 보림사라는 절이 있는 곳의 지명입니다. 조계라는 마을에 있는 보림사라는 절에서 설법을 했기 때문에 '조계'라고 하면 육조 스님의 법을 뜻하죠. 그런데 육조 스님은 공부를 한 적이 없잖아요. 그냥 나무 해서 팔러 갔다가 《금강경》 한 구절 듣고 생각이 놓였다고 하죠. 오조를 찾아 갔더니 "8개월 동안 방아를 찧어라" 해서 방아를 찧다가, 한밤중에 방으로 불려 갔고 오조 스님이 다시 《금강경》을 설법했어요. 거기서 한 번 더 확실하게 자기 자리를 확인한 것뿐입니다. 그 다음에 절을 나와서 15년을 숨어 살면서 보임(保任)을 했어요. 이 자리에 익숙해졌다는 말이죠. 15년 뒤 밖에 나와서 설법을 시작했는데 그것뿐이에요.

그러니까 말 한마디 듣고서 한번 통 밑이 싹 빠져 버리고 이 자리가 나왔던 겁니다. 육조 스님이 오조 스님의 《금강경》 강의를 듣고 한 번 더 이것을 확인했을 때 한 말이 있죠. "원래 이 자리를 모든 사람이 가지고 있는 줄 어떻게 상상이나 했겠습니까? 원래 이렇게 완전한 줄 어떻게 생각했겠습니까?" 이런 얘기를 합니다. 원래 우리가 다 이 자리에 있고 이 일 하나뿐입니다. 자꾸 생각에 사로잡혀서 그 속에서 왔다 갔다 하니까 마치 나뭇잎이 물결 위에서 물결 따라 흔들흔들 하듯이, 밑에 있는 깊은 물은 꼼짝도 안 하고 고요하게 항상 그대로 있다는 것을 모르는 겁니다. 그러니까 "반드시 한번 생각에서 벗어나야 된다"라고 얘기하는 거죠.

그래서 이 자리가 문득 나타나면 언제든지 그냥 아무 일이 없습니다. 고요한 자리가 따로 있는 것이 아닙니다. 그냥 바로 이 자리고 이 일 하나뿐입니다. 하여튼 한 번만 통해 버리면 원래 아무 일이 없는 겁니다. 우리가 만법을 얘기하자면 만법 그대로 원래 완전해서, 취하고 버리고 할 일이 없습니다. 그런데 이게 참 잘 안 됩니다. "있는 그대로 완전하다" 이런 말을 하는 사람들이 있는데, 사실 알고 보면 굉장히 어려운 말입니다. 그것이 잘 안 됩니다. 하여튼 이 법에 확실하게 계합되어야 그 다음에 뭘 하든지 삼라만상 그대로가 전부 이 법이어서 따로 법이 있는 것이 아니죠. 사물사물이, 보고, 듣고, 느끼고, 아는 그대로가 전부 이 한 개 법이고 이 자리지, 따로 있는 것이 아니거든요.

조계의 길을 알고 나서부터는

삶과 죽음에 상관이 없음을 분명히 알았다.

그렇죠. 삶이니 죽음이니 하는 그런 생각이 안 나죠. 삶이다, 죽음
이다, 어떻게 살아야 할까? 죽음 뒤에는 어떻게 될까? 어떻게 죽음
을 대비해야 될까?…… 그런 생각 자체가 안 일어납니다. 왜냐하면
법은 그냥 언제든지 과거, 현재, 미래가 없이 지금 당장 이것뿐이니
까요. 언제든지 단지 이 자리뿐이고 이 일 하나뿐이니까, 여기에는
삶이다, 죽음이다, 과거, 현재, 미래, 이런 것이 없고, 그냥 항상 여기
서 지금 이렇게 생생하고 새록새록한 이것뿐이고, 그런저런 생각이
안 일어납니다.

언제든지 눈앞에 있는 이것이 전부고 이것 하나뿐인 것이지, '어
떻게 살아야 할까?' 그런 미래에 대한 생각, 과거에 대한 생각, 이런
생각이 일어나질 않습니다. 미래를 생각하고 과거를 생각할 수 있
겠지만, 그런 것이 걱정거리가 되지 않고 별로 상관이 없죠. 지금 (법
상을 두드리며) 이것이 전부이기 때문에 '이게 죽음이냐, 삶이냐?' 그
러니까 죽음이라 해도 별 감흥이 일어나질 않고 삶이라 해도 별로
특별한 게 아무것도 없습니다.

사람들은 보통 삶에 집착하고 죽음을 두려워하는데, 하여튼 지금
이 일이 (법상을 두드리며) 명백하게 되면 그런 감정들은 거의 없어져
버립니다. 그런 감정들은 일어나지 않아요. 이름이 삶이지, 삶이 있
는 것이 아니라 (법상을 두드리며) 지금 이 일이거든요. 죽음이라 해도
이름이 죽음이지, 죽음이 있는 게 아니라 그냥 이 일이고 이것뿐이

라고요. 이것뿐이니까 항상 늘 이것뿐인 거죠. 그래서 '여여하다'고 말하는 거죠. 항상 이것뿐인 것이지, 여기서 삶이 어떻고 죽음이 어떻고 하는 생각은 안 일어납니다. 그러니까 이 법이 참 묘한 겁니다.

"삶과 죽음에 상관하지 않는다"고 말하는데, '삶이냐, 죽음이냐?' 이런 데 상관하지 않게 된다. 왜냐? 진실을 딱 보면 (법상을 두드리며) 지금 이것뿐이잖아요? 이것이 100퍼센트 전부거든요. 이 일 하나만 밝고 분명하면 언제든지 이것뿐인 거죠. 우리가 여기에 초점이 맞지 않으니까 삶이 어떻고 죽음이 어떻고 그런 얘기를 하는 것이지, 이것이 분명하면 그냥 항상 아무 의심도, 걱정도, 할 일도 없고 똑같습니다. 이것이 묘한 것이지요. 오로지 자기 스스로 이 일 하나만 분명하면 되는 겁니다. '삶이 없고 죽음이 없다'는 얘기가 아니라, 삶이든 죽음이든 상관이 되질 않아요. 장애가 되지 않고 번뇌가 되지 않는다고요. 언제든지 그냥 이 일 하나뿐이기 때문이에요.

언제든지 이것뿐이고 어디를 가든지 단지 이 법 하나뿐이죠. 온 천지에 이것 하나가 진실하고, 이것 하나가 온 천지에 생생하게 살아 있는 것이고, 이 일 하나가 오직 진실한 겁니다. 하여튼 이것만 확실해지면 아무 일이 없습니다. 황벽 스님 말처럼 오직 이 일 하나가 진실할 뿐 그 나머지는 전부 헛것입니다. 이 말이 딱 맞거든요. 오직 이 일 하나가 진실할 뿐, 그 나머지는 다 허망하다, 하나도 돌아볼 것이 없고 미련을 가질 것이 없다 이겁니다. 그냥 이것뿐이거든요.

그래서 (법상을 두드리며) 이것이 확실해야 하는 겁니다. 공부라는 게 아무 다른 것이 없어요. 이것이 확실해지면 그냥 이것뿐이지, 그 다음에 도니 마음이니 법이니 깨달음이니 그런 것이 있는 것이 아니에요. 그냥 언제든지 단지 이 일 하나뿐인 거죠. 언제든지 그냥 이 것뿐이고 다른 일이 없는 거예요. (법상을 두드리며) 이것 하나를 가리켜 드리는 것이고, 이게 분명해지면 되는 겁니다. (법상을 두드리며) 이게 분명해지면 누구든지 이것뿐이고, 누구든지 하루 스물네 시간이 항상 똑같습니다.

40
언제나 선이다

다녀도 선이요, 앉아도 선이니
말과 침묵과 움직임과 멈춤에 본바탕이 편안하다.

行亦禪坐亦禪
語默動靜體安然

행주좌와어묵동정(行住坐臥語默動靜), 왔다 갔다 해도 선(禪)이고, 가만히 앉아 있어도 선이고, 누워 있어도 선이고, 일어나도 선이고, (법상을 두드리며) 이 자리를 가리키는 것이거든요. 그러니까 좌선한다고 앉아 있는 것은 전혀 상관없는 일이고 언제든지 단지 지금 이 자리(법상을 두드리며)입니다. 이게 한번 분명해져서 이 자리가 명확해져 버리면 뭘 하든지 여기서 벗어나는 일이 없지요. 모두가 이 자리고 이 일이죠.

이것은 굉장히 엄밀하고 정직해야 되는데, 생각을 가지고 "이 자리" "이것" 이렇게 하면 안 됩니다. 그냥 모든 생각을 내려놓고 아무것도 없이 오직 진실로 뭐가 있는지 보면 그냥 이것뿐이에요. 그렇기 때문에 "이것이 분명하고 변함이 없다" 하는 것이거든요. 무슨 생각을 가지고 "이것이다" 하거나 무슨 이치나 도리를 이해하고서

"그래, 이런 이치구나"라고 하는데, 절대 그런 것이 아닙니다. 그냥 아무 생각 없이 그야말로 완전히 다 내려놓고 정말 진실로 뭐가 있는가를 보면 그냥 이것뿐인 겁니다. 그러니까 어딜 가든지 만법이 다만 이 일 하나뿐인 거죠. 그래서 이것을 확인하면, 그 다음부터는 자기가 생각을 일으켜서 자기를 속이지만 않으면 항상 이 자리, 이 일 하나뿐인 거죠.

우리가 결국 자기 생각에 속고 생각에 가로막혀서 여기에 통하지 못하는 것입니다. 그래서 대혜 스님이 "금강권(金剛拳)이 알고 보니까 자기 마음이더라"라고 한 게 참 의미심장한 말입니다. 금강권이란 뭐냐 하면 벗어날 수 없는 감옥이라는 말이거든요. "벗어날 수 없는 감옥이 깨닫고 보니까 바로 자기 마음이더라." 그 벗어날 수 없는 것을 벗어나려고 하는 그것이 망상이죠. 마음은 안팎이 없는데 자꾸 마음 밖으로 빠져나가려고 하니까 그게 참 희한한 일이죠. 그것이 망상입니다. 마음이라는 것도 하나의 이름이고 원래 이 일 하나거든요. 이름은 좋지 않습니다.

우리가 이름을 붙이면 꼭 그 이름에 해당되는 뭔가가 있다고 자기도 모르게 자꾸 그림을 그려서 분별하게 되죠. 그렇기 때문에 이름을 안 붙이는 것이 좋아요. 이것은 그렇게 분별되는 어떤 대상이 아니거든요. 마음이라는 말도 아주 안 좋은 말이에요. 왜냐하면 마음이라 하면 "그래, 이것이 마음이야" 하면서 우리는 마음이라는 뭔가가 있다고 자꾸 그림을 그리려고 하거든요. 그렇기 때문에 안 좋은 것이란 말입니다.

그래서 "도가 뭐냐?" 물으면 "잣나무다." 이게 좋은 것이지, "도는 우리 마음이다." 이건 안 좋은 겁니다. 그러면 괜히 우리가 자꾸 생각을 하게 되니까요. 그래서 "도가 뭡니까?" "이겁니다." 이게 좋은 것이지, "도가 뭡니까?" "마음이다." 이러면 그게 안 좋다는 거죠. 마음이라 하는 뭔가가 있는 것처럼 착각하니까요. 마음이라는 무엇이 있는 게 아닙니다. 그냥 이것뿐이에요. 이 일 하나뿐이라고요. (법상을 두드리며) 만 가지 일이 단지 이 한 개 일이죠. 마음이라는 뭔가가 있는 것이 아니라 만 가지가 그냥 (법상을 두드리며) 이 한 개 일이지요. 뭘 하든지 그냥 이 일이고 이 자리죠. 그래서 마음이 있는 것이 아니고 온 천지가 다만 이 일 하나뿐인 겁니다.

그래서 "다녀도 선이요, 앉아도 선이다." 다녀도 이 자리요, 앉아도 이 자리다. 다녀도 깨달음이요, 앉아도 깨달음이다. 다녀도 부처요, 앉아도 부처다. 다녀도 잣나무요, 앉아도 잣나무다. 다녀도 바로 이거요, 앉아도 (법상을 두드리며) 바로 이거다. 이렇게 해도 좋아요. 이것은 어차피 이름과는 상관없는 것이니까요. 어쨌든 지금 이 자리고 이 일뿐인 겁니다.

다녀도 선이요, 앉아도 선이니
말과 침묵과 움직임과 멈춤에 본바탕이 편안하다.

이것은 뭐냐? 말을 해도 이것이고, 침묵해도 이것이고, 움직여도 이것이고, 가만히 있어도 이것이다. 본바탕이 늘 변함없이 이 일 하나뿐인 거죠. 언제든지 이것 (법상을 두드리며) 하나뿐인 거죠. 그래서 어쨌든 이것만 한번 명백해져 버리면 언제든지 다른 일은 전혀 없는 겁니다. 어쨌든 우리가 이것 하나를 확인하는 것이고, 이 자리가 (법상을 두드리며) 명백하게 되어서 언제든지 전혀 다른 일이 없는 겁니다. 하여튼 지금 이것뿐인 것이지 다른 것은 없어요. 하루 스물네 시간이 단지 이것 하나뿐인 겁니다.

41
칼날과 마주해도

비록 칼날과 마주해도 언제나 담담하고,
가령 독약을 마셔도 한가롭고 여유롭다.

縱遇鋒刀常坦坦
假饒毒藥也閑閑

《육조단경》에도 그런 얘기 나오지요? "말 한마디 끝에 몰록 깨치면 전쟁터에 나가서 칼을 휘두르며 싸움을 하고 있어도 선정 삼매에서, 이 자리에서 벗어나질 않는다." 그런데 지금 이 자리는 자기가 의식을 해서는 그렇게 안 됩니다. "아, 이 자리구나" 하고 의식하게 되면, 평소에 편안하고 일 없을 때는 항상 이것을 의식하고 있을 수 있죠. 그래서 "이 자리" 하고 자기가 여기서 벗어나지 않습니다. 그러다가 갑자기 무슨 일이 확 벌어지면 의식이 혼비백산해서 정신이 없어져 버리고, 그러면 이 자리가 없어져 버리는 거죠.

그러니까 그렇게 의식적으로 "이 자리, 이 자리!" 하는 것은 공부가 제대로 되는 것이 아니란 말이죠, 공부가 그렇게 되면 안 되죠. 그냥 여기에 한번 '통 밑이 쑥 빠진다', '여기에 탁 통한다'라고 하는 것은 이 자리라는 것을 아는 것이 아니고, '이 자리, 저 자리' 하고 아는 그런 분별심이 없어져 버리는 것이거든요. '이 자리다, 저 자리다' 하는 그런 분별심 자체가 놓여 버리는 겁니다. 그러면 저절로 원래 이 자리입니다.

분별심이 놓였기 때문에 변함없는 자리가 항상 분명한 것이지, 분별을 해서 이 자리인 줄 알면 그게 변함이 없을 수가 없습니다. 알고 모르고를 떠나서 이 자리에 통했기 때문에 이 자리가 변함이 없는 것이지, 이 자리인 줄 알게 되면 그게 그렇게 변함이 없을 수가 없다고요. 갑자기 누가 뒤에서 고함을 한 번 질러도 놓쳐 버린다는 말이에요. 확 끄달려 가 버린다고요. "통 밑이 빠진다." 표현을 그렇게 하니까 참 묘한 말인데, 모든 분별과 알음알이, 경계, 머무는 자리, 이런 것이 싹 없어져 버린다는 말이에요. 다 놓여 버린다고요.

제가 옛날에 체험하고 얼마 안 됐을 때였는데, 교수들하고 대학원생들하고 엠티를 한 번 간 적이 있어요. 강가에 텐트 치고 잠을 자고 있는데, 함께 간 대학원생들 중에 어떤 선원에서 오래 공부를 해서 나름 한 소식했다는 사람이 있었죠. 참선을 하면서, 문자 공부도 좀 더 해 보겠다고 대학원에 들어온 사람인데, 보면 항상 차분했어요. 다른 사람하고 좀 달라 보여서 제 속으로도 공부를 잘하고 있나 보다고 생각했어요.

아무튼 그때, 자다가 새벽 4시쯤 화장실에 갔다 오는데, 반달이 뜬 모래밭 한가운데 사람이 앉아 있는 겁니다. 깜짝 놀라서 '누가 앉아 있나?' 하고 가 보니까 바로 그 사람이에요. 새벽에 혼자 앉아 좌선하고 있더라고요. '잠도 안 자고 저렇게 하고 있나?' 하고 저는 그냥 들어와서 잤어요. 나중에 물어보니까 자기는 그렇게 좌선을 매일 하는데 그래야 흔들림 없이 딱 안정이 된다고 하더라고요. 그래서 나는 좌선 안 해도 아무 흔들림이 없는데, 저 사람 저런 공부가 바른 길이 아니구나라고 알게 된 거죠. 좌선 안 하고 마음대로 코 골면서 자도 항상 이 자리고 아무 일이 없는데, 꿋꿋이 좌선을 해야 그게 안정이 되는가?

여기에 한번 확 뚫어져 버리면 원래 아무 일이 없습니다. 무슨 호흡 하는 사람들 보면 어디가 뚫어지고 어쩌고 그런 소리를 하는데 그것은 다 쓸데없는 소리입니다. 그냥 이 자리가 확보되면 원래 육체고 마음이고 하는 그 자체가 다 허깨비고, 그냥 언제든지 이 자리인데 뭐 뚫리고 말고 할 것이 없습니다. 하루 스물네 시간, 항상 이 자리에 있어서 벗어남이 없는 거죠. 자기가 망상분별을 해서 뭘 하려고 하면 오히려 안 맞는 것입니다. 그냥 일상생활에서 특별히 공부고 뭐고 없는 것이고, 일상생활을 하면 항상 이 자리인 거죠.

비록 칼날과 마주해도 언제나 담담하고…… 그러면 칼날이 다가와도 안 피하고 '찌르려면 찔러라' 하고 가만히 있느냐? 그런 것은 아닙니다. 칼날이 오면 피해야죠. '담담하다, 여유롭다' 하는 것은 칼날이 들어오더라도 거기에 혼비백산해서 정신이 없고 그렇지는 않다 이겁니다. 말하자면 항상 이 자리는 변함이 없다는 거죠. 그렇다고 일부러 몸을 망가뜨릴 필요는 없는 거죠.

하여튼 이 자리에 통하면 그런 변화가 있습니다. 이전 같으면 흥분될 일, 걱정될 일, 그런 일들이 이제 아무렇지도 않습니다. 그러니까 이런 얘기를 하는 거죠. 늘 아무렇지 않고, 어떤 일이 일어나도 그게 당연하게 여겨지고, 그냥 담담하게 다 받아들여지고, 이렇게 되는 것이고, 불안하고 그런 일은 없다는 말이죠.

가령 독약을 마셔도 한가롭고 여유롭다…… 하여튼 법 하나가 진실할 뿐이니까요. 칼에 맞고 독약을 마시고 하는 건 하나의 방편으로 극단적인 상황을 설정한 거죠. 어쨌든 이 자리만 분명하면 어떤 일이 있어도 아무 일이 없는 게 사실이거든요. 이렇든 저렇든 그냥 담담하고 여유로워서 그렇습니다. 우리가 이 공부를 하기 전에 보면 화가 나거나 겁이 나거나 불안하거나 하면 '마음 전체가 확 뒤집어진다'는 얘기를 하잖아요. 그런데 여기에 통하면 뒤집어질 '마음' 자체가 없어요. 말 그대로 허공입니다. 그냥 항상 아무 일이 없어요.

공(空)이라는 표현을 쓰는 이유는 여러 가지가 있습니다. 아무것도 없으니까 진짜 허공 같거든요. 그렇다고 해서 말을 못하는 것도 아니고, 생각을 못하는 것도 아니고, 느낌이 없는 것도 아니죠. 모든 것을 다 하는데, 허공처럼 확 뚫려서 아무것도 없으니까 공이라는 표현을 쓰는 거예요. 공이라는 표현을 쓰는 데는 여러 가지 이유가 있지만, 그 중의 하나가 그런 겁니다.

불교에서 공이라는 표현을 굉장히 많이 쓰죠? 그러니까 왜 공이라고 하는지, 확실하게 자기가 체험해야 됩니다. 잘못해서 '이것이

마음이다' 하고 마음이 항상 의식되고 늘 눈앞에 드러나 있다고 하
는 사람들은 공이라는 표현을 이해 못하는 겁니다. "분명히 있는데
왜 공이라고 하지?" 이렇게 되어 버리는 겁니다. 불교에서 공이라고
표현을 하는 데는 다 이유가 있습니다. 체험을 확실하게 해 봐야 불
교에서 왜 자꾸 공이라고 하는지 그런 말을 알 수 있는 거죠.

비록 칼날과 마주해도 언제나 담담하고,
가령 독약을 마셔도 한가롭고 여유롭다.

이 자리 (법상을 두드리며) 이것은 이렇게 생생하게 살아 있습니다.
물론 의식을 일으켜서 '바로 이 자리다', '살아 있다'라고 하지만,
살아 있으면서 또한 아무것도 없습니다. 그러니까 하여튼 여기에
통해서 이게 분명해지는 것밖에는 길이 없습니다. 지금 (법상을 두드
리며) 이 일 하나고 이 자리인데, 여기에 통해서 이것이 분명해지면
언제든지 이 일 하나뿐인 겁니다.

42
인욕선인

우리 스승 부처님께서는 연등불을 뵈옵고
무한한 세월 동안 인욕선인으로 지내셨다.

我師得見燃燈佛
多劫曾爲忍辱仙

연등불은 과거 7불 중에서 최초의 부처님입니다. 불교에서 '과거
7불'이라고 얘기하죠. 석가모니 부처님 이전에 일곱 분이 있었다
고 해서 과거 7불이라고 하는데, 그 중 최초불이 연등불이지요. 석
가모니의 전생담이라는 이야기 중에 나오는데, 당연히 이것도 하나
의 방편으로 만들었겠지요. 석가모니가 전생에 몇 겁에 걸쳐 여러
부처님을 스승으로 모시고 공부했는데, 연등불에게서 "너는 앞으로
부처가 될 것이다"라는 예언을 들었다고 하죠. 예언이라는 말을 안
쓰고 불교에서는 수기(受記)라고 합니다. 수기를 받았다고 말하죠.
연등불 당시에 석가모니는 바라문 청년이었는데, 이름이 선혜였어
요. 뭘 어떻게 해서 수기를 받았느냐 하면, 연등불이 길을 가는데 진
흙탕물이 있었고 석가모니는 거기에 자기 머리카락을 펼쳤답니다.
머리카락이 엄청나게 길었던 것 같습니다. 그렇게 연등부처님을 모

시자 그 믿음을 보고 연등불이 "너는 몇 겁이 지난 뒤에 부처가 될 것이다"라고 수기하셨다고 합니다. 이것이 방편이지요. 결국 공부하는 사람은 그만큼 이 불법에 대한 믿음을 가지고 있어야 한다는 가르침이죠.

또 '인욕선인'이라는 말도 나오지요. 인욕이라는 것은 욕됨을 참는다는 말입니다. 일반 세속 사람들이 수행자를 모욕하고 함부로 대해서 그런 고생을 많이 한다, 박해를 받는다고 할 수 있죠. 인욕선인은 그런 것을 참으면서 끝까지 공부해 모든 것을 벗어나서 부처가 됐다는 그런 얘기들입니다. 결국 과거 이야기라기보다는 공부하는 사람에게 '꾹 참고 공부만 열심히 해라' 또는 '이 불법을 믿고 어떤 어려운 일이 있어도 참고 끝까지 공부해라' 하는 교훈을 주기 위해 이런 얘기를 만들었겠지요. 공부하는 사람들한테는 당연히 이런 것이 필요합니다. '어떤 어려운 일이 있어도 꾹 참고 불법의 바른 법을 확실하게 얻기 위해 끝까지 공부를 하겠다' 하는 그런 자세로 하는 건 필요하죠.

그래서 불법을 공부하는 사람과, 일반적인 마음공부를 하는 사람은 아마 이런 점에서 차이가 좀 있지 싶어요. 일반적으로 마음공부하는 사람들은 자기가 뭘 하나 얻으면 그것에 만족하고, 자기가 얻은 것을 가지고 모든 것을 거기에서 평가하고 판단하죠. 그러니 아무래도 공부의 깊이가 깊을 수 없죠. 우리 불법이 좋은 건 2,500년이라는 세월 동안 수많은 뛰어난 공부꾼들이 많은 깨달음을 얻어서 그 기록들을 남겨 놓고 있다는 겁니다. 그런 기록이 공부하는 데 굉장히 큰 자극이 되고 도움이 되는 거죠. 우리 불교는 경전과 선사들의 어록이 있다는 이 자체가 굉장히 중요해요.

한 사람의 능력이라는 것은 아무래도 한계가 있잖아요. 그런데 이 방면에 능력이 있는 사람, 저 방면에 능력이 있는 사람, 다양한 사람들이 공부를 했기 때문에, 자기 공부의 한계를 뛰어넘는 사람들의 그런 얘기를 들으면 자기 공부에 자극이 됩니다. 이처럼 불법을 만난다는 것은 큰 이득인 겁니다. 가르침이 많이 있다는 게 말이죠. 물론 결국 그 모든 가르침을 확인하고 실현하는 것은 자기 스스로죠. 자기 자신이 확인하고 실현하는 것이지만, 이전의 가르침을 보고 듣고 해서 자극받으면 아무래도 공부의 폭이 넓어지고 깊이가 깊어지고 좀 더 확실하게 되는 거죠.

그러니까 우리가 불법을 만난 것이 굉장히 큰 행운입니다. 제가 주변에서 보면, 체험을 했더라도 경전이나 어록을 보는 안목이 없어서 자기만의 테두리 안에 딱 머물러 있는 경우를 종종 봅니다. 그러니까 우물 속 개구리죠. 비록 체험이 있더라도 자기 체험의 테두리 안에서 벗어나지 못하는 경우들을 많이 보거든요. 그것이 우물 속 개구리죠. 경전이나 조사들의 어록을 보면 안목이 생기거든요. 그런 것을 통해서 공부가 더 나아갈 수 있고, 공부가 더 깔끔해질 수 있습니다. 그러니까 '불조(佛祖)'라고 그러죠. 부처님과 조사의 가르침을 접할 수 있다는 것이 공부하는 사람에게는 사실 엄청난 행운입니다. 물론 그런 모든 가르침의 진실은 우리 각자 스스로의 (법상을 두드리며) 자기 자리에 있는 겁니다.

공부하는 사람이 이런 조사들이나 부처님의 도움을 받으려면 자기 판단을 성급하게 하지 말아야 합니다. 항상 모든 것을 열어 놓고, 그 어떤 판단이나 분별이나 견해도 내려놓고, 말하자면 항상 "더욱 진실한 것이 뭔가?" 하고 자기가 그것을 받아들일 수 있는 자세가 되어 있어야 합니다. '이거다' 하고 자기가 판단해서 그것에 집착하고 거기에 딱 머물러 버리면 그 다음부터는 공부에 진전이 없습니다. 그러니까 어떤 것도 갖고 있으면 안 되죠. 제가 항상 "무장해제 하십시오" 하는데, 완전히 벌거벗은 사람처럼, '내 법이다' '내 깨달음이다' 이런 것 없이 완전히 놓아서 벗어 버리고, 그야말로 항상 초심자의 마음가짐으로 항상 그래야 됩니다.

'내가 법을 알고 있다' 고 생각하면 절대 안 됩니다. 그러면 그 다음에는 공부에 발전이 없습니다. 공부하는 사람은 항상 "나는 아는 것도 없고 가진 것도 없고 오직 진실만을 원할 뿐이다"라는 자세로 해야 됩니다. 그래야 무한한 발전을 할 수 있습니다. 그러니까 어디 가서 '내가 법을 안다' 라는 생각이나 말을 하면 안 되죠. 그런 생각을 하는 것은 자기 발전을 위해서 좋지 않습니다. 그러니까 이것을 진실로 체험하면, 알고 모르고 할 것도 없고, 결국 아무것도 없습니다. 이 하나의 진실이고, 이것이 좀 더 확실하고 분명해지면, 사람이라 할 것도 없고, 자기라 할 것도 없고, 깨달음이라 할 것도 없고, 법이라 할 것도 없어요. 그냥 온 천지에 다만 이 하나의 진실, (법상을 두드리며) 그냥 이것뿐이거든요. 여기서 '뭘 안다' '깨달았다' 그런 말이 나올 수 없는 겁니다. 온 천지에 그냥 이 하나의 진실밖에 없는데, 여기서 '뭘 안다' '깨달았다' 그런 말이 나올 수가 없어요.

그러니까 바로 그런 면에서도 공(空)이라는 표현이 맞는 겁니다. 텅 비어서 아무것도 없는데, 여기서 뭘 내가 깨달았느니 아니니, 이 것이 법이니 마음이니 그렇게 얘기할 것이 없어요. 아무 일이 없으면서도 언제든지 지금 이것뿐이거든요. 보고, 듣고, 말하고, 느끼고, 전부 그냥 이 하나의 일이죠. 전부 이 일이고 그냥 언제든지 (법상을 두드리며) 이 자리 하나뿐이거든요. 모든 판단과 견해를 다 놓아 버리고 과연 유일한 진실이 뭔가를 받아들일 수 있는 열린 자세가 되면 결국 이것뿐이고, 나중에는 사람도 없고 법도 없고 마음도 없고 사물도 없고 만법이 똑같습니다. 그냥 (법상을 두드리며) 이 한 개의 일이고, 여기서 이런 말 하고 저런 말 하고 이러쿵저러쿵 모든 일이 다 있지만, 아무 일이 없는 겁니다. 오로지 그냥 이 일 하나뿐, 이것만 분명하면 그냥 멍청하게 아무 일 없이 시간을 보내더라도 늘 여법한 겁니다.

꼭 '이것이 법이다, 저것이 법이다' 라고 해야 되는 것은 아니에요. 늘 '나는 법을 알고 있다' 하고 깨어 있어야 되는 것이 아니라고요. '깨어 있으라' 는 건 진짜 피곤한 말이에요. 좀 자면 안 되나요? 이 자리(법상을 두드리며)에 완전히 통해서 다 놓아 버리고 이 자리에 있으면, 깨고 자고 할 것도 없이 항상 똑같아요. 뭐가 있어야 깨고 자고 하죠. 그냥 확 통해서 도니 법이니 할 게 아무것도 없으면, 그냥 항상 똑같은 자리예요. 늘 변함이 없어서 이 일 하나뿐입니다. 그런데 '이게 도다', '이게 법이다', '이것을 놓치지 말고 내가 붙잡고 깨어 있어야지' 이러면 염소 목에 고삐 매듯이 자기가 딱 매여 버리는 겁니다. 그것은 법이 아닙니다.

그러니까 (법상을 두드리며) "지금 이겁니다, 이 자리입니다" 하는 이것은 들어가는 하나의 문입니다. 확 들어와 버리면 그만 다른 것이 없어요. 그냥 아무 생각 없이 지내더라도 늘 똑같은 자리고 아무 일이 없는 겁니다. 변함없는 자리고 항상 여여해요. 항상 여여한 자리는 우리가 깨어 있고 정신 차리고 있고 노력해서 여여한 것이 아닙니다. 그냥 아무 생각 없이 지내도 항상 여여해요. 원래 아무것도 가지고 있는 것이 없기 때문에 그렇죠. 가지고 있는 것이 있으면 그것을 놓칠까 봐 늘 정신을 차리고 있어야 되겠지만, 가지고 있는 것이 원래 없기 때문에 놓칠 것도 없는 겁니다. 이것이 우리가 말하는 '통 밑이 빠진다'고 하는 겁니다. 그러면 언제든지 아무 일이 없어요. 아무것도 가지고 있는 것이 없으니까요.

하여튼 "한 물건도 가지고 있을 것이 없습니다" 하는 육조 스님의 그 말이 굉장히 중요한 말입니다. "본래 한 물건도 없다." 깨달았느니 부처니 진여니 본성이니 불성이니 하는 그런 것이 있는 것이 아닙니다. 본래 아무것도 없어요. "이것이 마음이다", "내 마음의 본성이다", "본래면목이다" 이런 것들은 모두 방편의 말이고, 진실한 그런 무엇은 없습니다. 아무것도 없기 때문에 온갖 일이 다 있어도 항상 여여할 수 있는 겁니다.

아까도 제가 비유를 들었듯이 항상 좌선을 하고 정신을 하나로 집중해서 흐트러짐 없이 있어야 하는 건 뭔가를 쥐고 있는 겁니다. 그러니까 잠도 못 자고 피곤하게 살죠. 원래 아무것도 가지고 있는 것이 없으면 자나 깨나 똑같아요. 그게 바로 '오매일여'라고 하는 거예요. 오매일여를 '뭔가를 가지고서 자나 깨나 놓치지 않고 있는 것'으로 착각하고 있으니까 안 되는 겁니다. 아무것도 없으니까 자나 깨나 항상 똑같죠. 그러니까 그것을 사람들이 오해하는 거예요. 마음이라고 할 것이 없고 법이라고 할 것이 없기 때문에 자나 깨나 똑같은 겁니다. 그러기 때문에 공이라는 표현을 쓰는 것이고. 그냥 언제든지 아무 일이 없고 이 자리입니다.

하여튼 뭔가를 눈곱만큼이라도 가지고 있으면 안 되는 겁니다. (법상을 두드리며) 원래 아무 일이 없고 단지 이 한 개 일일 뿐입니다. 한 개 일이라는 것이 뭐냐? 늘 똑같다 이겁니다. '있다, 없다' 하는 것도 방편의 말인데, 자꾸 뭘 '있다'고 하면서 가지고 있으려고 하니까 '없다'는 표현을 쓰는 거죠. 사실 이것은 '있다, 없다'는 말로써 표현할 수는 없죠. 그런데 우리가 자꾸 '이것이 마음이다', '깨달음이다', '불성이다' 하고 그런 것을 가지고 있으려고 하니까 '그런 것은 없다'라고 말하는 거죠. 어차피 다 방편의 말입니다. 이것 자체는 사실 말할 수 있는 것이 아니죠. 있다고 할 수도 없고, 없다고 할 수도 없습니다. 항상 똑같은 거죠.

하도 우리가 뭘 '있다'고 많이들 집착하니까 자꾸 '없다'는 말을 하는 것이거든요. 이것 자체는 사실 '있다, 없다' 그런 말에 포함되

는 것이 아닙니다. '있다' 는 말이 여기서 나오기 때문에 이것이 있
다고 하지만 있는 것이 아니고, '없다' 는 말이 여기서 나오기 때문
에 없다고 하지만 없는 것이 아니지요. (법상을 두드리며) 이 자리예요,
이 자리!

43
정처 없이 떠도는구나

몇 번이나 태어나고 몇 번이나 죽었던가?
삶과 죽음에 정처 없이 떠돌며 그침이 없네.

幾回生幾回死
生死悠悠無定止

　　몇 번이나 태어나고 몇 번이나 죽었던가?…… 우리가 생각해 보
면 태어나고 죽음이 있죠. 헤아리고 분별하면 태어남이 있고 죽음
이 있어요. 그런데 "태어난다, 죽는다" 하는 이것의 실상이라고 해
도 좋고, "태어난다, 죽는다" 하는 말의 실상, 근원을 보게 되면 태어
난다 하든 죽는다 하든, 근원을 본다고 하든, 바로 지금 이 자리이고
이 일입니다. 이 자리이고 이 일 하나거든요. 여기서 태어남을 말하
고 죽음을 생각하고 근원을 얘기하기도 하지만, 곧장 바로 이 자리
로 돌아오면 누구나 그냥 변함없이 이 자리예요. 언제든지 이 일뿐
인데, 여기서 '삶이다, 죽음이다' 이런저런 생각을 하죠. 우리 공부
라고 하는 건 사실상 여기서 태어남과 죽음을 보기도 하고, 태어남
과 죽음을 보면서도 태어남과 죽음이 없는 겁니다. 그러니까 언제
든지 세속이기도 하고 출세간이기도 하고, 분별이기도 하고 분별이

떠난 자리이기도 하고, 항상 모든 것이 똑같은 자리에 있습니다.

우리는 늘 같은 자리에 있으면서 세속에 있느냐 출세간에 있느냐, 또는 분별 속에 있느냐 분별을 벗어나 있느냐 하지만, 이건 같은 자리입니다. 별도의 자리가 있는 게 아니고, 항상 언제나 같은 삶을 살고 같은 세계에 있고 같은 자리에 있으면서도, 어떤 사람은 항상 분별 속에서 헤매는 것이고 어떤 사람은 변함없이 늘 아무 일이 없는 것이죠. 그것이 공부거든요. 그러니까 사람이 달라지는 것도 아니고 세계가 달라지는 것이 아닌데도, 같은 자리에 있으면서 어떤 사람은 늘 차별세계 속에서 뭔가 이리저리 찾아 헤매고 있고, 어떤 사람은 언제든지 그냥 바로 이 자리에 있어요. 그냥 온갖 일이, 사물 사물이 전혀 다른 일이 없어요. 만법이 그저 항상 이 일 하나를 드러내고 있고 늘 이 자리예요.

우리가 이것을 한번 확인했으면 항상 이 자리에 있죠. 근데 이 자리를 확인했다 하면서도 다시 생각에 속아 가지고, 삶이 어떻고 죽음이 어떻고, 태어날 때는 어디서 오고 죽을 때는 어디로 가는가, 이렇게 생각에 사로잡혀 버리면 일 없는 자리에서 자기가 오히려 일을 만들어서 시끄럽게 되어 버리는 겁니다. 그러니까 어쨌든 (법상을 두드리며) 이거거든요. 일 없는 자리라고요. 이름을 붙일 필요는 없지만 방편으로 그런저런 말을 하는 것이니까요. 그래서 일 없는 자리니 뭐니 하는 것도 치워 버리고, 그냥 바로 이 자리, (법상을 두드리며) 하여튼 이것만 확실하게 딱 확인이 되면 그냥 언제든지 항상 이것밖에 없어요. 늘 이 자리입니다. 그래서 (법상을 두드리며) 우리가 다른 생각 하지 않고 그냥 이것만 항상 분명하고 늘 이 자리에 있으면, 생각을 해도 생각이 따로 없고, 생각 자체가 바로 이 자리이거든요. 그래서 이런 생각을 하든 저런 생각을 하든, 이런 생각이 바로 이 자리고, 저런 생각이 바로 이 일이에요. 그러니까 언제든지 이 일 하나뿐이에요.

그래서 평소 생활하는 데서 온갖 시끄러운 생활을 하더라도 늘 이 자리이고 늘 이 일 하나뿐이란 말이죠. 언제든지 (법상을 두드리며) 이 자리, 언제나 이 일 하나뿐이면 그냥 아무 일이 없고 항상 똑같아요. 그래서 이건 이리저리 돌아볼 것도 없고 헤아릴 것도 없고 따질 것도 없고 바로 (법상을 두드리며) 지금 이 일, 바로 이 자리에서 확 밝아져 버리면 이 자리라는 것은 생각할 필요가 없죠. 왜냐? 전체적으로 온 우주가 통째로 남김없이 딱 그냥 이 일이고 이 자리니까요.

그러니까 항상 이것 하나만 늘 명명백백하죠. 그러니 만법이 24시간 지내 봐야 늘 하나일 뿐이어서 늘 똑같고, 언제든지 이것뿐이니까 할 일이 없는 거죠. 늘 분명하고요. 그러니까 공부는 하여튼 이 자리가 한 번만 확인되면 돼요. 그다음은 계속해서 이것만 확인해 버리면 아무 일이 없는 거거든요. 아주 간단하고 아주 단순한 것입니다. 단순하다는 말도 못하죠. 왜냐? 그냥 이거니까. 그냥 "단순하다, 복잡하다" 하는 것 자체가 바로 이거니까요. "단순하다" 하는 게 바로 이거죠. "복잡하다" 하는 게 바로 이거죠. 언제든지 무슨 생각을 하든, 이런 생각 저런 생각이 그냥 이거고 뭘 하든지 이 일 하나뿐이죠. 어쨌든 이것뿐이라. (법상을 두드리며) 그러니까 할 말이 없어요. 무슨 말을 하든지 어떻게 하든지 이 일이고 이것 하나뿐이니까. 그래서 (법상을 두드리며) 이것만 한번 딱 분명해지면 이런 생각 저런 생각, 이런 말 저런 말, 이런 말이 이거고, 저런 말이 이거고, "안녕하세요?"가 이거고, "몇 시 몇 분입니다" "밥 먹었습니까?" "어떻게 지냅니까?" "누구는 어떻습니까?" 그냥 전부가 이 한 개 일일 뿐이고, 전부가 이 자리고 이 일뿐이거든요.

그러니까 우리가 꽃을 보면 꽃이 설법을 해요. 꽃이 이것을 드러내고 이 자리이니까요. 운전을 하면 운전하는 이 자체가 바로 이거거든요. 이것을 딱 드러내요. 밥을 먹으면 밥 먹는 것, 숟가락질하는 자체가 이거거든요. 차를 마시면 차를 후루룩 하고 마시는 게 바로 이거거든요. 그러니까 무엇 하나도 여기서 벗어나는 것이 없어요. 전부가 이거니까. 그야말로 부처님한테서 벗어날 수 없는 것이죠. "어딜 가든지 만나는 것이 부처님밖에 없다." 그렇게 얘기할 수 있는 것이거든요. 이걸 일러서 부처님이라고 이름을 붙이니까요. 하여튼 이게 한번 딱 분명해지는 것이지 딴 게 없습니다. 여기 딱 통해버리면, 오만 가지 일이 있는데 아무 일이 없으니까 이것이 참 묘한 법이죠.

그러니까 (법상을 두드리며) 이겁니다. 이것 하나뿐입니다. "몇 번이나 태어나고 몇 번이나 죽었던가?" 말은 그냥 "태어났구나, 백일이 되었구나, 돌이 되었구나, 생일이 언제요" 하지만, 이것은 태어남도 없고 죽음도 없는 이것뿐인데, "나는 몇 월 며칠 생일이요" 그게 망상이란 말이에요. 이것은 태어남도 죽음도 없어, 항상 이것뿐이니까요. 늘 새록새록 태어나고 늘 이것뿐인데, 1년 365일이 항상 생일이죠. 왜냐? 늘 이 자리에 살아 있다면 이것밖에 없으니까. 그러니까 이것뿐인데 생일이 언제고 죽는 날이 언제고 하는 게 전부 다 생각이고 망상인 것입니다.

늘 그냥 이것 하나뿐이잖아요. 늘 이 자리에서 말하고, 생각하고, 느끼고, 움직이고, 살았네, 죽었네, 전부 이 자리거든요. 전부 이 일 하나뿐이니까, 이것만 딱 분명하면 어디 삶이 있고 죽음이 있고 그런 것이 어디 있어요? 언제든지 이 일 하나뿐이죠. 이게 딱 확인되면 세속의 온갖 생로병사, 관혼상제 어쩌고 하는 게 망상에서 나오는 일이라는 게 분명하죠. 왜냐? 나이가 어디 있고 나고 죽는 게 어디 있어요? 그냥 이거뿐인데. 그러니까 생사에서 벗어나는 길은 바로 이 자리예요. 이 자리가 바로 생사가 없는 자리거든요.

(법상을 두드리며) 삶이 따로 없고 죽음이 따로 없고, 항상 이 일 하나가 온 우주를 드러내고 있고 비추고 있죠. 여기서 아이가 "아앙~" 하고 태어나고, 죽어서 장례식을 치르고, 상여를 메고 그렇게 하는 거거든요. 여기는 삶도 없고 죽음도 없어요. 언제나 이 일 하나뿐인 거죠. 이게 우리의 참된 본래면목이라. 부처님이 이걸 우리한테 전했기 때문에 이 자리에서는 삶도 죽음도 없다, 그러니까 삶과 죽음을 해탈한 자리라 하는 거거든요.

이걸 확인하지 못한 사람은 이런 이야기를 들어도 무슨 말을 하는 건지 전혀 알 수 없어요. "바로 지금 이게 삶도 없고 죽음도 없는 자리다" 하면 이걸 확인한 입장에서야 당연한 이야기지만, 이 일을 확인하지 못한 입장에서는 알 수 없는 소리죠. 하여튼 이거 하나입니다. 이것만 확인되면 삶과 죽음에서 정처 없이 떠돈다, 떠돌며 그침이 없다는 둥 허망한 소리를 안 하는 것입니다. 삶도 없고 죽음도 없어요. 지금 여기가 이 우주의 근원이라. 이 우주가 몇 억 년 전에 빅뱅을 일으켜 어떻게 나와서, 요새 힉스 입자를 발견했다고 하면서 노벨상감이니 뭐니 하는데, 여기서 다 나온 소리예요.

우주는 45억 년 전에 빅뱅을 한 것이 아니라, 지금 이 자리에서 생기기도 하고 사라지기도 하는 거예요. 근원이 이거 딱 하나인데, 이걸 모르니까 그런 생각을 하고 있는 거죠. 이 자리가 생멸의 근원이라. 생하기도 하고 멸하기도 하고, 생도 없고 멸도 없는 자리라. 이게 분명하지 않으면 결국 생각 속에서 해매는 겁니다. 생각 속에서 헤매니까 45억 년 전이 있고 60억 년 뒤가 있고, 60억 년 뒤에 태양이 뻥 터져 없어진다는 그런 소리를 하는 거라. 그러니까 당장 이 자리에서 생도 없고 멸도 없고, 삶도 없고 죽음도 없는 자리에 통달하지 못하면 계속 생각 속에서 떠도는 겁니다. 생각 속에서 떠도는 것이 삶과 죽음에 정처 없이 떠도는 것이에요. 그것이 우리 중생이란 말이에요. (법상을 두드리며) 하여튼 생각 속에 사로잡혀 있는 거기에서 벗어나는 자리가 바로 이 자리입니다. 생각 속에 있는 것이 망상 속에 있는 것이고, 이 하나의 진실이 명명백백하면 여기에는 아무리 생각해도 생각이 아니고, 느낌이 느낌이 아니고, 감정이 감정이 아니고, 보고 듣는 것이 보고 듣는 것이 아니고, 그냥 단지 이 일

뿐이에요.

그러니까 여기에는 아무 일이 없어요. 어떤 일이 있어도 아무 일이 없는 것입니다. 생각을 해도 생각이 아니고, 보고 듣고 느끼고 알고 하는 것이 보고 듣고 느끼고 아는 것이 아닙니다. 그냥 이 하나일 뿐입니다. 그러니 온 천지가 다만 이 한 개일 뿐이라. 어쨌든 이게 분명해져야 비로소 제 말을 알아들을 수 있을 것입니다. 그 전에는 알 수 없어요. 여전히 이 자리가 삶도 없고 죽음도 없는 자리라는 것도 생각으로 해 버립니다. 그러니까 전부 그림 속의 일이 되어 버리고 너무 허망해요. 그림 속의 일은 다 허망하죠.

이 하나의 진실이 언제든지 이렇게 온 우주를 살려 놓고 있는 근원입니다. 우주가 존재한다면 이것이 존재의 근원이고, 사람이 살아 있다면 삶의 근원이고, 모든 게 나타나고 사라진다면 나타나고 사라지는 근원이 이것입니다. 이 자리이거든요, 이 일 하나. 그러니까 아마 기독교나 힌두교에서는 이걸 창조주라고 했을 겁니다. 왜? 여기서 다 나오니까 이것을 창조주라고 한 거겠죠. 모든 게 여기서 나타나니까. 그러니까 창조의 근원이라는 말도 여기에 해당되는 거죠.

몇 번이나 태어나고 몇 번이나 죽었던가?
삶과 죽음에 정처 없이 떠돌며 그침이 없네.

망상 속에 있으니 그런 거지 다른 게 없어요. 그래서 망상을 한번 확 뒤집어서 이 자리가 딱 확인되면 그냥 이겁니다. 이것밖에 없어서 이게 근원입니다. 우리가 의식 속에서 떠돌 때에는 어디가 나의 근본, 근원인지 모릅니다. 항상 뭔가 찾아 헤매는 거죠. 그러다 이 자리가 딱 나타나서, 여기에 확 들어오면 헤매는 일이 끝나 버려요. 여기서는 뭘 찾을 것도 없고 원할 것도 없고 아무 할 일이 없어요. 왜냐? 더 이상은 없으니까요. 그러니까 이걸 (법상을 두드리며) 생각할 건 없고 하여튼 이게 한번 탁 드러나야, 비로소 생각이 다 끊어지고 우리가 완전히 쉬는 자리, 전혀 할 일이 없는 자리예요. 완전히 쉬어 져서 눈곱만큼이라도 뭘 헤아리거나 따지거나 할 일이 없어요. 눈 곱만큼이라도 헤아리거나 따져서 '이게 진리다', '이게 나의 본래 자리다' 한다면 그건 아닙니다. 그건 생각 속에서 뭔가 헤아리고 있 는 것이지 근본은 아니라고요.

정말로 근본에 통해 버리면 완전히 쉬어져서 아무것도 생각할 일 이 없고, 따질 것도 없고, 할 일이 없어요. 그냥 있는 그대로 아무것 도 안 하고 아무 생각도 안 하고 따지지도 않고 있으면, 온 세상 그 대로가 근원이고 딱 이 자리라. 그래서 있는 그대로 전부가 진리 아 닌 게 없죠. 그러니까 법은 '이게 법이다' 하고 아는 게 아니라고요. 통해서 하나하나 그대로가 드러나는 것입니다. 사물사물이 설법을 하는 것이죠. 그렇기 때문에 이게 (법상을 두드리며) 일단 완전히 확 쉬 어져서 뚫어져 버려야 아무 할 일이 없는 것입니다.

저도 이걸 몰랐을 때는 늘 뭔가를 생각 속에서 찾았죠. 헤아리고 따지면서요. 저도 물리학이니 이런 것을 참 좋아했어요. 우주의 근 원을 찾는 것 같으니까 그래서 철학도 했죠. 철학에서 '형이상학(形

而上學)'이라는 것이 이 근원을 찾는 것이거든요. '형이상(形而上)'
이라는 건 모습을 뛰어넘어 근원을 찾는 것이니, 본질을 찾는 것이
형이상학이죠. 그래서 공부를 했는데 바로 이것을 모르니까, 진짜배
기를 모르니까 형이상이라 하더라도 생각 속에서 헤매는 거죠. 그
러다가 여기에 (법상을 두드리며) 확 들어와 버리니, 철학이고 물리학
이고 그런 것이 다 쉬어져서 의미가 없어지고, 그냥 진실 하나가 탁
드러나는 거죠. 이것 하나뿐이거든요. 그러니까 이 자리가 바로 모
든 학문과 우리 정신활동, 분별활동이 다 쉬어지는 자리입니다. 여
기서 다 끝나 버려요.

비유를 하자면 자기 고향을 찾아가기 위해서 자동차 내비게이션
을 켜고 찾아가는데 목적지에 도착하면 내비게이션이 탁 멈춰 끝나
버리잖아요. 더 이상 안내할 게 없잖아요. 그런 것하고 똑같아요. 이
자리가 확인되면 아무 지도가 필요 없어요. 원래 여기는 지도나 모
양이 없는 자리거든요. 본래 우리가 늘 이 자리에 있었는데, 이걸 확
인 못하고 살았던 거죠. 지도를 통해서 찾아가는 줄 알았는데 사실
은 그게 아니다 이겁니다. 지도를 가지고 찾아가는 것이 아니고 본
래 이 자리에 있는 거예요.

다만 눈길을 이쪽으로 돌려서 이 자리를 확인하지 못하고 엉뚱
한 곳을 찾고 살았던 거죠. 이 일을 확인하면, 지도를 헤아리고 길을
찾고 하는 자체가 이것입니다. 지도를 찾아서 여기는 어디고 저기
는 어디고 하는 자체가 이거고, 이리 가야 하나 저리 가야 하나 하
는 자체가 바로 이거예요. 언제든지 이 자리고, 언제나 이 일 하나뿐

인 것이죠. 그러니까 (법상을 두드리며) 지금 있는 자리에서 바로 쉬어지는 것이고, 뭘 하든지 하는 그 자리가 바로 쉬어지는 자리고 그냥 아무 일 없는 것입니다.

하여튼 이 일(법상을 두드리며), 이 자리, 이것 하나지 다른 것은 없습니다. 아무것도 찾을 것이 없고 바로 지금 이것, 바로 이 자리라. 그래서 이걸 모를 때는 뭔가 심오한 게 있는 것이고 참 비밀스런 뭔가가 있는 것이고 아주 오묘한 뭔가가 있는 줄 알았는데, 막상 이걸 찾아보면 아무 그런 것이 없어요. 원래 그냥 이것밖에 없어요. 우리가 자기 생각에 속아서 생각 속에서 뭔가 심오하고 대단한 뭔가가 있다고 착각하고 살았던 거죠. 전혀 그런 게 아닙니다. 그냥 이것뿐이에요. 그냥 이 일 하나(법상을 두드리며)뿐이죠. 오묘한 것도 없고, 심오한 것도 없고 언제나 이 일 하나뿐인 거죠.

44
어찌 근심하거나 기뻐하랴

문득 깨달아 나고 죽음이 없음을 밝힌 뒤로는
모든 영광과 욕됨에 어찌 근심하거나 기뻐하랴.

自從頓悟了無生
於諸榮辱何憂喜

　문득 깨달아서 본래 죽음도 삶도 없는 이것…… 이건 원래 삶도
아니고 죽음도 아니고 그냥 이것뿐이에요. 이 자리가 밝아지면 그
냥 이것뿐이죠. 삶이라는 것이 바로 이거고 죽음이라는 것이 바로
이거거든요. 그냥 이것 하나뿐이라. 이게 탁 해결되면, 삶이라고 해
서 삶이 아니고 죽음이라고 해서 죽음이 아니고 그냥 이 하나의 일,
하나뿐이거든요. 그러면 영광이 따로 있는 것이 아니고 욕됨이 따
로 있는 것이 아니고 언제든지 이 일 하나뿐인 겁니다. 언제든지 이
한 개일 뿐이죠. 뭘 하든지 늘 똑같죠. 뭘 하든지 바로 이거니까. "똑
같죠"라고 하는 게 이거거든요. 뭘 하든지 똑같이 그냥 이 일 하나,
우리는 평생 한 개 일을 하고 있을 뿐입니다. 근데 이것은 일을 해
도 한 것이 아니고, 표현으로는 '일을 한다' 하는 거지만 뭘 하든지
이 일 하나뿐인 거지 딴 일은 없는 거죠. 생각하든 보든 듣든 말하

든 행동하든 그냥 이 자리고 이 일 하나뿐입니다.

하여튼 이것은 아주 작은 차이입니다. 분별 속에 휩쓸려 들어가서 거기서 헤매느냐, 아니면 언제든지 다만 이 일 하나뿐이냐, 이건 정말 털끝만 한 차이예요. 그런데도 한 사람은 완전히 삶과 죽음에서 헤매는 것이고, 한 사람은 전혀 아무 일 없이 고요한 것이고, 변함없이 여여한 것이죠. 정말 털끝만 한 차이예요. 근데 털끝만 한 차이인데도 "호리유차(毫釐有差)하면 천지현격(天地懸隔)"이라고 하늘과 땅만큼 달라요. 인생이, 이 세계가 하늘과 땅만큼 달라져 버려요. 그런 면에서 이게 참 묘한 것이죠. 그냥 이 일, 뭘 어떻게 하든지 지금 이 일이거든요. "이 일이거든" 하는 바로 이 일뿐인데, 이게 분명하지 못하면 그만 휩쓸려서 헤매 버리는데, 이 일 하나뿐이거든요. 누구든지, "누구든지" 하는 게 이거고, 언제든지, "언제든지" 하는 게 이거예요. 그냥 이 일 하나뿐인데, 이것이 분명하지 않으면 그만 왔다 갔다 해 버리는 겁니다. 문득 깨달아 나고 죽음이 없음을 밝힌 뒤로는 아무 일이 없어요.

모든 영광과 욕됨에 어찌 근심하거나 기뻐하랴…… 깨닫는다는 게 사실 깨달음이 따로 있는 것이 아니고 "깨닫는다"가 바로 지금 이 일이고 이것뿐이거든요. "깨달음이다" "미혹하다", 이건 그냥 말이죠. 깨달음이라는 게 바로 이 일이고, 미혹하다는 게 바로 이거고. 언제든지 이 자리일 뿐이고 언제나 이 일 하나뿐인 거죠. 이게 하여튼 여기 한번 탁 초점이 맞고 딱 와 닿아야 하는 겁니다. 그러면 깨달음이 있는 것도 아니고 미혹함이 있는 것도 아니고 항상 똑같아요. 항상 무슨 일이 있더라도, 지금 "무슨 일이 있더라도" 하는 바로 지금 이것 하나, "무슨 일이 있더라도" 하는 그게 바로 이거잖아요. 이 일 하나죠.

45
고요한 곳에 머무니

깊은 산에 들어가 고요한 곳에 머무니
높은 봉우리 깊은 산 큰 소나무 아래로다.

入深山住蘭若
岑崟幽邃長松下

　이건 말 그대로 보면 무슨 장소를 이야기하는 것 같은데 지금 마음공부고 이 자리를 얘기하기 때문에 마음을 얘기하는 겁니다. 산속 깊은 데 들어가서 아무도 없는 고요한 곳에…… 경계, 모습을 따라가면 산속에 들어가는 것이지만 모습이 아니고 방편으로 하는 이야기니까 이 마음을 가리키는 말입니다.

　깊은 산 고요한 곳…… 우리가 이 자리에 있으면, 이게 분명하면, 삼라만상 하나하나가 분명히 다 있는데도 아무 일이 없거든요. 그러니까 이런 표현을 하는 거죠. 깊은 산속 고요한 곳…… 그냥 말을 따라가면, 아, 지리산 설악산 아무도 없는 고요한 곳, 그렇게 겉모습으로 이해하게 되는 것이지만, 우린 지금 겉모습, 물질이나 물체를 얘기하는 것이 아닙니다. 이걸 이야기하는 겁니다. 이 일 하나를 얘기하는 것이란 말이죠. 마음공부거든요. 이 자리가 딱 분명해지면 눈앞에 온갖 일이 다 있는데도 아무것도 없어요. 그러니까 이걸 "아, 깊은 산속의 고요한 곳처럼 아무것도 없는 자리다"라고 방편으로 얘기하는 거죠.

높은 봉우리 깊은 산 큰 소나무 아래라…… 원래 '고봉정상'이라고 얘기하죠. 이걸 일러 외로운 봉우리, 꼭대기라는 얘기를 하죠. 말하자면, 아무것도 눈에 보이는 게 없는 자리다, 비유적으로 그렇게 얘기하는 겁니다. "비유적으로 이렇게 얘기하는 겁니다"라고 하는 게 바로 이거죠. "얘기하는 겁니다"가 바로 이거잖아요. "비유적으로"가 바로 이거고, "얘기하는 겁니다"가 바로 이거예요. 그러니까 바로 이것만 분명하면 이런 이야기를 하든 저런 이야기를 하든 그냥 이 일 하나만 있을 뿐입니다. "비유적으로" 하는 것이 이거고, "얘기하는 겁니다"가 이거니까, "이게" 하는 게 바로 이거죠. "분명하죠"가 이거죠. 그러니까 (법상을 두드리며) 언제나 이 자리예요. 지금 이 자리, (법상을 두드리며) 이 하나뿐이죠.

깊은 산이 어디 있습니까? 깊은 산이 바로 이거죠. 외로운 봉우리, 이거잖아요. 고요한 곳, 이거잖아요. 하여튼 이 일이 언제든지 생생하게 살아 있고 언제나 변함없어서 늘 이 일이죠. 깊은 산이냐, 시끄러운 도회지냐? 겉모습으로 보면 전혀 다르지만, 이 일은 똑같습니다. 깊은 산에 들어가도 이 일 하나뿐이고, 시끄러운 도회지 속에 있어도 이 일 하나뿐인 거죠. 시끄러운 도회지가 바로 이거고 깊은 산이 바로 이거니까요. 그래서 이 일이 분명하면 시끄러운 도회지에 있어도 깊은 산에 있는 것과 같고, 깊은 산속에 있어도 시끄러운 도심지에 있는 것과 같아요. 왜? 항상 변함없는 이 일 하나뿐이니까.

이걸 우리가 본성이라고 하고 법성이라고 하고, 만법의 근원이라 하는데, 모두 방편의 말이죠. 왜냐? 본성이 바로 이거고 법성이 바로 이거고 만법의 근원이 바로 지금 이거잖아요. 이 일뿐이거든요. 만법의 근원이 뭐요? "만법의 근원"이라는 말 자체가 이거잖아요. 그러니까 만법의 근원이라는 말뜻을 따라가지 않으면, "만법의 근원"이라 하든지 "똥막대기"라 하든지 "잣나무"라 하든지 "죽비"라 하든지 똑같죠. "죽비"가 바로 이거예요. 죽비라는 사물을 따라가면 안 돼요. "죽비"가 바로 이거잖아요. "만법의 근원"이라는 게 이 일 하나죠. "죽비"라는 게 이 일이잖아요.

그러니까 여기서 우주를 말하고 우주를 보고 우주를 연구하고, "우주를 연구하고"가 이거죠. "우주를 보고"라고 말하는 게 이거잖아요. 요새 DNA를 연구하고, 염색체가 어쩌고저쩌고 하는데, DNA 지도를 그리는 게 이건데, 이게 근원인데 DNA 지도를 그려 놓고 DNA가 근원이라고 엉뚱한 소리를 하고 있는 거예요. 그러니까 과학자가 아무리 열심히 연구해 봤자 자기들은 그게 근원이고, 물리학자들은 힉스 입자가 우주의 근원이라고 말하는데, 우리가 보면 '중생이 자기를 잃어버리고 사물을 좇는 것' 밖에 안 되는 겁니다. 근원이 여기 있는데, 이걸 가지고 DNA 지도를 그리고 물질의 근원을 규명하고 하는 거 아닙니까?

그럼 근원이 뭐요? 이게 근원인 거죠. 누구든지 자기 자신이 다만

363

이 일 하나뿐이잖아요. 여기서 자기의 감정을 말하고, 자기 생각을 말하고, 여기서 자기 기분을 말하고, 자기 견해를 말하고, "그럼 근원이 뭐요?" 이거거든요. 여기서 기분도 나오고 견해도 나오고 감정도 나오고 생각도 나오고 그냥 이거 하나뿐이잖아요. 그러니까 이게 딱 분명하면, 만법이 다만 이 하나일 뿐인데, 이것은 모르고 엉뚱한 말을 하는 거죠.

제가 옛날부터 데카르트를 비유해요. 철학을 공부하다 보니 멋지게 비유하기 참 좋거든요. 철학을 모르는 사람에게는 비유가 잘 안 통할지 모르지만, 데카르트라는 사람이 한번 깨달을 뻔했다가 빗나간 참 안타까운 경우예요. 처음 시작은 참 좋았어요. 데카르트의 《방법서설》에 쭉 나오는데 그 양반이 의심을 한 거예요. "지금 내 앞에 내가 생각하고 알고 있는 게 전부 가짜일지 모른다, 환상일지 모른다"라고 생각했어요. 이게 환상이라면 진실이 뭘까? "내가 지금 알고 있고 이해하고 있고 보고 있고 듣고 있는 것이 망상일지 모른다." 그런데 자기가 생각할 때는 이게 다 망상이 아니라고 하는 증거가 없다. 그러니까 출발은 좋았습니다. 그럼 과연 진실이 뭐냐? 그래서 고민을 2년 동안인가 했는데 결론이 안 좋았어요.

우리로 치면 화두를 들었던 것과 같습니다. "도대체 진실이 뭐냐?" 하는 게 화두죠. "이것을 다 믿을 수 없다면 진실이 뭘까?" 일종의 의심을 계속 한 거죠. 거기서 제대로 된 결론이 나왔다면, "도대체 진실이 뭘까?" 하는 여기서 생각이 한번 딱 끊어지고 이 자리가 탁 나왔으면, 정말로 데카르트가 근원을 찾게 되었을 거라고요. 여기서 자기 자신이라든지 하느님이라든지 물질세계라든지 하는 그런 게 다 소멸되어 버리고, 그야말로 삼라만상, 온갖 이름과 개념과 모습이 전부 다만 이 하나의 일이라는, 말하자면 우리 불법과 같은 이야기가 나왔을 거예요. 그런데 그렇지 못하고 결론을 생각으로 내 버렸어요. 자기 생각 자체를 의심해 놓고는 그 생각을 다시 진실하다고 결론을 내 버렸으니까요. "지금 의심하고 생각하고 있는 이것은 의심할 수 없구나." 이런 엉뚱한 생각을 했어요.

화두를 제대로 잡기는 했는데 끝이 영 엉뚱한 데로 가 버렸어요. 머리가 아주 좋은 사람 같은데, 사실 아주 머리가 나쁜 사람이죠. 저는 머리가 나쁘지만 제가 생각해도, "정말 이게 다 의심스럽고 하나도 믿을 게 없구나." 근데 이걸 왜 믿어요? "그런데 이렇게 의심하고 생각하는 이것은 틀림없구나." 이게 바로 자기 생각인데 이걸 왜 믿어요? 그러니까 제가 볼 때는 그게 머리가 안 좋은 사람 같아요. 그건 자기 생각이니까요. "아, 생각하는 이것은 내가 의심할 수 없구나." 이게 자기 생각이죠. 생각을 의심해 놓고 생각하는 게 다 믿을 수 없다면 생각이 아닌 곳에서 답이 나와야지, 어째서 생각 속에서 답을 냅니까? 그렇죠? "내가 생각하는 게 다 의심스러워서 믿을 수 없다" 해 놓고, 그럼 생각 안 하는 데서, 생각이 끊어진 자리에서 답이 나와야지 왜 생각 속에서 답을 내냐고요. 그래서 제가 이 이야기를 어떤 철학과 교수들 앞에서 했더니 막 화를 내더라고요. "데카르트는 당신이 생각하는 단순한 사람이 아니야. 훨씬 더 깊은 뜻이 있는데 당신이 몰라서 그런 것이다." 저는 속으로 "데카르트를 몰라서 그런 게 아니고 그렇게 이야기하는 당신들이 내 말을 못 알아들어서 그런 거요."

생각 속에서는 절대 답이 안 나옵니다. 우리가 생각 자체를 믿을 수 없어서 이 공부를 하는 거고, 생각의 틀을 벗어나려고 하는 게 출발인데, 생각 속에서 왜 답을 해요? 말이 안 되는 소리지. 이 자리가 턱 나오면 생각을 벗어난 자리입니다. 생각을 벗어났다는 것은 생각을 안 한다는 게 아니에요. 생각을 하지만 생각을 벗어난 자리예요. 생각을 벗어난 자리에서 생각을 하기 때문에 우리가 생각을 해도 이제는 생각 속에 갇혀 있지 않아요. 그러니까 생각생각 그대로가 생각이 없어요. 생각이 생각이 아니라니까요. 이래야 진짜배기 답이 나오는 거죠. 그러니까 절대로 생각 속에서 답을 내면 안 되는 겁니다.

이 자리는 물과 물결이라는 비유를 할 수 있는 겁니다. 물결만 보고 물결의 모습 속에서 물을 찾으려 하면 안 돼요. 근데 문득 물을 깨닫고 나서 보면 물결을 떠나서 물이 있는 것은 아니에요. 그러나 그때는 물결을 봐도 물결을 보는 게 아니고 물을 본단 말이에요. 그와 같아요. 물결을 보면서 물결만 보느냐, 물결을 보면서 물결만 보는 것이 아니라 물도 같이 보느냐? 바로 그 차이입니다.

깨달음이라는 게 딱 그 차이예요. 그러니까 《금강경》에서 뭐라 했어요? "약견제상비상(若見諸相非相)이면 즉견여래(卽見如來)"라"고 했거든요. 딱 그 말이에요. 만약에 제상(諸相) 즉 모든 물결의 모습을 비상(非相), 물결의 모습으로 보지 않게 되면, 즉견여래(卽見如來), 여래를 보는 것이다. 그렇게 나와 있잖아요. 그와 같아요. 생각이 생각이 아니고, 지금 이것! 그러니까 이게 한번 와 닿아야 돼요. 이것은 생각으로 아는 게 아니라 깨닫는 거고, 와 닿는 거란 말이에요. 그러니까 이게 깨달아지고 와 닿으면 되죠.

데카르트가 안타깝다는 게, 그때 그 의심의 결과가 여기에 와 닿고 데카르트가 이것을 깨달았으면, 서양 철학의 역사는 거기서 끝나 버렸어요. 더 이상 할 게 없어요. 여기가 철학의 종말을 고하는 지점이니까. 그랬다면 서양의 정신세계가 지금과는 많이 달라졌을 겁니다. 그 양반이 머리가 뛰어난 사람이니까 이쪽으로 이끌기 위한 방편을 많이 썼을 겁니다. 근데 이걸 모르니까 그만 전부 이분법적인 사고방식, 생각으로 가 버렸어요.

그러니까 이것은 (법상을 두드리며) 생각을 벗어난 자리라. 그렇다고 해서 우리가 생각을 안 하려고 하는 것은 아닙니다. 그런 게 아니에요. 생각을 하든 말을 하든 그냥 의식이 살아 있는 그대로가 의식이 아니라 바로 지금 이 일이란 말이에요, 이 자리. 그러니까 어쨌든 이 일이 한번 딱 분명해져야 뭘 하든지 다른 일이 없어요. 전부가 이 하나의 일이죠.

46
고요하고 편안히 머무니

한가히 노닐고 고요히 앉는 시골 승려
고요하고 편안히 머무니 참으로 말끔하구나.

優遊靜坐野僧家
閴寂閑居實蕭灑

한가히 노닐고 고요히 앉는 시골 승려······ 한가하죠. 이건 아무할 일이 없으니까요. 앉아 있어도 고요하고 서 있어도 고요하고, 꼭 앉아야만 고요한 게 아닙니다. 시골·승려란 평범한 사람이죠. 우리가 이 법에 이렇게 통하면 아주 평범합니다. 왜냐? 특별하다는 것은 뭔가 장식하고 장엄을 하고 뭔가 그럴듯한 모습을 드러내는 것인데, 여기 통하면 드러낼 모습이 아무것도 없으니까요. 그리고 어떤 일이 다가오더라도 항상 이 일 하나니까 특별한 게 없어요.

예를 들어 우리 선원 같은 경우도 어떤 이들이 예전부터 "우리 선원에도 법복을 만들어 입고 뭔가 무심선원의 어떤 그런 장엄을 좀 합시다" 하는 분들이 있었어요. 저도 처음에는 "아, 그렇게 하면 좋을 것도 같다" 하다가도, 영 그쪽으로 마음이 안 가요. 왜냐하면 그렇게 뭔가 드러내는 모습을 만든다는 자체가 법에 있는 게 아니라 벌써 생각 쪽으로 가는 것이거든요. 무심선원이 뭐다 하는 생각 쪽으로 가 버리니까, 그건 아닌 거예요. 그것은 이미 생각 속의 일이니까 법과는 관계없는 거죠. 여기에는 아무런 상징물, 격식이나 형식, 그런 게 없어요. 그냥 일상생활 하는 그대로가 다 진실이고 법이지 다른 법이 어디 있습니까?

그런데도 절에 오래 다니는 사람들은 이상하게 그런 관념이 박혀 있어서 지금까지도 그런 이야기를 하는 사람이 있어요. 지금까지도 저한테 "왜 이런 옷을 입고 설법을 하느냐?"고 해요. 어떤 사람들은 법복이라고 옷도 많이 사 왔어요, 그 옷들을 다 집에다 놔두고 사실 유용하게 이용합니다. 언제 입느냐? 추석하고 설에 대개 한복 입으니까요. 법복이라고 가져왔지만 한복으로 입는 거죠. 사실 법에는 따로 '이게 법이요' 하는 게 아무것도 없어요. 그냥 평소에 뭘 하든지 이 일인데 따로 '이게 법이요' 할 게 뭐 있어요? 물론 절에서 여러 가지 상징물을 만들고 장엄을 하는 것도 하나의 방편이겠지만, 우리 입장에서는 그런 방편조차도 필요 없어요. 그냥 본질이 온 천지에 다 드러나 있는데 굳이 '여기가 도량이요' '그런 법이오' '불법승 삼보요' 이게 전부 다 쓸데없는 소리라. 어디 가서든 남의 눈에 띄지 않고 전혀 드러남이 없이 평범한 것이 제일 좋아요.

한가히 노닐고 고요히 앉는 시골 승려…… 바로 그렇게 아무 일 없이 전혀 드러내지도 않고 그냥 있는 그대로죠. 고요하고 편안히 머무니 참으로 말끔하구나…… 고요하고 편안하고 아무 일이 없으니까 말끔하다. 늘 무슨 일을 하더라도 전혀 다른 일이 없고 언제든지 그냥 이 일 하나뿐이고, '이 일 하나다' 하는 것도 제가 설법을 하려고 하다 보니까 이 일이니 저 일이니 하는 것이지, 평소 생활할 때는 싹 잊어버리고 삽니다. 아무 그런 게 없어요. 다 잊어버리고 살아도 매 순간 물고기가 물속에서 물을 의식하지 않고 늘 헤엄치듯이 늘 그냥 이 자리에 있지 다른 자리가 없거든요. 물고기가 물속에 있으면서 '이게 물이구나' 하고 의식하고 헤엄치는 게 아니잖아요. 그것하고 똑같아요. '이게 법이다', '도다', '마음이다' 하고 의식하는 게 아니란 말이죠.

그래서 제가 '알아차림'이라는 건 문제가 있다고 하는 거예요. 늘 '이게 법이구나' 하고 알아차리고 있으면 피곤해서 어떻게 살아요? 스트레스 받는 거죠. 그냥 이 자리에 있으면 그냥 전부 늘 이 속에 있는 거고, 늘 이 일 아닌 게 없는 거고, 마음이 있고 사람이 있고 법이 있는 게 아니거든요. 한결같이 늘 순간순간 뭘 하든지 항상 똑같죠. 그러니까 '여여하다'고 억지로 그런 표현을 쓰는 거죠. 물론 아직 여기에 익숙하기 전에는 계속 좀 관심을 여기다 둘 수밖에 없죠. 그럴 수밖에 없어요. 익숙해지고 난 뒤에는 그런 관심을 가지고 있지 않아도 저절로 늘 이 자리에 있는 거고요. 인간 심리가 그렇습니다.

제가 옛날에 처음 선원을 열었을 때에는 설법하는 시간이 이 순간을 확인하기에 제일 좋았거든요. 왜? 설법이 다른 게 아니고 이 자리를 확인하는 걸 보여 주는 것이니까요. 그러니까 매일매일 설법을 하고 싶은 거예요. 그래서 선원에 찾아오는 사람이 있으면 무조건 앉혀 놓고 "우리 공부합시다." 누가 오기만 하면 무조건 앉혀 놓고 매일 소참설법을 했죠. 요즘은 설법하는 게 일처럼 되어 버렸는데, 사실 많이 하면 좀 피곤하기도 해요. 설법을 굳이 하든 안 하든, 법이 좋아서 이 법을 한 번 더 확인해 봐야지 하는 욕구가 이제는 거의 없으니까요. 늘 일상생활 자체가 그냥 이 일이지 다른 일이 없으니까 말이죠. 그러니까 결국 자기가 목이 마르면 이런 법을 찾게 되고, 나중에 배가 부르면 법이고 뭐고 그런 게 없는 거라. 늘 이 일 하나뿐인 거죠.

한가히 노닐고 고요히 앉는 시골 승려…… 평범하고 할 일이 없죠. 고요하고 평안히 머무니 참으로 말끔하구나…… 늘 이 자리고 이 일이에요. 하여튼 공부에서 가장 첫 번째 관문은 이것을 한번 확인하는 것이고, 두 번째 관문은 생각을 조복시키는 것입니다. 우리 선원에 체험자가 백여 명이나 된다고 하지만, 생각까지 완전히 조복시켜서 법을 보는 안목이 딱 갖춰지고 견해가 확실하게 바로잡힌 경우는 드물어요. 그러니까 체험이 있다 해도 자꾸 딴 생각을 하기 때문에 공부를 계속해야 하는 겁니다.

결국 생각조차도 여법하게 돌아가도록 해서 법을 보는 안목이 확실하게 자리 잡혀 누가 무슨 말을 하든지, 또 자기가 무슨 말을 하더라도 여법하게 할 수 있고 무슨 말을 듣더라도 그걸 날카롭게 볼 수 있게 여법해져야 합니다. 말을 듣고 그게 여법한 말인지 아닌지는 생각으로 판단할 수밖에 없으니까 생각이 여법해져 버려야 그런 판단력도 날카로워지는 겁니다. 그렇지 않으면 좀 애매모호하고 그렇게 대충대충 넘어가 버립니다.

체험을 했다 해도 처음에는 다 대충입니다. 대충 그렇지 아주 날카로운 안목을 가지지는 못하죠. 공부를 계속해서 안목이 날카로워져야 비로소 자기도 만족이 되고 그렇습니다. '내가 이 자리에 들어왔다', '내 살림살이를 알겠다'라고 해도 안목이 날카롭게 갖춰지지 않으면 스스로 만족스럽지 않아요. 그러니까 공부를 계속하셔야 되는 겁니다. 시간이 걸려요. 역대 선사들 중에서도 아주 날카로운 안목을 가진 사람 같으면 조주 스님을 으레 꼽는데, 조주 같은 경우는 50대 초반에 이것을 알았어요. 체험을 해서 30년을 행각했습니다. 행각이 뭐냐 하면 자기가 이걸 갈고 닦았어요. 80살에 비로소 절을 맡아서 주지가 되었는데 사람들을 가르치다 120살에 죽었거든요. 40년을 가르쳤어요. 오래 살았어요. 30년을 자기가 공부하고 가르쳤기 때문에 《조주어록》 같은 것을 보면 긴 말이 없어요. 그야말로 촌철살인(寸鐵殺人)이라. 한마디 말로써 이렇게 망상을 끊어 버리거든요.

다른 사람 어록을 보면 길게 설법을 하고 있는데 《조주어록》에는 긴 설법이 없어요. 누가 질문하면 한마디로써 딱 그렇게 했어요. 그걸 촌철살인이라고 해요. 한마디 말로 충분한 거죠. 그렇게 안목이 아주 날카로워져야 하는 거죠. 조주와 달리 친절하게 설명해 주고 들어 주고 하는 그런 스타일을 가진 분들도 있죠. 나쁜 건 아닌데 남양의 혜충 국사 같은 사람이나 임제의현, 대혜종고도 그런 스타

일이에요. 충분히 들어 주고 하나하나를 지도해 주는 사람을 '노파선(老婆禪)'이라고 하는데, 그것도 나쁜 것은 아닙니다. 한마디로 몽땅 부숴 가지고 입도 못 열게 하는 것도 좋은 것이지만, 들어 주고 깨우쳐 주고 들어 주고 깨뜨려 주는 노파선, 할머니가 아들 손주 재롱을 들어 주듯이 해 주는 식의 가르침도 좋은 거죠.

모두 다 훌륭한 선사들인데 하여튼 어느 쪽이든지 간에 노파선을 하든 한마디로 촌철살인을 하든 자기 안목이 날카롭지 않으면 할 수 없어요. 까딱 잘못하면 자기도 모르게 자기 생각에 말려들어서 엉뚱한 짓을 해 버리니까. 사실 이 법은 긴 말 짧은 말이 필요 없거든요. 바로 이 자리에서 바로 쉬어져 버리고 이 일 하나가 분명해지면 이거뿐이에요. 이러쿵저러쿵할 게 전혀 없어요.

"도가 뭡니까?" "바로 그거다." 그냥 이것뿐이거든요. "도가 뭡니까?" (법상을 두드리며) "바로 그거야." 그냥 이 일 하나뿐인 거죠. 길게 뭐 헤아리고 따지고 생각할 게 전혀 없어요. 언제든지 누구든지 이것을 확인해 버리면 뭘 하든지 그냥 이 일 하나뿐이니까. 항상 한결같이 이 자리이고 이 일 하나뿐인 거죠. 이게 (법상을 두드리며) 한번 와 닿으면 곧장 바로 이거뿐이죠. 언제든지, "언제든지"가 바로 이것입니다. 이것 하나!

47
다시 애쓰지 않는다

깨달으면 그뿐 다시 애를 쓰지 않으니
모든 유위법과는 같지 않다.

覺卽了不施功
一切有爲法不同

　원문의 '각즉료(覺卽了)'라는 것은 '깨달으면 끝난다'는 말입니다. 깨달으면 그뿐이다, 끝이다, 다시는 애를 쓸 일이 없으니 모든 유위법과는 같지 않다…… 왜 그러느냐 하면 '지금 바로 이것'이기 때문에 그런 겁니다. 이게 우리가 늘 깨달았든 못 깨달았든 똑같이 하는 일이고, 똑같이 가지고 있는 것이고, 늘 이 자리에 있었던 일이기 때문에 따로 할 일이 없는 거죠. 문제는 법에 문제가 있는 게 아니고, 우리 스스로 자꾸 망상을 하니까 법에 익숙해지는 그 일이 있는 것이지. 법이야 손댈 게 없죠. 왜? 원래 늘 하는 일이고 늘 있는 일이고 바로 이 자리이기 때문에 그렇습니다.
　그러나 우리가 습관적으로 자꾸 망상하는 버릇을 가지고 있죠. 그 망상에 익숙한 버릇을 이제는 법에 익숙하게 한다, 그게 남아 있는 일이에요. 그것은 유위법이 아니죠. 익숙해진다는 것은 노력을 해서 뭘 억지로 하는 게 아니라, 그냥 딴 짓 안 하면 되는 것이고 그냥 이 자리에 있으면 되는 겁니다. 그러니까 이것은 유위법이라고 할 수 없는 거고, 하여튼 이 공부는 원래 이런 겁니다.

어떤 사람들은 뭘 알고 뭘 얻어서 계속 그놈을 갈고 닦아야 되고, 거기에 믿음을 가지고 그것을 계속 유지하고 애써야 되는 것처럼 얘기하는데, 그런 것은 아닌 겁니다. 우리는 체험이라는 얘기를 하고 '통 밑이 한번 빠진다'고 하죠. '애를 전혀 쓰지 않는다' 또는 '애를 쓴다'는 범위가 어느 정도까지인지는 모르겠는데, 제 경험을 돌이켜 보면 하여간 여기에 확 뚫어지고 나니까 이게 너무 좋은 겁니다. 너무 좋고 너무 편하고, 완전 신세계죠. 그러니까 자꾸 여기에 있고 싶고 자꾸 여기에 익숙해지고 싶기 때문에 자기도 모르게 자꾸 이쪽으로, 오로지 마음이 이쪽에만 있는 겁니다.

그래도 처음에는 분별하는 버릇이 남아 있기 때문에, 제 경우 그걸 이겨내고 여기 빨리 익숙해지는 요령이 뭐였느냐 하면 스승님한테 찾아가는 거였어요. 무조건 찾아가서 커피 한 잔 얻어먹고 옆방에 가서 자는 거예요. 스승님은 별로 말씀이 없는 분이라 저로서는 그냥 쉬었다 오는 건데, 하여튼 법회를 하는 그 집에 가서 한두 마디라도 얘기를 했죠. 그 자리에 같이 있으면 제가 '이 자리'에 있는 것 같지만, 집에 돌아와 식구들하고 어울리면 또 옛날 버릇이 나오는 것 같았어요. 처음에는 그랬어요. 그러니까 자주 찾아갔는데, 시간이 지나면서 점차점차 제 힘이 생기니까 차츰 의지를 덜하게 되고 찾아가는 게 뜸해지더라고요. 그러니까 처음엔 옛날에 했던 잡다한 온갖 망상하는 그 버릇을 빨리 잊어버리고 빨리 법에 익숙해져야 되니까 그런 과정이 있었죠. 그런 과정이지 특별히 애쓸 것은 없습니다.

여기에 (법상을 두드리며) 통달해도 '이 자리에 익숙해진다'고 하는 것은 시간이 많이 걸립니다. '이 자리'라는 것을 처음에 자기가 "아, 이거구나" 하고 알았다고 해도, 시간이 지나 보면 "아, 옛날에는 역시 내 의식이나 생각이 많이 개입되어 있었구나"라는 것을 알 수 있습니다. 시간이 지날수록 내가 의지적으로, 의식적으로 이쪽으로, 공부라고 할 것도 없이 저절로 항상, 언제든지 이 자리에 있게 돼요. 그리고 '지금 이거다', '원래가 이 일 하나뿐이다' 하는 게 더 확실해지는 거죠. 원래가 이것뿐이다, 원래가 이 자리고 항상 이것뿐이고 딴 게 없다 하는 것이 더 확실해진다고요.

그런 걸 보면 《육조단경》에 육조 스님이 오조 스님의 《금강경》 강의를 듣고 두 번째 깨닫고 나서 그 자리에서 당장 "본래 내가 이렇게 완전한 줄 어떻게 알았겠습니까?"라고 즉시 말했다는 옛 이야기는 제가 볼 때 사실이 아닌 것 같아요. 후대에 그런 식으로 아름답게 꾸며 놓은 게 아닌가. 바로 그 자리에서 그런 이야기가 나오지는 않아요. 처음에는 완전 신세계에 들어와서 그냥 막 감동하고 그런 거죠. "본래 이게 원래 이 자리입니다" 이런 소리가 처음에 나오지는 않거든요. 정직하게 얘기하면 그런 이야기는 한 10년쯤 지나야 진짜로 나온다고 봐야 될 겁니다.

육조도 15년을 사냥꾼 따라다니면서 공부를 한 뒤에야 밖으로 나와서 얘기한 거니까, 아마 그때야 그런 이야기가 나오지 않았나 싶어요. 하여튼 지금 이 일입니다. 다른 일은 없어요. 바로 지금 이 자리고 이 일이고, 그냥 이거니까요. 깨달으면 이 자리라는 게 두 개, 세 개가 있는 게 아니고 층층으로 되어 있는 것도 아니고, 그냥 이 자리예요. 허공이 여러 개 있을 수가 없잖아요? 그런 것처럼 그냥 이 일이고 이 자리이기 때문에, 여기에 한 번만 통해 버리면 다른 일은 없습니다. 다만 '여기에 얼마나 익숙해지느냐?' 그 문제가 있죠.

그래서 《능엄경》에서도 "이즉돈오(理卽頓悟)이나 사비돈제(事非頓除)라"는 얘기를 하는 거죠. 이 자리를 이(理)라고 하고, 사(事)는 습관을 말해요. "이즉돈오이나" 즉 이 자리로 통하는 것은 바로 통하는 것이지만, "사비돈제라" 즉 습성은 하루아침에 변하는 게 아니라는 말입니다. 그러니까 습관적으로 망상하는 그 버릇은 차차 가라앉아 사라지고, 이 자리에 더 익숙해질수록 일이 없어지고, 법이니 도니 하는 것에 대한 갈증 같은 것도 없어져서, 그냥 평범해져 버리는 거죠.

깨달으면 그뿐, 다시는 애를 쓰지 않으니 모든 유위법과는 같지 않다…… 수행 방법이라는 것들은 전부 유위법입니다. 수행을 하는 것, 노력을 하고 애를 써서 하는 것, 그러니까 매 순간순간 어떻게 하라는 식으로 가르치는 것은 전부 조작이고 엉터리입니다. 할 일이 없어요.

그런데도 수행하는 사람들은 꼭 그런 얘기를 하거든요. "매 순간 순간 한 순간도 놓지 말고 뭘 어떻게 하라." 이런 식의 얘기를 합니다. 그렇게 하는 사람들한테 많은 사람들이 속아서 허망한 짓을 많이 하고 있는데, 참 안타까운 일입니다. 전혀 그런 게 아닙니다. 이것은 우리가 본래 완전히 갖추고 있고, 언제든지 이 자리에 있고, 언제나 하는 일이 이건데도, 딴 생각 하고 딴 것 쳐다보면서 망상한다고 이걸 확인하지 못하고 있는 거죠. 여기에만 한번 탁 통해서 이것만 확인해 버리면, 그 다음엔 뭘 따로 할 게 없어요. 그 다음엔 망상 안 하고 여기에만 익숙해지면 되는 거죠.

그러니까 아주 단순한 거고 바로 지금 이 일 하나입니다. 단지 다만 이 일 하나고, 이걸 가지고 뭐든지 하는 것이고, 바로 지금 이것 (법상을 두드리며)이거든요. 아주 단순하고 분명해서 여기에 딱 통하면 그냥 아무 일이 없고 언제든지 다 똑같아요. 이건 사실 말할 것도 없고 생각할 것도 없죠. 이것만 (법상을 두드리며) 딱 분명하면, 초점만 딱 맞아서 분명하면, 아무 말할 것도 없고 아무 생각할 것도 없는 것이고, 하는 일마다 전부 그대로, 매 순간순간이 노력하고 애쓰지 않아도 언제든지 이 자리에 있는 겁니다.

그렇기 때문에 이 참된 깨달음은 돈오법이지 점수법이 아닙니다. 돈오예요, 돈오! 막혀 있다가 문득 한번 이 자리에 탁 와 닿으면, 그냥 이 일 하나뿐이거든요. 하여튼 우리가 생각에 휩싸여 버리면 이 자리에 있으면서도 간격이 생겨요. 그게 참 희한하게, 뭔가 간격이 있는 것 같단 말이죠. 틈이 있는 것 같아요. 그런데 생각에 휩싸이지 않으면, 그냥 언제든지 뭐든지 전부가 이것 하나뿐이죠. 언제든지 이 일(법상을 두드리며)이고 언제나 이 자리고 전혀 다른 일이 없는 겁니다.

그러니까 이것은 (법상을 두드리며) 아주 단순해서 그냥 이 자리고 이 일 하나뿐이다. 전혀 다른 일이 없다. 법을 생각하지 않고, 도를 생각하지 않고, 그냥 멍청하게 있어도 다만 항상 이 자리다…… 오히려 법을 생각하고 도를 생각해서 찾으려고 하면 안 맞아요. 도리어 엉뚱한 생각이 일어나요. 그래서 "평상심이 도다", "평소 이 마음이 도다"라고 하는 겁니다. 그렇다면 평상심이 아닌 게 뭐냐? 뭘 자꾸 헤아리고 찾고 따지고 하는 그게 평상심이 아니다. 그런 식으로 말하는 겁니다.

그러니까 이것! 우리가 이걸 마음이라고 제일 많이 일컫는데, 이 마음이 곧 깨달음이고 부처이자 도(道)라서, 그 이상도 없고 그 이하도 없어요. '마음'이라는 말도 사실은 안 좋아요. 왜냐하면 우리가 세속적으로 지금까지 살아오면서 '마음'이라는 것에 대한 고정관념이 있기 때문에 그 말도 사실 안 좋습니다. 자기도 모르게 그 고정관념을 따라가 버리기 때문이죠. 그냥 이 자리 또는 이것, 막연하지만 이게 좋아요.

그러니까 이것! 이 자리, 이것은 그냥 이것 하나뿐이거든요. 지금 당장 뭘 하든지 하나하나가 전부 그대로가 이거잖아요. 이것 외에 다른 것은 없죠. '있다, 없다'라는 것 자체가 바로 이건데. 하나하나 그대로가 다 이거고, 이걸 확인해 놓고 보면 원래가 다 이런 거예요.

이것뿐이라. 우리가 지금까지 어쩌고저쩌고 했지만 사실 다 허망한 것들이고, 오직 이 하나가 진실할 뿐이죠.

그러니까 어쨌든 여기에만 통하면 이것뿐인 거고, 각종 수행 방법 그런 것은 전부 필요 없습니다. 지금도 보면 무슨 수행, 무슨 방법 하면서 별 짓을 다하고 있는데, 정말 안타까워요, 안타까워. 전혀 그럴 필요 없는 겁니다. 물론 공부의 바른 길을 찾지 못해서 이렇게도 해 보고 저렇게도 할 수는 있지만, 그 모습이 참 안타까워요. 이 공부는 그렇게 하는 게 아닙니다.

황벽 스님도 말했지만 10년, 20년, 30년을 각고의 노력과 일념으로 수행한 사람이 문득 하루아침에 깨닫거나, 지금 이 자리에서 (법상을 두드리며) 문득 깨닫거나, 확인하고 나면 전부 똑같아요. 왜? 본래 이것뿐이니까요. 딴 일이 없단 말이에요. 마음이라는 게 여러 가지 마음이 있는 게 아니란 말이에요. 불법에서 이것을 '공'이라고 표현하는데 공에 여러 가지 단계가 있고 모양이 있고 색깔이 있고 맛이 있습니까? 그런 게 없단 말이에요. 그렇기 때문에 공이라고 표현하는 거거든요. 삼라만상 온갖 차별되는 일들이 있지만 허공은 언제나 하나뿐입니다.

그런 것처럼 이 법은, 이 자리는 그냥 본래 이것뿐이에요. 이런 법이 있고 저런 법이 있고 낮은 단계가 있고 높은 단계가 있고 그런 게 아니라고요. 본래 이 자리, 본래 이 일 하나뿐이라. 분명히 이런 가르침이 옛날부터 그렇게 나와 있는데도, 왜 그런 엉뚱한 짓을 하는지 참 이해가 안 돼요. 원래 이 일 하나뿐이라니까요. 이거는 바로 지금 이겁니다. 지금 이 자리고, 누구든지 뭘 갈고 닦아서 얻는 게 아니고 바로 지금 말하는 자리, 보는 자리, 느끼는 자리, 생각하는 자리, 좋아하고 싫어하는 자리! 그냥 이 일이란 말이에요, 이 일 하나, 다른 일이 있는 게 아니에요. 그냥 이 자리(법상을 두드리며). 너무 당연하고 너무나 평범하고 그냥 이것뿐이거든요.

　도에 얼마나 사람이 합하느냐? '사람이 도에 합한다'고 하듯이 사람과 도가 하나가 되어 가지고, 사람도 없고 도도 없고 완전히 하나가 돼야 하는데, 얼마나 그렇게 되느냐? 그러려면 무심(無心)이 돼야 한다. 무심이란 결국 뭐냐? 또 마음이란 건 뭐냐 하면, 우리가 망상, 잡생각을 하고 있는 거예요. 뭔가 '이런 게 있고 저런 게 있다'는 그게 마음이 있다는 거거든요. 그러니까 무심이 된다는 건 아무것도 없는 거예요. '나는 이런 사람이요', '이런 게 있고 저런 게 있다.' 이런 게 아무것도 없다 이겁니다. 깔끔하게 아무것도 없으면, 그냥 그대로 '마음이 곧 도고, 도가 곧 마음' 이어서 마음이라 할 것도 없고 도라 할 것도 없고, 그냥 이 일 하나뿐인 겁니다.

　그러니까 생각을 가지고 "그래, 이런 거다 저런 거다" 하는 게 있으면, 그게 바로 마음이 있는 거거든요. 그게 바로 장애물인 겁니다. 깨끗함을 가로막는 티끌이고 때란 말이죠. 그러니까 "이런 게 도요, 저런 게 도요" 하는 게 일절 없이, 그냥 바로 이 자리, (법상을 두드리며) 그냥 바로 이거예요. 여기에는 사람도 없고, 도도 없고, 깨달음도 없고, 미혹함도 없고, 중생도 없고, 부처도 없고, 아무 그런 차별이 없어요. 그냥 통째로 천지가 말끔하게 똑같이 이 일 하나뿐이거든요. 그래서 '걸림 없이 통한다'고 하는 거죠. 그러니까 '도다', '법이다' 이런 게 조금이라도 있으면, 그게 안 맞는 겁니다. 그냥 바로 이것 (법상을 두드리며) 하나뿐이에요, 하나뿐.

그래서 '각즉료(覺卽了)'는 "깨달으면 끝!" '료(了)'라는 말은 완료라는 뜻이에요. 깨달으면 끝! 더 이상 할 게 없다는 말이죠. 그러니까 '시공(施功)'이라는 것은 공을 들인다, 애를 쓴다는 말인데, '불시공(不施功)'이니 공들일 게 없다 이 말입니다. (법상을 두드리며) 그냥 이 자리거든요. 물론 여기에 충분히 익숙해지기 전에는 마음을 항상 여기에 쏟아야 하니까 그 정도의 공은 들여야 하겠죠. 어쩔 수 없어요. 애를 쓰고 노력해서 수행하라는 것은 아니고요.

수행하는 사람들의 또 다른 특징은 뭐냐 하면, '매일 몇 시간이라도 그런 수행을 해야 한다.' 예를 들어 《금강경》을 외우는 사람은 매일 몇 천 번을 외운다, 관세음보살을 염하는 사람은 매일 몇 만 번을 염한다. 이런 식으로 하거든요. 그런 것은 전부 쓸데없는 짓이에요. 마음의 일이고, 그냥 이 자리고, 여기에 통하는 게 바늘구멍만큼이라도 뚫리면, 그냥 오로지 여기에만 통하면 돼요. 처음엔 바늘구멍만큼만 뚫릴 수도 있습니다. 오로지 여기에만 통하고 다른 것은 돌아볼 필요가 없어요. 그러면 점차점차 여법해져요. 여법해질수록 법에 대한 안목도 저절로 생기는 겁니다.

저도 돌이켜 보면 이 자리에 처음 통하고 난 다음에는, 이미 말씀드렸듯이 글자를 안 봤습니다. 책도 안 보고 아무것도 안 봤어요. 꼴도 보기 싫은 거예요. 들여다보면 자꾸 문자로 이해를 하니까 몇 년간 책이고 문자고 싹 치워 버리고 마음이 여기에만 있었죠. 그렇게 해서 자꾸 여기에 통해지고 깔끔해지고 익숙해지니까 "아, 이런 게 법이구나" 하는 감이 자꾸 생기는 거예요. 문자를 안 봐도 안목이 생긴 거죠. 그때 누가 무슨 이야기를 하면, 제가 이제 판단이 돼요. 처음엔 정확하게 판단이 안 섰는데, 나중에는 그게 저도 모르게 판단이 됩니다.

제가 아직 선원을 개원하기 전에 스승님 밑에서 공부할 때의 이야기인데, 제 도반 중에 한 분이 동국대 선학과 박사 과정을 마치고 유명한 선승이신 스님 밑에 가서 10년을 유발상좌로 공부했어요. 깨달은 뒤에 박사 논문을 쓰겠다고 결심했죠. 그런데 10년 만에 그 스님이 그만 돌아가셨어요. 그분이 할 수 없이 하산해서 한 사찰에 있었는데, 누군가 그 사찰에서 우연찮게 그분을 봤다고 하기에 제가 가서 그분을 한 번 만났어요. 그 다음에 두 번째로는 해인사에서 열린 학술 행사에 참석했다가 원당암에서 만났어요. 그때 제가 발표자로 갔었고 그 양반이 사회자로 와 있더라고요. 그때 한국선학회 여름 수련회도 겸했는데 그날 저녁에 발표하고 그 다음 2박 3일간 원당암에서 좌선한다고 해요. 저는 발표만 하고 그날 저녁에 도망갔어요. '앉아 있는 것은 당신들이나 앉아 있으라' 하고요.

부산에 가려고 밑으로 걸어가는데 그분이 있더라고요. 제가 "왜 여기 나와 있느냐?" 물었더니 그분도 지금 부산 갈 거래요. 그러고 보니 그 사람의 차가 옆에 있었어요. "나도 같이 타고 가자" 하고는 그렇게 두 시간 반 정도 고속도로로 부산까지 갔죠. 제가 물어봤어요. "박사 논문은 어떻게 됐느냐?" 하니까, 그 사람 대답이 "내가 아직 깨닫지 못해서 박사 논문을 못 쓰고 있다." 그래서 제가 "큰스님도 돌아가셨는데 왜 우리 회상에 공부하러 안 나오느냐?" 물으니까, 자기가 볼 때는 우리 회상의 공부에 "뭔가 좀 하나가 부족하다." 이렇게 말을 하더라고요. 그래서 "뭐가 부족하냐?"고 물었더니 "견성한 것은 맞는 것 같은데 신통이 없더라"는 거예요. "그게 무슨 소리냐?"고 제가 또 물었더니 그분 대답이 "견성만 하면 공부가 원만하지 못하고 좀 부족한 거다. 과거·현재·미래를 보는 그런 신통을 갖춰서 사바세계 중생들을 제도할 수 있는 지혜와 능력이 있어야 그게 참된 선지식이 아니냐?"는 거였어요. 저는 그런 생각을 해 본적이 없거든요.

그런데 그 이야기를 듣는 순간에 그분의 문제점이 뭔지 딱 알겠더라고요. 그래서 저도 모르게, "당신 말이 틀렸다. 견성을 했다면 신통을 부릴 수가 없고, 신통을 부리는 사람은 견성한 사람이 아니다"라고 제가 말했어요. 그랬더니 그 사람은 "말도 안 되는 소리다. 왜 그렇게 되느냐?"라고 했어요. 그때 저도 모르게 그런 소리를 턱 했는데, 저도 제가 무슨 이야기를 했는지 정확하게 모르겠어요. 서로 얘기하고 부산까지 쭉 오면서 자꾸 저한테서 얘기가 나오더라고요. 또 얘기를 하다 보니까 제 스스로 정리가 돼요. 그러니까 "신통을 부리고 과거·현재·미래를 보는 것은 차별경계를 보는 것이고

분별이다. 견성한 사람은 분별을 보지 않는다." 이 이야기까지 저도
모르게 하더라고요. 그런데 그게 제 감각이나 제 안목으로는 딱 확
신이 와요. 아니, 이 자리에 있는데 과거·현재·미래가 어디 있고,
여기에 잘되고 못되고, 뭘 어떻게 하고, 중생이 어디 있고, 부처가
어디 있어요? 분명히 저한테는 그런 게 아무것도 없는데, 그 사람이
그런 소리를 하니까 안 맞는 거죠.

　그런데 이런 얘기를 하면 납득을 못 하니까 납득을 시키려면 뭔
가 이치에 맞는 얘기를 해야 하는 거죠. 그러니까 경전에 나와 있
는 불이법이라든지 여러 구절들이 막 생각나더라고요. 그래서 제
가 "봐라, 견성을 하면 불이법인데 여기에 뭐가 있느냐? 과거·현
재·미래가 어디 있느냐? 《금강경》에서도 '과거·현재·미래를 얻
을 수 없다'고 했고 '모습으로 보지 마라'고 했다. 과거·현재·미
래를 보고, 부처가 있고 중생이 있고, 부처가 있어서 부처가 중생을
제도한다고 하면, 그게 다 모습으로 얘기하는 거 아니냐? 그렇게 양
쪽을 분별해서 보면 안 된다. 견성한 사람은 오로지 불이법이고 이
일 하나뿐인 거지, 무슨 중생이 따로 있고 경계가 따로 있어서 뭘
어떻게 하겠다는 거냐?" 그런 얘기를 해도 그때는 저도 완전하게
확신을 가지고 한 것은 아닌데, 그만 저도 모르게 자꾸 그런 얘기가
나오더라고요. 제가 그렇게 두 시간 반을 얘기하다 보니까, 결국 그
사람이 이치상으로는 제 얘기가 맞는다고 인정하더라고요. 우리 집
앞에서 저를 내려 주면서 "공부하러 다시 나와야겠다"고 하더니 정
말 그분이 다시 공부하러 회상에 나왔어요. 그 뒤에 시간이 쭉 지나

면서 제가 어록도 보게 되고 경전도 보게 되니까, 제가 그때 제 느낌만 가지고 얘기를 했던 게 전부 다 맞더라고요. 경전의 말씀이나 어록의 말씀에서 이치가 딱 그렇게 되어 있어요.

이렇듯이 지혜라는 것은, 우리가 이 자리에 딱 통해서 그냥 여기에 익숙해지면 저절로 안목이 형성되고 지혜가 생기는 거예요. 이 자리에는 이런 게 있고 저런 게 있고 전혀 그런 게 없으니까요. 어쨌든 진실은 여기에 한번 통하고 여기에 익숙해져서 자기 내면에서 암두 스님 말씀처럼 "가슴에서 우러나와 온 우주를 뒤덮어야 한다"는 식으로, 여기서 자기 스스로에게서 분명해지고, 여기서 지혜가 생기고, 만법에서 해탈이 돼야 하는 거죠. 책이나 경전에서 문자를 보고서 그렇게 돼야 한다는 식으로 따라가면 안 되는 겁니다.

반드시 자내증(自內證)이라, 자기 스스로의 내면에서 증명이 되어야 해요. 그렇게 돼야 깨달음이지, 어떤 경전이나 어록에서 말하는 기준에 내가 맞추려고 하면 절대 안 되는 겁니다. 그렇게 되면 깨달음이 아니라 알음알이죠. 깨달음은 반드시 자기 내면에서 스스로 다 증명이 되니까요. 이 자리거든요. 이 일 하나란 말이죠. 이것은 (법상을 두드리며) 자기 마음자리지, 다른 자리가 아니죠. (법상을 두드리며) 우리 각자의 자기 마음자리, 자기 자리예요. 여기서 이게 확실해지고, 여기서 힘이 확 생기고, 여기서 힘을 얻어야 흔들림이 없어지는 겁니다.

그러니까 체험을 하시면 적어도 몇 년 동안은 자기가 체험한 이 자리에 계속 익숙해져야 해요. 책을 보면서 자기 경험과 책의 말을 맞춰 보려고 하는 것은 나중에, 몇 년 지난 뒤에 하는 게 좋습니다. 문자에 안 끄달릴 수 있는 그런 힘과 지혜가 생겼을 때 하시라고요. 그 전에는 책을 보면 자꾸 문자에 끄달리고, 자꾸 문자를 가지고 격식을 세우려고 하게 됩니다. 그것은 좋지 않습니다. 그래서 깨달으면 그뿐, 다시는 애를 쓰지 않으니 모든 유위법과는 같지 않다……문자를 가지고 헤아리고 따지는 것은 다 유위법입니다.

48
허공에 화살을 쏘는 것처럼

모습에 머물러 행하는 보시는 하늘에 태어나는 복을 짓는 것이지만
마치 허공을 우러러 화살을 쏘아 올리는 것과 같다.

住相布施生天福
猶如仰箭射虛空

공중으로 화살을 쏘면 어디로 갑니까? 다시 땅으로 떨어져 버려
요. 우리 불교에서는 무주상보시(無住相布施)라고 하죠. '모습에 머
물지 않고 보시한다'는 말입니다. 보시(布施)라는 개념을 가지고 있
으면 벌써 그것은 모습에 머물러 있는 겁니다. '무주상보시'라는 말
은 '보시'라는 상이 없다는 거거든요. 그러니까 보시라는 개념이 없
죠. 보시를 하면서 '내가 남한테 베푼다'는 개념을 갖고 있으면, 그
것은 무주상보시가 아닙니다. 그것은 개념, 상에 딱 머물러 있는 거
죠.

그래서 《금강경》에도 "상에 머물지 말고 보시해라. 색에 머물지
말고 보시하고, 색깔·소리·냄새에 머물지 말고 보시해라." 이런
말이 있죠. 이런 말은 꼭 내가 남한테 베푼다는 뜻이 아니고, '법에
통달이 되면 결국 어떤 행동을 하고 무슨 생각을 하고 뭘 하더라도

머무는 자리가 없다'는 겁니다. 결국 '무주상보시'란 법에 통달이 돼서 이 자리에 있는 것을 가리키는 거예요. '보시한다'라는 개념을 가지면 벌써 그것은 상이 있잖아요? 무주상이 아닌 겁니다.

그러니까 우리 불법에서 '무주상보시해라', 보시하면서도 준다는 생각도 하지 말고 받는다는 생각도 하지 마라. 말은 그렇게 하는데 벌써 그게 틀린 거죠. 그렇게 말하는 게 벌써 '내가 너한테 주는데 너는 받는다는 생각도 하지 말고 나도 너한테 준다는 생각도 안 한다'는 것인데, 그렇게 하는 것 자체가 상이고 생각이고 분별이죠. 그런 뜻이 아닙니다. 무주상보시라는 것은 그냥 이 자리라. 이 자리에 통달이 돼서 언제나 이른바 불이법, 불이법이라는 말도 사실 좋은 게 아닌데, 언제든지 이 자리에 통달이 돼서 만법이 평등하게 언제나 이 일 하나뿐! 다른 일이 없는 겁니다. 그러면 어떤 행동을 하고 어떤 생각을 하고 무슨 말을 하더라도 하루 24시간 아무 그런 게 없으니까요.

그래서 복을 짓고 복을 빌고 하는 것은 당연히 우리 공부와 아무 상관이 없는 겁니다. 그런데도 어떤 사람들은 불법을 '복을 짓고 복을 받는다'고 생각하는데, 이게 참 뿌리 깊은 관념이라서 잘 안 없어져요. 체험한 사람조차도 이런 소리를 하는 사람들이 있어요. "아, 내가 체험을 해서 불법 속에 있으니까 모든 생활이 길흉화복을 떠나서 흉하거나 화가 되는 게 없고 다 원만하게 잘 돌아가고 모든 일이 잘 되는 것 같다." 이런 소리를 하는 사람들이 있거든요. 자기도 모르게 기복적인 사고방식에서 못 벗어나고 있는 거라. 그런 게 아닙니다.

《노자》에 보면 그런 말이 있어요. "도(道)는 어질지 못하다. 도는 불인(不仁)하다"는 말이 있어요. 여기에는 어질고 어질지 않고, 좋고 나쁘고, 복되고 복되지 않고 그런 게 없다고요. "내가 도 공부를 하니까 세간살이가 좀 더 원만해지는 것 같고 가정도 편안하고 하는 일도 잘 된다." 그런 소리를 자기도 모르게 입에 달고 사는 사람들이 있어요. 전부 삿된 관념들이죠. 기복신앙적인 분별이 들어와 있는 겁니다. 공부를 더 깊이 해서 법을 보는 안목을 빨리 갖춰야 됩니다. 그런 소리를 하면 맞지 않아요.

여기에는 전혀 길흉화복이 없어요. 여기에 그런 게 어디 있어요? 그것은 세간의 사고방식이죠. 아까 제 도반이 했던 이야기와 같은 거죠. 그분이 딱 그런 사고방식을 못 벗어난 거거든요. 결국 뭐냐? '견성을 해 버리면 길흉화복이 없으니까 이걸 가지고는 실제 생활에 이익이 없다' 이거예요. "실제 생활에 이익 되는 뭔가가 있어야 정말 제대로 된 공부가 아니냐?"라고 주장하는 사람들을 제가 많이 봤습니다. 그 사람뿐만이 아니고 많이 봤어요. 특히 공부를 해서 견성했다고 주장하는 사람들조차도 그런 이야기를 하는 걸 많이 봤어요. 그건 법을 보는 안목이 없는 겁니다.

제가 《법화경》 이야기를 자주 하지만, "법은 법으로서 변함이 없고, 세간의 모습은 세간의 모습으로서 변함이 없다" 이겁니다. 법과 세간은 물과 물결 같습니다. 우리가 물결의 실상이 물인 줄 알고 더 이상 물결에 속지 않게 됐지만, 물결의 모양이 변하는 건 아니에요.

깨닫기 전이나 깨닫고 난 뒤에나 물결의 모양은 똑같아요. 그게 원래 물이거든요. 말하자면, 오온 18계가 변하는 게 아닙니다. 깨닫기 전이나 깨닫고 난 후에나 오온 18계는 변하지 않아요. 그러나 자기 스스로는 물결의 모양에 옛날처럼 끄달리지 않으니까 자기는 당연히 달라지죠. 그러나 물결 자체가 사라지는 건 아니에요. 그것을 오해하면 안 되는 거라고요.

그 물결을 변화시켜서, 옛날에는 풍파가 많았는데 이제는 항상 고요하게 된다는 것은 자기 내면의 변화를 가리키는 말입니다. 우리 마음의 실상에서는 시끄러움도 고요함도 없어요. 아무것도 남아 있지 않고 없어져 버리는 건데요. 그러나 가정생활이나 하는 일들이 그렇게 된다고 하는 것은 말도 안 되는 소리예요. 그런 것은 아니죠. 자기 내면에서는 고요함도 시끄러움도 없어요. 그냥 아무 일이 없으니 고요함도 시끄러움도 없는 겁니다. 마음이 항상 고요해지는 게 아니에요. 그것도 오해하면 안 됩니다. "마음이 항상 고요해져서 항상 차분하게 가라앉아 있다"는 말은 그런 뜻이 아닙니다. '마음'이라고 할 물건이 없어지는 거예요. 없어지니까 겉으로 보면 다 똑같아요. 아무 변한 게 없어요.

그러나 스스로는 자신의 변화를 느낄 수 있죠. 왜냐하면 옛날처럼 감정에 막 휩쓸려서 흥분해 날뛰는 일이 없으니까. 감정이 일어나더라도 그 순간에 다시 거기에 끄달려 가지를 않죠. 끄달려 가지 않으면 그것은 저절로 사라져 버리죠. 일어난 듯하지만 거기에 안 끌려가니까. 그런 평정심이랄까 그런 정도지, 감정이 없어지는 것은 아니죠. 분노가 없어지는 것도 아니고 슬픔이나 기쁨이 없어지는 것도 아니에요.

그런 것에 끄달리지 않으니까 '항상 평정하다'고 얘기할 수는 있 겠지만, 마음이 고요해져서 요지부동으로 있는 게 아닙니다. 마음이 라는 물건 자체가 없는 겁니다. 그렇게 말하는 게 제 스스로를 보면 맞아요. '마음이라고 할 물건이 없다.' 그러나 세간의 오욕칠정이랄 까 오온 십팔계는 그냥 그대로 있어요. 그대로 다 일어나고 있는 거 예요. 그러나 마음이라고 할 물건이 없으니까, 어떤 생각을 하든지 어떤 일이 있어도 아무 일이 없어요.

예를 들어 슬픈 장면을 보면 눈물이 흐르고 가슴이 먹먹할 때도 있죠. 그런데 아무 일이 없어요. 그런 거죠. 마음이라고 할 것이 없 는 거죠. 그게 참 얘기하기가 힘든 부분인데, 물결이 고요해지고 잔 잔해지는 게 아니라 물결은 여전히 인연 따라서 일어나지만, 물결 이 실제로 존재하는 게 아니고, 이제는 모습 없고 아무 요동도 없는, 아무것도 없는 물이다. 표현하기도 좀 어려운데, 하여튼 아무것도 없어요. 아무 일이 없다고요.

예를 들어 집에서 자식들이 뭘 잘못하면 제가 야단을 치거든요. 고함을 지르기도 하죠. 그러면 집사람이 옆에 있다가 "당신은 공부 했다는 사람이 목소리를 왜 높이냐?"고 하거든요. 그럴 때는 저도 모르게 "아니, 내가 목소리를 높인 게 아닌데." 그 소리를 들은 집사 람이 "방금 목소리를 높였잖아요." 저는 아무 일을 한 게 없는데 저절로 그렇게 돼요. 저는 아무것도 한 게 없어요. 그러니까 이게 희한하죠. 아무 일도 한 것이 없는데 그러니까 그런 게 어찌 보면 버릇일지도 모르죠. 아니면 그 순간에 목소리를 높여 그렇게 해야 된다고 여겨서 그랬는지 모르겠는데 하여튼 그런 정도지 다른 것은 없어요.

그런데 슬픈 광경, 안타까운 광경을 보면 눈물 같은 게 죽 흐르지는 않더라고요. 눈물이 좀 맺히기는 맺혀요. 남자들은 눈물이 줄줄 흐르고, 그렇게는 잘 안 되는 것 같아요. 그런데 아무렇지도 않아요. 그러니까 "어떤 일이 있는데 아무 일이 없다." 이 표현이 제일 적당한 것 같아요. 일어나는 일들이 일어났는데, 아무것도 없다. 물론 옛날처럼 그렇게 하지는 않죠. 그러니까 아무것도 없는 거예요. 아무 일도 없어요.

이런 말을 오해하면 또 어떤 부분이 있을 수가 있느냐? '그냥 끄달리는 것조차도 당연하다.' 이렇게 생각을 하고 잘못 오해할 수도 있습니다. 제가 '아무 일이 없다'는 것은 '끄달림이 없다'는 겁니다. 끄달림이 없다는 기라고요. 그런데 또 그런 얘기를 하는 사람도 있어요. "이제 도를 깨달았으니까 그냥 하고 싶은 대로 해라." 왜? "하고 싶은 대로 하는 것 자체가 도니까." 그렇게 얘기하는 사람들이 있어요. 술도 맘대로 퍼 마시고 온갖 짓을 하고 싶은 대로 다 해버리는 사람들이 있는데, 그것은 아닙니다. 그런 것은 아니고 그냥 끄달림이 없어져요. 끄달림이 없어지니까 사실 하고 싶은 일도 없어요. 그러니까 "하고 싶은 대로 하라"는 게 아니라 실제로 하고 싶

393

은 일이 없어요.

저는 그래서 "하고 싶은 대로 하라"는 그 말이 이해가 안 돼요. 하고 싶은 일이 없는데 뭘 하고 싶은 대로 해요? 인연 따라서 해야 할 일이니까 하는 거지 하고 싶어서 하는 것은 아닙니다. 해야 할 일이니까 하는 거죠. 그러다 보니까 담배라든지 술 같은 것은 저절로 끊어져 버리죠. 제가 말씀드렸듯이 예전에는 저도 미식가 중 하나였어요. 맛있는 데 찾아다니면서 먹고 했는데, 맛있는 걸 찾아가서 먹는다는 그런 생각도 안 나요. 그냥 배가 고프니까 먹는 거죠.

하여튼 이 모든 게 그냥 다 놓여 버려요. 아무 일이 없어요. 이 법 이상 아무것도 없어요. 오로지 이것만 쳐다보고 여기에만 익숙해져 버리면 모든 게 여기서 끝나 버려요. 적멸이라고요, 적멸! 그냥 이것뿐인데, 이 자리에 있으면 아무 다른 일이 필요 없어요. '그냥 이 자리에 있다가 그대로 사라져도, 죽어도 여한이 없다' 하는 그런 느낌도 들거든요. '이 자리에만 있으면 이대로 다 사라져도 여한이 없겠다.' 그러니까 이 이상은 없는 겁니다. 이 자리에만 (법상을 두드리며) 이것만 하여튼 한번 확보가 돼서 푹 익숙해져 버리면 여기에는 아무 일이 없다고요.

49
힘이 다한 화살이 떨어지듯이

힘이 다한 화살은 다시 아래로 떨어지듯이
다음 생을 불러오니 뜻과 같지 않도다.

勢力盡箭還墜
招得來生不如意

　이것은 보시하고 복 짓는 것을 불법이라 여기는 사람들을 대상으로 하는 방편의 말입니다. 우리는 그렇게 안 하니까 상관이 없는 겁니다.

50
한 번 뛰어 곧장 여래의 지위로

어찌 무위인 실상의 문에서
한 번 뛰어넘어 곧장 여래의 지위에 들어감과 같으리오?

爭似無爲實相門
一超直入如來地

　　유명한 구절입니다. 아무리 복을 많이 짓더라도 어찌 무위인 실상의 문…… 실상의 문은 무위의 문이라 아무 할 일이 없는 자리죠. 여기서 '일초직입여래지' 라…… 한 번, 한 발짝에 곧장 여래의 지위로 바로 들어가는 것, 이게 우리 선(禪)이고 우리 돈오(頓悟)거든요. 아무리 복을 많이 지어도, 온갖 수행을 한들, 이것과 같을 수가 있느냐? 이게 우리 선인 겁니다.

　　무위실상의 문에서 일초직입여래지…… 한 발짝만 떼 가지고 곧장 여래의 지위로 바로 들어간다. 이게 우리 선이거든요. 곧장 바로 (법상을 두드리며) 한 번만 여기에 탁 통해 가지고 여기에 푹 익숙해져 버리면 되는 겁니다. 아무 다른 일이 없습니다. 차례차례 하나하나, 그렇게 할 게 없어요. 바로 지금 이것 (법상을 두드리며) 하나뿐이거든요. 그냥 바로 이 자리, 이러쿵저러쿵할 게 아무것도 없는 거거든요.

396

뭘 따질 것도 없고 헤아릴 것도 없고, 바로 이 자리고 바로 이 일 하나뿐입니다.

무위실상(無爲實相)······ 그러니까, 실상의 문은 무위라. 실상의 문은 무위법이다. 아무 할 일이 없어요. 그냥 언제든지 바로 이거고, 이 자리고, 이 일 하나뿐이죠. 그래서 이것만 분명해지고 여기에 폭 익숙해져 버려야 돼요. 폭 익숙해져서 완전히 그야말로 물방울이 바다에 떨어져서 바닷물과 하나가 되듯이 완전히 여기에 익숙해져 버리면 그냥 그대로 끝이라. 아무 할 일이 없어요. 아무것도 원할 게 없는 거고, 그냥 이 자리뿐이에요.

그러니까 "열반이 곧 즐거움이 된다"라는 말이 지복(至福)이에요, 지복! 말 그대로 이것 이상은 없는 겁니다. 공부의 즐거움이라면 바로 이 자리에 들어와서 그냥 아무것도 원할 게 없고, 이 이상 더 없는 거거든요. 이게 여래의 지위다, 한 물건도 없다. 한 물건도 없고 아무것도 없다. 이 말을 잘못 들으면, 허망하다고 염세주의로 들을 수 있어요. 실제 서양 사람들 가운데 불교를 철학적으로 공부하는 사람들은 "불교는 염세주의다"라고 얘기하는 사람들이 많습니다. 공이고 원할 것도 없고 아무 할 일이 없으니까 염세주의라고, 그런 식으로 얘기하죠.

염세주의란 뭡니까? 염세주의라는 건 부정적인 뜻이거든요. 세상을 등지고 "나는 뭐 아무것도 원할 게 없다" 이런 식인데, 그런 뜻이 아닙니다. 가장 복된 것이고 가장 즐거운 것이고, 이게 쾌락이라면 이 이상의 쾌락이 없는 것이고 영원한 쾌락이죠. 순간적으로 뭘 의지해서 얻는 쾌락이 아니고 우리의 본래 자리에 있는 쾌락입니다. 자기의 본래 자리에 있는 쾌락, 자기 집 안에 편안히 머물러 있는 쾌락이니까 이것은 영원한 거죠. 안심입명처(安心立命處)라고요. 이 이상은 없는 거죠. 그러니까 이 자리에 이것뿐이거든요. 이 자리에 이게 한번 통하면, 늘 만법이 전혀 아무 일이 없고 언제나 이 일 하나뿐인 거죠.

하여튼 이 자리가 확실하게 딱 확보가 돼서 언제든지 자기가 자기 자리에 있음을 확인할 수 있는 능력을 얻는 것이 이 공부이고, 체험이고, 깨달음인 거고, 우리 불법의 효험인 겁니다. 언제나 이 자리고 아무 다른 일이 없이 항상 이 하나뿐인 거죠. 여기는 과거, 현재, 미래, 부처, 깨달음, 뭐 이름 붙일 것은 아무것도 없습니다. 그냥 이대로 온 천지가 이 하나의 일이거든요. 이대로 온 천지가 이 하나의 일이고 이 자리예요. 전혀 다른 일이 없는 겁니다. 그러면 항상 똑같죠. (법상을 두드리며) 언제든지 이것 하나뿐이에요, 하나뿐!

하여간 이 이상도 없고 이 이하도 없습니다. '무위실상문(無爲實相門)'이라고, 또 여기에 별의별 이름을 다 붙이죠. '여래의 지위'라 하기도 하는데, 여래의 지위에는 여기에도 나와 있듯이 바로 들어가는 겁니다. 바로 들어가는 것이지 갈고 닦아서 들어가는 게 아니에요. 바로 곧장 이 자리! 왜? 우리가 본래 갖추고 있는 것이기 때문에. 본래 갖추고 있는 거고 본래 이 자리이기 때문에. 본래 모두 다 부처다 이겁니다. 본래 이 일 하나뿐이거든요. 본래 이 일 하나뿐.

51
다만 근본을 얻을 뿐

다만 근본을 얻을 뿐 말단을 근심하지 말지니
깨끗한 유리가 보배 달을 머금음과 같다.

但得本莫愁末
如淨琉璃含寶月

다만 근본을 얻을 뿐 말단을 근심하지 말지니…… 공부는 '여기'
에 초점이 딱 들어맞는 것, 이 일 하나밖에 없습니다. 그 나머지 이
러쿵저러쿵할 일은 전혀 없습니다. 우리가 계정혜를 닦고 육바라
밀이 어떻고, 온갖 소리를 하지만 전부 쓸데없는 소리예요. 이 근본
자리, 여기에 딱 들어맞으면 이것 하나밖에 없습니다. 여기에 딱 들
어맞으면 만법의 실상이 드러나기 때문이죠. 그렇게 되면 어떤 행
동이고 어떤 생각이고, 뭘 보고 듣고 하든지 다 똑같아서 아무 일이
없어요. 왜냐? 만법이 여기서 다 적멸해 버리기 때문이죠. 계율이
따로 있고 선정이 따로 있고 지혜가 따로 있는 것이 아니고, 육바라
밀을 갈고 닦는 것도 아닙니다.

만법이 여기서 적멸하고 다만 이 법 하나, 이 일 하나뿐이기 때문
에 여기에만 초점이 딱 들어맞아 버리면 무슨 일이 있더라도 늘 똑

같고 아무 일이 없고 단지 이 일 하나뿐입니다. 이 공부는 여러 가지 복잡한 게 아니고 단지 이 하나예요. 이걸 마음이라 한다면 마음 하나, 법이라 한다면 법 하나고, 그냥 이것 하나뿐이거든요. 하여튼 여기에만 한번 딱 들어맞아 버리면, 세상일이라는 게 전부 있는 것 같지만 없고, 없는 듯하면서도 또 있고, 마치 꿈과 같아요. 그러니까 어떤 일이 일어나더라도 아무 일이 없는 겁니다.

그래서 이런 구절들이 아주 많이 인용되는 구절이기도 하고 아주 좋은 구절이죠. "다만 근본을 얻을 뿐 말단에 관심을 둘 필요는 없다." 이 일 하나만 분명하면 되고 그 나머지는 전부 우리가 분별하고 망상하는 거거든요. 분별을 해서 '이런 게 어떻게 되느냐, 저런 게 어떻게 되느냐?' '이게 좋은 거냐, 나쁜 거냐?' 전부 망상이거든요. 여기에 딱 들어맞아 버리면 이것은 좋고 나쁘고 이러쿵저러쿵할 게 전혀 없습니다. 그러니까 이것(법상을 두드리며)이 분명해지면 열반이라고 하는 이유는, 온갖 차별경계가 여기서 모두 적멸해 버리고 아무 일이 없기 때문에 열반이라고 하는 겁니다.

불교 공부에 여러 가지가 있지만 선만큼 효과적인 공부 방법이 없어요. 그래서 이것을 지름길이라고 하죠. 곧장 바로 근본으로 확 들어가 버리니, 전쟁으로 치면 바로 적의 심장부로 들어가서 지휘부를 붙잡아 항복을 받아내 버리는 식이에요. 하나씩 하나씩, 이것 하나 저것 하나, 그렇게 하는 게 아니라고요. 원래 우리 마음 자체가 그런 것입니다. 이것 따지고 저것 따지고 그런 게 없습니다. 그냥 여기에 초점이 딱 들어맞아 이 일 하나가 분명하면, 저절로 아무 일이 없어요. 이런저런 온갖 일이 있는데 아무 일이 없거든요.

과거, 현재, 미래를 따지고, 업장을 따지고, 계율을 따지는 것은 아무 쓸데없는 소리예요. 딱 이 일 하나만 분명하면, 여기서 모든 법의 실상이 다 드러나 버리기 때문이죠. 《반야심경》에 있다시피 '시제법공상(是諸法空相)'이라. "만법은 모습으로 드러나 있지만 다 공이다" 이 말이에요. 아무것도 신경 쓸 게 없는 겁니다. 그냥 단지 이 일 하나뿐이다 이거예요. (법상을 두드리며) 단지 여기 이것만, 여기에만 초점이 들어맞아 버리면, 이것만 분명하면 다른 것은 전혀 없어요. 이것뿐이거든요.

근본을 얻으면 될 뿐…… 그래서 공부 중에서는 선 공부가 가장 효과적이고 좋은 겁니다. "도가 뭐냐?" "부처가 뭐냐?" "불법이 뭐냐?" "공부가 어떤 것이냐?" "깨달음은 뭐냐?" 어떤 질문을 받더라도 (법상을 두드리며) "이거다." 답은 딱 이것 하나뿐이거든요. 어떤 질문을 하든지 간에 답은 딱 이것 하나뿐이라고요. 왜? 여기서 다 끝장이 나 버리는데요, 뭐. 어떤 질문이든지 간에 실상은 딱 이것 하나뿐이고 여기서 끝이 나 버리는 겁니다.

대혜 스님이 뭐라고 했습니까? "천 가지 의문, 만 가지 의문이 알고 보면 하나의 의문이다." 생각으로는 온갖 뭐가 있는 것 같지만 실제로 실상을 드러내면, 딱 이것 하나뿐입니다. 여러 가지가 없습니다. 이것 하나만 분명해 버리면 됩니다. 그래서 이런 얘기를 하는 거죠. "다만 근본을 얻으면 그만일 뿐 말단은 신경 쓸 것이 없다."

말단을 근심하고 신경 쓸 것은 없다.

  깨끗한 유리가 보배 달을 머금은 것과 같다…… 깨끗한 거울에
달이 비친 것과 똑같다. 달이라는 것은 실상을 가리키는 말이죠? 깨
끗한 유리가 아니고 때가 낀 유리라면 닦아야 되겠죠. 유리라는 물
건이 있고 그것에 때가 있으면 닦아서 달의 실상을 드러내게 하겠
지만 마음이라는 것에는 그런 물건이 없습니다. 그러니까 이것은
때가 낄 수 없는 거죠. 갈고 닦을 것도 없고, 뭘 계속 노력해야 되는
것도 아닙니다. 마음이라는 물건을 붙잡고 있는 건 아직 공부가 제
대로 된 게 아닙니다. 마음이 싹 없어져 버려야 돼요. 마음이라고 할
게 없는 겁니다.

  마음이라고 할 게 없으면 결국 뭐냐? 일어나는 모든 일, 보이는
사물, 들리는 소리·감정·느낌·생각·일어나는 모든 일이 전부
똑같이 이 한 개 일입니다, 하나의 일. 그러니까 마음도 아니고 사물
도 아니죠. 그렇기 때문에 그냥 살면 돼요. 무슨 일이 일어나든지 거
리낄 게 없는 거라. 그냥 자유자재한 거예요.

  자유자재하지 못한다는 것은 '이게 도다, 마음이다, 깨달음이다'
하는 뭔가를 가지고 있어서 거기에 걸려 있는 겁니다. 공부하는 사
람은 하여튼 마음이라는 게 싹 없어져 버려야 되는 겁니다. 그래서
공부할 일이 티끌만큼도 없어야 되고, 아무것도 없어야 하는 겁니
다. 그게 참 쉽지 않은데 어쨌든 초점이 한번 딱 들어맞는 때가 있
어요. 그렇게 돼야 비로소 완전히 할 일이 없어지는 거죠. 그렇지 않

으면 관심을 가지고 공부를 꾸준히 계속할 수밖에 없는 거니까요.

하여튼 이것은 말로는 '이것'이라고 하지만 '이것'이라고 하는 그런 흔적이 남아 있으면 안 돼요. 제가 비유를 들잖아요. 여름 한낮 정오쯤에 태양이 하늘에 있을 때 곧은 막대기를 수직으로 세우면 그림자가 없거든요. 태양하고 딱 일치가 되면 그림자가 없어져요. 저에게 마음이 없어지고 이쪽저쪽이 사라져 버리고 나니까 갑자기 이런 비유가 생각이 났어요. "아, 이 마음 자체가 흔적이 없는 거구나." 지금까지 마음이다, 깨달음이다, 뭐다 하는 것은 그냥 그림자에 불과한 거였어요. 초점이 제대로 안 맞으니까 그런 흔적이 남아 있었던 거죠.

초점이 딱 맞으면 깨달음이니 마음이니 본성이니 그런 것은 없어요. "만법이 평등하다"는 말이 심오한 말입니다. 모든 일이 다 똑같다 이 말이에요. 그러니까 아무런 할 일이 없는 거죠. 모든 일이 다 똑같으니까, 취하고 버리고 좋고 나쁘고 할 게 전혀 없는 겁니다. 그래야 자유로워지는 거죠. 하여튼 자꾸 공부해서 초점이 딱 들어맞아야 되는 겁니다. 그렇게 돼야 지금까지 "아, 이게 내 마음이다, 내 본성이다" 하고 살아왔던 그게, 당연하게 여겨 왔던 그게, 알고 보면 전부 그림자에 불과했다는 것을 그때야 비로소 알 수 있어요. 그 전에는 알 수 없습니다.

깨끗한 유리가 보배 달을 머금은 것과 같다…… 조금도 숨길 게 없고 왜곡될 게 없고 흔적이 없는 겁니다. 그러니까 뭘 하든지 똑같아서 그냥 이 일 하나뿐인 거예요. 하여튼 공부를 그렇게 깔끔하게 해야 됩니다. '계합(契合)'이라는 표현을 옛날 사람들이 무엇에 비유하느냐 하면, '부절(符節)'이라고 있잖아요? 뭐냐 하면 나무를 뚝 부러뜨렸다가 다시 딱 맞추면 부러진 자국이 전혀 보이지 않을 정도로 딱 들어맞잖아요? 그런 것을 부절이라고 해요. 또 아주 잘 만들어진 상자의 뚜껑을 닫으면 틈이 전혀 없습니다. 그래서 '뚜껑을 딱 닫는다'는 표현도 했어요. 그것처럼 이게 초점이 딱 들어맞아야 돼요. 그러면 마음이라 할 것도 없고, 사물이라 할 것도 없고, 안팎이 없고, 주관·객관이 없습니다. 항상 뭐든지 (법상을 두드리며) 전부 다 똑같은 일뿐이에요. 여기에 마음이 있고 도가 있고 깨달음이 있고 그런 게 아닙니다.

52
이롭게 하는 여의주

이미 이 여의주를 잘 알았다면
나도 이롭게 하고 남도 이롭게 해서 끝이 나지 않는다.

我今解此如意珠
自利利他終不竭

이게 전부 분별하는 말들인데, 어쨌든 '나'와 '남' 이런 식으로
나눌 것도 없고, 자기 스스로가 한번 딱 들어맞는 그게 공부입니다.
'내가 어떻고 남이 어떻고' 이런 생각을 하면 다시 분별로 떨어져
버립니다. 하여간 불이법(不二法)이니까 생각이 전혀 필요가 없거든
요. 예를 들어 '계합을 한다, 초점이 맞다' 하는 것도 자기가 "아, 이
렇게 하는 것이 초점이 맞는 거구나" 이렇게 안다면 그것은 초점이
맞는 게 아닙니다. 왜냐하면 초점이 맞는 법이 따로 있고 그것을 아
는 내가 따로 있으니까, 그건 이법(二法)이거든요. '그렇게 된다'는
얘기는 아니에요. '이렇게 되는 게 초점이 맞는 거구나'라고 하면
벌써 초점이 맞는다는 '법'이 있고 보는 '내'가 있기 때문에 그건
안 맞습니다. 그런 얘기가 아니에요.
그러니까 이것은 '나'라고 할 것도 없고 '법'이라 할 것도 없고,

저절로 안팎이 없고, 이쪽저쪽이 없는 거예요. 그런데 말을 하려고 하니까 그런 비유도 하고 생각을 하고 그런 얘기를 하는 것이지, 실제로는 그런 것은 없죠. 그냥 하는 일마다 똑같은 이 일 하나뿐인 겁니다. 본인 스스로가 분별을 해서 "이런 게 법이구나" 하는 것은 아니에요. 그냥 말을 하면 말하는 자체, 이것뿐인 것이고, 생각하면 생각하는 것뿐인 것이고, 보면 보는 것뿐인 거죠. 그냥 이게 전부고, 안팎이 없는 것이고, 주관·객관이 없는 것이고, 이쪽저쪽이 없는 것이지. 그런 '법'을 아는 '내'가 또 있으면 이게 전부 분별이 되어 버리거든요. 그러니까 분별로써 하면 안 되고, 이게(법상을 두드리며), 생각이 바로 나고, 보는 게 나고, 듣는 게 나고, 움직이는 게 나예요. 보이는 물건이 보는 놈이라고요. 그것도 억지로 그렇게 표현하는 것인데, '둘이 없다' 이 말입니다. 둘이 되면 안 돼요. 보이는 주관이 있고 보이는 법이 있으면 안 된다고요.

제가 옛날에 스승님이 방바닥을 두드리는 소리에 처음 체험을 하고 나서, "아, 이 자리구나. 통 밑이 빠져 확 뚫려서 밑바닥이 없구나. 밑바닥이 없는 이 자리에서 힘을 얻었으니 이제 나는 어디에도 끄달리거나 의지할 필요가 없구나." 이것까지는 다 됐는데, 이런 것을 알고 있는 이 생각은 따로 있는 것 같더라고요. 처음에는 그랬어요. 그러니까 생각이란 놈이 계속 법을 보고 있는 느낌이 들었단 말이에요. 그런데 그게 기분이 좀 나쁜 거예요. 생각이 왜 법을 봐? 자기도 똑같이 하나가 돼야지. 그게 기분이 나빴던 거였어요. 그래서,

"이게 아닌데……. 생각이란 놈이 왜 자기가 일어나서 자꾸 법을 아는 척 하지? 이놈이 뭔가 문제가 있구나." 그게 항상 꺼림칙하고 기분이 나빴는데 하여튼 그것도 어느 날 산책을 하면서 해결이 되더라고요.

산책을 하는데 '간격'이 딱 사라져 버리더라고요. 그러니까 생각이 앞서가고 제가 생각을 따라가는 그런 느낌이 항상 있었는데, '내'가 없어지고 나니 그만 생각이 바로 '나'였어요. 하나가 딱 되고 나니까 꺼림칙한 그런 게 다 없어졌어요. 생각하는 버릇이라는 게 우리한테서 참 잘 안 떨어져요. 그게 따로 있으면 안 됩니다.

그래서 생각하는 사람이 따로 있고, 생각, 대상이 따로 있는 게 아니고, 그냥 생각하는 자체가 바로 안팎이 없이 이 일 하나다, 생각도 이거고 행동도 이거고 그냥 모든 게 이것 하나다 하는, 하나로 완전히 확 돌아가 버려야 돼요. 하나가 된다는 말은 그런 뜻에서 하는 겁니다. 우리는 자꾸 생각이 따로 놀기 때문에 그게 망상이거든요. "마음이라 할 게 없고 생각이라 할 것도 없구나." 그렇게 되니까 그야말로 진짜 안팎이 없다는 게 실감이 확 오죠. 안팎이 없어요. 그냥 일어나는 일마다 전부 똑같아요.

그러니까 "온 우주의 삼라만상이 나 자신이다" 이런 얘기를 자연스럽게 할 수 있는 거죠. 물론 "이것뿐입니다" 하는 말조차도 방편입니다. '이것'이 따로 있고 "이것뿐입니다" 하고 말하는 사람이 따로 있는 게 아니고, 그냥 한 개 일이에요. 이 일 하나뿐이라, 하나뿐! 법문을 하려다 보니까 어쩔 수 없이 이렇게 이야기를 하는 거죠.

그러니까 "나도 이롭게 하고 남도 이롭게 하고" 이런 소리를 하면 안 돼요. 이것은 몽둥이 맞을 소리예요. 내가 어디 있고 남이 어디 있어요? 물론 방편으로 이런 말을 할 수도 있죠. 그런데 이것은 좋지 않은 말입니다. 항상 불이법만 얘기해야 여법한 거죠. 이법으로 갔다가 불이법으로 왔다가, 다시 이법으로 왔다 갔다 해 버리면 헷갈려요. 완전히 불이법이 성취되어야 남이라 해도 남이 아니고, 나라고 해도 나가 아니죠. '남'이 어디 있고 '나'가 어디 있습니까? 그런 것 없거든요. 분명히 《금강경》에도 얘기했잖아요. '아상', '인상'이라는 게 나와 남이라는 말인데, 그런 게 있으면 안 됩니다. 안 팎이 없어요, 그냥 이 일 하나뿐이에요.

이런 말이 있죠. "부처 눈에는 부처만 보이고 강아지 눈에는 강아지만 보인다." 옛날 무학 대사가 한 말인데, 이 말이 맞아요. 실상의 안목이 탁 열리면 온 세상은 그냥 불법의 세계입니다. 여법한 세계지, 아무 문제가 없습니다. 그런데 이법, 분별하는 눈으로 보면 이 세상은 모순투성이고 마음에 드는 게 하나도 없어요. 전부 문제투성이죠. 그러니까 그렇게 될 수밖에 없는 거거든요. 세상이 그래서 그런 게 아니고, 우리의 눈이 그런 겁니다. 우리가 불법을 보지 않으면 사바세계를 보는 것이고, 불법을 보는 눈이 열리면 사바세계는 사바세계가 아니라 그냥 그대로 불국토입니다.

그러니까 늘 불국토를 보고서 이 법 하나만 분명해야 되는 것이지, 자꾸 이쪽저쪽 왔다 갔다 하면 안 맞는 거죠. 불법을 보는 눈이 분명해야 비로소 이법인 분별의 세계, 사바세계의 실상이 항상 분명하고, 그 때문에 분별을 얘기하면서도 분별에 머물지 않고 실상에 발을 딛고 분별을 얘기할 수 있습니다. 그게 《유마경》에 나오는 "제일의(第一義), 첫 번째 자리에 발을 딛고 온갖 분별을 한다"는 겁니다. 그게 안목을 가진 사람의 말이거든요. 이건 첫 번째 자리, '하나'의 자리에 발을 딛고서 온갖 차별을 다 한다는 것인데, 하나의 자리에 발을 딛지도 않고 차별 속으로 가 버리면 그것은 자기 집을 잃고 헤매는 미혹함이거든요. 그러니까 늘 '하나의 자리'에 항상 발을 딱 딛고 있어야 되는 겁니다. 그러면 온갖 차별을 얼마든지 얘기할 수 있지만, 그 차별세계가 진실한 것은 아니에요. 허망한 거죠. 언제나 '하나의 진실'에 발을 딛고 있는 거니까요. 그래서 알고 보면 허망함이라는 게 전부 다 우리 망상이에요, 망상. 여기에 초점이 안 맞으니까 그런 소리를 하는 거거든요.

무명이라는 것은 어둠이거든요. 어둠이라는 것은 존재하지 않는 겁니다. 그냥 밝음이 없는 게 어둠이지, 어둠이 어디 있습니까? 어둠을 몰아내면 밝아지느냐? 그게 아니잖아요. 불을 켜면 어둠은 본래 존재하지 않는 겁니다. 우리의 망상과 실상이 이와 같습니다. 그냥 여기에 초점이 딱 들어맞으면 본래 망상이란 건 없습니다. 존재하지 않아요. 그런 것은 없어요. 그냥 온 천지가 그대로 진실한 세계죠. 이 하나의 진실일 뿐인 거죠. 그러니까 무슨 업장이니 망상이니 사바세계니 하는 그런, 없애야 될 나쁜 일은 없는 겁니다. 실상을 보는 눈이 밝지 못하니까 자꾸 그렇게 둘을 얘기하는 것이지, 본래 둘이 없어요.

이미 이 여의주를 잘 알았다면 나도 이롭게 하고 남도 이롭게 하고…… 나와 남이 없어요. 그렇다면 "나도 이롭게 하고 남도 이롭게 한다"는 게 뭐냐? 나와 남이 없어지는 거라. 그게 바로 '무주상보시(無住相布施)'라는 거거든요. 《금강경》의 무주상보시가 뭡니까? 모습에 머물지 않고 보시한다, 내가 없고 남이 없고 주는 게 없고 받는 게 없다, 이 말입니다. 그게 법을 얘기하는 거거든요. 나도 이롭게 하고 남도 이롭게 하는 이게 무주상보시거든요. 그냥 언제든지 이 일 하나뿐이란 말이죠. (법상을 두드리며) 생각으로 하면 절대로 안 됩니다. 법은 이렇게 생생하고 진실하고, 요즘 애들 흔히 하는 말로 레알(Real)한 거라. 생생해서 이것 하나가 오직 진실할 뿐, 그냥 이것뿐이죠.

이 자리에서 우리가 나를 말하고 남을 말하고 마음을 말하고 사물을 말하는 겁니다. 그래서 나를 말하는 것도 이거고, 남을 말하는 것도 이거고, 마음을 말하는 것도 이거고, 사물을 말하는 것도 이거죠. 온갖 분별을 여기서 다 하지만 이거는 이쪽저쪽이 없습니다. 그러니까 중도(中道)라 하고 불이법이라 하는 거거든요. 온갖 분별을 여기서 다 하고 온갖 생각을 여기서 다 하지만, 여기는 이쪽저쪽이 없어요. 그러니까 불이중도라 하는 거죠. 이 중도라는 것은 "만법이 하나로 돌아간다" 할 때 그게 바로 중도의 뜻입니다. 만법을 다 안고 있는데 이쪽저쪽이 없는 겁니다. 그게 중도예요. 만법이 다 중도지, 어느 것에도 이쪽이 있고 저쪽이 있는 게 아니죠.

'입처개진(立處皆眞)' 이라는 게 중도를 말하는 거거든요. 어디든지 평등하다는 게 중도를 얘기하는 겁니다. 이쪽저쪽이 없으니까 평등하죠. 항상 똑같은 겁니다. 여여하다는 게 바로 중도를 얘기하는 겁니다. 중도라는 말 자체가 이쪽저쪽이 없다는 말이니까요. 단지 이것을 나타내려고 방편으로 그런 말들을 만들어서 하는 겁니다. 그래서 "나도 이롭게 하고 남도 이롭게 한다." 무주상보시, 아상·인상·중생상·수자상이 없이 모든 일을 한다 이 말이죠.

53
무엇을 하겠는가?

강에는 달 비치고 소나무에는 바람 부니
긴긴 밤 맑은 하늘에 무엇을 하겠는가?

江月照松風吹
永夜淸霄何所爲

　　말하자면 풍월을 가지고 법을 얘기합니다. 강에는 달이 비치고
소나무에는 바람이 부니…… 여러 가지 인연을 얘기하는 거죠. 긴
긴 밤 맑은 하늘에 무슨 할 일이 있겠느냐?…… 아무 일이 없다. 모
든 것은 인연 따라서 다 드러나 있다는, 시적인 표현이죠.《화엄경》
식으로 하면 '해인삼매(海印三昧)' 거든요. 만법의 실상이 훤히 드러
나서 이렇게 인연 따라 다 펼쳐져 있는데 뭘 손댈 게 있느냐? 전부
가 하나로 평등해서, 좋고 나쁘고 진짜고 가짜고 시비할 일이 전혀
없다.

　　그래서 경에서는 이것을 '해인삼매' 라고 하지만, 우리 선사들은
시인이니까 이런 식으로, "강물에는 달이 비치고 소나무에는 바람
이 분다. 이 맑은 밤하늘에 뭔 할 일이 있겠느냐?" 온갖 삼라만상의
이런 인연들이 실상을 그대로 드러내고 있는데 뭐 여기에 손댈 게

있느냐?

풍월인데 우리에겐 그런 교육이 없었어요. 옛 중국 지식인들은 시를 쓰는 것이 그 당시 필수적인 교육이거든요. 글자를 배웠다고 하면 시를 쓸 줄 알아야 되는 거예요. 뭐든지 시를 가지고 나타내요. 이 교육이 참 좋은 것 같아요. 왜 우리는 그런 교육을 안 하는지 모르겠어요. 그러다 보니 이 사람들은, 예를 들어 술을 마셔도 그냥 안 마시고 문장을 한두 개 정해 놓고 운에 맞춰 시를 짓는데, 못 지으면 벌주를 마시게 하는 거예요. 중국의 최고 명필이 왕희지죠. 왕희지가 쓴 글 중에 가장 유명한 글이 있대요. 그 글이 얼마나 유명한지 진품은 아직 확인이 안 됐지만 모조품은 수백 개가 중국에 있어요. 그런데 그 글이 어디서 나왔느냐? 제가 제목은 기억이 안 나는데 바로 달밤에 강가에 앉아서 시를 짓다가 벌주 마시면서 쓴 글이래요. 술에 취해 썼는데 그게 왕희지 일생일대 최고의 명필이라. 물론 내용도 최고로 좋았겠죠.

그러니까 그런 풍류를 중국 지식인들은 기본적으로 알아요. 이런 것이 있으면 좀 멋스럽잖아요. 그 진품에 대한 전설적인 얘기들이 있어요. 그 글씨의 진품을 어떤 스님이 가지고 있었는데 중국의 황제가 그 스님한테 그것을 한번 보여 달라고 했답니다. 이 스님은 "나에게 없습니다"라고 했어요. 감추고 안 보여 준 거예요. 그 황제도 풍류를 아는 사람이니까 그게 보고 싶어서 죽겠는 거예요. 그것을 알고 한 신하가 황제한테, "저한테 2년만 시간을 주시면 제가 그것을 꼭 가지고 오겠습니다." "알았다. 그렇게 해라."

그 양반이 그 절이 있는 산의 앞 동네에 가서 찻집을 열어요. 찻집을 열어 놓고 장사를 한 일 년 한 거예요. 가끔씩 절에 가서 인사만 하고 불공도 드렸죠. 그렇게 살살 그 스님하고 안면을 튼 후에 가끔 초청해서 차도 대접하고, 진귀한 물건도 선물하고요. 차를 마시면서 차츰 이야기를 하다 보니까 서로 풍류를 아는 사람이거든요. 밤 가는 줄 모르고 시 이야기, 옛날 문인들 이야기를 하면서 굉장히 가까워졌어요. 그 신하가 살살 "내가 왕희지의 소문만 들었는데, 정말 그것을 한 번만 보고 죽었으면 소원이 없겠다"고, 그 스님이 가지고 있는 걸 모르는 척 하며 그런 식으로 말한 거죠. 그 스님이 "사실은 내가 가지고 있는 것인데, 한번 보여 줄게."

그래서 그것을 보여 주기로 한 날, 이 양반이 절에 가면서 관(官)에다 연락해서 "몰래 따라오라"고 했죠. 진필을 같이 구경하고, 스님이 딱 싸서 고이 넣어 두는 것을 보고, 나오면서 따라온 사람들한테 어디에 있다고 얘기해 준 거예요. 그래서 사람들이 그날 저녁에 가서 그것을 훔쳐 나온 거죠. 그날로 그 사람은 짐을 싸서 궁궐로 가 버렸어요. 그 스님은 잃어버린 줄도 모르고 있다가, 얼마 뒤에 그것을 확인해 보니까 그 사람도 없고 그것도 없는 거예요. 가만히 생각해 보니까 범인은 그 사람이거든요. 쫓아가 보니 찻집이고 뭐고 아무것도 없어요. 그 사람도 어디론가 가 버리고 없고. 그때야 비로소, "아이쿠!" 소문을 들으니까 벌써 황제 손에 들어갔다는 거예요. 그 스님은 그 일 때문에 얼마 뒤 죽어 버렸어요. 그 황제는 그 글씨의 모조품을 200개인가 그려 가지고 신하들한테 다 나눠 줬어요.

지금은 모조품은 많이 남아 있는데 진품은 어디로 갔는지 아무도 모른다고 하더라고요. 아무튼 그만큼 유명한 작품이라고 합니다.

저도 모조품 사진을 봤는데 뭐, 그냥 아이들 장난처럼 시시해 보이더라고요. 우리는 보는 눈이 없으니까요. 그런데 그게 최고의 명필이라 하고 내용도 좋다고 그러더라고요. 봄밤에 둘러앉아 운자(韻字)를 띄워 놓고 시를 지으면서, 못 지으면 벌주 마시고 하는 풍류에 취해 가지고 쓴 글이라. 어쨌든 그런 풍류들이 과거 중국 사람들한테 있었습니다. 요즘도 그런 교육을 하면 얼마나 멋스럽습니까? 술 마시고 그냥 노래방에 가고, 그렇게 하는 게 아니고 말이에요.

강에는 달 비치고 소나무에는 바람 부니
긴긴 밤 맑은 하늘에 무엇을 하겠는가?

딱 보니까 해인삼매가 그런 광경입니다. 마음법이 턱 드러나 있는데 그냥 그대로가 이 하나의 법성이지 다른 일은 없다, 만법이 하나하나가 따로 있는 게 아니고 다만 이 하나의 법일 뿐이다, 이 말이에요. 그러니까 이게 어쨌든 이 법이지 다른 법은 없어요. 이게 어쨌든 항상 분명해 가지고 '나'라고 할 것이 없고 사물이라 할 것이 없고, 그냥 언제든지 안팎이 없고 둘이 없이 하나가 딱 분명해야 되는 겁니다.

54
본바탕 위의 옷

불성계의 구슬은 마음에서 확인되고
안개, 이슬, 구름, 노을은 본바탕 위의 옷이로다.

佛性戒珠心地印
霧露雲霞體上衣

　'불성계(佛性戒)'는 원래 《범망경(梵網經)》에 나오는 말인데, "이
계를 받아 지니면 중생의 본래 갖추고 있는 불성을 개발하여 성불
을 하게 되므로 이것을 불성계라 한다." 결국 불성계라는 것은 법을
가리키는 말이죠.

　불성계의 구슬은 마음에서 확인되고…… 불성, 법은 결국 우리
마음에서 확인되고, 마음이라 할 게 따로 있는 게 아니고, 법이라 할
게 따로 있는 게 아니고, 사물이라 할 게 따로 있는 게 아니라는 거
죠. 어쨌든 지금 드러나 있는 모든 일은 이 한 개 일이기 때문에 이
것을 '성(性)'이란 표현을 써요. '성(性)'이라는 글자도 중국 사람들
이 다 의미를 두고 번역한 겁니다. 성은 '마음 심(心)' 변에 '날 생
(生)'이란 글자를 붙여 놓은 문자죠. 회의(會意) 문자라 하나요? 마음
이 생, 살아 있다. 마음이 일어난다 해도 좋고 살아 있다 해도 좋은

데 그런 말이거든요. 그러니까 만법이 다 불성이라 하는 것은, 만법이 한결같이 다만 이 하나의 일이다, 이것을 마음이라 하든 본성이라 하든 이름은 붙이기 나름인데 만법이 다 똑같다, 이겁니다. 그냥 이 일 하나라는 말이에요. 지금 이 일 하나뿐이잖아요.

우리가 시계, 마이크, 춥다, 덥다, 몸이 피곤하다, 가뿐하다…… 사실 어제 저녁에 제가 모기 잡느라 잠을 제대로 못 잤어요. 그래서 잠을 좀 설쳤다 해도 다 똑같아요. 이 일 하나뿐. 이 법 하나뿐이거든요. (법상을 두드리며) 그러니까 하여튼 뭘 하든지 간에 지금 바로 이거잖아요. 다른 일은 없거든요. 이 일 하나라. 여기서 이쪽저쪽, 이게 마음이다, 법이다, 이름을 붙이면 안 되고 규정을 하면 안 돼요.

깨달음은 우리가 불이법에 통하는 것인데, 왜 불이법이란 말을 붙이느냐? 이름을 붙이거나 분별을 하거나 뭘 정해 버리면 그것은 불이법이 아니거든요. 상(想)이 돼 버린다 이 말입니다. 그렇기 때문에 임제가 뭐라고 했습니까? "잡았으면 그냥 쓰면 될 뿐이지 여기다가 이름을 붙이지 마라"고 그랬거든요. 이름을 붙이는 것은 뭐냐 하면 생각이란 놈이 장난치는 겁니다. 전부 망상을 하려고요. 그러니까 이게 통했으면 그냥 이것뿐이지요. 여기는 이쪽저쪽이 없고, 만법을 그냥 그대로 쓴다. 이건 뭐냐 하면, 그대로 하나가 돼서 이것뿐인 것이죠. 만법 하나하나 위에서 밝고, 사물사물 위에서 다 드러나 있기 때문에 이름 붙일 이유가 없죠.

예를 들어, 어떤 사물의 경우도 안 그렇습니까? 내가 이름을 듣고 어떤 물건을 사려고 한다. 그런데 그 물건이 내 손에 들어오기 전에는 그 이름을 갖고 우리는 항상 그 물건을 생각하고 상상하거든요. 그러다가 내 손에 딱 들어오면 그냥 눈앞에 있기 때문에 그 이름을 생각할 필요가 없죠. 그냥 손아귀 속에 들어오면, 눈앞에 딱 있으니까요.

우리가 '견해나 개념이나 이름을 가지고 있다' 는 것은 지금 당장 눈앞에 생생하게 드러나 있지 않다는 뜻입니다. 그러니까 그게 망상이라. 이름을 붙이면 안 되죠. 이름을 붙일 필요가 없는 것이에요. 이렇게 (법상을 두드리며) 생생하게 살아 있는 이 법에 왜 이름을 붙여요? 그러면 도니 법이니 마음이니 하는 것은 뭐냐? 그냥 방편으로 붙이는 거라고요.

여기에는 이름이 붙을 수가 없는 거죠. 그러니까 이것을 가리켜 주려고 고함도 지르고 쥐어박기도 하고 "차 한 잔 마셔라" "악수 한 번 하자"고 하는 거예요. 그냥 이름 붙일 게 없는 이것 하나를 스스로 확실하게 확인해 보라는 거죠. 이것만 확인되면 언제나 어떤 일을 하든지 간에 자나 깨나 하루 24시간이 그냥 이 일 하나뿐이니까, 이름 붙일 이유가 없는 겁니다. 자기라고 할 게 없고 항상 이 일 하나뿐이니까요. 보고 듣고 느끼고 아는 일이 다 똑같은 일이어서 이것 하나뿐이죠. 그러니까 이름을 붙인다 하는 그런 일은 전혀 있을 수가 없죠. 그래서 "불성계의 구슬은 마음에서 확인되고"라고 하지만, 불성계니 마음이니 하는 것은 다 방편으로 하는 소리다 이겁니다.

안개, 이슬, 구름, 노을은 본바탕 위의 옷이로다…… 안개나 이슬이나 구름이나 노을의 기본 특징이 뭡니까? 허망하게 금방 생겨나고 금방 사라지고 하는 거죠. 무상합니다. 이렇게 무상하게 생겨나고 사라지고 하는 것은 본바탕 위의 옷이다. 말하자면 앞에서 불성계의 구슬이라 하는 것은 변함이 없는 것을 가리키는 것이고 불생불멸, 늘 변함없는 것이라는 말이에요. 안개, 이슬, 구름, 노을은 금방 생겨났다 금방 사라져 무상하다는 말이니까, 우리가 분별로써 세상을 보는 분별법을 가리키는 거죠. 결국 간단하게 얘기하면, 불성계의 구슬, 우리의 본성이라 하는 것은 물이고, 안개·이슬·구름·노을, 이 온갖 모습들은 그 물에서 일어나는 물결이다. 말하자면 그런 말이죠.

물과 물결은 물론 둘이 아닙니다. 하나죠. 그러니까 그게 물, 물결로 이름은 다르지만 하나라는 말이에요. 그것을 이름 따라 둘로 분별하는 게 망상인 겁니다. 물과 물결이라 하는 것은 하나죠. 분명히 거기에는 둘이 없는 겁니다. 그런데 우리가 이름을 둘로 나눠 놓으면 둘이 따로 있는 깃처럼 착각이 일어난단 말이죠. 그게 망상이죠.

마음이다, 사물이다, 주관이다, 객관이다, 불법이다, 세간법이다…… 이름은 다 다르지만, 그것은 마치 물과 물결하고 같은 겁니다. (법상을 두드리며) 그냥 하나예요, 이 하나! 그래서 우리가 이름을 따라서 둘로 나누는 그 버릇을 좀 극복하고 하나가 분명해져야 되는 겁니다. 그게 불이법으로 돌아가는 것이고 공부예요. 지금까지는 세간에 살아오면서 항상 이름을 따라서 나누는 것만 해 왔기 때문에, 이제 그 버릇을 벗어나서 완전히 하나로 돌아가야 되는 거죠. 그러니까 이것 하나거든요, 하나!

그래서 세간법이라 하든, 출세간법이라 하든, 마음이라 하든, 사물이라 하든, 불법이라 하든, 무슨 외도법이라 하든, 불이법이라 하든, 이법이라 하든, 이름만 다를 뿐이에요. 공이라 하든, 상이라 하든, 색이라 하든, 이름만 다를 뿐이라. 하나란 말이에요. 이름만 다를 뿐이고 이 하나의 일이죠. 하여튼 이름에 속는 게 망상의 시작입니다. 이름에 속으면 안 돼요. 그렇기 때문에 여기에는 이름을 붙이면 안 된다고요. 이름을 붙이면 딱 분별이 일어나는 게 우리 버릇이니까요. 여기는 이름을 붙이지 말고 그냥 그야말로 "잡았으면 쓸 뿐" 하듯이 그냥 이 일 하나뿐이에요. (법상을 두드리며) 이름을 붙이면 안 돼요. 언제라도 이 한 개 일이다. 이 하나뿐이죠. 그래서 이것만! "이것만" 하는 게 바로 결국 이것인데, 언제든지 이것 하나밖에 없는 겁니다.

하여튼 여기에 (법상을 두드리며) 통달이 돼야 해요. 생각할 것도 없고 자기 스스로 이쪽저쪽이 없고, 주관·객관이 없고, 안과 바깥이 없고, 딱 하나, 말하자면 여여해야 됩니다. 이 법 하나뿐이에요. 이것 하나뿐. 단지 우리가 자꾸 착각을 해서 그렇지 아무 다른 게 없습니다. 깨달은 사람이나 못 깨달은 사람이나 사실 똑같아요. 그냥 이것 하나뿐인데 자꾸 이름을 따르고 생각을 따라서 이런 게 있고 저런 게 있고, 자꾸 그렇게 헤아리는 그 버릇에서 싹 빠져나오면 그냥 평등하게 이것뿐인 겁니다. 하여튼 생각을 가지고 헤아리고 짜

맞추고 하면 안 돼요. 그것을 탁 놓아 버리고 거기서 싹 빠져나와야 된다고요. 그러면 그냥 (법상을 두드리며) 이것뿐이에요. 이 하나뿐이라고요. 그러면 언제든지 똑같은 거죠, 뭘 하든지 항상 한결같이.

'생각이란 놈이 업을 짓는다' 하는 게, 우리가 생각을 하면 이상하게도 그 생각을 따라서 그런 뭔가가 있는 것처럼, 어떤 무엇이 있는 것처럼 여겨지는 경계가 딱 생겨요. 삼라만상, 오욕칠정이 다 그렇습니다. 그게 망상이란 말이에요. 그런 뭔가가 있구나…… 예를 들면 행복·불행·슬픔·기쁨·분노·욕망, 그런 뭔가가 있구나…… 색이다, 공이다, 그런 뭔가가 있다, 하고 자꾸 뭔가가 있는 것처럼 여기게 된다는 말이에요. 생각이란 놈이 그런 묘한 일을 일으키거든요. 그게 바로 경계고 장애물이고 번뇌입니다.

그렇기 때문에 생각할 필요가 없고 이름 붙일 필요도 없고, 통해 버리면 그냥 이것뿐이죠. 항상 바로 지금 이거거든요, 이 일 하나. 그러니까 이것만 딱 밝아져 버리면 항상 똑같아요. 여기에 (법상을 두드리며) 밝아지고 이게 딱 분명해져야 돼요. 이것은 생각할 필요 없이 명백한 겁니다. 불교 용어로 현량(現量)이라 하는 것인데, 분별하고 인식할 필요 없이 그냥 그대로 밝게 드러나 있다 이 말입니다.

생각을 해서, 인식을 해서 아는 그것은 망상이에요. 불교 용어로 비량(非量)이라고 하는데, 망상이에요. 생각할 필요 없고 인식할 필요 없이 명백한 것, 우리가 법에 통한다는 것은 그런 뜻이거든요. 인식할 필요 없고 분별할 필요 없이 명백한 것은 그냥 이 일 하나뿐이에요. 인식을 하고 분별을 해서 '이거구나' 하면 벌써 분별이고 망상입니다. 여기에 통한다 하는 (법상을 두드리며) 이것은 분별할 필요 없고 인식할 필요 없고 헤아릴 필요가 없는 거예요. 그냥 저절로, 그러니까 헤아림 없이, 인식할 필요 없이 저절로 늘 명백하니까 할 일이 없는 것이고, 공부할 게 없는 것이고, 수행할 게 없는 것이죠. 인연 따라서 그냥 살면 그냥 그대로, 전부가 여여한 겁니다.

인식을 하고 분별을 해서 '이게 법이다' 하면, 그놈을 붙잡고 유지하고 놓지 말아야 되고, 계속 거기에 의지해야 되고 머물러야 돼요. 그것은 공부가 아니고 집착입니다. 분명히 "머무름 없이 그 마음을 내라(應無所住 而生其心)"고 그랬잖아요. 무주법(無住法)이거든요. 그러니까 이게 (법상을 두드리며) 확실하게 실현이 돼야 됩니다. 머무를 게 없고, 생각할 필요가 없고, 인식할 필요가 없어요. 할 일이 없어요. 그냥 완전히 다 놓고, 법이니 도니 공부니 하는 생각도 완전히 다 놓아 버리면, 하는 일마다 다 똑같아요. 반드시 이렇게 돼야 되는 겁니다. 그래야 비로소 자유로운 겁니다. 그렇지 않으면 자유가 없어요.

어제 지리산에서 어떤 거사가 왔는데, 퇴직하고 거기 15년인가 부부가 함께 내려가서 촌집을 하나 사 가지고 공부를 하고 있는데 어디 가서 따로 공부를 배운 적은 없다 하더라고요. 그냥 자기가 책 보고 테이프 사서 듣고 스스로 공부했다고 하면서 점검을 받으러 온 거래요. 그래서 "공부를 합니까?" 물었더니, "한다"고 해요. "뭘 어떻게 하느냐?" 했더니, "아침에 일어나 좌선을 잠시 하고 항상 늘 이것을 붙들고 놓지 않는다"고 해요. 그래서 "힘들게 사십니다. 그러지 말고 스스로 생각해 보세요, 지금 자유롭습니까? 당신이 잡고 있는 법이라는 게 있는데, 지금 자유로운 겁니까?" 하고 물었더니, 그렇지 않다고 하더라고요. 사실은 자기도 알아요. '아, 이걸 놓아야 된다'는 것을요. 그런데 못 놓는 거예요. 그래서 제가 "일주일만 지금까지 하던 모든 공부를 다 내려놓고 아무것도 하지 말고 가만히 있어 보시라"고 하니까, 잠시 가만히 있다가 "도저히 그렇게 못 하겠다"고 해요.

공부도 그렇게 습이 되어 버리면 힘든 겁니다. 완전히 놓고 아무것도 안 해야 돼요. 아무것도 안 하는데 늘 여여해야 해요. 그게 공부죠. 매일 공부를 하고 있으면 어떻게 해요? 그렇게 하는 게 아니에요. 그러니까 지금 자기 공부가 제대로 가고 있는지 아닌지를 보려면, 단 하루라도 공부니 뭐니 하는 것을 다 놓고, 잊어버리고 그냥 '나는 되는 대로 지금 할 일 하고 산다' 하고, 공부니 뭐니 지금까지 하던 것을 다 놓아 버리고 잊어버리고 한번 생활해 보세요. 그냥 아무것도 안 하고, 공부고 뭐고 다 잊어버리고 일상생활을 하는데도 늘 이 자리에 있고 늘 여여한지. 그것만 확인해 보면 돼요. 그러면 자기 공부의 힘이 어느 정도인지 딱 체크해 볼 수 있어요.

완전히 아무것도 할 일이 없어져야 돼요. 그래야 자유롭죠. (법상을 두드리며) 할 일이 있어서 계속 뭘 어떻게 한다 그러면 그것은 아직 공부가 안 된 겁니다. 하여튼 애를 쓰는 공부는 진짜 공부가 아님니다. 애쓸 게 없고 할 일이 없어야 해요. 완전히 놓고 일상생활을 하는데 항상 불이법이 딱 성취가 돼서 여여해야 자유로운 거죠.

그렇게 되려면 (법상을 두드리며) 어쨌든 이게 초점이 딱 맞아 떨어져서, 한번 진짜로 체험이 정확하게 있고, 통 밑이 빠지고 초점이 딱 들어맞아 있으면 저절로 할 일이 없어요. 그냥 인연 따라 온갖 분별 차별세계 속에서 살아가는데도 항상 불이법에 있는 거죠. 본시 이쪽저쪽이 없어요. 그러니까 차별법이 따로 없다 이겁니다. 아무리 차별하고 분별하고 사바세계 속에서 섞여 살아도 늘 여여부동이에요. 이게 진짜배기 삼매라고요. 이게 "말 한마디 끝에 몰록 깨친다" 하는 것이고 조사선이라고 하는 겁니다. 그러니까 육조 스님도 그런 이야기 했잖아요. "말 한마디 끝에 탁 깨치면 전쟁터에 나가서 칼을 휘두르면서 싸워도 항상 삼매에서 벗어나지 않는다." 그래야 진짜배기고 견성인 겁니다.

자꾸 '할 일이 있고 공부할 게 있다'고 하는데, 물론 초점이 아직 정확하게 맞지 않고 힘이 부족하면 어쩔 수 없이 그렇게 해야죠. 그건 어쩔 수 없어요. 그런데 초점이 딱 들어맞게 되고 공부의 힘이 좀 생기면, 시간이 아무래도 좀 필요하지만, 그렇게 되면 그런 자유가 있습니다. 나 자신이 의도하는 바 없이 저절로 모든 것이 여법해지게 되는 거예요. 그러려면 시간이 필요하고 초점도 더 정확하게 딱 들어맞아서, 그야말로 남아 있는 그림자가 없어야 되는 겁니다.

하여튼 이것(법상을 두드리며)! 조금이라도 뭔가 마음에 걸리는 것이나 불만족스러운 게 있으면, 그런 흔적, 찌꺼기가 깔끔하게 없어져 버려야 뭘 하든지 항상 다른 일이 없는 겁니다. 시간이 많이 걸려요. 금방 안 됩니다. 시간도 많이 걸리고, 갈수록 물론 힘도 더 강해지고 또 정확하게 초점도 맞고 하는 것이죠. 꾸준히 공부하다 보면 그렇게 됩니다. 하여튼 법은 이것 하나뿐입니다. 근본은 이것 하나밖에 없습니다.

55
용을 항복시킨 발우

용을 항복시킨 발우와 호랑이 싸움을 말린 석장이여,
두 갈래 금 고리가 딸랑딸랑 울리는구나.

降龍鉢解虎錫
兩鈷金鐶鳴歷歷

이것은 '용을 항복시키고 호랑이 싸움을 뜯어말렸다' 고 하는 옛
날 고사에 관한 겁니다. 용을 항복시킨 고사는 가섭 3형제 이야기예
요. 가섭 형제들은 원래 용을 숭배하는 외도였는데 석가모니가 용
이 살고 있다는 곳에 들어가 용을 항복시켰다는 설화입니다. 그 설
화 속 가섭 3형제는 석가모니가 불을 내뿜는 용에게 가면 그 불에
타 죽을 것이라 생각했어요. 그런데 다음 날 아침에 보니 도리어 용
이 석가모니가 가져간 발우 속의 물에 들어가 있고 석가모니는 멀
쩡하더라는 말이죠. 그래서 가섭 3형제가 석가모니의 제자가 되기
로 했다는 설화입니다. 《본행경》이라는 경전에 있다고 해요. 옛날에
불을 숭배하던 종교가 인도에 있었어요. 불을 숭배하는 가섭 삼형
제를 만나서 그 교리를 논파하고 제자를 삼았으니까 아마 그걸 설
화로 만들었던 것 같아요. 용을 항복시켜서 발우 속에 넣었다는 것

은 나중에 《육조단경》에 보면 육조 스님에게도 똑같은 얘기가 나옵니다. 육조 스님의 절 앞에 있는 연못에 용이 살아서 항상 사람들을 괴롭혔는데, 그 용을 발우 속에 집어넣어 사로잡았다고 하는 이야기가 있습니다.

'호랑이를 뜯어말렸다'고 하는 설화는 '조'라는 이름을 가진 선사의 이야기예요. 선사가 길을 가는데 시끄러운 소리가 들려 쳐다보니 호랑이 두 마리가 서로 싸우고 있어서, 가지고 있던 석장 지팡이로 호랑이들을 뜯어말렸다는 내용인데, 중국에서 전해 오는 설화입니다. 결국 '용을 항복시켰다'는 것은 불을 숭배하던 외도를 항복시켰다는 것이고, '호랑이 싸움을 뜯어말렸다'는 것은 우리 마음의 갈등을 잠재운 가르침이라는 설화겠죠.

두 갈래 금 고리가 딸랑딸랑 울리는구나…… '두 갈래 금 고리'는 원래 석장 꼭대기에 보면 쇠로 만든 고리를 달아 놔요. 그래서 석장을 흔들면 그 소리가 나는 건데, 법을 보여 주는 모습을 형용한 거죠. 설화적인 얘기는 불교에 수없이 많은데, 그 설화를 얘기하고자 하는 취지가 있습니다. 마치 이솝우화에 수많은 우화가 있지만 이야기하고자 하는 교훈이 제각각 있듯이 그런 방편이죠.

이런 얘기 저런 얘기가 나오더라도 결국 우리의 (법상을 두드리며) 지금 이 자리가 외도를 항복시키고 갈등을 잠재우는 자리거든요. 이 자리(법상을 두드리며)를 얘기하려고 이런저런 설화를 말하는 거죠. 지금 (법상을 두드리며) 여기에 초점이 딱 맞아 버리면 곧장 온갖 분별과 갈등, 이런저런 일들이 여기서 다 적멸해 아무 일이 없게 되는 겁니다. 그래서 이걸 (법상을 두드리며) 얘기하는데, 이것만 자꾸 얘기하면 재미가 없으니까 이런저런 설화도 얘기하는 거예요. 방편이라는 게 수준에 따라서 아주 쉽게 얘기하는 것부터 직접 바로 가르치는 것까지 있어야 방편의 효과가 있는 것이니까요.

예를 들어 "부지런하게 살아라"고 말하면 뭔지 좀 감동이 없어서 와 닿는 게 없잖아요. 그런데 '개미와 베짱이' 얘기를 해 주면 뭔가 와 닿는 게 있잖아요. 설화의 효과는 그런 것이거든요. 똑같은 얘기를 하고 있는 것인데, "열심히 살아라" 이러면 감동이 없어요. 쉽게 와 닿지가 않는다고요. 그런데 '개미가 어떻고, 베짱이가 어떻고, 결국 어떻게 되는가 봐라' 하면 뭔가 실감이 오죠. 설화 얘기는 그런 효과를 노리는 거예요. 그렇지만 선을 하는 사람들은 그렇게까지 친절하게 할 필요가 없어요.

이런저런 말을 즉시 모두 끊어 버리고 곧장 (법상을 두드리며) 이 자리로 들어가야, 제일 빠른 길입니다. "부지런하게 살아라" 그 한마디로 부지런하게 살 사람 같으면 굳이 개미와 베짱이 얘기를 할 필요가 없거든요. 그러니까 "다른 것 없다, 이것밖에 없다" 하고 여기 (법상을 두드리며)에서 "다른 것은 헤아리고 따지고 생각할 것이 없다. 언제든지 이 일 (법상을 두드리며) 하나뿐이다." 이런 데서 곧장 확 들어가 버리면, 이러쿵저러쿵 말할 필요가 없거든요. 경전의 내용은 다 설화입니다. 직접적으로 '바로 이것'을 얘기하는 건 극소수입니다. 그러니까 경전은 그런 설화가 가지고 있는 극적인 효과를 노리고 얘기하는 것이에요.

428

우리 선은 설화 얘기를 안 하죠. "도가 뭐냐?" 하면 "차 한 잔 해" 하면 간단하거든요. 우리가 "깨달음이 뭐요?" 하면 바로 (법상을 두드리며) 들어가는 길이라. 바로 들어가는 길은 이게 (법상을 두드리며) 제일 좋은 겁니다. 이리저리 헤아리고 따지고 이해하고 할 것도 없고 바로 곧장 이 일(법상을 두드리며)뿐이거든요. 이런 얘기 저런 얘기, 이런 말 저런 말이 필요 없죠. 딱 이것 (손가락을 세우며) 하나뿐인데, 여기서는 법이니 도니 아무 얘기할 게 없죠. 그냥 이 자리가 분명하면 뭘 하든지 그 다음은 항상 똑같거든요. 언제든지 이 일 (손을 흔들어 올리며) 하나뿐이고, 균형이 딱 잡힌다고 할까요. 초점이 딱 들어맞아서, 어느 쪽으로도 끄달림이 없는 이게 딱 들어맞는 겁니다.

망상이라는 것은 자꾸 '이런 게 있느냐, 저런 게 있느냐?' 하고, '이거냐, 저거냐?' 하면서 이쪽저쪽을 기웃거리는 버릇이 망상을 일으키는 근본입니다. '뭐가 있느냐?' 하면, 이건 망상 쪽으로 가고 있는 겁니다. 뭐가 있고 없고가 아니고, 있는 것도 아니고 없는 것도 아니에요. 그냥 (법상을 두드리며) 이겁니다.

그런데 '여기 뭐가 있어' 이러면 벌써 망상 쪽으로 가고 있는 겁니다. 자기가 낸 생각을 따라가고 있는 거예요. 그런 오류에 빠지면 안 됩니다. "한 생각을 일으키면 온 우주가 다 오염돼 버린다"는 게 그런 것 때문이에요. 뭐가 있느냐 없느냐 얘기할 게 없어요. 그냥 바로 (법상을 두드리며) 이거거든요. 이 자리는 단순명쾌하고 분명한 것이거든요. 딱 (법상을 두드리며) 이것 하나뿐이니까, 아무것도 따지고 헤아릴 게 없습니다. 다만 이 일 (법상을 두드리며) 하나입니다. 이것만 분명하면 만법이 분명해서 헤아리고 따질 게 전혀 없는 겁니다.

모든 삼라만상, 만 가지 일이 여기서 다 끝나 버려야지, 그렇지 않으면 법이 있고 도가 있고 이런 게 있고 저런 게 있고, 눈곱만큼이라도 그런 일이 생기게 되면 그것은 번뇌예요. 그냥 이 일 (법상을 두드리며) 하나뿐입니다. 그러니까 바로 곧장 여기(법상을 두드리며)에서 만 가지 일이 적멸해 버리고 쉬어져서 아무 일이 없으면 이것밖에 없는 겁니다. 이것(법상을 두드리며)뿐이에요. 이러쿵저러쿵 긴 말 짧은 말이 전혀 필요 없습니다.

두 갈래 금 고리가 딸랑딸랑 울리는구나…… 두 갈래 금 고리가 딸랑딸랑 울리는 자체가 바로 이건데, '이거다 저거다' 할 게 없죠. 이게 분명해지면 삼라만상이 전부 말을 해요. 삼라만상이 전부 이것을 드러내니까 내가 말할 필요가 없어요. 삼라만상이 다 설법을 하는데 내가 뭐하러 설법을 해요? 그럴 이유가 없는 거죠. 그러니까 이 일, 지금 바로 이것! 초점이 한번 딱 들어맞으면, 계합이라고 하는데, 어긋남이 없으면 언제든지 (법상을 두드리며) 이 일 하나뿐인 겁니다.

대개 생각은 오히려 안 따라가기가 쉬운데, 어떤 느낌이나 기분 이런 것은 극복이 잘 안 돼요. 자기도 모르게 감정, 이런 데 빠져들어 버리기 때문인데, 그런 것도 전부 경계입니다. 생각, 망상만 경계가 아니고, 느낌·기분·감정도 다 경계입니다. 빠질 데가 있고 의지할 데가 있으면 그런 것은 다 망상이거든요. 여기에 (법상을 두드리

430

며) 딱 들어맞으면 이런저런 양쪽이 없단 말이에요. 아래, 위가 없고 그냥 (법상을 두드리며) 이것 하나뿐이죠.

저울 눈, '정반성(定盤星)'이라는 표현이 있는데, 정반성이라는 게 뭐냐? 저울눈 가운데 영점이라고 무게가 없는 자리가 있는데 그걸 정반성이라고 하거든요. 정반성이라는 말은 '정(定)'은 정한다, '반(盤)'은 눈금이라는 뜻이에요. 눈금을 정하는 원점이라는 뜻이죠. 천칭저울에는 눈금이 없으니까 아무 무게가 없죠. 그런데 조금이라도 어긋나면 이쪽으로 기울어지든지 저쪽으로 기울어지든지 합니다. 옛날 스님들은 "정반성을 잘못 읽지 마라"는 얘기를 많이 했어요. 영점 조절을 정확하게 해야지 이쪽이든 저쪽이든 어느 쪽으로 기울어지면 못 쓴다, 이런 식으로 얘기를 하면서 계합을 표현했죠.

제 식으로 표현하자면 자전거 타는 비유를 자주 합니다. 자전거를 탈 능력이 생기면 안 넘어지고 타는 게 정반성이에요. 넘어지면 기울어지는 거죠. 꼿꼿하게 간다는 뜻이 아니라, 이쪽저쪽으로 가더라도 안 넘어지는 게 영점이 딱 맞는 거예요. 무게 중심이 딱 맞는 거죠. 계합이라는 게 그런 식입니다.

그러니까 (법상을 두드리며) 이 자리가 딱 맞으면 아무리 얘기해도 이쪽저쪽이 없어요. '있다, 없다' 그런 게 아니에요. 그냥 똑같아서 항상 여여하죠. 그러니까 있음과 없음, 세간과 출세간, 중생과 부처, 깨달음과 미혹함, 이렇게 양쪽이라는 것은 다 망상이고 분별이죠. 양쪽이 없어요. (법상을 두드리며) 딱 맞아 떨어지면 언제든지 항상 똑같은 겁니다.

56
여래의 보배 지팡이

모양만 드러내는 헛된 일을 한 것이 아니라
여래의 보배 지팡이가 몸소 남긴 발자취이다.

不是標形虛事持
如來寶杖親蹤跡

모습만 드러내는 헛된 일을 한 것이 아니라…… 모습을 드러낸다
는 것은 양쪽으로 치우치는 분별에 떨어진 거죠. '여래의 보배 지팡
이'는 불이중도여서 흔적이 남지 않는다는 말이죠. 양쪽으로 떨어
지지 않아요. (법상을 두드리며) 여래의 보배 지팡이의 흔적은 없는 흔
적이에요. 이것을 옛날부터 무엇으로 비유하느냐 하면 '인공(印空)'
이라 그랬습니다. 허공에 도장 찍는다는 뜻입니다.

방편의 말이지만 '인니(印泥)', '인수(印水)', '인공(印空)'이라는
방편이 선(禪)에 있어요. 경전에 나오는 말이 아니고 선에서 선사들
이 하는 말입니다. 진흙에 도장 찍는 것, 물에다 도장 찍는 것, 허공
에 도장 찍는 것이죠. 진흙에 도장을 찍는 것은 뭐냐 하면 경전 같
은 문자 방편이라 도장 자국이 딱 남아 있는 겁니다. 거기에 사로잡
히면 공부를 할 수 없어요.

다음 '물에다 도장을 찍는다'는 것은 '이것이 법이다!' 하고 도장을 탁 찍었는데 찍는 순간에는 무늬가 나타나는 것 같지만 금방 없어져 버리죠. 그게 달을 가리키는 손가락이라는 방편으로 문자 방편의 본래 취지입니다. 그러니까 진흙에 도장 찍듯이 문자를 다 기억해서 "그래, 우리 불법은 이런 거야." 그것은 망상입니다. 방편이라는 것은 물에다 도장 찍는 것과 같은 거예요. 문자가 나타나는 듯하지만 실제 가리키고자 하는 것은 무늬가 아닙니다. 무늬가 나타나지만 무늬가 아니고 무늬 없는 자리를 얘기하고자 하는 거죠.

그러면 선은 뭐냐? 허공에 도장을 찍는 거라고요. 애초에 무늬 자체를 만들지 않아요. 바로 무늬 없는 자리죠. 물에다 도장을 찍을 때에는 무늬 없는 자리를 가리켜 주려고 살짝 무늬를 나타냈지만, 허공에 도장을 찍는 것은 애초에 무늬를 싹 없애는 거거든요. 그것을 가지고 선(禪) 삼종(三種)을 얘기할 때는 조사선(祖師禪), 여래선(如來禪), 의리선(義理禪)이라고 하는 겁니다. 조사선은 허공에 도장 찍는 것이고, 여래선은 여래의 문자 방편인 경전을 가리키는 것이고, 의리선이라는 것은 이치만 따지고 있는 사람들인데 이것은 선도 아니고 망상일 뿐이죠.

그래서 '조사선'을 얘기할 때는 '허공에다 도장 찍는 것과 같다', 그냥 (법상을 두드리며) 바로 이 자리 이것! 그래서 깨달음이니 법이니 도니 하는 것은 모양도 없이 바로 딱 초점이 맞아 버리면 허공처럼 아무 걸림 없이 만법이 다 여여하거든요. 저울을 비유하는 것과 자전거를 비유하는 게 그런 것인데, (법상을 두드리며) 이 일 하나거든요.

딱 이거잖아요. 이것 하나뿐이거든요. 그러니까 "이겁니다" 하는 여기서 생각이 뚝 끊어지고 앞뒤가 뚝 끊어져서 바로 초점이 딱 들어맞으면, 이거니 저거니 법이니 도니 할 것도 없고 만법이 전부 다 여여해요. 만법이 전부 이거니까요. '입처개진(立處皆眞)'이라 하는데, 전부가 이 자리고 (손을 들어 올리며) 이 일 하나거든요. 있는 것도 아니고 없는 것도 아니고, 법도 아니고 비법도 아니고, 전부가 이 한 개 일이라. 공도 아니고 색도 아니에요.

그러니까 (법상을 두드리며) 이 일이라. 어쨌든 이거거든요. 이것만 딱 분명하면 돼요. 하여튼 이게 한번 와 닿으면 되지 다른 것은 없어요. 초점이 딱 맞으면 계합이라 하거든요. 그래서 불이중도라는 것은 이쪽저쪽이라는 분별, 자꾸 양쪽을 왔다 갔다 하는 그게 싹 사라지고 양쪽이 없어져 버리는 겁니다. 양쪽이 없어지면 이리 가든 저리 가든 그 자리가 다 바로 진실이다, 이 말입니다.

여기는 할 말도 없고, 따질 것도 없고, 생각할 것도 없고, 아무 그런 게 없어요. 석가모니가 엄마 옆구리에서 나와서 사방 일곱 걸음을 걷는데 걸음걸음에 연꽃이 피어났다 그러잖아요. 딱 이걸 얘기하는 거예요. 걸음을 걷는데 걸음마다 연꽃이 솟았다 하잖아요. 연꽃은 청정법을 상징하죠. 그러니까 여기에 딱 계합이 되면 사물사물이, 두두물물이 전부 다 여법해서 아무 다른 게 없어요.

그러니까 이것저것이 있는 게 아니라, 이것이라 해도 그만이고 저것이라 해도 이거고, 양쪽이 원래 없는 겁니다. 이 일 하나뿐입니다. 하여튼 여기에 (법상을 두드리며) 이게 분명해지면 저절로 여법해

434

집니다. 여법하다 하는 것은 늘 중도, 양쪽이 없다 그 말입니다.

모양만 드러내는 헛된 일을 한 것이 아니라…… 모양이 드러난다는 것은 양쪽이 있다는 거예요. 모양이라는 것은 선을 쫙 그어서 이것은 뭐고 저것은 뭐고, 이게 모양이거든요. 그런 것은 아는 게 아니라 허망한 분별입니다. 언제든지 이 한 개 (법상을 두드리며) 일입니다. "이겁니다" 하는 여기에 초점이 한번 딱 들어맞는 순간을 통 밑이 빠진다고 표현하죠. 갑자기 뭐가 어떻게 되는지를 알 수 없는데, 그냥 저절로 어디에도 의지하지 않고, 그냥 "만 가지 일이 평등하다" 하는 게 분명해집니다.

그러니까 정해진 중간 자리라는 게 정해져 있지 않습니다. (법상을 두드리며) 이것 하나뿐입니다. 하여튼 이것은 딱 계합이 되어 보면 "아, 이것은 원래 특별히 어떻게 할 수 없는 일이구나." 계합이 되어서 딱 이 자리에서 벗어나지 않거나, 아니면 자기 스스로 이쪽저쪽 왔다 갔다 분별망상을 하든지, 그 둘 중에 하나예요. 그 나머지 다른 것은 사실 특별히 얘기할 게 없죠. 하여튼 (법상을 두드리며) 이것입니다. 이게 어쨌든 한번 분명해져야 되는 것이지 다른 것은 없습니다.

여래의 보배 지팡이가 몸소 남긴 발자취다…… 여래의 보배 지팡이라는 것은 정해진 게 아니고 바로 이 하나의 일, 이 자리예요. 인간의 마음에는 호기심이 좀 많이 있어요. '뭐가 있는가?' 하고 자기도 모르게 어떤 기대를 하면서 호기심을 가지고 망상할 수 있는데, 그것은 다 망상입니다. 호기심에서 망상이 비롯된다고 볼 수 있습니다. 그런데 초점이 딱 들어맞아서 '이래저래 할 것도 없다'라는 게 분명해졌는데도 버릇이 안 고쳐지고 자기도 모르게 자꾸 그렇게 해요. 실제로는 아무것도 아닌 분별망상일 뿐인데. 그럴 때마다 (법상을 두드리며) 일 없는 자리, 이쪽저쪽이 없이 명백한 자리로 돌아오는 그런 자기 나름의 힘을 가지고 있어야 돼요. 저 같은 경우는 그냥 방바닥을 탁 한 번 친단 말이죠. "그냥 (방바닥을 두드리며) 이것뿐인데 또 망상을 해." 이렇게 하면 아무 일이 없어요. 요즘은 그렇게 하지 않지만, 옛날 힘이 없을 때는 그렇게 많이 했죠.

　하여튼 우리가 버릇처럼 자기도 모르게 뭔가에 빠져들거나, 어떤 것을 따라가 버리거나 느낌, 생각, 감정을 따라갈 때, 초점을 딱 (법상을 두드리며) 맞출 수 있는 그런 능력이 생겨야 '금강왕보검'이라 하거든요. 어떤 경계가 일어나더라도 경계가 바깥에 있는 게 아닙니다. 자기가 만드는 것인데, 어떤 경계가 일어나더라도 항상 초점을 잃지 말아야 되는 거죠.

57
참됨도 찾지 않는다

참됨도 찾지 않고 허망함도 끊지 않으니
이법은 비어서 모습이 없음을 밝게 안다.

不求眞不斷妄
了知二法空無相

　불이법 얘기가 나오죠. 참됨도 찾지 않고…… 참됨이 따로 있는
게 아니고 허망함이 따로 있는 게 아니다. 우리가 이걸 잘못 이해
해서 "허망함 자체가 바로 법이니까, 무조건 모든 것을 다 수용하
고 긍정하자. 그러면 깨달아진다." 이런 식의 얘기를 하는 사람도
있는데, 허망함이라는 게 이미 있으면 그것은 경계지 법이 아니에
요. "참됨도 찾지 않고 허망함도 끊지 않는다"는 말은 참됨이 있는
데 그것을 따로 찾지 않고 허망함이 있는데 그것을 따로 끊지 않는
다는 그런 뜻이 아니고, '참됨'이라는 게 따로 없고 '허망함'이라는
게 따로 없다는 겁니다.
　그걸 모르니까 "참됨이 비록 있지만 그걸 찾지 않고, 허망함이 비
록 나타나지만 그걸 끊지 않는다"는 식으로 이해하는데, 그건 분별
입니다. 그런 말이 아니에요. 그런 가르침을 접하면 "내가 지금 이

렇게 힘들고 불만족스럽고 괴롭고 편하지 않아도, 이게 원래 내 모습이니까 그냥 이렇게 만족하게 살자." 잘못하면 그럴 수 있어요. 그렇게 되면 그건 환자에게 "너는 원래 아픈 사람이니까 그냥 계속 아파라." 이러는 것과 똑같은 거라. 그렇게 가르치면 안 되죠, 그런 뜻이 아닙니다.

"참됨도 찾지 않고 허망함도 끊지 않는다"라는 건 '참되다', '허망하다' 하는 게 객관적으로 따로 있는 게 아니라는 거예요. 우리가 다 만들어 내는 망상이에요. 참됨이 따로 있지 않고 허망함이 따로 있지 않으니까, 이것(법상을 두드리며)은 양쪽이 없는 저울의 영점 같다고 얘기했잖아요. 중도(中道)라고 하는 것, 이쪽저쪽이 없는 이 자리를 (법상을 두드리며) 명확하게 해라 이겁니다. 이 자리가 분명하면, 참됨을 얘기하고 허망함을 얘기하는 것은 세속의 분별을 말하는 것이므로 얼마든지 그렇게 말할 수 있습니다.

우리가 "서울은 북쪽에 있고 부산은 남쪽에 있다"고 말하면 진짜고, "부산이 북쪽에 있고 서울이 남쪽에 있다"고 말하면 가짜라고 얘기하는데, 세속적인 말은 얼마든지 그렇게 할 수 있어요. 그러나 서울이 북쪽에 있다 하든 남쪽에 있다 하든, 부산이 북쪽에 있다 하든 남쪽에 있다 하든, 우리 이 법에는 허망함도 없고 진실함도 없어서 그냥 항상 똑같아요. 세속적으로 어떤 분별을 하더라도 (법상을 두드리며) 이것은 여여부동이다 이 말이죠.

(법상을 두드리며) 이것은 항상 이 일 하나밖에 없어서 여기는 허망함도 없고 참됨도 없는 겁니다. 그렇기 때문에 "이 자리에는 한 물

건도 없다" 그러는 거예요. 그냥 이 일이라. 이것뿐이거든요. 그래서 (법상을 두드리며) 여기가 바로 생각이 쉬는 자리고 분별이 적멸하는 자리인데 그건 "분별하지 않고 생각하지 않는다"라는 말하고는 전혀 달라요. 그런 뜻은 아니죠. 초점이 딱 맞아서 (법상을 두드리며) 이 자리가 분명하면, 생각을 하지만 생각이 진실한 게 아니라 이게 진실한 것이고, 분별을 하지만 분별이 진실한 게 아니라 이게 진실한 것이다, 이 말입니다.

그러니까 언제든지 그냥 (손가락을 세우며) 이 하나의 진실이 있을 뿐이고, 어떤 생각을 하든 무슨 말을 하든 그냥 아무것도 아니에요. 저 산골에 물 흐르는데 물거품 보세요. 탁 생겼다 중간에 퐁 없어져요. 그게 실체가 아니라는 말이죠. 흐르는 물에 물거품이 생겼다가 없어지고 하듯이, 생기고 사라지는 온갖 일들은 아무것도 아니죠. 이 모든 일들은 단지 이 변함없는 하나의 진실일 뿐입니다. 그러니까 이것(법상을 두드리며)을 분명하게 하라는 말이에요. "참됨도 찾지 않고 허망함도 끊지 않는다"를 오해하면 안 됩니다. 참됨이라는 것의 실체도 없고 허망함도 실체가 없어서 참됨도 망상이고 허망함도 망상이다, 이 말이에요.

이법은 비어서 모습이 없음을 밝게 안다…… 이법(二法)이 뭡니까? 참됨과 허망함이 따로 있다는 게 이법이거든요. 참됨이다, 허망함이다 하는 이게 이법인데, 이것은 다 비어서 모습이 없다, 허망한 모습이다, 이 말이에요. 진실하지 않아서 허망하게 드러나 있는 망상이라는 거죠. 그래서 "시제법(是諸法)은 공상(空相)이니" 하는 겁니다. "이 모든 모습은 허망한 모습이다"라고 해도 좋아요. 그러니까 "공의 모습이다" 하는 말은 결국 허망한 모습이라는 거죠. 이 일 (법상을 두드리며) 하나라. 하여튼 지금 이 자리, 이 법 하나예요. (법상을 두드리며) 이게 분명해져야 이런저런 방편의 말을 우리가 다 알 수 있습니다.

(법상을 두드리며) 여기에 초점이 딱 들어맞지 않으면, 중도에 계합을 하지 못하면, 양변을 볼 수 없어요. 양변 속에서는 이쪽에 있으면 이쪽은 안 보이고 저쪽만 보이죠. 저쪽에 있으면 또 저쪽이 안 보이고 이쪽만 보이고, 자꾸 그렇게밖에 안 됩니다. 그게 양변의 문제점이거든요. 중도에 딱 (법상을 두드리며) 들어서야 양변을 다 볼 수 있어요. '이쪽저쪽에 떨어져 있구나' 하는 것을 볼 수 있어요. 그러니까 하여튼 이 일 (법상을 두드리며) 하나라. 이게 분명해져야 돼요. 이 일 뿐이지 다른 것은 없습니다.

선사들의 방편 이야기 중에도 보면 좀 더 깊은 얘기를 하는 사람들이 있는데 "설사 깨달아 들어갔다 하더라도 깨달은 흔적을 남기면 안 된다" 그러거든요. 이 속에서 어떤 색깔이나 냄새나 맛이나 흔적을 남기면 안 된다. 그러니까 "이 자리!" 하는 것이 명백해 버리면 사실 아무것도 없습니다. 명백할수록 '이거다, 저거다' 할 것은 아무것도 없어요. 허망한 분별은 없다는 말이에요. 그런데 이게 명백하지 못하면 '이런 것인가? 여긴가?' 하고 애매모호하게 돼요.

그래서 제가 카메라 초점 맞추는 얘기를 했잖아요. 초점이 정확하게 딱 맞으면 선명해서 헷갈릴 게 전혀 없어요. 그런데 초점이 안 맞으면 희미해져 버리니까 '저기 뭐가 있나?' 하고 궁금해 한다는 말이죠. 이게 딱 (법상을 두드리며) 들어맞으면 궁금함이 싹 사라져 버려요. 이게 명확하고 명백하니까요. 그런데 딱 들어맞지 못하면 '뭐가 있나?' 하고 궁금하니까 호기심이 발동하는 겁니다. 그래서 망상이 시작된다는 말입니다. 이게 (법상을 두드리며) 딱 들어맞으면 전혀 그런 게 없어요. 명백하고 분명해서 이것 하나뿐이거든요.

그러니까 계합이라는 것도 처음부터 초점이 정확하게 딱 들어맞지는 않아요. 대충 체험은 되었지만, 정밀하게 딱 들어맞아 계합한 흔적 자체가 없어져야 되는데, 그 흔적조차도 없어지게 되려면 공부가 좀 더 깊어져야 돼요. 그래서 이것을 임제 스님이 "칼날 위의 일이다"라고 했어요. 참으로 묘한 말입니다. 그것을 쉽게 이해하려면 우리가 작두 타는 무당을 생각하면 돼요. 조금이라도 잘못하면 발을 베이게 된다고요. "칼날 위의 일이다" 하는 게 조금이라도 잘못하면 다친다는 말이듯이, 초점이 정확하게 맞지 않으면 망상이 일어난다 이거죠. 임제 스님은 이것을 칼날 위의 일이라서 위험하니까 조심해야 된다고 얘기했거든요.

그러니까 우리가 여법하게 초점이 딱 (법상을 두드리며) 들어맞는다는 것은 쉬운 일이 아닙니다. 자칫 잘못하면 자기도 모르게 또 망상을 하게 되는 겁니다. 그러니까 이 한 개 일, 여기(법상을 두드리며)에 초점이 딱 들어맞으면 지금 이 일 하나뿐입니다. 생각을 앞세우면 안 됩니다. 초점이 들어맞으면 여기는 앞뒤가 딱 끊어져서 주관·객관이 없어요. 그냥 만법이 다 똑같아요.

하여튼 (법상을 두드리며) 여기에 들어맞아야 돼요. 우리가 공이라는 표현을 하는데 텅 빈 곳에 푹 빠져 있으면 안 됩니다. 공에 떨어져 버리는 겁니다. 공이라는 경계에 떨어져 버리는 거죠. 그렇게 하면 안 되고 의지할 자리가 있으면 안 됩니다. 이걸 '무의도인(無依道人)'이라고 하잖아요. 공에 의지를 해도 안 되고 색에 의지를 해도 안 돼요.

그런 얘기를 하거든요. "중생들은 색에 의지하고 있고, 수행자들은 공에 의지하고 있다." 둘 다 깨닫지 못했다고 하는 겁니다. 대승 불이법에서 이렇게 얘기하는 겁니다. 중생들은 색에 의지하고, 눈에 보이는 것에 의지하고, 말하자면 분별되는 것에 의지한다. 반면에 수행자들은 '아무것도 없다' 하고 다 내버리고 아무것도 없는 것에 또 의지하는데, 그러면 안 되는 겁니다. 이 자리(법상을 두드리며)는 공도 아니고 색도 아니고, 있는 것도 아니고 없는 것도 아닙니다. 그러니까 이것(법상을 두드리며)은 말로 할 수 없고 불가사의한 것이고 묘한 거예요.

그냥 한번 (법상을 두드리며) 딱 명백해져 버리면 만법 속에 있으면서도 만법에서 다 벗어나 있는 겁니다. 그러니까 "상쾌한 자리고, 어디에도 매이지 않는 자리고, 어디에도 머물지 않는 자리고, 만법 속에 있으면서 만법에서 벗어나 있는 자리"라고 경전은 표현합니다. "법 속에 있으면서도 법에서 벗어난 것이 해탈이다." 이렇게 하는데 만법 밖에 있는 게 아니에요.

442

58
여래의 참된 모습

모습도 없고 공도 없고 공 아님도 없으니
이것이 바로 여래의 참된 모습이다.

無相無空無不空
即是如來眞實相

모습도 없고 색도 없고, 공(空)도 없고 공 아닌 것도 없다…… 부
정에 부정을 자꾸 하고 있죠. 이건 우리가 자꾸 있다거나 없다는 양
쪽에 머물려는 병이 있으니, 이렇게 약을 쓰는 겁니다. '없다'에 머
물려고 하니까 '없는 게 아니다' 하죠. '있다' 하면 '있는 게 아니
다' 하고 '없다' 하면 '없는 게 아니다' 하죠. 또 '없는 게 아닌 것'
에 머물려고 하니까 '없는 게 아닌 것도 아니다' 하고 자꾸 부정을
하는데, 조금이라도 흔적을 남길까 봐 이런 방편을 쓰는 거예요.

조금이라도 뭔가 "아, 그래 이거구나" 하는 것이 있으면 안 되거
든요. 그러니까 있는 것도 아니고, 없는 것도 아니고, 없는 게 아닌
것도 아니고, 없는 게 아닌 것이 아닌 것도 아니고, 자꾸 이렇게 얘
기를 하는 겁니다. 그러니까 모습도 아니고 공도 아니고, 공이 아니
라 해도 안 된다. 하여튼 어떤 말도 붙이면 안 돼요. 생각이 들어가

면 안 되고, 분별이 들어가면 안 되는 거예요. 그냥 지금 바로 이거 (법상을 두드리며)거든요. 이 일 하나! 생각할 필요가 없이 바로 지금 이 일 (법상을 두드리며) 하나. 분별할 필요 없이 그냥 바로 이것!

이걸 중도(中道)라고 하는데, 중도는 정해진 자리가 없어요. 그래서 무주법(無住法)이라 하거든요. '여기가 중도다' 하고 정해지면 그것은 중도가 아니죠. 이미 딱 정해 놨는데 중도일 수 없죠. 중도는 무주법이라서 정해진 자리가 없어요. 그래서 어디를 가든 양쪽이 없어요. 정해진 자리가 있으면 양쪽이 있는 거예요. '여기가 맞다' 하면 이쪽저쪽이 나오는데, 그것은 안 되죠. 그러니까 어딜 가든지 정해진 자리가 없고, 항상 이것(법상을 두드리며)뿐인 거죠.

그러니까 이렇게 명백히 드러나 있고 분명하고 생생하지만 뭐라고 얘기할 수는 없어요. 햇빛이 삼라만상 위에 다 밝게 드러나 있듯이 만법이 전부 이것 하나인데, 하여튼 이겁니다. (손을 흔들어 올리며) "이겁니다" 하면 막연한 얘기 같지만 이 이상 더 정확한 얘기가 없어요. (손을 펼치며) 이겁니다. 생각을 해 보면 아주 막연한 얘기이고, 생각을 하지 않고 (손을 흔들며) 여기에 계합을 하면 "이겁니다" (손을 흔들며) 이게 가장 정확한 말이죠.

그러니까 이 법을 얘기할 때, 바로 (손을 흔들며) 이겁니다. 그런데 생각을 해 보면 "이것, 뭐?" 하고 애매모호하죠. 그런데 그게 생각이 아니라 생각 없는 곳에서 통하며 "이겁니다" 하면 온 천지가 (손을 흔들어 올리며) 이것 아닌 게 없어요. 그러니까 정확하게 들어맞는 겁니다. 이 이상 더 정확할 수는 없죠. "이겁니다" 하면 온 천지 간에 이것 아닌 게 없으니까 "물이 물과 합하는 것과 같다"고 하는 겁니다. 자국이 남지 않아요. 그러니까 "이겁니다" 하는 여기서 이게 (법상을 두드리며) 분명해져서 통하면 아무 다른 것이 없습니다.

그래서 이것을 (법상을 두드리며) 생각이 아니라 통달을 하면, 원융 무애라 하듯이 확 통해서 걸림이 없게 된다. 그런 표현을 하죠. 하여 튼 (법상을 두드리며) 이것 하나입니다. 생각으로 아는 게 아니고 걸림 없이 확 통해서 온 천지가 다 똑같아서 이 한 개 일이고, 어디를 가 든지 다 근본자리여서 '입처개진(立處皆眞)'이라 하거든요. 어디를 가든지 근본자리 이 일 하나란 말이에요. 그러니까 이 일(법상을 두드 리며)뿐이라. 하여튼 이게 딱 맞아떨어져야 되는데, 이런저런 생각이 들어오면 안 됩니다.

모습도 없고 공도 없고 공 아님도 없다…… 색이니 공이니 하 는 것도 방편으로 양변을 얘기하는 겁니다. 사실 이것은 색도 아니 고 공도 아니죠. 불교의 방편이 기본적으로 그런 겁니다. 양쪽을 이 야기하고 다시 양쪽을 놓아 버리는 이게 불교 방편이에요. 그래서 '입파(立破)'라는 겁니다. '입파자재', 방편으로 "입파자재 해야 한 다"라고 하거든요. 양쪽을 세웠다가 양쪽을 놓아 버리는 거죠. 양쪽 을 세우는 것은 우리가 알 수 있는 거죠. '공, 색'이러니까 색이 뭐 고 공이 뭔지 알지만, 양쪽을 놓아 버리면 그것은 불가사의한 거죠. "공도 아니고 색도 아니다." 이렇게 해 버리니까 모르는 거예요. 거 기서 한번 초점이 딱 들어맞으면 원래는 공도 아니고 색도 아니고, 이 자리에서 공을 말하고 색을 말하는 것이지, 이거는 공도 아니고 색도 아닌 거예요. 여기서 초점이 딱 들어맞아야 양쪽의 방편을 쓸 수 있습니다.

공도 아니고 색도 아닌 여기에 초점이 들어맞지 않으면, 양쪽을 세웠다가 부수는 그런 방편을 자유자재하게 쓸 수 없어요. 자기 스스로 이쪽 아니면 저쪽에 머물러 버리고 매여 있는데, 다른 사람이 매여 있는 것을 풀어 줄 수 있나요? 그게 안 되는 거죠. 자기 스스로 머무는 자리가 없고 매인 자리가 없어야 묶여 있는 걸 다 풀어낼 수 있는 겁니다.

그러려면 자기가 딱 들어맞아서 양쪽이 없어져야 양쪽이 없이, 공도 아니고 색도 아니고, 색 아닌 것도 아니고 공 아닌 것도 아닌 이 법 (손가락을 세우며) 하나를 가지고 자유자재하게, 무슨 얘기를 하더라도 법에서 어긋남이 없게 되는 겁니다. 하여튼 이 일 (법상을 두드리며) 하나뿐이에요. 이것 하나뿐이어서 다른 게 없어요. 그런데 초점이 맞고 여기에 익숙해지기가 그렇게 쉽지 않기 때문에 시간이 많이 필요합니다. 성급하게 할 수는 없고 자꾸 하다 보면 문득문득 자기도 모르게 공부가 깊어지고 더 정밀하게 되니까, 자꾸 공부를 하시면 돼요.

모습도 없고 공도 없고 공 아님도 없으니
이것이 바로 여래의 참된 모습이다.

여래의 진실상이라. 이거거든요, (법상을 두드리며) 이 일 하나! 그러니까 이건 참 표현할 수가 없는데, 제 식으로 비유를 하면 '2차원의 세계'라고 할 수 있습니다. 모든 게 여기에 다 평등하게 똑같이 있어서 이쪽저쪽이 없어요. 수학을 잘 못하지만 2차원이라는 생각이 나더라고요. 이거거든요, 이 일 하나. 하여튼 (법상을 두드리며) 이것만 있으면 여래가 따로 있는 게 아니죠. 그러니까 만법이 여기서 다 나타나고 사라지고 온 삼라만상이 여기 다 있는데, 또한 항상 여여부동, 아무것도 없어서 똑같을 뿐이에요.

이것(법상을 두드리며), 이 일 하나. 왜 이걸 우리 살림살이, 본성이라고 하느냐? 여기에서 우리가 진실로 살아 있고, 진실로 깨어 있고, 진실로 활동을 하기 때문에 근원이라고 합니다. 물론 이런 이름은 다 방편입니다. 어쨌든 간에 생각으로 하면 안 됩니다. 자꾸 생각으로 갈까 봐 말을 하기가 어려운데, 뭔가 '진실을 확인한다'고 하면 여기서 확인한다 이 말이에요.

공안 가운데 '안수정등(岸樹井藤)'이라는 것이 있어요. 원래는 경전에 있는 이야기입니다. 어떤 사람이 술 취한 코끼리한테 쫓겨서 도망을 가요. 이 코끼리가 술에 취해서 밟아 죽이려고 하니까 도망을 가는데, 앞에 있는 우물 속으로 숨으려고 해요. 그 우물가에 등나무 한 그루가 서 있는데, 등나무 넝쿨이 우물 속으로 축 처져 있는 거예요. 그 등나무 넝쿨을 붙잡고 우물 속으로 숨으려고 내려가니 코끼리한테서는 피했죠. 그런데 내려가다 밑을 보니 우물 바닥에 독사가 우글우글한 거예요. 그래서 '내려가면 안 되겠구나' 하고 다시 위를 보니까 자기가 붙잡고 있는 등나무 넝쿨을 쥐 두 마리가 갉

아먹고 있어서 그대로 매달려 있다가는 떨어져 죽는 거죠.

그렇다고 해서 올라가지도 못하는 게 코끼리가 밖에서 씩씩대고 있거든요. 절망적인 위기의 순간인데, 문득 위에서 볼을 타고 내려오는 뭔가 있어서 맛을 보니 꿀이에요. 턱 쳐다보니까 등나무 넝쿨 위에 벌집이 있어서 꿀이 뚝뚝 떨어지고 있는 거예요. 맛을 보니 달콤하거든요. 꿀맛을 달콤하게 보는 그 순간에 위기 상황을 다 잊어버렸어요. "아, 이거 달콤하구나."

이게 다 비유적인 얘기입니다. 코끼리는 우리의 번뇌를 말하고, 쥐 두 마리가 갉아먹고 있다는 것은 생사를 말하죠. 독사가 우글거린다는 것은 욕망을 비유한 겁니다. 탐·진·치나 온갖 번뇌망상, 삶과 죽음 속에서 안정을 찾지 못하고 위험한 처지에 있는데, 이 삶 속에서 우리는 물질적이든 정신적이든 쾌락에 붙어서 실제 큰 위험은 잊어버리고 산다 그런 뜻이거든요.

그래서 "당장 조그마한 눈앞의 쾌락에 매달려 살지 말고 근본적인 위험을 극복하는 불법 공부를 해라"는 뜻인데, 그걸 공안으로 해서 용성 스님이 질문을 던졌어요. "자, 이 사람이 우리의 상황인데, 당신이 이 사람의 상황에 처해 있으면 어떻게 할 것인가?" 하고 전국 선지식들한테 편지를 써서 다 부쳤다고 해요. 여러 사람들이 답변했지만 그중에 전강 스님의 답변이 제일 유명해요. 전강 스님의 답변이 뭐냐 하면 "달다, 달다"라는 거예요. 이 말도 오해의 여지가 있는데, 결국은 "춥다. 덥다. 허리가 아프다. 잠이 온다. 배가 고프다. 배가 부르다." 그런 여러 가지 일들이 벌어지는데, 전강 스님이 "달다, 달다" 하는 건 단순히 중생의 삶을 긍정하는 건 아닙니다.

뭐냐 하면 이런 여러 가지 일 위에, 결국 중생의 온갖 번뇌망상 속에 바로 이 자리(손을 흔들어 올리며)가 있다 이 말이에요. 번뇌망상이 번뇌망상이 아니고 바로 이 자리다. 온갖 삶과 죽음, 번뇌망상을 벗어나는 자리는 바로 번뇌망상을 하고 있는 (손을 펼치며) 이 자리에 있다 이 말이에요.

그러니까 진실은 다른 데 있는 게 아니라는 거죠. 우리는 꿀이 떨어지면 당연히 달다 하고, 쑥이 입에 들어오면 쓰다 할 것이고, 감을 베어 먹으면 떫다 할 것이고, 소금이 들어오면 짜다고 하겠죠. 짜고 떫고 쓴 거기에 있는 게 아니라, "짜다, 쓰다, 떫다" 하는 바로 이것, (두 손을 들어 올리며) 이게 딱 맞아떨어져야, 짜지만 짠 게 아니고, 떫지만 떫은 게 아니고, 달지만 단 게 아니에요.

"온 세상을 사는 그대로가 다 긍정이 되고 그대로가 진실이다"라는 막연한 얘기를 하고 있는 게 아닙니다. 반드시 벗어날 자리가 있기 때문에 그런 얘기를 하는 거죠. '사바세계 속에 살면서 사바세계에서 벗어난 자리'가 여기에 있는 겁니다. 밖에 따로 있는 게 아닙니다. "망상이 곧 실상이다"라고 하는 게 바로 그 얘기죠. 이 자리 (법상을 두드리며) 이거거든요. "몇 시 몇 분이다", "어떻다 저떻다" 하는 것 자체의 실상을 보면 몇 시 몇 분도 아니고, 이런 것도 아니고 저런 것도 아니고 그냥 이 일 하나예요.

그러니까 "만법의 실상은 만법 밖에 따로 있는 게 아니고 만법 위에 드러나 있다" 이 말이죠. 그러니까 이 일 (손을 흔들어 올리며) 하나가 유일하게 진실하다고 하는 거죠. 분별되는 만법, 그 허망한 모습이 진실하다는 얘기는 아니에요. 뜨은맛이 진실하다는 얘기가 아니에요. "뜨다" 할 때 거기에는 진실을 나타내는 이 하나가 있는 겁니다.

이게 (법상을 두드리며) 어쨌든 분명해야 우리가 생사윤회 속에 있으면서도 해탈열반이 성취되는 것이죠. 그걸 일러서 "생사윤회가 곧 해탈열반이다"라고 하는 겁니다. 이것(법상을 두드리며)! 그래서 이걸 둘로 보면 안 되고, 양쪽이 없는 중도라고 말하는 겁니다. 둘로 보면 안 되지만, 그렇다고 생각으로 "그냥 하나다" 그러면 안 되고, 분명하게 온갖 일이 다 있는데 항상 아무 일이 없는 겁니다.

이게 우리 불법의 묘함입니다. 반드시 온갖 일이 다 있는데 아무 일이 없어야 되는 것이지, 온갖 일이 다 있는 그대로를 100% 긍정한다는 말이 아니에요. 온갖 일이 다 있는데 아무 일이 없고, 아무 일이 없는 곳에서 온갖 일이 다 나타났다 사라지는 거죠. 온갖 일이 있는 그대로 다 진실하다고 이렇게 긍정한다는 그런 말이 아닙니다. 그런 오해를 하면 안 되죠.

하여간 이 하나, 이쪽저쪽이 있는 게 아니고 이것 (법상을 두드리며) 하나가 분명하면 이렇게 하든 저렇게 하든, 춥다 하든 덥다 하든, 달다 하든 뜨다 하든, 말은 그렇게 하고, 느낌은 그런 게 있고, 생각은 그렇게 하더라도, 그냥 아무 일이 없는 겁니다. 그러니까 이게 여여한 거죠.

하여간 (법상을 두드리며) 이런저런 얘기는 자기가 직접 한번 체험을 해 봐야 되는 건데, 딱 들어맞으면 이게 사실 말할 수는 없죠. 설명이 되는 것도 아니고, 이해할 수 있는 것도 아니고, 딱 들어맞아 버리면 그냥 언제든지 평등하게 항상 똑같은 일이면서도 못하는 일이 없습니다. '무위이무불위(無爲而無不爲)' 라는 건 《노자》에 나오는 구절이지만 불교에도 그런 말을 적용할 수 있습니다. "아무 일도 하지 않지만 못 하는 일이 없다." 그런 말이에요. 그 말은 온갖 일을 다 하지만 아무 일도 안 한다는 말이고, 이 일 (법상을 두드리며) 하나입니다.

이게 (법상을 두드리며) 한번 딱 분명해져서 '금강왕보검'을 반드시 손에 쥐어야 되고, 그걸 쥐고 나면 그때부터는 자기가 공부를 자신 있게 할 수 있습니다. 이 (법상을 두드리며) 금강왕보검! 초점이 딱 들어맞아서 이쪽저쪽으로 넘어지지 않을 수 있는 무게중심이 감이 딱 와야 되는 겁니다. 그걸 체험이라고 하는 거죠. 금강왕보검을 손에 쥐기 전에는 체험이라고 하면 안 돼요. '어떤 일이 벌어졌는데 뭐가 뭔지 모르겠다.' 이렇게 되는 거예요. 중심이 안 잡혀 있는 거예요.

정확하게 (법상을 두드리며) 딱 초점이 한번 맞아 버려야 "아, 이제는 어떤 일이 벌어져도 벗어날 길이 있다"는 것을 알게 됩니다. 옛날에 선사들이 "어떤 일이 벌어져도 벗어날 길이 있다. 벗어날 길을 제시해 줘야 선지식이다." 그런 얘기를 많이 했죠.

이 자리(법상을 두드리며)가 한번, 딱 맞아떨어져야 됩니다. 그래야 그냥 언제든지 여법한 거죠. 체험을 했다는 사람들도 "체험을 하긴 했는데 도대체 뭐가 뭔지 모르겠다"는 얘기를 많이 하거든요. "내가 어디쯤 있는지, 어디에 발을 디뎠는지 모르겠다"는 것은 아직 초점이 정확하게 안 맞아서 그런 겁니다. 그러니까 계속 뭔가 의문이 좀 남아 있기도 하고 약간 안개가 낀 것 같기도 하죠. 아직 정확하게 초점이 맞지 못했기 때문에 그런 겁니다. 정확하게 초점이 딱 (법상을 두드리며) 들어맞으면 금강왕보검이라는 것, 온갖 번뇌망상에 끄달리지 않는 적멸한 자리를 얻을 수 있는 겁니다. 그러면 공부의 힘이 아주 강해져서 그 뒤부터는 겁나는 것도 없게 되는 겁니다. 쭉 계속해서 딱 (법상을 두드리며) 들어맞아야 되는 겁니다.

59
마음 거울이 밝게 비춘다

마음 거울이 밝게 비추어 막힘이 없으니
드넓게 밝아서 온 세계에 두루하다.

心鏡明鑑無碍
廓然瑩徹周沙界

　마음 거울이다…… 거울이라는 건 방편으로 하는 이야기죠. "마음이다." 이 한마디는 바로 지금 온 세계에 드러나 있는 그냥 이 하나입니다. 이것은 정해진 자리나 물건이 아니고 뭘 하든지 언제든지 바로 지금 이렇게 드러나 있고 활동하고 있고 살아 있어요. 사실 이런 말도 여기에는 해당이 안 되는 말이에요. 왜냐? (손을 펼치며) '바로 이것'이기 때문입니다. '드러나 있다', '활동한다', '살아 있다'라는 것도 방편의 말이어서 결국은 해당이 안 되는 말이지만 어쩔 수 없어서 하는 얘기죠. 하여튼 (손을 흔들어 올리며) 이것을 가리키려고 하는 얘기들이고 (손을 펼치며) 지금 이것뿐이다 말이죠. 이게 분명해져야 다른 일이 없습니다. 그래서 '이것 하나가 분명해진다'고 하는 것은 결국 어떤 분별도, 어떤 머무름도, 어떤 개념이나 상도 없다는 거거든요. 그냥 이것이니까요.

공부를 하시다 보면 자꾸 생각이나 마음속에 그림을 그리려고 합니다. "이런 거지. 이게 마음이지. 아, 거울이 밝게 비추듯이 마음도 세상을 비추고 있지." 자꾸 이런 식으로 하려 하는데 그것은 그림이죠. 그림을 그리면 안 되고 (두 손을 들어 올리며) 바로 이것이어야 됩니다. 바로 곧장 이것이어서, 법이 따로 없고 마음이 따로 없고 하나가 된다, 이렇게 표현할 수 있는 것이죠. (손가락을 세우며) 바로 이것이어야 뭘 하든지 항상 똑같아요. 차를 한 잔 마시든지 일을 하든지 뭘 하든지 간에 바로 이 자리고 이 일뿐인 겁니다. 온 세상 일이 똑같은 하나의 일이죠.

그러니까 여기는 그림이라는 게 전혀 있을 수 없어요. 주관이니 객관이니 법이니 마음이니 부처니 중생이니, 그런 것은 다 이름이고, 어떻게 하더라도 항상 똑같은 일입니다. 이럴 때 이게 '밝고 분명하다', '확실하다'고 하는 거죠. 법계라는 게 전부가 이 하나니까요. 여기에 견해나 개념 같은 것은 전혀 없습니다. 뭘 하든지 바로 앞에 드러나는 일 하나하나가, 사물 하나하나가, 삼라만상, 세계가 그대로 이것을 드러내고 있는 것뿐이니까요. 하여튼 이게 (두 손을 들어 올리며) 이렇게 돼야 걸림이 없는 것이고 더 이상 할 일이 없는 겁니다.

마음 거울이 밝게 비추어서 막힘이 없다…… 방편으로 이렇게 말하는 거죠. 이 말도 결국 (손가락을 세우며) 이것 하나가 명확해져야 하는 것이지, 마음 거울이라는 게 따로 있고, 상이 따로 있고, 거울이 세상을 비추고, 이런 식으로 차별이 생기면 안 맞는 거죠. 말로는 어쩔 수 없이 이렇게 차별되는 이야기를 하게 됩니다. 그러나 우리가 공부에서 '여법해진다', '철두철미해진다'고 하는 것은, 법이니 마음이니 하는 게 아무것도 없고, 매 순간순간 일어나는, 무심하게 일어나는 모든 일들이 다 평등하고 똑같아야 되는 겁니다. 그럴 때 우리가 '틈이 하나도 없다'고 하는 것이고 '초점이 맞다'고 하는 겁니다. 그러니까 이렇게 보편화된다고 할 수도 있는데, 하여튼 이게 공부인 거죠. 깨달음이 있고, 마음이 있고, 법성이 있고, 불성이 있으면 안 맞는 말입니다.

마음 거울이 밝게 비추어 막힘이 없으니…… '막힘이 없다'는 말은 《반야심경》에도 나오는 말이고 많이 하는 말이죠. 장애가 없다, 막힘이 없다…… 여기에 뭔가가 있으면 장애가 됩니다. 불성이 있고 깨달음이 있으면 그게 장애가 되고 막힘이 있는 겁니다. 깨달음이다, 도다, 불성이다, 아무 이런 게 없는 것이고, (법상을 두드리며) 그냥 바로 이거예요. 언제든지 만 가지 일이 그대로, 하나하나가 전부 똑같이 하나일 뿐인 겁니다.

그러니까 무슨 일을 하든지 아무 일이 없는 것이고, 이것밖에 없어요. 지금 이 일 (두 손을 들어 올리며) 하나! 여기에서 이게 어쨌든 한번 생생해져서, 바로 이 우주의 살아 있음은 여기서 증명이 되는 것이니까요. 그래서 "무정물이 설법을 한다"고 하는 말도 여기에서 나오는 말이거든요. 살아 있는 생물만 살아서 설법을 하는 게 아니라 무생물도 설법을 한다, 이겁니다. (손을 펼치며) 이게 분명해져야 되는 거죠. 하여튼 이것만 이렇게 돼 버리면 그 다음에는 뭘 하든지 다 똑같습니다.

　마음 거울이 밝게 비추어 막힘이 없으니…… 막힐 게 없어야 된 다는 말이죠. 어떤 격식이 있고 머무는 자리가 있으면 그게 막히는 겁니다. 넓게 밝아서 온 세계에 두루하다…… 온 천지 삼라만상이 항상 똑같다. 그냥 이 일 하나뿐이다. 사실 이게 이렇게 보면 할 말 이 없어요. 그냥 이것뿐인데. "그냥 이것뿐인데" 이렇게 말해도 이 게 분명하거든요. 그런데 이것을 어떻게 설명할 것이냐? 설명할 길 이 없죠. 결국 우리가 이것을 말하는 여러 가지 전통적인 방편들을 개발해 놓았으니까 그런 것을 빌려서 얘기할 수밖에 없죠. 그렇지 않으면 그냥 바로 이것(법상을 두드리며)이죠. 막연합니다. 막연한 것 같지만 이것을 확인한 입장에서는 막연한 게 아니고 너무 뚜렷한 거예요.
　그냥 (손을 펼치며) 바로 이것인데, 이것을 우리가 사물을 보는 입 장에서는 "이것, 뭐?" 이렇게 되죠. 막연하니까요. 그러나 사물을 보 는 입장이 아니고 이 법이 분명하면, "이거지!" 하면 이 이상 더 분 명한 게 없는 거예요. 그러니까 더 분명한 것을 분별하고 헤아리려 고 하면 안 돼요. 이것은 분별, 헤아림 속에 있는 게 아니니까 "이거 지" 이러면 이 이상 이것보다 더 분명한 게 없는 거죠. 하여튼 이게 (손가락을 들며) 이 일 하나라, 이것뿐인 겁니다.
　표현은 "마음 거울이 밝게 비추어서 막힘이 없다"라고 하죠. '밝게 비춘다'고 하는 것도 밝음이 있고 어둠이 있다기보다는 그냥 "온 천지가 그대로 다 이 일 하나로 딱 드러나 있다"는 말입니다. 뭘 하든지 항상 (손가락을 세우며) 이것이 1번으로 확인되고 이것이 전부니까 밝음과 어둠이 따로 있는 게 아니라는 거죠. 어두운 곳에 가도 이것이고 밝은 곳에 가도 이것이에요. 사실 우리가 밝음과 어둠을 말할 때에는 눈으로 보이는 빛을 말하는 겁니다. 그러나 빛이 있어서 훤히 보일 때도 그냥 (손을 펼치며) 이 일이고, 깜깜해서 아무것도 안 보여도 (손을 펼치며) 이것이죠. 이것은 밝고 어둠이라는 게 없죠.

이게 어쨌든 분명해져야 됩니다. 자꾸 생각이 개입해서 '좀 더 분명하게 하자' 자꾸 이렇게 하면 생각 쪽으로 들어가는데 이건 안 됩니다. 그렇게 분별된 상태로 분명하게 되는 것은 아니에요. 이게 분별 아닌 상태로 분명하게 돼야 되는 거예요. 아무것도 분별하지 않는데 분명해야 되는 거죠. '이게 법이다'라고 분별해서 분명한 것은 법이 아닙니다. 그것은 분별이죠. 아무 분별이 없는데 늘 이 자리고 늘 분명해서, 마치 물고기가 물속에 들어 있는 것처럼 항상 법 속에 있는 거죠. 온 천지가 없다…… 늘 이거니까요. 자나 깨나 (두 손을 들어 올리며) 이것밖에 없어요.

그러니까 법이 이러쿵저러쿵, 어떤 이치가 있느냐? 이런 생각도 안 일어나는 것이고, 그냥 보면 보는 대로, 들으면 듣는 대로, 생각하면 생각하는 대로, 느끼면 느끼는 대로, 움직이면 움직이는 대로, 밥을 먹든지 물을 마시든지 글을 쓰든지 책장을 넘기든지 뭘 하든지 (손가락을 세우며) 이거예요.

이 법이 분명하면, 예를 들어 글자를 볼 때 글자의 뜻이 보이는 게 아니에요. 그냥 새까만 잉크가 법을 드러내고 하얀 종이가 법을 드러내기 때문에, 글자의 뜻을 가지고 '아, 참 그럴듯한 말이다' 하고 생각하지 않는다고요. 하여튼 생각으로 분명하게 되는 것은 아닙니다.

마음 거울이 밝게 비추어 막힘이 없으니 드넓게 밝아서 온 세계에 두루하다…… 온 천지에 전부 이 일 하나뿐이다.

60
두루 밝은 하나

삼라만상의 모습이 그 속에 나타나지만
두루 밝은 하나는 안과 밖이 없다네.

萬象森羅影現中
一顆圓明非內外

　삼라만상의 모습이 현중(現中), 그 속에 드러나지만 두루 밝은 하
나는 안과 바깥이 없다⋯⋯ 삼라만상의 모습이 다 여기에 있는데,
여기에는 삼라만상 같은 그런 구분이 없다 이겁니다. 삼라만상, 그
러니까 죽비 · 시계 · 컵, 이런 것은 다 안팎이 있어서 구분이 있잖
아요. 이것은 죽비고, 이것은 컵이고, 이것은 시계고. 그런데 이것은
삼라만상이 전부 '이 자리'에 있지만, 이것은 '이게 법이고 이게 법
이 아니다, 이것은 마음이고 이것은 마음 바깥이다' 그렇게 구분되
는 게 아닙니다. 그런 구분은 여기에 없죠.
　"안이다" 하는 게 이것이고 "바깥이다" 하는 게 이것이기 때문입
니다. 이것도 다 방편의 말이에요. 굳이 이렇게 말할 필요도 없는데
우리가 항상 구분을 해서 '이만큼이다' 하는 그런 구분을 자꾸 하
니까, 그렇게 구분되는 게 아니라는 겁니다. 원래 방편의 말이라는

것은 병에 대해 쓰는 약입니다. 문제가 있을 때 그 문제를 바로잡기 위해서 하는 말이 방편이니까 이런 말을 하는 거죠.

어쨌든 삼라만상이 뭐예요? 컵이다, 죽비다, 이렇게 분별에 초점을 두어 버리면 자꾸 분별만 하게 됩니다. 여기에 (손가락을 세우며) 이것이 분명해지면 우리가 "이게 컵이다. 시계도 아니고 죽비도 아닌 컵이다" 이렇게 분별할 때에도 (두 손을 들어 올리며) 이것이 더 일차적으로 먼저고, 이것이 더 분명한 거죠. 분별이 분명한 게 아니고 (두 손을 들어 올리며) 이것이 더 분명한 거죠. 그렇기 때문에 (두 손을 들어 올리며) 이것을 첫 번째라고 그러죠.

그러니까 우리가 "아, 이게 깨달음의 자리구나" 이러면 깨달음의 자리는 두 번째고, "이게 깨달음의 자리구나" 하는 이게 (법상을 두드리며) 첫 번째라는 말이에요. 그러면 이것은 깨달음도 아니고, 깨달음의 자리가 있는 것도 아니에요. "이게 깨달음의 자리구나" 이러면 "깨달음의 자리구나" 할 때 그것은 이미 머릿속에 그림을 그려 버린 거예요. 그러니까 이것은 그림을 그릴 수 없는 것이고, 이것은 말로써 어떤 개념이나 견해가 될 수 없는 겁니다. 견해를 내고 말을 하고 그림을 그리는 자체가 '이것'이기 때문이죠.

그런데도 우리가 그림을 그리고 견해를 만들고 하는 이 버릇이 너무 뿌리가 깊어서 그 한계를 극복하지 못해요. 어떤 체험이 있어도 "아, 법이라는 게 이런 거지" 이렇게 자기도 모르게 머릿속에 그림을 그려 버려요. 그리고 그런 그림이 있으니까 또 아는 것을 주장합니다. '이거지!' 하면서 강하게 주장하는 거죠. 근데 막상 꼬치꼬치 물어보면 자기도 막연한 가운데 그렇게 하는 겁니다. 그게 버릇이라면 버릇이죠.

(손가락을 세우며) 이것은 그림이 되는 게 아닙니다. 상(相)이 되는 게 아니란 말이에요. 그냥 이것인데 무슨 그림이 돼요? 그냥 바로 (두 손을 들어 올리며) 지금 이것이거든요. 온 세상이 깨어서 활발하게 (손을 펼치며) 이 법 하나를 드러내서 말하고 있고, 그야말로 "온 우주가 이 법을 드러내는 춤을 추고 있다" 이렇게 얘기할 수 있는데 정해진 법이 어디 있어요? 뭘 하든지 그냥 바로, 지금 바로 이 일이지 다른 것은 없어요. (법상을 두드리며) 하여튼 그림을 그려 버리면 자기한테 속는 겁니다. 자기가 그린 그림에 자기가 속아 가지고 그런 꼴이 되는 거죠. 자기가 그린 그림에 자기가 속는 경우들이 열에 아홉입니다. 왜 그러느냐? 우리가 평생을 그렇게 살아왔기 때문에 그래요.

그러니까 (법상을 두드리며) 전혀 아무런 그림을 그리지 않고, 법도 모르고, 깨달음도 모르고, 공부도 모르고, 아무것도 모르죠. 그냥 일상의 인연을 따라서 배고프면 밥 먹고, 졸리면 자고, 인연 따라서 할 일 있으면 하고, 그냥 아무것도 안 하고 사는데 모든 일들이 전부 이 자리에 있어야 하고 이 법 하나가 되어야 하는 겁니다.

지난번에도 말씀드렸는지 모르겠는데, 열심히 공부하는 어떤 분이 와서 하는 말씀이 "저는 이것을 놓치지 않고 열심히 매일매일 공부하는 재미로 산다." 그래서 제가 "하루라도 그런 것 안 하고 한번 살아 보세요. 공부하지 말고 아무것도 하지 말고 공부라는 것을 잊어버리고 그냥 살아 보세요." 그리고 또 말했어요. "그렇게 했을 때 법이 다 명확하게 드러나야 그게 진짜 공부입니다. 열심히 공부해서 뭔가가 있다 하는 것은 진짜 법이 아니에요." 그랬더니 그분은 "아, 그것은 못 하겠다"고 하더라고요. 겁이 나는 거예요. 그런 것을 안 하면 자기가 지금 붙잡고 있는 것을 잃어 버릴까 봐서 겁이 난 거죠.

하여튼 그게 극복이 돼야 됩니다. 마음공부를 안 하는 것보다는 훌륭한 분이지만 결국은 그런 게 다 놓이고 저절로 아무 할 일이 없어야 됩니다. 그러니까 "두루 밝은 하나는 안과 바깥이 없다"라고 하잖아요. 안팎이 없고, '뭘 하느냐, 하지 않느냐?' 이런 차별이 없어야 됩니다. '아느냐, 모르느냐? 하느냐, 하지 않느냐? 깨닫느냐, 못 깨닫느냐?' 이런 차별이 없고, 하여간 지금 눈앞의 세상이 전부 똑같은 일이어야만, 비록 공부가 끝났다고 할 수는 없지만 좀 편해질 수 있죠. 우리가 법을 보는 데 눈이 밝아지고 자신만만해지고 의문이 없고 헷갈리는 게 없습니다. 왜냐? 그냥 의문을 일으키는 자체에서 해답이 바로 딱 나오기 때문입니다. '이런 게 법이다' 하는 것을 붙잡고 있으면 아직 부족한 겁니다.

삼라만상의 모습이 그 속에 나타나지만
두루 밝은 하나는 안과 밖이 없다.

하여튼 지금 이 일 하나뿐입니다. 생각을 하면 안 되고 그냥 통해서 하나가 되어 버려야 해요. 생각을 하면 안 되고, 임제 스님이 이 것을 뭐라고 했느냐 하면, "붙잡았으면 바로 쓰지 거기에 대해서 묻지 마라"고 했거든요. "잡았으면 바로 쓸 뿐이지 그것을 다시 살펴보지 마라." 그런 표현을 했는데, 그분 나름대로 그렇게 표현을 할 수도 있죠. 그러니까 그냥 통해 가지고 바로 이것뿐이라. 주관이 있고 객관이 있고 마음이 있고 법이 있고 한 게 아니라고요. 그냥 (손을 흔들어 올리며) 이것뿐이고 뭘 하든지 간에 항상 똑같은 거죠.

그래서 "하나가 된다, 통해야 한다" 하는데, 저는 "하나가 된다" 라는 그런 말씀을 옛날에 공부할 때 듣고 많이 도움을 받았어요. 처음에 (법상을 두드리며) "이것이 선이다"라고 할 때 이게 턱 왔어요. "아, 그래. 이거구나." 그런데 선의 자리, 깨달음의 자리, 어떤 법의 자리가 있고, 그 법의 자리를 아는 제가 있어요. 그러니까 법의 자리를 보는 자가 있고, 또 법의 자리가 있고, 그래서 "아, 내가 법 속에 들어와 있구나." 이런 식으로 되는 겁니다. 그렇게 되면 여전히 둘이 되어 버리기 때문에, 계속해서 법을 객관화시켜 놓고 그림을 그리게 돼요. 자기도 모르게 자꾸 그렇게 돼요. 그러니까 항상 뭔가 미진해서 자신이 없는 거라고요. 계속 법이 상대가 되기 때문에 그렇죠. 그 일이 끝장이 나야 돼요.

표현을 하자면, 그 당시 제 느낌으로는 항상 법이 눈앞에 한발 앞서 있는 것 같고 제가 꼭 그것을 따라다니는 그런 느낌이 드는 거예요. 법이라는 게 다른 데 있는 게 아니라 이 앞에, 눈앞에 분명히 있어요. 그런데 한발 앞서 있고 제가 그 뒤에 따라가는 것 같은 그런 느낌이랄까. 그게 기분 나쁜 거죠. 이러면 안 되는데 하는 그런 느낌이 있어요. 그렇게 계속 그 문제를 안고 있었는데 특별한 방법이 없어요. 그냥 "아, 이게 이런 문제가 있구나" 하는 그런 감이 있는 거죠. 거기에 대해서 뭘 어떻게 할 수 있는 일이 없었어요. '이게 극복이 돼야 하는데' 하는 그런 욕구는 있죠. 그렇게 공부하며 지내다 보니까 저절로 극복이 되고 하나가 탁 되어 버리는 체험이 와요. 훨씬 더 편안해지고 문제가 해결된 시원함이 있어요. 이제는 그런 문제가 있을 때의 그런 불편함이 더 이상 없는 거죠.

그렇게 하고서도 한동안은 이게 자꾸 "법이라는 것을 분명하게 해야겠다" 하는 욕구가 또 있어요. 그러다 보니 자꾸 '법이 이거다' 하려고 하는데, 역시 그것도 시간이 지나다 보면 없어지는 거예요. '이거다, 저거다' 할 것 없이 숨 한 번 쉬고 바람 한 줄기 스쳐 지나다 보면 전부 이것밖에 없으니까 '이게 법이다, 저게 법이다' 하는 그런 어떤 것은 없어지는 겁니다. 그래서 하여튼 시간이 필요한 거죠.

두루 밝은 하나는 안과 바깥이 없다…… 공부도 자꾸자꾸 스며들어서 하나가 되어 버리면 익숙해지는 겁니다. 그렇게 되면 사실 '도네, 법이네' 할 말도 없는 것이고 주장할 것도 없어요. 누가 이 공부에 대해서 이러쿵저러쿵해도, 자동적으로, 그냥 아무 생각 없이 그냥 그렇게 되는 겁니다. 두루 밝은 하나는 안과 바깥이 없다네……

61
인과법을 무시하면

확 트여 비었다고 인과를 내버리면
아득하고 끝없음이 재앙을 부를 것이다.

豁達空撥因果
茫茫蕩蕩招殃禍

　그러니까 '텅 비었고 아무것도 없구나' 하는 그런 느낌이 있다고
해서 다시 그런 상을 지어서 "텅 비어 아무것도 없고 이게 바로 법
이다"라고 생각하면 안 됩니다. "허공이 바로 불신(佛身)이다"라는
방편의 말들은 많이 있습니다. 그런데 그런 말을 진실하다고 여겨
서 "그래, 아무것도 없는 이거지" 이런 식으로 인과법을 다 무시해
버리면 안 되죠. 지금 우리 세간에서 일어나는 차별세계의 법은 다
원인이 있고 결과가 있으니까 인과법이죠. 이런 세간의 차별세계
를 무시하고 그냥 "텅 비고 깨끗하고 고요한 허공과 같은 진실이 있
다" 이런 식으로 가 버리면 위험한 겁니다. 그렇게 되면 법상(法相)
에 빠지는 거죠.
　재앙이 온다…… 이 말은 허공이라고 하는 그런 또 하나의 법상
에 빠진다는 말이죠. 하여튼 법이 따로 있으면 안 됩니다. 텅 빈 세

계는 어떤 세계냐? 삼라만상이 꽉 들어차 있는 이 세계가 텅 빈 세계입니다. 따로 텅 빈 세계가 있는 게 아니에요. 그러니까 온갖 것이 다 있는데 곧 아무것도 없는 것이지, 아무것도 없어서 없는 게 아닙니다. 그러면 지금 온갖 것이 있는 이 세계는 무슨 세계냐 하면 인과법의 세계거든요. 그러니까 그것을 해석할 필요는 없어요. 초점이 딱 맞으면 저절로 뭐든 못할 일이 없습니다. 그냥 원인과 결과에 따라서 모든 것을 우리가 다 그렇게 사유하고 이해하고 행동하고 하는데도, 아무 일이 없고 그냥 만법이 전부 다 똑같은 일입니다.

그러니까 이것도 억지로 표현하는 것인데 이런 억지 표현은 사실 필요가 없어져야 됩니다. "공이 색이고 색이 공이다"라는 것은 억지 표현이에요. 그런 이치가 있어서 얘기하는 게 아닙니다. 실제 이게 딱 맞아 보면 공이니 색이니 그렇게 두 가지 세계가 있는 것은 아니거든요. 생각을 해 보면, "아, 이 삼라만상이 있는데 왜 없다고 그러느냐?" "없으면 공이고, 있으면 색이다." "있음이 곧 없음이니까 색이 공이라 하고, 없음이 곧 있음이니까 공이 색이라고 한다." 생각을 해 보면 그런 식으로 표현이 되고 그렇게 우리가 말을 하지만, 이것은 그냥 방편의 말이라고요. 억지로 하는 얘기일 뿐입니다.

그런 말을 할 필요가 없어져야 되는 거예요. 본래 이 법계가 사실 그런 이치로 이루어져 있는 것은 아닙니다. 그냥 방편의 말인 거죠. 그런 방편의 말을 하는 이유는 자꾸 두 가지 세계가 따로 있다고 착각을 할까 봐 '둘은 따로 있는 게 아니다' 하고 방편을 쓰는 것이죠.

이렇게 되면 자칫 어떤 문제가 발생하느냐 하면, "원인도 없고 결

466

과도 없는 이게 법이니까 세속 일은 다 허망하다"라고 하면서, 원인
도 없고 결과도 없는 이 법을 원인과 결과로 이루어진 세간 법에다
적용을 하려고 하는 거예요. 그런 현상이 벌어집니다. 그런 말을 하
는 사람들이 꽤 있습니다. 말하자면, 법을 가져다가 세속 생활에 이
러이러하게 적용해서 이 세속을 여법하게 만든다, 이렇게 생각을
하는 거예요. 완전히 엉뚱한 방향으로 가 버립니다. 그거야말로 분
별망상이에요. 그런데 그런 식으로 하는 사람들이 많이 있습니다.

　'불법이라는 게 해탈 열반의 법이니까, 이 법을 우리 세간 속에
적용해서 세간을 여법하게 만든다.' 이런 사고방식으로 된단 말이
에요. 이것은 아주 잘못된 겁니다. 세간법이 바로 불법이에요. 불법
이 따로 있는 게 아니라고요. 따로 있으면 절대 안 되죠. 세간법이
바로 불법인 거예요. 차별법이 바로 불이법이고, 생사법이 바로 열
반이에요. 따로 있으면 절대 안 된다고요.

　그러니까 세간의 인과법을 무시할 수 없죠. 세간의 인과법이 바
로 불법이거든요. 그런 오해를 일으키는 원인은 법상을 짓기 때문
에 그러는 거예요. 법이라는 게 따로 있는 것처럼 자꾸 '이런 게 법
이다' 하는 그런 차별하는 생각을 만들기 때문에, 법이 따로 있고
세간의 일이 따로 있다고 차별해서, 세간일은 안 좋은 것이고 불만
족스러운 것이고 불완전한 것이니 완전한 법을 가지고 세간을 뜯어
고치자, 이런 식으로 되어 버리는 거라. 그게 아주 잘못된 겁니다.

　그런데 그런 유혹에서 벗어나는 것은 사실 쉽지가 않습니다. 자
기도 모르게 그렇게 하려고 해요. 세상에서 여러 가지 부조리하고

모순된 모습을 보고 '세상일은 다 허망한 거니까 딱 법으로 돌리면…….' 이런 식으로 오해하면, 그 두 가지 세계가 따로 있는 것처럼 착각할 수 있습니다. 두 세계가 따로 있는 게 아니고 지옥이 곧 정토입니다. 지옥이 곧 천당이다 이 말이에요. 지옥을 천당으로 만드는 게 아닙니다.

하여튼 이게 여법해지면, 우리가 지금 생로병사를 겪고, 먹고사는 문제, 여러 가지 환경 문제, 온갖 문제를 겪는 이 자체가 전부 다 여법한 겁니다. 본래 이게 법이기 때문에. 이게 법이지 따로 법은 없어요. 그러니까 문제가 있으면 그 문제를 우리는 합리적으로 해결하려고 하지만, 여기에서는 (법상을 두드리며) 문제가 있어도 사실은 문제가 없는 거예요. 그렇지만 합리적으로 문제 해결을 안 하는 것은 아니에요. 그것을 해결해야죠. 추우면 창문을 닫아야죠. 추운데 창문을 열고 있으면 감기 걸린다고요.

그러니까 그것을 안 하는 게 아니라는 말입니다. 합리적으로 해결할 수 있는 만큼 합니다. 그러나 어떤 경우도 다 이 한 개 법입니다. 이것을 설명할 수는 없어요. 지식은 우리가 머릿속에 쫙 그려서 그럴듯하게 만들어 놓은 생각의 그림이지만, 지혜라는 것은 지식하고 달라서 그런 게 아니고 저절로 딱 맞는 겁니다.

그래서 이것은 오히려 말을 하려고 하면 말하기 어려워요. 말하기는 어렵지만 그 안목이나 판단력은 저절로 생겨요. 생각할 필요가 없이 저절로 생겨요. 그러니까 생각보다도 지혜가 먼저 모든 것을 판단하고 분별하고 파악하는 겁니다. 반드시 그런 지혜가 나옵니다. 그러니까 말로써 이것을 어떻게 표현하려니까 굉장히 어렵고 모순적인데, 스스로는 명확하게 안다는 말이에요. 이런 게 지혜입니다. 그러니까 말이라는 게 얼마나 불완전한지 알 수 있어요.

반드시 그런 지혜가 나옵니다. 그것을 두고 우리가 '해탈지견(解脫知見)'이라고 하죠. "거위왕은 물과 우유를 섞어 놓으면 물은 내버리고 우유만 마신다"라는 표현이 거기에 해당됩니다. 물과 우유를 섞어 놓으면 우리가 분별로써 분류할 수는 없어요. 그렇지만 물은 놔두고 우유만 마시는 지혜가 있다 이겁니다. 그것이 지혜인데 반드시 그런 지혜가 개발됩니다.

하여튼 모든 상황이 늘 벌어지는데, 거기에 대해서 알맞은 안목이 저절로 나오고 지혜가 나오고 판단력이 생기는 것이지, 사유를 통해서 뭘 안다는 것은 아니에요. 사유로 아는 것은 지혜가 아닙니다. 사유 이전에 바로 판단이 탁 나오는 겁니다. 그게 지혜죠. 그러니까 반드시 그런 지혜가 생깁니다. 그걸 '반야의 지혜'라고 해요. 우리가 초점이 들어맞고 이 자리가 분명해지면 반드시 그렇게 됩니다.

그래서 '공에 떨어진다'든지 '인과법을 내버린다'든지 이런 일들은 안 벌어지죠. 결국 (법상을 두드리며) 이 법에 계합하는 것 자체가 우리 분별심에 의해서 계합하는 게 아니고, 그냥 자기도 모르는 사이에 확 계합하듯이 지혜도 똑같다 이겁니다. '판단'하기 이전에 먼저 모든 것을 '파악'해요. 그러니까 생각으로는 지혜의 속도를 따라

갈 수 없어요. 반드시 그런 게 있습니다. 겉으로는 알 수 없지만 본인은 알 수 있어요. 누군가 무슨 얘기를 하면 "아, 저건 삿된 얘기다. 어느 한쪽에 떨어졌다." 그런 게 저절로 파악이 되죠.

하여튼 이런 지혜가 딱 생기는 겁니다. 그것은 세속을 분별하는 지혜가 아니라 법을 보는 안목의 지혜입니다. 우리가 자꾸 법이 더 분명해지고 더 확실해지고 더 익숙해지다 보면 저절로 그런 일이 벌어지는 겁니다.

62
공에 집착하는 병

있음을 버리고 공에 집착하는 병 역시 그러하니
마치 물을 피해서 불에 뛰어드는 것과 같다.

棄有着空病亦然
還如避溺而投火

　보통 우리 범부 중생들의 병은 '뭔가가 있다' 고 하는 병입니다.
그것을 극복하기도 굉장히 어렵죠. '뭔가가 있다' 그러잖아요. 내가
있다, 마음이 있다, 내 것이 있다, 세계가 있다, 사회가 있다, 국가가
있다, 부모가 있고 자식이 있다, 행복이 있고 불행이 있다…… 모든
게 있기 때문에, 이렇게 '있다' 고 하는 순간에 우리는 거기에 탁 얽
매입니다. 그렇죠? "아, 그런 게 있다" 하는 순간에, 그것이 단순히
객관적으로 나와 관계없이 있는 게 아니고, 그때부터 내가 거기에
얽매이기 시작하는 겁니다.

　그래서 중생이 가지고 있는 병은 '있음의 병' 이에요. 그 병을 부
수기 위해 불교에서는 '없음' 을 많이 얘기합니다. '나라고 할 게 없
다', '법이라고 할 게 없다', '내 것이라고 할 게 없다', 아공법공(我
空法空), 인무아(人無我), 법무아(法無我)…… 이렇게 자꾸 '없다' 는

얘기를 많이 합니다. 소승 불교가 불완전하다는 게 소승은 그 '없음' 속에 머물러 있어요. 그냥 아무것도 없다, 텅 비어서 아무것도 없다, 무념무상…… 아무것도 없으니까요.

공부하는 분들도 어떤 생각이나 어떤 집착이나 이런 게 괴롭힐 때 이 방법을 실제로 한번 써 보세요. 나는 아무것도 모른다, 나는 아무것도 모르겠다, 말하자면 '무지(無知)', 아무것도 모른다…… 이런 식으로 자꾸 생각하면, 그렇게 생각하는 것만으로도 효과를 볼 수 있습니다. 아무것도 몰라, 있는지 없는지 나는 아무것도 모르겠다…… 이렇게만 하더라도 무언가에 얽매어 있는 데서 자유로울 수가 있습니다.

인간의 마음이라는 게 자기를 방어하는 속성도 가지고 있습니다. 어떤 경우를 볼 수 있느냐면, 갑자기 어떤 큰 충격적인 일이 벌어졌을 때 기억상실증에 딱 걸려 버리는 사람들이 있잖아요. 그게 알고 보면 자기가 죽지 않기 위해서 마음이 방어하는 겁니다. 그것을 그대로 보고 있으면 감당할 수 없이 고통스러워 죽는 거예요. 그것을 재빨리 잊어버리니까 아무 일도 없는 거예요. 마음이라는 놈이 죽지 않기 위해서 자기를 방어하고 있는 겁니다.

그런 경우는 사실 병적인 문제이지만 보통 마음공부 하는 사람도 어떤 생각이 자기를 자꾸 괴롭히면 "나는 그런 것 모른다. 다 잊어버렸다." 자꾸 "아무것도 모르겠다. 나는 아무것도 모른다." 이런 식으로 한번 해 보세요. 그러면 훨씬 가벼워집니다. 왜 그러느냐? 결국 우리가 '뭔가가 있다'라는 것에 매여 살아왔기 때문에 그런 거예요.

　단순히 세속적인 일에만 매여 있는 게 아니고, 공부하는 사람이, 예를 들어, '부처가 있다, 깨달음이 있다'라고 하면 이쪽도 문제가 될 수 있는 거예요. 소승의 문제가 그런 거거든요. 깨달음이 있다, 해탈이 있다, 열반이 있다…… 이런 것이 바로 그거예요. "물을 피해서 불 속으로 뛰어드는 거와 같다"고 하듯이, 이렇게 해탈에 사로잡히고 깨달음에 사로잡힐 수가 있는 겁니다. 역시 장애물이 되는 거죠.

　불이법은 있음과 없음의 양변에 있지 않습니다. '뭐가 있다' 하지 않고 '뭐가 없다' 하지 않는 거죠. 그러니까 '깨달음이 있다, 불성이 있다, 내 본래면목이 있다'라고 한다면, 그것은 세속의 구속되고 장애되는 분별과 똑같은 문제를 일으킵니다. "아득하고 끝없음이 재앙을 부를 것이다" 하는 게 바로 그런 경우죠. 공부하는 사람의 문제입니다. 세속인들은 '세속의 잡다한 일들이 있다' 하고 거기에 매여 번뇌가 있다면, 공부하는 사람의 번뇌는 '법이 있고 깨달음이 있고 공부가 있다.' 이게 번뇌가 되는 거예요. 그게 소승의 번뇌죠. 그러니까 하여튼 공부하는 사람은 '뭐가 있다, 없다' 이렇게 할 것이 없어요. 물론 법에 발을 들여놓기 전에는 법이라는 말에 의지를 해야 됩니다. 아무 그런 게 없으면 애초 공부 자체가 될 수 없으니까요. 뗏목으로써, 방편으로 어쩔 수 없습니다.

　그러니까 항상 (법상을 두드리며) '법!' (법상을 두드리며) '법!' 하되,

뭘 하지 말아야 되느냐? '이게 법이다' 라고 하는 개념, 즉 상(相)을 만들려고 하면 안 돼요. 하여튼 저는 옛날에 그랬습니다. "법이 뭔지 모르지만 어쨌든 항상 여법해져야 한다" 라는 생각으로만 공부했죠. 물론 여법해져야 한다고는 하지만 법이 뭔지는 모르죠. 알게 되면 안 됩니다. 알게 되면 그것은 이미 법상이 되어 버리기 때문이죠. 법이 뭔지는 몰라도 어쨌든 여법해져야 한다는 그것 하나로 공부를 해야죠. 자꾸 자꾸 여법해지다 보면 결국 나중에 법 자체가 없어지게 되고 하나가 됩니다. 그러니까 여법해지기 전에는 법이 뭔지 몰라도 '여법해져야 한다' 고 하는 거기에 의지해서 공부할 수밖에 없어요. 그러니까 뗏목에 비유를 하고 방편을 말하는 겁니다.

하여튼 우리에게는 '뭐가 있다' 라는 그게 큰 병이고 오래된 습관이지만, '있음' 을 피해서 다시 '없음' 쪽으로 기울어져도 안 맞습니다. '있다' 하든 '없다' 하든 그것은 양변이니까, 결국 이것은 '있다, 없다' 라고 말할 수 없죠. 있다 해서 있는 게 아니고, 없다 해서 없는 것도 아니고, 그냥 말일 뿐입니다. 그러니까 이것은 분명하지만, 이게 말할 수가 없는 겁니다. 그냥 "이겁니다" 이렇게밖에 할 수 없는 거죠. 그러니까 "이겁니다" 하면 벌써 다 알아들어야 돼요. 알아듣는 게 결국은 머리로 알아듣는 게 아니고, 이심전심(以心傳心)으로 감(感)이 있어야 된다는 말이에요. 머리로 이해할 수는 없죠. 말하는 사람이 머리로 이해가 안 되는 것인데, 듣는 사람이 머리로 이해할 수는 없는 거죠. 그러니까 이심전심이라고 하는 겁니다.

'알아듣는다' 하는 것은 머리로 이해한다는 게 아니고, "이겁니다" 하면 이것은 당연히 자기도 같이 통해서 저절로 의심 없이 통해져야 되는 거죠. 그래서 '이심전심'이라 하는데, 이심전심이라는 말 자체는 세속에서도 그렇게 쓰잖아요. 말을 안 해도, 말로써 통하지 않고 저절로 안다는 말이잖아요. 이게 머리로 이해해서 아는 것은 아니죠.

그러니까 "법이 뭐요?" "이거죠." 이것으로 사실은 다 끝나는 겁니다. 여기서 (법상을 두드리며) 다 통해 버리는 겁니다. "법이 뭐예요?" 그냥 "이거지." 그러면 온 천지가 다 자기 살림살이고 다른 게 없어야 되니까요. 네 것이 있고 내 것이 있고, 이런 것은 안 맞아요. 하여튼 자꾸 하다 보면 저절로 그렇게 통하게 됩니다. 이심전심이라고 하는데, 왜 이심전심이라 하느냐? 말로써 이해시키고 머리로 이해하고 하는 일이 아니다 이거예요. 그러니까 공자의 말에 "하나를 말해 주면 열 개를 알아차리는 사람이나 가르치지, 안 그러면 안 가르친다" 그랬거든요. 공자도 그런 얘기를 한다고요. 그것은 머리가 좋다기보다도 우리가 볼 때 공부하는 자세입니다. 사실 방향이 같은 방향을 가지고 있으면 티끌 하나를 움직여도 온 우주가 다 거기서 쏟아지는 겁니다. 그게 이심전심이라 하는 거죠.

그러니까 (법상을 두드리며) 이 하나라. 문득 한마디에 확 통한다는 게 그런 거거든요. 그러니까 이것 하나지 다른 것은 없습니다. 이것을 얘기하기 위해서 '잣나무'니 '똥 막대기'니 하는 것은 사실 구차스러운 얘기예요. 그냥 "이거지" 이러면 다 끝나는 거죠. "이거지" 했을 때 생각이 들어와서 "이것, 뭐?" 이렇게 따지게 되면 벌써 어

475

굿나 있는 겁니다. 벌써 생각 속에 가 있는 거거든요. (법상을 두드리며) 생각으로가 아니고 "이거지" 하면 자기 살림살이가 딱 확인되어야 돼요. 모든 사람이 가지고 있는 살림살이는 다 똑같아요. 우주 전체가 다 자기 살림살이거든요. "이거지" 그러면 딱 바로 통해서 이 일이라. 하여튼 이겁니다. 다른 일은 전혀 없어요. 이것 (손을 펼치며) 하나뿐이라.

그러니까 "물을 피해서 불로 뛰어든다." 결국은 양변이 있다 이겁니다. 이것은 소승 불교를 비판하는 말입니다. 자꾸 뭐 내려놓고 없애야 된다, 아무 생각도 없어야 된다, 텅텅 비워야 된다, 이런 식으로 하면 안 맞다 이거예요. 그런 게 아닙니다.

그런데 저 같은 경우는 처음에 체험이 탁 왔을 때부터 '텅텅 비워야 된다, 아무것도 없어야 된다' 이런 생각은 안 들던데요. 그냥 저절로, 저절로 한없이 안정되어 버리고 아무 말할 게 없고 그랬어요. 이 체험이 왔을 때 제 주위에 도반들도 있었고 심지어 스승님도 계셨지만, "제가 이런 체험을 했습니다" 하는 말을 한 번도 한 적이 없습니다. 말할 게 있어야 말을 하죠. 그냥 속으로만 웃고 있는 거죠. 속으로는 스스로 아무 일이 없고 다 소화가 되니까 그냥 저 혼자 남몰래 기분이 좋고 만족해 있죠. "내가 이런 부분을 깨달았어" 하면 꼭 다시 내가 이것을 끌어올려 가지고 머릿속에 모습을 만들 것 같은 그런 두려움이라 할까, 그런 게 있어서 말을 못하겠더라고요.

그래서 누가 저한테 '공부를 안다, 체험을 했다' 이런 말 하는 것조차도 듣기 싫었어요. 왜냐하면 그런 말 들으면 "아, 그래 내가 체험을 했구나." 그게 뭐예요? 생각이지. 요즘 공부하는 분들이 자꾸 "제가 체험을 했습니다" 하는데 뭔가 보기에 좀 안 좋아요. 왜 자꾸 그런 상을 만들려고 합니까? 그런 상이 다 없어져야 돼요.

하여튼 "내가 체험했다, 내가 법이 뭔지를 안다, 이런 게 법이다" 그것은 다 상이에요. 전부 망상이에요. 그런 게 전부 공부의 장애물입니다. 티끌 하나도 그런 게 없어야 바로 깊이깊이 공부에 들어가서 완전히 그야말로 깔끔하게 되는 거죠. 조금이라도 뭔가 '깨달아서, 체험해서 법을 안다' 이런 생각이 생기면, 그게 바로 자기가 일으킨 흙탕물이에요, 흙탕물! 지금 흙탕물이 쫙 가라앉아서 깨끗해지는 상황에서, 우리가 자꾸 깨달았느니 알았느니 생각을 일으켜서 흙탕물을 자꾸 만드는 거라고요.

그런 것을 조심해야 됩니다. 그게 다 공부의 장애물입니다. 원래 아무 일이 없고 그냥 하나하나가 다 여법한 것인데, 여기에 "내가 깨달았어, 내가 알았어"라는 생각이 일어나겠어요? '나'라고 하는 생각 자체가 도망가 버렸는데, 그런 생각이 여기 어디 있겠습니까? 하여튼 여법해지고 여법해져서 그야말로 우리가 청정법계라고 하듯이, 아무것도, 티끌 하나도 없어야 되는 것이지, 자꾸 뭘 가지고 있는 것은 안 좋습니다.

그러니까 (법상을 두드리며) 이것뿐이에요, 이것뿐! '자기'를 잊어버리세요. 자기를 잊어버리고 완전히 여법해져서 있음과 없음, 깨달음과 미혹함, 부처와 중생, 그런 차별이 싹 다 사라져 버려야 돼요. 그

477

냥 일상생활 자체가, 세속 자체가 그대로 다 여법한 법계입니다. 그러면 티끌 하나도 걸릴 게 없고, 아래위로 툭 터지고, 안팎이 다 터지고, 앞뒤가 다 터져 가지고 걸림이 없게 되는 겁니다. 그러면 아무 할 일이 없는 거죠. 하여튼 이것 하나뿐입니다.

63
취하고 버리는 마음

허망한 마음을 버리고 참된 도리를 취한다면
취하고 버리는 마음이 교묘한 거짓을 이룬다.

捨亡心取眞理
取捨之心成巧僞

   법은 바로 지금 이겁니다. 부족하거나 남거나 크거나 작거나 좋
거나 나쁘거나 그런 차별 없이, 언제든지 바로 지금 (손가락을 세우며)
이 일인데, 뭔가 좋은 걸 취하고 뭘 원하는 걸 바라는 우리 마음이
문제를 일으키는 거죠. 그래서 "깨닫고자 하는 마음을 가지고 공부
를 하면 깨달을 수 없다" 하는 이유가 바로 거기에 있는 겁니다. 법
을 가리킬 때에는 "법이 뭐냐?" "이겁니다." 여기는 뭘 취하고 버리
라는 얘기가 아닙니다. 이것을 그냥 "이거다" 이렇게 표현하기도 난
감하기 때문에, "법이 뭐냐?" "잣나무다." "똥 막대기다."
   "이거다"라고 하면 "이거다" 하는 여기서 뭘 붙잡으려 하고 알려
고 하고 이렇게 깨달으려 하는데, 그건 안 맞는 겁니다. 어쨌든 가리
킬 것은 그냥 (손을 펼치며) 이것뿐입니다. '가리킨다'는 말도 사실은
방편으로 하는 말일 뿐이고 정확하게는 안 맞는 말이죠. 가리킬 게

있고 가리키는 사람이 있고 가리킬 대상이 있으면 이법(二法)이거든요. 사실은 가리킬 것도 없고 가리킬 수도 없는 것인데 방편으로 어쩔 수 없이 이렇게 말하는 거죠.

그냥 이것, 그냥 이거란 말이에요. (두 손을 들어 올리며) 그냥 이것뿐이고 언제든지 다른 일이 전혀 없는 것인데, 우리가 워낙 분별하고 취하고 버리는 생활을 해 왔기 때문에 자꾸 수행이라는 것을 해서 뭔가 갈고 닦으면 뭔가가 얻어질 것이다, 이런 심리거든요. 수행을 해서는 안 되는 거예요. 뭔가 얻으려고 하는 마음을 가지고 하는 행동이 수행이기 때문에 수행은 필요 없는 거거든요. 애초부터 이 일 하나뿐인데 '어떠어떠하게 갈고 닦아서 뭘 얻겠다' 이러면 그게 안 맞는 겁니다.

허망한 마음을 버리고 참된 도리를 취한다…… 그런데 우리가 다 이렇게 한단 말이죠. "빨리 생각을 내려놔야 한다" 이런 식으로 말하면 또 '아무런 망상이 없는 깨끗한 법'이라는 식으로 얻으려고 하죠. 그런 취사간택하는 마음을 극복하는 건 쉽지 않습니다. 시간도 많이 걸리죠. 공부를 꾸준히 해서 정말 자기가 안팎이 없고 취할 것도 없고 버릴 것도 없이, 이렇게 만법이 여여해져야 그때 비로소 압니다. "원래 이것뿐, 취할 게 없고 버릴 게 없는 건데 왜 지금까지 그렇게 취하고 버리는 마음을 가지고 공부를 해 왔을까?" 그때야 비로소 알지, 그 전에는 잘 안 됩니다. 그러니까 말은 이렇게 쉽게 하는데 결코 이게 쉬운 일이 아닙니다.

480

허망한 마음을 버리고 참된 도리를 취한다면

취하고 버리는 그 마음이 교묘한 거짓을 만든다.

'교묘한 거짓'이라는 것은 우리가 모르고 속는다는 말이죠. '교묘하다'는 것은 그게 거짓인지 모르고 그냥 속아 버리니까요. 그러니까 공부하는 사람은 좌우지간에, "법이 뭡니까?" (법상을 두드리며) "이거다." 하여튼 여기서 진짜인지 가짜인지, 취하는지 버리는지, 법인지 아닌지, 뭐가 아닌지 아무것도 모르겠고, 그냥 여기서 확 뚫어져서, 법이니 법이 아니니 깨달음이니 미혹함이니 그런 게 전혀 없어야 해요.

'이게 깨달음이다, 이게 법이다' 하는 그런 방향이라든지 분별이라든지 어떤 그런 게 조금이라도 개입되면 바로 어긋나게 되는 겁니다. "호리유차(毫釐有差)면 천지현격(天地懸隔)"이라고 하죠. 그렇게 되면 시비가 생겨요. "아, 이건데……" 하면서 자꾸 주장을 하게 됩니다. 그것은 자기가 분별하는 거죠. 그게 교묘한 거짓입니다. 자기가 거짓인 줄 모르고 속아 버리니까요. 하여튼 (손을 흔들어 올리며) 이것뿐입니다.

지금 그냥 이건데, 뭘 하든지 다른 게 뭐가 있습니까? 뭘 하든지 바로 이 일 하나뿐인 거고, 하여튼 간에 그냥 이겁니다. 그런데 (법상을 두드리며) "이겁니다" 하는 것도 자꾸 "이겁니다" 하니까 "그래, 이거 뭐?" 하고 자꾸 또 헤아리려고 하는데, 헤아릴 게 없어요. 어쨌든 이게 한번 와 닿아야 돼요. 와 닿아야 되는 것은 결국 헤아리고 취하고 버리는 그 마음이 아니고, 온 천하, 온 천지 온 세계가 평등하게 하나가 된다고 할까. (손가락을 세우며) 그냥 이 한 개의 일입니다. 하나의 일!

공부의 어려움이라면 어떤 체험을 하는 문제가 더 어려운 게 아니에요. 취사간택하는 마음이 없어져 버리는 이게 어려운 겁니다. 그건 자꾸 공부를 하다 보면 '이게 법이다, 저게 법이다' 하는 생각도 없고, 취사간택하는 마음이 다 내려놓고, 결국 일어나는 일마다, 사물사물, 느낌느낌, 생각생각, 보고 · 듣고 · 느끼는 것마다 전부 다 똑같은 일이 되어 버려요.

그러니까 아무 할 일이 없고, 언제든지 그냥 다 이 자리고, 다 이 일 하나고, 법이다 아니다, 불법이다 세간법이다, 이런 차별이 없고 그냥 이것뿐이에요. 그냥 이것뿐! 이건 지금 우리가 "취사간택하지 말자, 아무것도 선택하지 말고 분별하지 말자" 이렇게 해서 되는 것은 아니죠. 그래도 공부를 하려면 뭔가 어쨌든 잡히는 게 있어야 되고 확인되는 바가 있어야 되니까요. 그게 뭐냐 하면 (손을 흔들어 올리며) 이거죠, 이거!

생생하고 명백하게 이렇게 온 천지에 드러나 있는 이 한 개의 일, 이게 어디서든지 이렇게 살아 있어요. 어디서든지 유일하게 살아 있는 것은 이 일 하나뿐이죠. 그래서 우리가 살아 있음의 즐거움이랄까? 생명의 어떤 약동함이랄까? 이 법을 모르는 세간 입장에서는 육체가 아주 건강할 때 그런 것을 느낄 수가 있죠. 그런데 육체의 약동함이 아니고 이 마음법의, 이 법의 약동함을 느낄 수가 있어요. 여기서 이걸 확인하는 거죠. 설령 육체가 병이 들었더라도 이 법은 병이 들고 안 들고 하는 차이가 없으니까 이 일은 항상 생생한 거예요.

하여튼 이게 이렇게 분명해지는 겁니다. 불교 교리적으로는 이 생생함에 대한 얘기가 없어요. '중도'라고 해도 보면 '공', '적멸' 또는 '적정' 이렇게 고요하다는 표현을 많이 합니다. 그런데 선에서는 '활발발(活潑潑)'이라고 하거든요. 고요하다는 얘기를 하지만 고요함만 얘기하는 것이 아니라 '활발발하다'고 해요. 이 약동함을 이렇게 표현하고 있어요. 물론 교리에도 보면 《화엄경》 같은 경우는 정말 약동하는 표현들이 있기는 있습니다.

그런데 우리가 보통 많이 접하는 경전들은 반야 계통 경전이죠. 《반야경》, 《반야심경》, 《금강경》, 《유마경》 등은 전부 반야 계통 경전입니다. 이쪽은 전부 '적정', '공', '중도' 이런 얘기만 하거든요. 활발발한 얘기들에 대한 표현이 어떻게 되느냐하면 '신령스럽다'고 표현해요. '그 신통을 발휘해서 뭘 어떻게 한다.' 이런 정도 얘기밖에 없고요.

《화엄경》에서는 이것을 "온 우주에 꽃이 핀다"는 식으로 표현하고 있어요. 이게 있으니까 훨씬 공부하기에 좋죠. '그냥 텅 비었고 고요하고 아무것도 없다' 이러면 이게 좀 안 좋아요. 뭔가 자꾸 고요함으로 가 버리고 죽어 있는 것 같고 안 좋은데, 선은 그렇지 않고 이게 살아 있는 겁니다. 고요하고 아무 일이 없지만 생생하게 살아 있는 거죠.

　이것(손을 흔들며)이 있기 때문에 우리가 더 공부를 확실하게 할 수 있는 거잖아요. 그냥 '텅 비고 고요하고 아무 일이 없다' 이러면 자꾸만 가라앉아 버려요. 우리가 볼 때는 별로 안 좋아요. 선은 오히려 고요하면서도 고요함이 아니고, 생생하고 활발하게 살아 있으면서도, 고요하기 그지없는 이 불이법을 정말 잘 드러내고 있는 겁니다.

　허망한 마음을 버리고 참된 도리를 취한다면 취하고 버리는 마음이 교묘한 거짓을 만든다…… 어쨌든 "바로 이거구나", "이 자리다" 하는 그런 분별이 일어나 있을 때에 아주 민감한 사람 같으면 "아, 이것을 내가 지금 의식하고 있구나, 분별하고 있구나" 하는 그런 느낌이 있을 수 있습니다. "아 이 자리구나" 하는 것을 자기가 '틀림없다' 하면서도, "내 의식이 좀 들어가 있구나, 분별이 개입돼 있구나" 이런 것을 알 수 있어요. 자꾸자꾸 하다 보면 그런 게 다 없어지게 되는데, 하여튼 이게 (손을 흔들며) 한번 와 닿아야 돼요. 그러면 만법이 다 수용이 돼 가지고 다 똑같아요. 어떤 일이 있어도 아무 다른 일이 없습니다.

64
애써 수행한다면

배우는 사람이 깨닫지 못하고 애써 수행한다면
참으로 도둑놈을 자기 아들로 여기는 짓이다.

學人不了用修行
眞成認賊將爲子

도둑놈이라는 것은 자기가 만들어서, 수행이라는 것은 자기가 만들어서 하는 거거든요. 자기가 만들어 놓은 것을 진실하다고 여기니까 가짜를 진짜로 여기는 것이고 도둑놈을 자기 아들로 여기는 거죠. 수행을 하고자 하는 사람들의 심정은 이해가 돼요. 워낙 뭔가 와 닿지가 않고, 뭐가 뭔지 도저히 알 수 없어서, "아, 어떻게 무슨 노력이라도 해야 되는 거 아니냐?" 자꾸 이런 생각을 하는 것 같아요. 그럴 때는 스스로를 돌이켜 보면 됩니다. 한번 노력을 해 보세요. 그게 바른 길이라는 느낌이 있는지.

저 같은 경우는 옛날에도 "뭘 한번 해 볼까?" 하고 자세라도 잡으려 하면, 그렇게 하기도 전에 "아, 이것은 내가 하는 일이잖아. 그러니까 이것은 내 본래면목이 아니지. 내가 하는 건데." 그런 것이 즉각적으로 느껴지니까 아무 일도 할 수가 없었어요. 그게 그렇게 되

485

는 겁니다. 처음부터 잘못 배워서 '애를 써서 뭘 해야 한다' 는 식으로 고정관념이 들어 있으면 아마 그게 힘들 겁니다.

그 당시에도 그런 사람이 많이 있었어요. 하루 종일 관세음보살을 몇 만 번 염송하라는 사람도 있고, 《금강경》을 몇 천 번을 읽으라는 사람도 있어요. 여러 가지 수행을 얘기하는 사람들이 주위에 많이 있는데, 가만히 보면 그런 사람들은 뭔가를 억지로 만들어서 자기가 만들어 놓은 그것을 애지중지하고 있어요. 원래 만들 필요가 없이 본래 자기가 가지고 있는 이것은 알지 못하고, 자기가 뭔가를 자꾸 만들어서 그놈을 굉장히 소중하게 여기고 있다는 생각이 들더라고요. 수행해서 되는 게 아니에요.

원래가 그냥 이 일이에요. 이 일 (법상을 두드리며) 하나! 그런데 깨닫기 전에는 자꾸 그런 유혹을 느끼죠. 뭘 하려고 하고 뭘 해서 계속 거기에 매달려 있으려 하고, 의지하려고 하고 그런 유혹을 느끼지만, 그쪽으로 가 버리면 허송세월하는 겁니다. 진실은 우리 육식 (六識)의 작용, 보고 · 듣고 · 느끼고 · 알고 하는 이 자체 그대로가 다 진실인 것이지, 뭘 어떻게 해야 진실한 게 아닙니다. 그럼 이렇게 애초에 우리가 보고 · 듣고 · 느끼고 지금까지 살아왔던 것은 다 가짜고, 지금 뭔가를 해서 진짜를 새로 얻느냐? 진리는 그렇게 되는 게 아니잖아요.

진리란 것은 늘 말씀드리지만 '발명' 되는 게 아니고 '발견' 되는 겁니다. 본래 있었던 것이 발견되는 것이지 내가 애를 써서 만들어 내는 게 아니에요. 만들어 낸다면 진리라고 할 수 없어요. 그건 발명품이죠. 발견이라는 것은 본래 있었는데 지금까지 모르고 있다가 그걸 이제 찾아내는 것이라고요.

견성이라는 것은 '자기 본성을 본다'고 하는데 당연히 본래 있던 것을 확인하는 거죠. 그러니까 애써서 뭘 하는 게 아닙니다. 본래 있으니까 항상 있고 지금도 늘 있어요. 마조 스님 말마따나 '본유금유(本有今有)'라는 거죠. "본유(本有), 본래 있는 것이, 금유(今有), 지금 있는 것이다." 그러니까 늘 있는 게 지금 있는 거예요. 뭘 따로 만들 것도 없는 거예요. 항상 그저 이 일 한 개다, 하나! 그래서 이 일 (법상을 두드리며) 하나. 결국 법계에 무슨 문제가 있는 건 아니고, 우리가 자꾸 자기 분별심을 개입시켜서 법계를 보려고 하는 거기에 문제가 있는 거예요.

육조 스님도 그런 얘기를 했거든요. "법에는 돈점(頓漸), 빠르고 늦고 뭐 그런 게 없다. 사람이 스스로 깨달으면 빠르다고 하고, 못 깨달으면 자꾸 늦다고 하는 것이지 법에는 원래 그런 게 없다." 법은 언제든지 법 하나뿐이죠. 언제든지 (법상을 두드리며) 이 일, 이 일 하나, 지금 이것뿐인 겁니다. 항상 그저 이것! 말을 하더라도 이것!

이런 옛날이야기가 있죠. 어떤 젊은 스님이 암자에 있는 선지식을 찾아가서 삼 년을 시봉했어요. 그런데 공부를 하는 게 아니고 맨날 일만 했어요. 그래서 뿔이 났죠. "에이, 내가 일하려고 출가했나. 공부하려고 출가했지"라고 생각하고는 그 선지식에게 떠나겠다고 했죠. 그러자 그 선지식이 젊은 스님에게 물었어요.

"어디로 가느냐?"

"공부하러 갑니다."

"뭘 공부하느냐?"

"불법을 공부하러 갑니다."

"불법이라면 여기도 있다."

"스님이 언제 나한테 불법을 가르쳐 준 적이 있습니까?"

"무슨 소리를 하느냐? 같이 밥 먹고 인사하고 대화하고, 숨긴 게 뭐가 있느냐?"

이런 얘기를 했거든요. 이게 아주 좋은 설법입니다. 이것뿐이지 다른 법이 있는 게 아니에요. 이 일 (법상을 두드리며) 하나인데, 이걸 이해해서는 안 되고 생생하게 이렇게 딱 확인되고 드러나고, 이게 분명해져야 되는 거죠. 이거예요. (탁자를 두드리며) 이 일 하나.

그런 점에서는 이게 신비로울 수도 있습니다. 신비롭고 불가사의한 일이죠. 이해되는 게 아니라 바로 이렇게 확인되고 드러나는 것이니까요. 알 수 있는 게 아니고 체득되는 거죠. 체험되는 것이지 알 수 있는 게 아니거든요. 체험이 되고 체득이 돼서 이렇게 정말 세포세포, 마디마디, 털구멍털구멍, 털끝털끝 위에 드러나 있어요. "하나의 털끝에서 우주를 다 본다"는 식으로 사물사물, 티끌티끌 위에 다드러나 있는 것이고 다 확인되는 겁니다. 그렇기 때문에 이것은 아는 게 아니고 이해하는 게 아니에요. 이게 체험이 되고 확실히 드러난다는 점에서는 이게 신비로울 수도 있고 좀 불가사의할 수도 있죠. 어쨌든 이게 분명해져야 돼요. 다른 게 없습니다.

그러니까 '공부를 해서 쉬어진다'고 하지만, 우리가 죽어 있는 돌멩이처럼 그렇게 쉬어지는 게 아니고 활발하게 이렇게 다 드러나 있죠. 드러나 있는데 아무것도 없는 겁니다. 아무것도 없는데 온 천지 모든 일이 그대로 다 있는 거니까요.

배우는 사람이 깨닫지 못하고 애써 수행한다면
참으로 도둑놈을 자기 아들로 여기는 짓이다.

이 〈증도가〉에 이렇게 이야기가 다 나와 있는데도, 모두들 수행한다고 하니까 참 이해가 안 돼요. 수행해야 한다, 수행해라…… 열심히 뭘 수행하라 한단 말이죠. 그러면 어떻게 수행합니까? 앉아서 좌선을 하고, 장좌불와를 하고, 염불을 하고, 진언을 외우고, 삼천 배를 하죠. 그런데 그런 사람이 보면 또 〈증도가〉를 해설해요. 참, 알수가 없어요. 하여튼 여기에 (법상을 두드리며) 통달하지 못하면 전부가 제대로 보지 못하고 엉터리로 보게 되는 겁니다.

하여튼 간에 이게 (법상을 두드리며) 한번 와 닿아야 돼요. 그래야 제대로 보는 안목이 생겨서, "아, 이거! 원래 하는 일마다 24시간 매 순간순간 일어나는 일이 전부 그냥 다른 일이 없는데 뭘 수행하고 말고 할 게 있어?"라고 할 수 있는 겁니다. 힘들게 수행해야 되고 뭔가 애써서 얻어야 된다는 그런 것들은 어찌 보면 너무 불교를 내세우려는 의도를 가졌기 때문에 그렇게 되는 게 아닌가, 너무 불법을 떠받들어 모시고 사람들한테 내세우려고 하는 의도가 개입돼서 공부를 이렇게 왜곡시키고 있는 게 아닌가, 그런 생각도 들어요.

불법이란 것은 우리 각자의 평소 살림살이입니다. 평소의 살림살이! 본래 가지고 있는데 숨어 있어서 드러나지 않는 게 아니고 평소에 늘 쓰고 있는 살림살이거든요. 그러니까 이게 어쨌든, 이게 한번 (법상을 두드리며) 분명하게 이게 드러나야 되는 거예요. 어려울 것도 없고 너무나 당연하게 그냥 (법상을 두드리며) 이 일입니다. 하여튼 신비롭게 (법상을 두드리며) 여길 것도 없고 뭘 바랄 것도 없고 (법상을 두드리며) 여기서, (법상을 두드리며) 여기서 한번, (법상을 두드리며) 여기서 이렇게 한번 딱, (법상을 두드리며) 한번 딱, 여기서 전체가 명백하지 않으면 그 나머지 다른 법은 없습니다. 이게 (법상을 두드리며) 명백해져야 돼요. 명백하게 한번 (법상을 두드리며) 딱 이것!

옛날 사람들은 '순미동목'이란 말을 했는데, "눈썹을 한 번 찡그리고 눈알을 한 번 굴린다"는 말입니다. 그걸로 100% 다 드러나는 겁니다. 여기서 100% 드러나는 것이지 숨어 있는, 어떤 신비스러운 법이 있는 게 아닙니다. 법은 이렇게 언제나 온 천지에 그대로 드러나 있습니다. 이것(법상을 두드리며)뿐이라. 우리가 마음을 찾아도 여기서 확인되지 못하는 마음이라면 어디에서 확인되겠습니까? 자기 본성을 찾아도 여기서 확인되지 않는 자기 본성이 어디에 숨어 있겠어요? 그러니까 여기에 (법상을 두드리며) 이렇게 딱 드러나 있는 거거든요.

여기에 (법상을 두드리며) 100% 드러나 있는 겁니다. 그러니까 또 뭔가 신비스러운 것이 숨어 있다고 그것을 찾아다닐 필요가 없는 겁니다. 이미 이렇게 다 드러나 있으니까 여기서 한번 확인되면 되는 거니까요. 이렇게 (법상을 두드리며) 이 공부는 아주 단순한 거예요. 우리가 여기서 결말을 봐야죠. 여기서 끝장이 나야 되는 것이지 다른 길은 없는 겁니다. 물속에서 물을 찾는 거거든요. 이미 물속에 풍덩 빠져서 물속에 살고 있어요. 어디 가서 찾을 겁니까? 이미 이렇게 다 드러나서 언제든지 다른 일이 없단 말이에요. 그러니까 하여튼 여기(법상을 두드리며)에서! 아주 단순하고 어떻게 보면 아주 쉬운 일이거든요, 쉬운 일!

그런데 항상 방해가 되는 것은 생각이에요. 생각이라는 놈은 항상 뭔가 자꾸 신기한 것, 뭔가 특별한 것을 찾으려고 하고 그럴듯한 그림을 자꾸 원해요. 생각이 항상 문제가 됩니다. 하여튼 생각에 (법상을 두드리며) 속지 말고 이것 (법상을 두드리며) 하나뿐이에요. 그런데 우리가 그 생각에 몇 십 년을 의지해 살아왔기 때문에, 참 그게 조복이 잘 안 돼요.

그러니까 생각이 아니고 (법상을 두드리며) 이 한 개 진실에 뜻을 두고 꾸준히 해야 돼요. 저도 처음에 (법상을 두드리며) 이걸 소리를 듣고 체험했는데, 생활을 하다 보면 습관대로 자기도 모르게 생각 쪽으로 스윽 끌려가요. 그러면 이제 감이 탁 오거든요. "아, 내가 또 생각 쪽으로 가는구나" 하고. 그러면 또 (법상을 두드리며) 법문을 듣고 자꾸 이쪽으로 오죠. 그런 세월이 꽤 오래, 몇 년이 아니라, 계속 그런 세월이 이어지죠. 그러면서 점차점차 법의 힘은 더 강해지고 생각의 힘은 약해지죠. 사실 지금까지도 그런 세월이라고 볼 수 있습니다. 지금이야 정말로 법의 힘이 생각의 힘을 능가할 만큼 이렇게 강해져서 생각의 휘둘림을 받는 일은 거의 없지만 상당히 시간이 많이 걸립니다. 이 생각이라는 게 오래된 습관이기 때문에 극복이 쉽지 않습니다.

65
분별하는 의식 때문

법의 재물에 손해를 끼치고 공덕을 없애는 것은
모두 이 마음의 분별하는 의식 때문이다.

損法財滅功德
莫不由斯心意識

　전부가 생각 때문이다…… 경전에도 그런 말이 나오죠. "부처님의 지혜의 목숨을 죽이는 것은 오직 중생의 분별심이다." 결국 생각이 문제예요. 마지막으로 극복해야 할 장벽입니다. 그게 극복이 안되면 결국 뭐냐? 체험을 하고도 '법은 이런 거다' 하고 법상을 세우게 돼요. 자기가 법상을 딱 만들어 놓고 거기에 맞으면 '옳다' 하고, 틀리면 '틀렸다' 하고, 자꾸 이런 시비를 하게 되죠. 그러면 그것은 법 도깨비, 법에 집착한 도깨비죠.

　생각에서 풀려나면 뭐든지 수용이 돼요. 수용을 하고 아무것도 가지고 있는 게 없으면, 어딘가 치우쳐 있거나 집착해 있는 사람들을 보면 알게 되죠. 점검을 받거나 상담을 할 때는 솔직하게 자기를 드러내는 게 좋습니다. 그래야만 어디에 걸려 있다든지 어디에 지금 막혀 있다든지 이런 지적을 해 줄 수 있습니다. 솔직하게 드러내지 않고 "다 좋습니다" 이렇게 두루뭉술하게 해 버리면, 사실 의사는 환자가 어디가 아픈지도 모르니까 치료해 줄 수 없는 거예요. 아픈 데를 드러내야 치료가 가능합니다. 사실 이 경우 치료라기보다는 지적이죠. 치료는 본인이 하는 거고, 지적을 해 줄 수 있습니다. 그런데 또 아주 민감한 사람들은 본인이 스스로 압니다. "아, 지금 내가 어느 부분이, 정확하게는 몰라도 막연하게 지금 어디가 좀 부족한 것 같다. 뭔가 좀 불투명한 부분이 있다."

공부를 하다 보면 그런 게 또 극복이 됩니다. 꼭 지적을 받아야 되는 것은 아니고요. 그렇지만 저는 체험한 사람은 정기적으로 점검을 받으라고 말씀드렸어요. 왜 그러느냐? 제가 가만히 보니까 체험했다고 해서 어딘가에 머물러 있거나 자기 나름의 법상을 가지고 있는 사람들이 꽤 있어요. 그럴 때는 지적이 좀 필요하겠구나 해서 한 번씩 점검을 받아 보시라고 한 겁니다.

법의 재물에 손해를 끼치고 공덕을 없애는 것은
모두 이 마음의 분별하는 의식 때문이다.

심의식(心意識), 이 마음의 의식이라는 것은 분별심이죠. 헤아리고 생각하는 분별심입니다. 하여튼 이게 원만해질수록 자꾸 법이 여법해지고, 법에 익숙해질수록 '이게 법이다, 저게 법이다' 하는 그런 마음은 없어집니다. 이게 자꾸자꾸 더 사라지고 없어져서, 가지고 있는 것도 없고 머물러 있는 자리도 없죠. 마음이니 법이니 할 것도

494

없고, 그야말로 육식·칠식·팔식이 전부 똑같아요. 있으면서도 없고 없으면서도 있고, 말 그대로 공이라 공! 그러면 할 말도 없고 그냥 (법상을 두드리며) 일상생활 그대로, 뭘 하든지 항상 똑같으니까요. 그러니까 하여튼 이 일입니다. 이 일(법상을 두드리며)이, 어쨌든 이게 한번! 분별심을 가지고 '이거다, 저거다' 하는 게 아니고 완전히 법이 되어서!

하루아침에 공부가 완성되는 것은 아닙니다. 우리 욕심으로는 금방 그렇게 됐으면 좋겠고 될 것 같은데 그게 결코 그렇게 되는 게 아닙니다. 꾸준히 자꾸 하다 보면 자기도 모르는 사이에 변화가 있고 자꾸 달라지고 그렇게 되는 겁니다. 대개 "아, 나는 이제 공부가 끝났다. 이제 다 알겠다." 이렇게 큰소리치는 사람들을 보면 "아, 이거구나" 하는 하나의 상을 가지고 있습니다. 그러니까 "아, 이제 다 알았다." 이렇게 되는 거라. 그렇게 되는 게 아닙니다. '이게 법이구나' 하는 그런 게 없어져야 되는 거예요. 그런 걸 얻는 게 아니고, 그런 게 없어져야 되는 겁니다.

그러면 그냥 다 똑같아요. 만법이 평등이라고 하잖아요, 만법평등. 무슨 일이든지 그냥 이 한 개 일이거든요. 이렇게 분명하니까요. 언제든지 (법상을 두드리며) 사람의 마음이라는 게 사물처럼 버리고 취하고, 이렇게 되는 게 아닙니다. 마음이라는 것은 모양이 없기 때문에 어느 한순간에 어떤 고비가 넘어가는 체험이 있다고 하더라도, 여전히 습관적인 것들이 그대로 남아 있습니다. 생각으로 따지는 습관, 좋아하고 싫어하는 습관 같은 것들이 말이죠.

육체에 붙은 습관은 오히려 극복하기가 어렵지 않아요. 그런데 이 의식에 붙어 있는 습관은 극복하는 게 쉽지 않습니다. 담배를 피우던 사람이 담배를 끊으려 할 경우, 육체에 금연침을 맞거나, 그렇게 하지 않더라도 자기가 '내 육체의 건강을 위해서 끊어야 되겠다' 하면 끊게 돼요. 그 후에 문득문득 예를 들어 힘든 일이 생긴다든지 또는 담배 냄새를 어느 순간에 맡는다든지 하면, 옛날에 담배 피던 기억들이 살아나지요. 향수라 할까 그런 게 되살아납니다.

담배뿐만 아니고 욕망이라는 게 있잖아요. 자기가 뭔가를 좋아하는 욕망, 심지어 성욕조차도 그런 거예요. 육체가 문제를 일으키는 게 아니고 의식에 속해 있는 겁니다. 전부 다 의식 속에 기억되어 있다가 그 기억이 되살아나는 순간에 '견물생심(見物生心)'이라고 하듯이, 이게 탁 살아나는 거예요. 이렇게 의식 속에 들어 있는 기억을 업장이라고 해요. 그런 습관이 변화되는 건 쉽게 되는 게 아닙니다. 그러니까 오래오래 자꾸자꾸 해 가지고 변화를 시켜야 되는 거죠. 그러려면 이게 (법상을 두드리며) 자꾸 더 분명해지고, 자꾸 여기에만 마음을 두어야 점차 이것만 확인이 되죠. 이것뿐이지 다른 것은 없다, 항상 만법이 그저 이 일 하나뿐이다! 생각으로 이해하는 게 아니고, 생생한 실제여야 하는 겁니다.

공부하는 사람이 말과 행동이 다르다는 말들을 하는데, 여기에는 이유가 있죠. 말이라는 것은 자기 생각에서 나오는 겁니다. 생각으로는 "아, 그래. 뭐, 다 법이잖아." 이렇게 그럴듯하게 얘기해 놓고는, 행동을 보면 계속 오만 가지 일에 다 휘둘리고 여전히 분별에 부림을 당하죠. 결국 자기가 생각을 극복하지 못한 거죠. 공부가 생각에 머물러 있는 겁니다. 생각으로는 "아, 이제 다 알겠어." 이렇게 되는 거거든요. 이게 생각이 아니고 진실로 분명해져야죠. 말하자면 공부의 힘이 강해져야 되는 겁니다. 그런 얘기를 하잖아요. "법의 힘은 강해지고 마(魔)의 힘은 약해진다." 이게 진짜 공부죠.

공부는 (법상을 두드리며) 하루아침에 되는 게 아닙니다. 대기만성(大器晩成)이라. 옛날에 불교 공부 하기 전, 제 대학원 전공이 동양철학이라서 장자나 노자 스터디를 많이 했어요. '대기만성'이라는 말이 《노자》에 있어요. 이 마음공부에는 그게 참 좋은 말입니다. 천천히 이루어진다, 서둘러서 되는 게 아니다…… 그러니까 대기만성이라는 교훈을 알고 공부를 쭉 하시면 됩니다. 그런데 우리는 욕심이 있으니까 '얼른 뭘 해 버렸으면' 하는데 그렇게 되는 게 아니에요.

어쨌든 꾸준히 계속해서 이것(법상을 두드리며), 이 일 하나가 분명해져야 돼요. (법상을 두드리며) 다른 것 없어요. 여기서 한번 (법상을 두드리며) 확인이 되면 이걸 '금강왕보검'이라 하거든요. 마(魔)가 일어났을 때, 분별망상이 나를 확 끌어당길 때, 여기서 (법상을 두드리며) 정신을 차릴 수 있고 휘둘릴 대상을 다 사라지게 할 수 있는 보검이죠. 온갖 분별망상이 일어날 때 그걸 확 쳐 버릴 수 있는 보검이 딱 손에 잡힌단 말이죠. 이 힘(법상을 두드리며)을 얻는 게 바로 체험이라고 하는 것이에요.

체험이라는 것은 공부가 끝나는 게 아니고, 이 힘(법상을 두드리며)을 얻는 거라고요. 그래서 다시 망상하는 습관이 불쑥 일어났을 때

"이게 법(법상을 두드리며)인데!" 이렇게 해 버리면 망상이 일어나다가 그만 사라져 버리거든요. 힘이 약할 때는 그렇게 할 수밖에 없어요. 이 법의 힘이 약할 때는 이 금강왕보검의 힘을 빌릴 수밖에 없다고요. 늘 그랬던 것은 아니지만 하여튼 저도 옛날에는 가끔씩 그렇게 했어요. 그때도 설법을 했고, 또 어떤 분들은 옛날 설법이 좋다고도 하는데 지금 제가 돌이켜 보면 "아이고, 저래 가지고 무슨 설법을 한다고……" 그런 생각도 들고 그래요(웃음).

그때는 제 법의 힘이 지금처럼 강하지 못했으니까, 어떻게 보면 이 금강왕보검을 막 휘두르던 그런 시절이거든요. 그래서 오히려 더 힘이 났는지도 모르죠. 이걸 막 휘둘렀으니까요. 지금과 비교해 보면 그때는 역시 불편한 게 많았는데, 지금은 (법상을 두드리며) 그런 저런 불편은 없어요. 완전히 없는 게 아니라 그때와 비교해서 아주 많이 없어졌죠. 그러니까 시간이라는 게 필요한 겁니다.

66
지혜의 힘을 얻는다

선문에서 마음을 깨달아
문득 무생법인에 들어가 지혜의 힘을 얻는다.

是以禪門了却心
頓入無生知見力

　　교문(教門)과 선문(禪門)이라고 하죠. 문이라는 것은 어떤 길로 들
어가는 출입구인데, 교문을 통해서 불법으로 들어올 것이냐, 선문
을 통해서 불법으로 들어올 것이냐? 선문에서는 교문처럼 뭘 배우
고 읽고 외우는 게 아니고 문득 (법상을 두드리며) 자기 마음을 깨달
아, 문득 (법상을 두드리며) 이렇게 한마디에, 문득 (법상을 두드리며) 한
순간에, 금강왕보검을 손에 탁 넣는단 말이죠. 문득 (법상을 두드리며)
이런저런 일이 없고, 문득 모든 경계가 다 사라져 버리고, (법상을 두
드리며) 이 자리에 턱 들어온다. 그래서 이것을 돈오(頓悟)라고 해요.
또 '일초직입여래지(一超直入如來地)'라 그러죠. 이 자리가 여래의
자리지만 여래의 자리에 들어와서도 여래의 힘이 강하냐 약하냐 하
는 문제가 있는 겁니다.
　　보살도 '초학보살'이라는 말이 있고, 오래된 보살이라는 표현도

있어요. 초학보살이라는 것은 '깨달아도 아직 법의 힘은 약하고 마의 힘은 강하다'는 뜻이에요. '오래된 보살'이라는 것은 '법의 힘이 강해지고 마의 힘이 약해진 사람'을 가리키는 말이죠. 경전에도 그 구절들이 다 있어요. 그러니까 '일초직입여래지'라고 해서 여래의 자리에 한번 들어가면 '공부 끝!' 이렇게 되는 게 아니란 말이에요. 그런 게 아니고 자꾸 (법상을 두드리며) 여기에 익숙해져야 돼요.

선문에서 마음을 깨달아
문득 무생법인에 들어가 지혜의 힘을 얻는다.

지혜의 힘을 얻는데, 그 지혜의 힘이 얻어진다고 해도 처음부터 온 우주를 내리누를 그런 힘을 가지고 있는 것은 아닙니다. 그렇지만 그런 느낌은 가질 수 있어요. 그래서 어떤 표현을 하냐면 "금방 태어난 호랑이 새끼가 마치 황소를 잡을 듯한 기개를 가지고 있다"고 합니다. 하지만 실제는 황소를 못 잡는 겁니다. 그런 느낌이 들수는 있죠. '아, 이제 나는 괜찮다.' 이렇게 하지만 실제 그렇게 되는건 아니에요. 옛날부터 그런 말이 있어요. "태어난 지 3일밖에 안 된 호랑이가 기개는 황소를 잡을 만하다." 실제로는 큰 호랑이도 황소를 잡기가 그렇게 쉽지 않습니다. 그런데 어린 호랑이가 그런 기개를 보인다는 거죠.

'무생법인(無生法忍)'이라는 말은 《유마경》에 나오는 말인데 불생불멸, 여여부동한 이 법을 가리키는 말입니다. '무생', '불생', '불생

500

법인'이라 하기도 하죠. 무생법인이라 하기도 하고, 그냥 무생법이라 하기도 하고, 불생법이라 하기도 하는데, 표현은 조금씩 다르지만 똑같은 말입니다.

'불생불멸법(不生不滅法)'이라. 《유마경》에도 나오고 《반야심경》에도 나오죠. 생겨나지도 않고 없어지지도 않는 법이다. 말하자면 여여한 법이다 이 말인데, 늘 똑같으니까 늘 이 일 하나뿐이니까요. 결국 이런 표현을 쓰는 이유는 뭔가 생겨난 것은 사라지는 거죠. 무상한 겁니다. 우리가 분별하고 헤아려서 아는 것은 다 생겨난 거죠. 그러니까 그런 것은 무상한 겁니다. 그래서 깨달음이라고 하는 것은 '내가 깨달음을 얻었다'라고 하면 그것은 사라지게 돼 있어요.

그런 게 아니고 진실로 탁 (법상을 두드리며) 깨달으면 깨달음도 없고 미혹함도 없는 겁니다. 그렇게 해야 그게 불생불멸법이 되는 겁니다. '내가 깨달았으니까 이게 바로 깨달음이다.' '이것은 깨달음이고 그것은 깨달음이 아니야.' 이렇게 되면 그런 깨달음은 사라지는 겁니다. 그것은 깨달음이 아니라 깨달음이라는 하나의 상을 가지고 있는 거죠. 그것은 망상인 거고, 진실로 깨닫게 되면 깨달음이라는 것도 없고 미혹함이란 것도 없어요. 세간도 없고 출세간도 없고 그냥 만 가지 법이 항상 똑같은 겁니다. 본래가 이 법 하나뿐인 겁니다.

그러니까 이것(법상을 두드리며)은 말로 이해할 부분이 아니고 반드시 자기 스스로 진실로 이렇게 되어야 하는 것이에요. 제가 이런 얘기를 하는 건, 일반적인 스님들의 말을 빌려서 얘기하자면 고준한 법문이에요. 말은 쉽게 하지만 쉽게 이룰 수는 없는 말을 하고 있는 겁니다. 이것이 쉽다고 생각하지 마세요. (법상을 두드리며) 하여튼 간에 이게 한번 턱 (법상을 두드리며) 이걸 확인하고, 그 다음에 확인한 자리가 따로 없고 일거수일투족이, 한 순간순간이 전부 다른 일이 없어야 돼요. 하여튼 그 시간이 많이 걸립니다. 그래서 공부의 지침으로 삼을 것은 어쨌든 간에 '법이라는 게 따로 있어서는 안 된다'는 겁니다.

옛날 사람들도 항상 그런 얘기를 했죠. "법이 뭐냐? 하고 물었을 때 탁 뿌리치고 가더라도 이미 허물이 있다" 그랬거든요. 그만큼 이 법에 대해서 티끌만큼이라도 '이게 법이다' 하는 의식이 있으면 그게 안 맞는 겁니다. 그냥 사물사물 자체가 원래, 아무 차별 없이 다 똑같아요. 그런데 이게 하나라고 하는 게 쉽지 않습니다. 공부하는 사람은 항상 법에 의지해야 돼요. 아직 법의 힘이 약할 때에는 법이란 그런 뭔가에 의지를 해야 된다고요. 그래서 금강왕보검을 쥐고 (법상을 두드리며) '아, 이것!' (법상을 두드리며) '이것뿐!' 이렇게 하면 아무것도 없이 그야말로 딱 여법해지는 (법상을 두드리며) 그것을 금강왕보검이라 하죠. 자기도 모르게 이러쿵저러쿵하다가도 (법상을 두드리며) '이것!' 그러면 아무런 그런 게 없이 (법상을 두드리며) 만법이 쉬어지는 (법상을 두드리며) 이런 힘을, 반드시 이런 금강왕보검 하나를 얻어 그것에 의지해서 그 다음의 공부를 해야 하는 거죠. 온갖 분별망상 속에서, 그야말로 화탕지옥 속에서 시원한 자리죠. 이걸 (법상을 두드리며) 계속해서 이렇게 하다 보면 나중에는 이것을 할 필요 없이, 화탕지옥 자체가 그만 시원한 자리가 돼 버리는 겁니다.

그래서 운문 스님에게 "이 세계가 펄펄 끓는 기름솥 같은데 어디로 피해야 시원합니까?" 물으니까, "펄펄 끓는 기름솥 안이 바로 시원한 자리다" 이렇게 얘기한 겁니다. 그러니까 이 일 (법상을 두드리며) 하나. 하여튼 (법상을 두드리며) 이것뿐이거든요. 여기서 한번 우리가 (법상을 두드리며) 마음을 확인하든지, 자기를 확인하든지 하게 되죠. '자기'라고 하는 개념을 확인한다는 게 아닙니다.

(법상을 두드리며) 존재하는 자기, 살아 있는 자기, 자기가 존재한다면 어디 존재합니까? (법상을 두드리며) 여기에 존재하는 거고, 자기가 있는 게 아니라 온 우주가 (법상을 두드리며) 여기에 존재하는 거거든요. 온 우주가 (법상을 두드리며) 여기에 존재하고, 여기서 확인되죠. 온 우주가 (법상을 두드리며) 깨어 있고 살아 있다면, (법상을 두드리며) 여기서 살아 있고 여기서 깨어 있는 겁니다.

이게 (법상을 두드리며) 어쨌든 한번 확인돼야 해요. 이게 한번 딱! (법상을 두드리며) 여기서 한번 탁 하고 일이 싹 사라져 버리면, 체험이란 것은 모든 게 그만 적멸하는 체험이죠. 문득 적멸해 버리고 나면 아무 일이 없는 겁니다. 아무 일이 없고 온 우주가 그냥 다 안팎 없이 원융무애하게 되는 체험이니까요. 하여튼 그런 체험이 있으면 (법상을 두드리며) 이런저런 일이 차별경계가 없고 이 하나가 딱 되는 겁니다.

하여튼 이 금강왕보검을 얻어서 늘 아무 일이 없는 (법상을 두드리며) 이것, 여기가 쉬는 자리입니다. 영원히 쉬는 자리이고, 모든 번뇌망상이 쉬는 자리고, 아무 일이 없는 자리예요. 이게 한번 확보가 되고 딱 분명해져서 자꾸 여기에 더 익숙해지면 됩니다. 이것을 반야라 그러거든요. 반야에는 자꾸 익숙해지고 지금까지 익숙했던 분별망상에서는 자꾸 낯설어지는 이게 공부죠.

하여튼 (법상을 두드리며) 지금 이 일 하나입니다. 조금도 특별한 일이 없어요. 조금도 특별한 게 없고 신비로울 것도 없고 그냥 (법상을 두드리며) 지금 이 일 하나, (법상을 두드리며) 이 일 하나. 문득 (법상을 두드리며) 여기서 어쨌든 한번 통 밑이 빠지듯이, 땅이 푹 꺼지듯이 (법상을 두드리며) 가슴에서 뭣이 툭 내려간다 하기도 하고 말이죠.

저 같은 경우는 가슴에서 쑥 내려간다기보다는 뭔가가 귀를 파고 확 들어오는 것 같더라고요. 뭔가 이렇게 확 하고 들어와요. 그러더니 하여튼 아무것도 없고 그냥 "아, 이런 게 있구나." 지금은 하도 오래돼서 정확한 기억도 없는데 대충 그랬던 것 같아요. 이 일 (법상을 두드리며) 하나, 이 일 하나!

그러니까 의식으로 잡을 게 없습니다. 그냥 (법상을 두드리며) 이것이거든요. 의식을 가지고 분별하고 헤아리고 잡고 할 게 없어요. 그냥 바로 이거라. (법상을 두드리며) 그냥 이거란 말이죠. 의식할 것도 없고 헤아릴 것도 없고 잡을 것도 없어요. 바로 이거예요. 이거면 아무 일이 없는 거죠.

그래서 '생각에 의지해서 사느냐? 법이 여여하냐?' 그 문제인데 나중에는 생각조차도 전부 여법해져서, 생각을 하고 있더라도 생각이 생각이 아니고 여여한 법이 되면, 그야말로 세간과 출세간이 그

504

냥 하나가 딱 되는 겁니다. 결국 그때에는 금강왕보검이니 뭐니 하는 것조차 필요 없어요. 왜? 생각 자체가 바로 이 법이니까요. 생각하고, 분별하고, 느끼고, 알고 하는 자체가 바로 금강왕보검이거든요. 바로 법이고 불이법입니다. 그러면 따로 금강왕보검이란 것도 필요 없고 항상 24시간이 똑같습니다. 하여튼 이게 (법상을 두드리며) 분명해져야 되는 겁니다. 이 일(법상을 두드리며) 하나입니다. 이 일 하나!

부록

증도가[1]

證道歌

영가현각(永嘉玄覺; 665-713) 지음

김태완 역주

1.

君不見   그대, 알지 못하는가?

2.

絶學無爲閑道人   배움이 끊기고 할 일 없는 한가한 도인은
不除妄想不求眞   망상을 없애지도 않고 참됨을 찾지도 않는다.

3.

無明實性卽佛性   무명[2]의 참된 본성이 바로 불성[3] 이고
幻化空身卽法身   허깨비 같은 헛된 몸이 바로 법신이다.

4.

法身覺了無一物   법신[4]을 깨달으면 한 물건도 없고
本源自性天眞佛   본래 타고난 자기의 본성이 바로 진실한 부처이다.

---

1) 《경덕전등록》제30권 수록.
2) 무명(無明) : 밝음이 없는 어둠이라는 뜻으로 진리를 깨닫지 못한 중생의 어리석음을 가리킨다.
3) 불성(佛性) : 중생에게 본래 갖추어져 있는 깨달음인 본성(本性). 중생이 언제나 변함없이 갖추고 있는 본성이 곧 깨달음이다.
4) 법신(法身) : 모양도 소리도 색깔도 위치도 없이, 생겨나지도 사라지지도 않는 진리의 몸. 생겨나고 사라지는 허망한 모습을 보이는 경계에 상대하여 붙인 이름. 진여(眞如), 실상(實相) 등과 같은 뜻.

508

5.

五陰浮雲空去來　　오온⁵⁾은 뜬구름처럼 헛되이 오고 가며

三毒水泡虛出沒　　삼독⁶⁾은 물거품처럼 헛되이 나타나고 사라진다.

---

5) 오온(五蘊) : 오온(五蘊)은 범어 panca-skandha의 번역으로 오음(五陰)이라고도 하고, 온(蘊)은 모인다는 뜻이라고 한다. 가지가지의 종류를 일괄해 취설(聚說)한다는 것이다. 오온이라고 하는 것은 물질의 색온(色蘊), 인상감각(印象感覺)의 수온(受蘊), 지각(知覺)과 표상(表象)의 상온(想蘊), 의지(意志) 또는 기타의 마음의 작용인 행온(行蘊), 마음(心)의 의식(意識)인 식온(識蘊)의 다섯 가지를 말한다. 수(受), 상(想), 행(行)은 대체로 마음의 작용을 나타내기 때문에 오온은 물질계와 정신계 양면에 걸치는 일체의 유위법(有爲法, 인연에 의해 생긴 것)을 가리킨다. 그러나 오온이 유정의 개체를 형성하는 면을 강조하는 것을 보면 오온은 심신환경(心身環境)을 가리키는 것으로 볼 수 있다. 육신은 구체적인 하나하나의 사물이 모두 인연(온갖 조건)에 의해 오온이 잠정적으로 모여서 이루어진 것에 지나지 않는다고 한다. 이것을 오온가화합(五蘊假和合, 우리의 몸과 마음은 오온이 일시적으로 화합해서 성립된 것에 불과하다는 것)이라 한다. 유루(有漏)인 오온을 오취온(五取蘊)이라고도 하는데 취(取)는 번뇌라는 말의 다른 말이고, 이와 같은 오온이 중생에게 종종 잘못된 생각을 일으키기 때문에 오망상(五妄想)이라고도 불린다. 색온(色蘊) 외에 수, 상, 행, 식이라는 4온은 색온을 바탕으로 하여 개체를 지속적으로 존속시키고자 느끼고, 생각하고, 작용하고, 식별하는 정신적 기능을 각각 표현한 것이다. 경험되는 세계를 5가지로 분류하여 총칭한 것이라고 할 수 있다.

6)　삼독(三毒) : 탐욕(貪欲) · 진에(瞋恚) · 우치(愚癡)의 세 번뇌. 탐욕은 탐내고 욕심을 부리는 것, 진에는 성내고 화내는 것, 우치는 어리석음. 독(毒)이라 한 것은 《대승의장》에 "3독이 모두 3계의 온갖 번뇌를 포섭하고, 온갖 번뇌가 중생을 해치는 것이 마치 독사나 독룡(毒龍)과 같다"고 하여, 이 세 가지는 중생들의 번뇌의 원인이자 깨달음을 방해하는 장애물이기 때문에 마치 사람을 죽이는 독과 같다고 한 것이다.

6.

證實相無人法 　실상[7]을 확인하면 사람도 없고 법[8]도 없으니

刹那滅却阿鼻業 　한순간에 무간지옥[9]에 떨어질 업[10]을 소멸시킨다.

7.

若將妄語誑衆生 　만약 헛된 말로 중생[11]을 속인다면

自招拔舌塵沙劫 　영원토록 발설지옥[12]에 제 발로 걸어 들어갈 것이다.

---

7)　실상(實相) : 만법(萬法)의 진실한 모습. 진실한 모습은 색깔이나 소리로 분별할 수 있는
모습을 가지고 있지 않으므로 실상은 무상(無相)이라고 한다. 진상(眞相), 제일의제(第一義
諦), 진여(眞如), 본래면목 등과 같은 말.

8)　사람과 법(法) : 사람은 주관(主觀), 법은 객관(客觀). 대승불교는 아공법공(我空法空)이
라고 하니, 주관과 객관을 따로 나누어 세우지 않는다.

9)　무간지옥(無間地獄) : 아비지옥. 8열지옥(熱地獄)의 하나. 범어 아비(阿鼻)·아비지(阿
鼻旨, Avici)의 번역. 남섬부주 아래 2만 유순 되는 곳에 있는 몹시 괴롭다는 지옥. 괴로움을
받는 것이 쉴 사이가 없으므로 이같이 이름. 5역죄의 하나를 범하거나 인과를 무시하고 절
이나 탑을 무너뜨리거나 성중(聖衆)을 비방하거나, 공연히 시주 물건을 먹는 이는 이 지옥
에 떨어진다고 한다.

10)　《구사론》에 의하면 5역죄를 범하면 무간지옥에 떨어져 끊임없이 고통을 받게 된다고
한다. 5역죄란 아버지·어머니·아라한을 살해하는 것, 화합승단을 깨는 행위, 부처님의 몸
에 피를 내게 하는 것을 말한다.

11)　중생(衆生) : 범어 sattva의 번역. 마음과 인식작용이 있는 생물. 당나라 현장(玄奘) 이
전의 번역. 현장 이후에는 유정(有情)이라 번역하였다. 중생이란 말에는, 여러 생을 윤회한
다, 여럿이 함께 산다, 많은 인연이 화합하여 비로소 생한다는 등의 뜻이 있다. 넓게는 깨달
음을 얻은 불·보살 포함한 모든 사람을 가리키고, 좁게는 아직 깨닫지 못한 어리석은 사
람을 가리킨다.

12)　발설지옥(拔舌地獄) : 입으로 악업을 지은 이가 죽어서 가는 지옥. 혀를 뽑아 놓고 그
위를 보습으로 간다고 함.

8.

頓覺了如來禪　　여래선[13]을 문득 깨달으면

六度萬行體中圓　　육바라밀[14]과 온갖 수행[15]이 그 속에 모두 갖추어질 것이다.

---

13) 여래선(如來禪) : 여래청정선(如來淸淨禪).《육조단경(六祖壇經)》에서는 "오는 곳도 없
고 가는 곳도 없고 생(生)도 멸(滅)도 없는 것이 여래청정선(如來淸淨禪)이다"라 하였고, 백
장회해(百丈懷海)는 "지금 이 땅에 선(禪)이 있다고 한다면 어떤 것입니까?"라는 물음에 대
하여 "움직이지도 않고 좌선하지도 않는 것이 여래선(如來禪)이니 선(禪)이라는 생각도 떠
났다"(《천성광등록(天聖廣燈錄)》제9권)라고 답하였고,《능가아발다라보경(楞伽阿跋多羅
寶經)》에서는 소승과 대승의 여러 선법(禪法) 가운데 여래청정선이 최상이라고 하였고, 종
밀은《선원제전집도서(禪源諸詮集都序)》에서 외도선(外道禪)·범부선(凡夫禪)·소승선(小
乘禪)·대승선(大乘禪)으로 여러 선법을 분류한 뒤, 여래청정선을 최상승선(最上乘禪)이라
하고 있다. 이처럼 가장 뛰어난 선법(禪法)을 여래선(如來禪) 혹 여래청정선이라 하는데, 뒷
날 조사선(祖師禪)이란 이름으로 지칭하는 선이 바로 여래선이다.

14) 육바라밀(六波羅蜜) : 육도(六度)라고 번역하며, 대승의 보살이 실천·수행하는 여섯
가지 행을 가리킨다. ①보시바라밀 : 단나바라밀·단바라밀이라고도 하며, 나누어 가지는
미덕이다. 재물·진리·편안함 등의 보시가 있다. ②지계바라밀 : 시라바라밀이라고도 하
며, 교단의 계율을 준수하고 개인적으로는 5계 내지 250계를 준수하는 것이다. ③인욕바라
밀 : 찬제바라밀이라고도 한다. 욕됨을 참는 인내심과 그로 인한 관용을 말한다. ④정진바라
밀 : 비리야바라밀이라고도 한다. 게으름 없이 삼장(三藏)을 공부하고 일체중생을 구원하리
라는 서원을 성취하기 위해 노력하는 것이다. ⑤선정바라밀 : 선나바라밀이라고도 하며, 마
음을 통일시켜 산란하지 않고 본분을 망각하지 않는 것이다. ⑥지혜바라밀 : 반야바라밀이
라고도 하며 완전한 지혜 즉 인간적인 이성을 초월한 무분별지를 말한다. 지혜바라밀은 앞
의 다섯 바라밀의 바탕이 되므로 불모(佛母)라 한다.

15) 만행(萬行) : 깨달아 안목을 갖춘 승려가 한 곳에 머물지 않고 자유롭게 돌아다니며 여
러 곳의 선지식들을 만나며 더욱 깊이 공부하는 것. 보통은 안거 기간의 수행을 마친 학인
이 해제 뒤에 한 곳에 머물지 않고 여러 곳을 돌아다니며 수행을 계속하는 것을 가리킨다.

9.

夢裏明明有六趣　꿈속에서는 또렷이 육취[16]가 있더니

覺後空空無大千　깨어난 뒤에는 텅텅 비어 대천세계[17]가 없구나.

10.

無罪福無損益　죄와 복이 없고 손해와 이익도 없으니

寂滅性中莫問覓　적멸[18]인 본성 속에서 묻거나 찾지 마라.

---

16) 육취(六趣) : 6도(道)라고도 함. 어리석은 중생이 업인(業因)에 따라 나아가는 곳을 6
곳으로 나눈 것. (1)지옥취(地獄趣). 8한(寒)·8열(熱) 등의 고통 받는 곳으로 지하에 있음.
(2)아귀취(餓鬼趣). 항상 밥을 구하는 귀신들이 사는 곳. 사람들과 섞여 있어도 보지 못함.
(3)축생취(畜生趣). 금수가 사는 곳으로 인계(人界)와 있는 곳을 같이 함. (4)아수라취(阿修
羅趣). 항상 분노하여 싸움을 좋아한다는 대력신(大力神)이 사는 곳으로 심산유곡을 의처
(依處)로 함. (5)인간취(人間趣). 인류의 사는 곳. 남섬부주 등의 4대주(大洲). (6)천상취(天
上趣). 몸에 광명을 갖추고 쾌락을 즐기는 중생이 사는 곳으로 6욕천과 색계천(色界天)·무
색계천(無色界天).

17) 대천세계(大千世界) : 삼천대천세계(三千大天世界), 삼천세계(三千世界)라고도 함. 인
도인의 세계관에 의하면 수미산을 중심으로 그 주위에 네 개의 대주(大洲)가 있고, 그 둘레
에 구산(九山)과 팔해(八海)가 있는데 이 세계를 하나의 소세계(小世界)라 한다. 이 소세계
천 개를 소천세계(小千世界), 이 소천세계 천 개를 중천세계, 중천세계 천 개를 대천세계라
한다. 즉 온 우주를 의미하는 말이다.

18) 적멸(寂滅) : 열반(涅槃). 모든 허망분별과 번뇌망상이 사라진 깨달음의 세계. 우리의
본성이 바로 적멸이다.

11.

比來塵鏡未曾磨　이전에는[19] 때 낀 거울을 닦은 적 없는데

今日分明須剖析　오늘은 분명하니 낱낱이 밝혀야[20] 하겠다.[21]

12.

誰無念誰無生　누가 헛된 생각이 없고 누가 태어남이 없는가?

若實無生無不生　만약 진실로 태어남이 없다면 태어나지 않음도 없다.

13.

喚取機關木人問　나무인형[22]을 불러서 물어 본다면

求佛施功早晚成　부처 찾고 공 베푸는 일 언제[23] 이루랴?

14.

放四大莫把捉　사대[24]는 놓아 버리고 붙잡지 말지니

---

19)　비래(比來) : ①본래. ②근래. ③앞서. 이전에. 과거에.

20)　부석(剖析) : 낱낱이 밝히다. 분별하다. 판별하다. 분석하다. 구분하다.

21)　수(須) : ①(조동사) 반드시- 해야 한다. =필(必), 응(應). 부정은 불수(不須)가 아니라, 무수(無須), 불필(不必). ②(부사)반드시. 틀림없이.

22)　기관목인(機關木人) : 관절이 움직이는 나무인형. 나무로 만든 꼭두각시. 사람의 육체를 가리킨다.

23)　조만(早晚) : 언제, 어느 때, 어느 날(의문사). 어찌 - 하랴?, 어찌 - 했으랴?(반문). 언제나, 언제든지, 즉시, 제자리에서(부사). 얼마나 오래(의문사). 조만간, 마침내(부사).

24)　사대(四大) : 만물을 구성하는 지(地) · 수(水) · 화(火) · 풍(風). 정신(精神)에 상대하여 특히 물질을 가리킨다. 육체의 뜻으로도 사용한다.

寂滅性中隨飮啄　적멸인 본성 속에서 인연 따라 먹고 마실지어다.

15.

諸行無常一切空　모든 행위는 덧없고 전체가 비었으니

卽是如來大圓覺　이것이 곧 여래[25]의 크고 완전한 깨달음이다.

16.

決定說表眞乘　틀림없이[26] 진실[27]을 말해 주었건만

有人不肯任情徵　어떤 사람은 긍정하지 않고 제멋대로[28] 찾는다.

17.

直截根源佛所印　곧장[29] 근원에 도달함만을 부처님은 인정했으니

摘葉尋枝我不能　잎 따고 가지 찾는 일을 나는 할 수 없다.

---

25)　여래(如來) : Tathagata의 번역. 오고 감에 변함이 없어서, 와도 오는 것이 없고 가도 가
는 것이 없다는 말. 중도(中道)인 불이법(不二法)을 가리킨다.

26)　결정(決定) : 틀림없이, 반드시. 마침내, 결국.

27)　진승(眞乘) : 진실한 수레, 즉 진실한 교법(敎法). 방편(方便)으로 말한 교법에 대하여,
방편이 가리키는 진실한 교법을 말함.

28)　임정(任情) : 제멋대로(하다). 마음껏(하다).

29)　직절(直截) : 곧장, 단도직입적으로, 지름길로 질러서, 단순 명쾌하게, 시원시원하게.

18.

摩尼珠人不識　　마니주³⁰⁾를 사람들은 알지 못하지만

如來藏裏親收得　여래장³¹⁾ 속에서 몸소 얻을³²⁾ 수 있다.

19.

六般神用空不空　여섯 가지 신통묘용³³⁾은 공이면서도 공이 아니고

一顆圓光色非色　한 개 두루한 빛³⁴⁾은 색이면서도 색이 아니다.

---

30) 마니주(摩尼珠) : 산스크리트인 mani의 음역. 마니보주(摩尼寶珠)라고도 함. 투명한 수
정구슬이다. 투명한 수정구슬을 바라보면, 사방에 있는 모든 모습들이 굴절되어 그 속에 나
타나지만 사실 수정구슬은 맑아서 그 속에 아무것도 없다. 온갖 모습이 나타나지만 한 물건
도 없다는 것으로, 거울과 함께 마음의 실상(實相)을 가리키고 있다.

31) 여래장(如來藏) : 여래(如來) 곧 우리의 진실한 본래 모습이 허망한 의식 속에 숨겨져
[藏] 있다고 하여, 여래장이라고 한다. 자신의 본래 모습을 깨닫기 이전의 자신의 본래 모습
을 가리키는 말이 곧 여래장이다.

32) 수득(收得) : 얻다. 수확하다.

33) 여섯 가지 신통묘용(神通妙用) : 육식(六識)이 자재하고 묘하게 작용하는 것을 나타
낸다. 육식(六識)이란 객관적 만유의 대상을 색(色) · 성(聲) · 향(香) · 미(味) · 촉(觸) · 법
(法)의 6경(境)으로 하고, 이 6경에 대하여 보고 듣고 맡고 맛보고 닿고 알고 하는 인식작
용. 곧 안식(眼識) · 이식(耳識) · 비식(鼻識) · 설식(舌識) · 신식(身識) · 의식(意識). 즉, 우
리가 평소 경험하여 알아차리는 모든 것을 가리킨다.

34) 한 개 두루한 빛 : 육식(六識)에 대하여 일심(一心)을 가리킨다.

20.

淨五眼得五力　　오안[35]을 깨끗이 하고 오력[36]을 얻음은

唯證乃知誰可測　　오직 스스로 확인하여 아는 것이니 누가 추측할 수 있겠는
　　　　　　　　　가?

21.

鏡裏看形見不難　　거울 속의 모습은 보기 어렵지 않으나

水中捉月爭拈得　　물 속의 달을 붙잡으려 하니 어떻게 붙잡겠는가?

22.

常獨行常獨步　　늘 홀로 다니고 늘 홀로 걸으니

達者同遊涅槃路　　통달한 이들은 함께 열반의 길에 노닌다.

---

35) 오안(五眼) : 모든 법의 사(事)·이(理)를 관조하는 5종의 눈. 곧 육안(肉眼)·천안(天
眼)·혜안(慧眼)·법안(法眼)·불안(佛眼).

36) 오력(五力) : (1) 불교에 대한 실천 방면의 기초적 덕목(德目)이 되는 5종. ①신력(信
力). 불법을 믿고 다른 것을 믿지 않는 것. ②진력(進力). 선을 짓고 악을 폐하기를 부지런
히 하는 것. ③염력(念力). 사상을 바로 가지고 사특한 생각을 버리는 것. ④정력(定力). 선
정(禪定)을 닦아 어지러운 생각을 없게 하는 것. ⑤혜력(慧力). 지혜를 닦아 불교의 진리인
4제(諦)를 깨닫는 것. (2) 불가사의한 작용이 있는 5종의 힘. ①정력(定力). 일체 선정의 힘.
②통력(通力). 일체 신통의 힘. ③차식력(借識力). 이선천(二禪天) 이상에는 5식(識)이 없
으므로 필요하면 신통으로 자유롭게 초선천(初禪天)의 5식을 일으키는 것. ④원력(願力).
불·보살의 큰 원. ⑤법위덕력(法威德力). 불법의 위덕의 힘.

23.

調古神淸風自高　　곡조 예스럽고 정신 맑으니 풍류 저절로 높지만

貌悴骨剛人不顧　　초췌한 모습의 고집 센[37] 사람은 돌아보지도 않는구나.

24.

窮釋子口稱貧　　가난한 불자(佛子)는 가난하다고 말하지만

實是身貧道不貧　　사실 몸은 가난해도 도(道)는 가난하지 않다.

25.

貧則身常披縷褐　　가난하니 몸에는 늘 누더기를 걸치지만

道則心藏無價珍　　도(道)가 있으니 마음에는 값을 매길 수 없는 보물을 품었네.

26.

無價珍用無盡　　값을 매길 수 없는 보물은 써도 써도 다함이 없으니

利物應時終不吝　　중생을 이롭게 하며 쓸 때에는[38] 결코 아끼지 않는다.

---

37) 골강(骨剛) : =강골(剛骨). 성질이 강하다. 고집이 세다.
38) 응시(應時) : ①때에 맞다. 시기적절하다. ②즉시. 당장. 곧.

27.

三身四智體中圓   삼신[39]과 사지[40]는 본바탕 속에 두루하고,

---

39) 삼신(三身) : 불신(佛身)을 그 성질상으로 보아 셋으로 나눔. 법신(法身)·보신(報身)
·응신(應身). ①법신. 법은 영겁토록 변치 않는 만유의 본체, 신은 적취(積聚)의 뜻으로, 본
체에 인격적 의의(意義)를 붙여 법신이라 하니, 빛깔도 형상도 없는 이불(理佛). ②보신. 인
(因)에 따라서 나타난 불신. 아미타불과 같음. 곧 보살위(菩薩位)의 곤란한 수행을 견디고,
정진 노력한 결과로 얻은 영구성이 있는 유형(有形)의 불신. ③응신. 보신불을 보지 못하는
이를 제도하기 위하여 나타나는 불신. 역사적 존재를 인정하는 석가모니와 같음.

40) 사지(四智) : 유식종(唯識宗)에서 설하는 네 가지 지혜를 가리킨다. 대원경지(大圓鏡
智)·평등성지(平等性智)·묘관찰지(妙觀察智)·성소작지(性所作智) 등이 그것이다. 제8
아뢰야식을 바꾸어 얻는 지혜는 마치 거대한 둥근 거울에 사물을 비추는 것과 같아서 모든
것의 진실한 모습을 비추는 지혜가 되니, 그 본체는 부동(不動)이고 다른 세 지혜의 근본이
되므로 이것을 대원경지라 한다. 제7말나식을 바꾸어 얻는 지혜는 자기든 남이든 일체가 평
등하다는 것을 깨달아 대자비와 상응하는 것이니 이것을 평등성지라 한다. 제6의식을 바꾸
어 얻는 지혜는 모든 대상을 지장 없이 관찰하고 모든 의심을 끊어서 자유자재하게 설법을
하는 지혜이므로 이것을 묘관찰지라 한다. 전오식(前五識, 眼耳鼻舌身)을 바꾸어서 얻는 지
혜는 오관의 대상에 있어서 자재하게 되고 또 중생을 이롭게 하기 위해 갖가지 불가사의한
행위나 사업을 행하는 것이므로 성소작지라 한다.

41) 팔해탈(八解脫) : 또는 팔배사(八背捨). 8종의 관념(觀念). 이 관념에 의하여 5욕(欲)의
경계를 등지고, 그 탐하여 고집하는 마음을 버림으로 배사라 하고, 또 이것으로 말미암아 3
계의 번뇌를 끊고 아라한과를 증득하므로 해탈이라 한다. ①내유색상관외색해탈(內有色想
觀外色解脫). 안으로 색욕(色欲)을 탐하는 생각이 있으므로, 이 탐심을 없애기 위하여 밖의
부정인 퍼렇게 어혈진(靑瘀) 빛 등을 관하여 탐심을 일어나지 못하게 하는 것. ②내무색상
관오색해탈(內無色想觀外色解脫). 안으로 색욕을 탐내는 생각은 이미 없어졌으나, 이것을
더욱 굳게 하기 위하여 밖의 부정인 퍼렇게 어혈든 빛 등을 관하여 탐심을 다시 일으키지
않게 하는 것. ③정해탈신작증구족주(淨解脫身作證具足住). 깨끗한 색을 관하여 탐심을 일
으키지 못하게 함을 정해탈(淨解脫). 이 정해탈을 몸 안에 완전하고 원만하게 증득하여 정
(定)에 들어 있음을 신작증구족주라 함. ④공무변처해탈(空無邊處解脫). ⑤식무변처해탈(識
無邊處解脫). ⑥무소유처해탈(無所有處解脫). ⑦비상비비상처해탈(非想非非想處解脫). 이

八解六通心地印　　팔해탈[41]과 육신통[42]은 마음이 증명하는 것이다.

28.

上士一決一切了　　상근기는 한 번 터져서 다 깨달아 버리지만

中下多聞多不信　　중하근기는 많이 들을수록 더욱 믿지 않는다.

29.

但自懷中解垢衣　　다만 자기 마음속에서 때 묻은 옷을 벗을 뿐인데,

誰能向外誇精進　　누가 겉으로 정진[43]함을 자랑할 수 있으랴.

30.

從他謗任他非　　남의 비방을 내버려두고 남의 비난을 내맡겨 둘지니[44]

把火燒天徒自疲　　불을 불잡고 하늘을 태우려 하니 헛되이 자신만 피로하리라.

넷은 각각 능히 그 아랫자리의 탐심을 버리므로 해탈이라 한다. ⑧멸수상정해탈신작증구족
주(滅受想定解脫身作證具住). 이것은 멸진정(滅盡定)이니, 멸진정은 수(受)·상(想) 등의
마음을 싫어하여 길이 무심(無心)에 머물므로 해탈이라 함.

42)　육신통(六神通) : 6종의 신통력. 부사의한 공덕 작용. ①천안통(天眼通). 육안으로 볼
수 없는 것을 보는 신통. ②천이통(天耳通). 보통 귀로는 듣지 못할 음성을 듣는 신통. ③타
심통(他心通). 다른 사람의 의사를 자재하게 아는 신통. ④숙명통(宿命通). 지나간 세상의
생사를 자재하게 아는 신통. ⑤신족통(神足通). 또는 여의통(如意通). 부사의하게 경계를 변
하여 나타내기도 하고 마음대로 날아다니기도 하는 신통. ⑥누진통(漏盡通). 자재하게 번뇌
를 끊는 힘.

43)　정진(精進) : 수행(修行)을 게을리 하지 않고 항상 용맹하게 나아가는 것.

44)　종(從) : =임(任), 임종(任從). 제멋대로 하게 놓아두다, 자유에 맡기다.

31.

我聞恰似飲甘露　　내가 들으면 마치 감로수⁴⁵⁾를 마시는 것처럼

銷融頓入不思議　　녹아서 단박에 불가사의 해탈⁴⁶⁾로 들어간다.

32.

觀惡言是功德　　욕하는 말이 바로 공덕⁴⁷⁾임을 볼 수 있으면,

此則成吾善知識　　이런 사람이 곧 선지식⁴⁸⁾이다.

33.

不因訕謗起怨親　　비방 때문에 싫어하거나 좋아하는 마음을 일으키지 않는다면

---

45) 감로수(甘露水) : 불사(不死)·천주(天酒)라 번역. 소마(蘇摩)의 즙, 천신들의 음료. 또 하늘에서 내리는 단 이슬이라 하여 감로(甘露)라 이름한다. 예로부터 훌륭한 정치를 행하면 하늘이 감로수를 내린다고 함. 불경(佛經)에는 감로란 말이 많은데, 불타의 가르침이 중생을 잘 제도함에 비유한 것임.

46) 불가사의해탈(不可思議解脫) : 분별망상을 벗어난 해탈은 생각으로 헤아려 볼 수도 없고 말로써 나타낼 수도 없기 때문에 불가사의한 해탈이라고 한다.

47) 공덕(功德) : 범어 구나(求那, guna)의 번역. 좋은 일을 많이 한 공(功)과 불도(佛道)를 수행한 덕(德)을 말함. 수행하는 이를 도와 복되게 하므로 복덕이라 하기도 하고, 수행하는 이를 도와 이롭게 하므로 공덕이라 하기도 한다. 공을 베푸는 것을 공이라 하고 자기에게 돌아옴을 덕이라 하며, 덕(德)은 얻었다(得)는 뜻이니 공을 닦은 뒤에 얻는 것이므로 공덕이라 한다.

48) 선지식(善知識) : ↔악지식(惡知識), 지식(知識)·선우(善友)·친우(親友)·선친우(善親友)·승우(勝友)라고도 함. 부처님이 말씀한 가르침을 말하여 다른 이로 하여금 고통 세계를 벗어나 해탈에 이르게 하는 사람.

何表無生慈忍力　　무엇하러 생겨남 없는 자비인욕[49]의 힘을 나타내겠는가?

34.

宗亦通說亦通　　근본에도 통하고 말씀에도 통하면

定慧圓明不滯空　　선정과 지혜[50]가 두루 밝아 공에 막히지 않는다.

---

49)　자비인욕(慈悲忍辱) : 자비는 중생에게 즐거움을 주는 것을 자(慈), 괴로움을 없애 주
　는 것은 비(悲), 또는 괴로움을 없애 주는 것을 자(慈), 즐거움을 주는 것을 비(悲)라 하여
　자비(慈悲)라 한다. 인욕(忍辱)은 6바라밀의 하나로서 욕됨을 참고 편안히 머문다는 뜻이
　며, 온갖 모욕과 번뇌를 참고 원한을 일으키지 않는다는 뜻이다.

50)　선정(禪定)과 지혜(智慧) :《육조단경(六祖壇經)》에서 말하는 선정과 지혜는 다음과 같
　다 : 인종(仁宗)이 다시 물었다. "황매산의 오조(五祖)께서 법을 부탁하실 때에 무엇을 가르
　쳐 주셨습니까?" 혜능이 말했다. "가르쳐 주신 것은 없습니다. 다만 견성(見性)을 말할 뿐이
　고, 선정(禪定)과 해탈을 말하지는 않습니다." 인종이 물었다. "왜 선정과 해탈을 말하지 않
　습니까?" 혜능이 말했다. "그것은 이법(二法)이어서 불법(佛法)이 아니기 때문입니다. 불법
　은 둘 아닌 법입니다."(宗復問曰:"黃梅付囑 如何指授?" 能曰:"指授卽無. 唯論見性, 不論禪
　定解脫." 宗曰:"何不論禪定解脫?" 謂曰:"爲是二法 不是佛法. 佛法是不二之法.") "여러분, 무
　엇을 일러 좌선(坐禪)이라 하는가? 이 법문(法門) 속에서 장애가 없어, 밖으로 모든 좋고 나
　쁜 경계에서 마음에 허망한 생각이 일어나지 않는 것을 일러 좌(坐)라고, 안으로 자기 본성
　을 보아 흔들림 없는 것을 일러 선(禪)이라고 한다. 여러분, 무엇을 일러 선정(禪定)이라 하
　는가? 밖으로 분별된 모습을 벗어나는 것이 선(禪)이고, 안으로 시끄럽지 않은 것이 정(定)
　이다. 밖으로 만약 분별된 모습에 집착하면 안의 마음이 곧 시끄럽고, 밖으로 만약 분별된
　모습을 떠난다면 마음이 시끄럽지 않다. 본성(本性)은 스스로 깨끗하고 스스로 안정되어 있
　지만, 단지 밖으로 경계를 보고 경계를 생각하기 때문에 시끄럽다. 만약 온갖 경계를 보고
　서도 마음이 시끄럽지 않으면, 이것이 바로 참된 정(定)이다. 여러분, 밖으로 모습을 떠나
　는 것이 선(禪)이고 안으로 시끄럽지 않은 것이 정(定)이니, 밖으로 선(禪)하고 안으로 정
　(定)하면 곧 선정(禪定)이다.《유마경》에서는 '즉시 통하여 본심(本心)을 되찾는다' 고 하였
　고,《보살계경》에서는 '나의 본성은 원래 스스로 깨끗하다' 고 하였다. 여러분, 매 순간 스스
　로 본성이 깨끗함을 보고 스스로 닦고 스스로 행하면, 저절로 불도(佛道)가 이루어질 것이

35.

| 非但我今獨達了 | 지금 나 혼자 통달한 것이 아니라 |
| 河沙諸佛體皆同 | 무수한 온갖 부처의 본바탕은 모두 같다. |

36.

| 獅子吼無畏說 | 사자의 울부짖음처럼 두려움 없는[51] 말씀이여, |

다."(善知識, 何名坐禪? 此法門中 無障無礙, 外於一切善惡境界 心念不起 名爲坐, 內見自性不動 名爲禪. 善知識, 何名禪定? 外離相爲禪, 內不亂爲定. 外若着相 內心卽亂, 外若離相 心卽不亂. 本性自淨自定, 只爲見境思境卽亂. 若見諸境 心不亂者, 是眞定也. 善知識, 外離相卽禪 內不亂卽定, 外禪內定 是爲禪定.《淨名經》云: '卽時豁然 還得本心.'《菩薩戒經》云: '我本性元自淸淨.' 善知識, 於念念中 自見本性淸淨 自修自行, 自成佛道.") 설간(薛簡)이 말했다. "서울에 있는 선승(禪僧)들은 모두 말하기를 '도를 알려고 한다면 반드시 좌선하여 선정(禪定)을 익혀야 한다. 선정을 익히지 않고 해탈을 얻은 자는 아직 없었다.' 고 하는데, 스님께서 말씀하시는 법은 어떻습니까?" 혜능이 말했다. "도는 마음으로부터 깨닫는 것인데, 어찌 앉는 것에 있겠는가? 경전(《금강경》)에서 말했다. '만약 여래가 앉거나 눕는다고 말한다면, 이것은 삿된 도(道)를 행하는 것이다. 무슨 까닭인가? (여래는) 어디에서 오지도 않고 어디로 가지도 않기 때문이다.'"(《금강경》 제29 위의적정분(威儀寂靜分)의 다음 내용을 가리킨다 : "수보리야, 만약 누가 여래는 오기도 하고 가기도 하고 앉기도 하고 눕기도 한다고 말한다면, 이 사람은 내가 말하는 뜻을 이해하지 못한 것이다. 무슨 까닭인가? 여래는 어디에서 오지도 않고 어디로 가지도 않는다. 그 까닭에 여래라 부른다.(須菩提, 若有人言 如來若來若去 若坐若臥 是人不解我所說義. 何以故? 如來者 無所從來 亦無所去 故名如來.) 생겨나지도 않고 없어지지도 않는 것이 여래의 깨끗한 선(禪)이요, 모든 법이 텅 비어 고요한 것이 여래의 깨끗한 좌(坐)니, 결국 깨달을 것도 없다. 하물며 어찌 앉겠는가?"(薛簡曰: "京城禪德皆云: '欲得會道 必須坐禪習定. 若不因禪定 而得解脫者 未之有也.' 未審師所說法如何?" 師曰: "道由心悟, 豈在坐也? 經云: '若言如來 若坐若臥 是行邪道. 何故? 無所從來, 亦無所去.' 無生無滅 是如來淸淨禪, 諸法空寂 是如來淸淨坐, 究竟無證. 豈況坐耶?))

51) 무외(無畏) : 불보살이 대중을 향하여 법을 말할 때에 마음에 두려움이 없는 것. 4가지

百獸聞之皆腦裂　온갖 짐승들[52]이 들으면 모두 머리가 찢어진다네.

37.

香象奔波失却威　향상[53]은 바쁘게 뛰어다니며[54] 위엄을 잃고

天龍寂聽生欣悅　천룡[55]은 고요히 들으며 즐거워한다.

38.

遊江海涉山川　강과 바다를 지나고 산과 개울을 건너서

尋師訪道爲參禪　스승을 찾아 도를 물음은 참선[56]때문이다.

로 분류하여 4무외(無畏)라 한다. (1)정등각무외(正等覺無畏)는 일체 모든 법을 평등하게 깨달았으니 다른 이의 비난을 두려워하지 않음. (2)누영진무외(漏永盡無畏)는 온갖 번뇌를 다 끊었으니 바깥의 어려움을 두려워하지 않음. (3)설장법무외(說障法無畏)는 깨달음을 가로막는 악법(惡法)을 장애라고 말하면서도 다른 이의 비난을 두려워하지 않음. (4)설출도무외(說出道無畏)는 번뇌를 벗어나는 요긴한 길을 가리키면서 다른 이의 비난을 두려워하지 않음.

52) 온갖 짐승들은 곧 어리석은 중생을 가리킨다.

53) 향상(香象) : 향기 좋은 코끼리라는 뜻으로, 교미기(交尾期)의 코끼리를 가리킨다. 교미기가 되면 코끼리의 이마 위에서 mada라고 하는, 향기를 풍기는 체액이 나옴. 여기서 향상(香象)이란 위의(威儀)는 갖추고 있으나 아직 안목(眼目)이 없는 승려를 가리킨다.

54) 분파(奔波) : 바쁘게 뛰어다니다.

55) 천룡(天龍) : 天龍八部(천룡팔부) 또는 용신팔부(龍神八部). 불법을 수호하는 신장(神將)들. 천(天)·용(龍)·야차·아수라·가루라·건달바·긴나라·마후라가의 8신(神). 이 가운데서 천(天)과 용(龍)이 으뜸이므로 특히 천룡팔부라 함.

56) 참선(參禪) : 참(參)은 '동참(同參)하다' '함께하다'는 뜻이므로, 참선(參禪)은 선(禪)에 동참하고 선과 함께한다는 뜻이다. 선(禪)은 곧 마음이고 본성이므로 참선은 곧 본래마음과 하나 되는 것이고, 본성과 하나 되는 견성(見性)이다. 그러므로《육조단경》에서 육조

39.

自從認得曹溪路　조계의 길⁵⁷⁾을 알고 나서부터는

了知生死不相干　삶과 죽음에 상관없음을 분명히 알았다.

40.

行亦禪坐亦禪　다녀도 선(禪)이요, 앉아도 선(禪)이니

語默動靜體安然　말과 침묵과 움직임과 멈춤에 본바탕이 편안하다.

41.

縱遇鋒刀常坦坦　비록 칼날과 마주해도 언제나 담담하고⁵⁸⁾,

假饒毒藥也閑閑　가령 독약을 마셔도 한가롭고 여유롭다.⁵⁹⁾

42.

我師得見燃燈佛　우리 스승 부처님께선 연등불⁶⁰⁾을 뵈옵고

(六祖)는 "오직 견성(見性)을 말할 뿐, 선정과 해탈을 말하지는 않는다"고 한 것이다.

57)　조계(曹溪)의 길 : 조계는 곧 육조혜능을 가리키니, 조계의 길이란 육조혜능의 가르침인 조사선(祖師禪)을 말한다. 조사선은 곧장 불이법문(不二法門)에 머물러 취하고 버림이 없는 것이다.

58)　탄탄(坦坦) : 넓고 평탄한 모양.

59)　한한(閑閑) : ①한가하고 여유로움. ②만족하고 편안함. ③한가하고 조용함. ④개의치 않고 마음대로 함.

60)　연등불(燃燈佛) : 산스크리트로는 Dipankara-buddha이고, 정광불(錠光佛)·정광불(定光佛)·보광불(普光佛)·등광불(燈光佛) 등으로 음역한다. 과거불(過去佛)의 하나였는데, 석존이 보살로서 최초로 성불의 수기를 받았던 것은 바로 이 연등불 때였다고 한다. 그때,

多劫曾爲忍辱仙　무한한 세월 동안 인욕선인[61]으로 지내셨다.

43.

幾廻生幾廻死　몇 번이나 태어나고 몇 번이나 죽었던가?

生死悠悠無定止　삶과 죽음에 정처 없이[62] 떠돌며 그침이 없네.

44.

自從頓悟了無生　문득 깨달아 나고 죽음이 없음을 밝힌 뒤로는

於諸榮辱何憂喜　모든 영광과 욕됨에 어찌 근심하거나 기뻐하랴?

45.

入深山住蘭若　깊은 산에 들어가 고요한 곳[63]에 머무니

岑崟幽邃長松下　높은 봉우리 깊은 산 큰 소나무 아래로다.

석존은 바라문 청년의 선혜(善慧)로서 연등불에게 연꽃을 받들어 올리고 진흙길에 자신의
머리칼을 펼쳐 연등불이 지나가시게 하였다. 그 행위로 인해 연등불에게서 장차 석가모니
불이 될 것이라는 수기를 받게 되었다.

61)　인욕선인(忍辱仙人) : 인욕(忍辱)은 6바라밀의 하나로서, 온갖 모욕과 번뇌를 참으며
원한을 일으키지 않고 편안히 머문다는 뜻. 선인(仙人)은 세간을 떠나 산수(山水) 좋은 곳
에 머물면서 신변자재(神變自在)한 신통력이 있는 수행자.

62)　유유(悠悠) : ①끝없이 이어지는 모양. ②끝없이 멂. 가없이 넓고 멂. ③유구함. 장구함.

63)　난야(蘭若) : 아란야(阿蘭若)의 준말. 아련야(阿練若)·아란나(阿蘭那)·아란양(阿蘭
攘)이라고도 음역. 적정처(寂靜處)·무쟁처(無諍處)·원리처(遠離處)라 번역. 시끄러움이
없는 한적한 곳으로 수행하기에 적당한 삼림(森林)·넓은 들·모래사장 등을 가리키는 말.

525

46.

優遊靜坐野僧家　　한가히 노닐고 고요히 앉는 시골 승려[64]

閴寂安居實瀟灑　　고요하고 편안히 머무니 참으로 말끔하구나.

47.

覺卽了不施功　　깨달으면 그뿐 다시 애를 쓰지[65] 않으니

一切有爲法不同　　모든 유위법[66]과는 같지 않다.

48.

住相布施生天福　　모습에 머물러 행하는 보시[67]는 하늘에 태어나는 복을 짓는

---

64) 승가(僧家) : 승려.

65) 시공(施功) : 공력(功力)을 들이다. 애를 쓰다.

66) 유위법(有爲法) : 유위(有爲)란 분별하여 취하고 버리는 의도적, 조작적 행위. 유위법
이란 모든 분별하여 취하고 버리는 의도적, 조작적 행동을 가리킨다. 유위법은 조작하여 만
드는 것이기에 반드시 다시 사라지므로 생멸법(生滅法)이라고도 한다.《금강경》제32분에
"모든 유위법은 꿈같고 환상같고 거품같고 그림자같으며 이슬같고 또 번개같으니, 응당 이
렇게 보아야 한다"(一切有爲法, 如夢幻泡影, 如露亦如電, 應作如是觀)라는 사구게(四句偈)
가 있다.

67) 보시(布施) : 보시바라밀(布施波羅蜜), 시바라밀(施波羅蜜). 6바라밀 중 하나. 보시는
아낌없이 베풀어 준다는 뜻. 물질적인 재물 보시뿐 아니라 정신적인 불법을 남에게 베풀어
가르쳐 주는 것도 포함된다. 그러나 나와 남을 분별하고 주고받음을 분별한다면, 이것은 세
속의 좋은 일을 하여 복을 짓는 일이지, 여법(如法)한 보시는 아니다. 여법한 보시는 이른
바 무주상보시(無住相布施)인데, 늘 베풀되 나와 남의 분별이 없고 주고받는다는 생각이 없
어야 한다.《금강경》에서는 "보살은 마땅히 법에 머무름 없이 보시를 행해야 한다. 말하자
면 색(色)에 머물지 않고 보시하고, 소리ㆍ냄새ㆍ맛ㆍ촉감ㆍ법에 머물지 않고 보시하는 것

526

것이지만

| 猶如仰箭射虛空 | 마치 허공을 우러러 화살을 쏘아 올리는 것과 같다.[68] |

49.

| 勢力盡箭還墜 | 힘이 다한 화살은 다시 아래로 떨어지듯이 |
| 招得來生不如意 | 다음 생을 불러오니 뜻과 같지 않도다. |

50.

| 爭似無爲實相門 | 어찌 무위[69]인 실상의 문에서 |
| 一超直入如來地 | 한 번 뛰어넘어 곧장 여래의 지위에 들어감과 같으리오?[70] |

51.

| 但得本莫愁末 | 다만 근본을 얻을 뿐 말단을 근심하지 말지니 |
| 如淨琉璃含寶月 | 깨끗한 유리가 보배 달을 머금음과 같다. |

이다. 수보리야, 보살은 마땅히 이와 같이 보시하여 모습에 머물지 않아야 한다. 무슨 까닭인가? 만약 보살이 모습에 머물지 않고 보시한다면, 그 복덕이 헤아릴 수가 없다"(菩薩於法應無所住 行於布施. 所謂不住色布施, 不住聲香味觸法布施. 須菩提, 菩薩應如是布施 不住於相. 何以故? 若菩薩不住相布施, 其福德不可思量.)라고 하였다.

68) 힘만 들일 뿐, 아무 쓸모가 없다. 분별하여 짓는 복(福)은 세속에서는 필요한 일이지만, 깨달음으로 가는 길은 아니다.

69) 무위(無爲): 유위(有爲)의 반대말로서 분별하고 취하고 버리는 조작을 하지 않는 것.

70) 쟁사(爭似): 어찌 ~와 같으랴?

52.

既能解此如意珠　이미 이 여의주를 잘 알았다면

自利利他終不竭　나도 이롭게 하고 남도 이롭게 하여 끝이 나지 않는다.

53.

江月照松風吹　강에는 달 비치고 소나무에는 바람 부니

永夜淸霄何所爲　긴긴 밤 맑은 하늘에 무엇을 하겠는가?

54.

佛性戒珠心地印　불성계[71]의 구슬은 마음에서 확인되고

霧露雲霞體上衣　안개, 이슬, 구름, 노을은 본바탕 위의 옷이로다.

_____

71)　佛性戒(불성계) : 또는 불승계(佛乘戒)·불계(佛戒).《범망경》에서 말한 대승계. 이 계를 받아 지니면 중생의 본래 갖추어 있는 불성을 개발(開發)하여 불과(佛果)에 이르므로 이같이 부른다.

72)　《증도가주(證道歌註)》의 설명은 이렇다 : "옛날 가섭 3형제가 부처님께 의지하여 출가하였으나 도심(道心)을 잃고서 화룡외도(火龍外道)를 모시게 되었다. 부처님께선 그들의 근성(根性)이 이미 익은 것을 보시고는 곧 그곳으로 그들을 제도하러 가셨다. 그때 그곳에 도착하여 잠잘 곳을 찾고 있을 때에 가섭이 말했다. '이곳에 잘 수 있는 빈 방은 없습니다. 화룡이 살고 있는 바위굴이 하나 있는데, 주무실 수 있겠습니까?' 부처님은 그곳으로 가서 주무셨는데, 한밤중에 화룡이 나타나 코에서는 연기를 뿜고 비늘에서는 불이 일어나 온 몸뚱이에서 이글이글 불꽃을 내면서 부처님을 해코지하고자 하였다. 그때 부처님께선 곧 자비심(慈悲心)을 일으키시어 삼매(三昧)의 불꽃을 내보이셨다. 부처님의 삼매의 불꽃이 점차로 밝아지자 화룡의 독한 불꽃은 도리어 자신의 몸을 태우게 되었다. 도망할 곳이 없던 화룡은 세존의 보배 발우 속이 오직 시원하고 넓은 것을 보고는 이내 그 발우 속으로 자기

55.

降龍鉢解虎錫　　용을 항복시킨 발우[72]와 호랑이 싸움을 말린 석장[73]이여,

兩股金鐶鳴歷歷　　두 갈래[74] 금 고리[75]가 딸랑딸랑 울리는구나.

56.

不是標形虛事持　　모양만 드러내는 헛된 일을 한 것이 아니라

如來寶杖親蹤跡　　여래의 보배 지팡이[76]가 몸소 남긴 발자취이다.

57.

不求眞不斷妄　　참됨도 찾지 않고 허망함도 끊지 않으니

了知二法空無相　　이법[77]은 비어서 모습이 없음을 밝게 안다.

의 몸을 던졌다. 그 까닭에 용을 항복시킨 발우라고 한다."《조정사원(祖庭事苑)》제7권 〈증
도가(證道歌)〉 해설 부분에서는 이 내용이 《본행경(本行經)》에 있다고 한다.

73)　《조정사원》과 《증도가주》에 이런 설명이 있다 : "제(齊)의 고승인 조선사(稠禪師)는 회
주(懷州)의 왕옥산(王屋山)에서 선정(禪定)을 익히고 있었는데, 어느 날 호랑이 싸우는 소
리가 하루 종일 그치지 않고 들렸다. 이에 조선사가 그곳으로 가 석장(錫杖)을 가지고 싸우
는 호랑이를 갈라놓았더니, 두 마리의 호랑이는 각각 자기 갈 길을 갔다."

74)　양고(兩股) : 두 갈래, 두 가지.

75)　당(鐶)은 당(璫)과 같음. 고리.

76)　여래의 보배 지팡이 : 실상(實相)을 가리키는 말.

77)　이법(二法) : 분별(分別). 만법을 아는 것은 곧 만법을 둘로 나누어 분별하는 것이다.
있음과 없음, 색과 공, 망상과 실상, 이것과 저것, 허망함과 진실함 등등으로 분별하는 것이
곧 이법(二法)이다. 중도(中道)는 곧 불이(不二)이므로 이법에 머물면 중도를 잃는다.

529

58.

無相無空無不空　　모습도 없고 공(空)도 없고 공(空) 아님도 없으니

卽是如來眞實相　　이것이 바로 여래의 참된 모습이다.

59.

心鏡明鑑無碍　　마음 거울이 밝게 비추어 막힘이 없으니

廓然瑩徹周沙界　　드넓게 밝아서 온 세계에 두루하다.

60.

萬象森羅影現中　　삼라만상의 모습이 그 속에 나타나지만

一顆圓明非內外　　두루 밝은 하나는 안과 밖이 없다네.

61

豁達空撥因果　　확 트여[78] 비었다고 인과(因果)[79]를 내버리면

---

78) 활달(豁達) : 확 트이다.

79) 인과(因果) : 원인과 결과. 원인이 행해지면 결과가 나타난다는 말. 원인과 결과가 나타
나는 생멸(生滅)과 원인도 없고 결과도 없는 불생불멸(不生不滅)은 하나인 법의 양 측면이
므로, 어느 하나를 버리고 다른 하나를 취할 수가 없다. 원인과 결과가 분명한 곳에서 원인
도 없고 결과도 없는 것이다. 원인과 결과를 무시하면 원인과 결과에 시달릴 것이고, 원인과
결과에 집착하여도 원인과 결과에 매여 자유가 없다. 원인과 결과를 무시하지 않으면서도
원인과 결과에 머물지 말아야 자유가 있다. 어디에 머물러야 할까? 머물 곳도 없고 머물 사
람도 없다면 참으로 바른 길에 머무는 것이다.

漭漭蕩蕩招殃禍　　아득하고 끝없음이 재앙을 부를 것이다.[80]

62.

棄有著空病亦然　　있음을 버리고 공(空)에 집착하는 병 역시 그러하니

還如避溺而投火　　마치 물을 피해서 불에 뛰어드는 것과 같다.

63.

捨妄心取眞理　　허망한 마음을 버리고 참된 도리를 취한다면

取捨之心成巧僞　　취하고 버리는 마음이 교묘한 거짓을 이룬다.

64.

學人不了用修行　　배우는 사람이 깨닫지 못하고 애써 수행한다면

眞成認賊將爲子　　참으로 도둑놈을 자기 아들로 여기는 짓이다.

65.

損法財滅功德　　법의 재물[81]에 손해를 끼치고 공덕을 없애는 것은

---

80) 공(空)에 치우쳐 공에 얽매인다는 말. 세간상(世間相)을 버리고 법(法)만 취하는 분별에 떨어진다는 말. 물결은 버리고 물만 취하는 것은 어리석은 법집(法執)이다.

81) 법의 재물 : 세속의 재물에 반대되는 말. 세속의 재물이 좋고 나쁨을 분별하여 좋은 것을 취하고 나쁜 것을 버리는 곳에 있다면, 법의 재물은 분별이 없으므로 취하고 버림이 없는 곳에 있다.

莫不由斯心意識　　모두 이 마음의 분별하는 의식 때문이다.[82]

66.

是以禪門了却心　　선문(禪門)에서 마음을 깨달아[83]

頓入無生智見力　　문득 무생법인[84]에 들어가 지혜의 힘을 얻는다.

---

82)　마음과 의식이 분별하여 취하고 버리기 때문이다.

83)　료각(了却) : 해결하다, 마치다, 달성하다, (근심 걱정을) 덜다.

84)　무생(無生) : 무생법인(無生法忍). 무생법인(無生法忍)에 관해서는《유마경(維摩經)》
중권(中卷)〈입불이법문품(入不二法門品)〉제9에 "생멸(生滅)은 이법(二法)이지만, 법(法)
은 본래 생하지 않는 것이어서 지금 멸하지도 않습니다. 이러한 무생법인(無生法忍)을 얻는
것이 바로 불이법문(不二法門)에 들어가는 것입니다"(生滅爲二, 法本不生今則無滅. 得此無
生法忍, 是爲入不二法門.)라 하고 있다. 생과 멸이라는 분별을 떠나면, 생도 없고 멸도 없는
세계의 실상을 확인하니 이것이 곧 무생법인이다.